OCTOBRE 1985

VIE ET PAYSAGES DES MONTAGNES DE FRANCE

VIE ET PAYSAGES DES MONTAGNES DE FRANCE

Sélection du Reader's Digest

PARIS - BRUXELLES - MONTRÉAL - ZURICH

VIE ET PAYSAGES
DES MONTAGNES DE FRANCE
est une réalisation de Sélection du Reader's Digest

Conseillère de la rédaction : May VEBER

Les textes ont été écrits par : Jean-Michel ASSELIN, journaliste-écrivain, alpiniste • Patrice de BELLEFON, guide de haute montagne • Pierre BICHET, peintre, écrivain • Christian BOUCHARDY, membre de l'Union internationale pour la conservation de la nature, secrétaire du groupe Loutre-France • Michel BOUVIER, conseiller biologique du département des Hautes-Alpes • Roger CANS, journaliste • Jean-Pierre CHABROL, écrivain • Bernard CLAVEL, écrivain • Christine de COLOMBEL, journaliste-écrivain, alpiniste • Jacques DEBELMAS, professeur de géologie à l'université de Grenoble • Claude DENDALETCHE, agrégé et docteur ès sciences, directeur du Centre de biologie des écosystèmes d'altitude (université de Pau), président du Centre pyrénéen de biologie et d'anthropologie des montagnes • Nicolas DOMENACH, journaliste • Jean EGEN, écrivain • Claude FRANCILLON, journaliste • Henri FROSSARD, écrivain • Pierre GASCAR, écrivain • Alain GIRAUDO, journaliste • Serge GOLDER, journaliste • Ernest HEIL, professeur de biologie, président du conseil du Service géologique régional Alsace, S.G.A.L.-B.R.G.M., Strasbourg • Bernard HENNEQUIN, écrivain • Christian KEMPF, docteur en biologie, directeur du département environnement de l'Institut de recherches et d'essais sur les produits en Alsace (I.R.E.P.A) • Philippe LAMOUR, président du Syndicat intercommunal de la région du Queyras, président du parc naturel régional du Queyras • Philippe LEBRETON, professeur à l'université de Lyon I/Villeurbanne, membre du Comité scientifique du parc national de la Vanoise • Brigitte LOGEART, journaliste • Léon-Pierre LUTTEN, écrivain naturaliste, rédacteur en chef honoraire de l'*Alsace* • Eugène MANNONI, grand reporter, écrivain • Guy MOYSE • Pierre PFEFFER, maître de recherche au C.N.R.S., président du Comité scientifique du parc national du Mercantour • Bernard RAFFALLI • Henri RAULIN, maître de recherche honoraire au C.N.R.S. • Jean-Claude ROGLIANO, écrivain, cinéaste • SAMIVEL, écrivain • Roger SETTIMO, conseiller biologiste pour les Alpes-Maritimes, membre du Comité scientifique du parc national du Mercantour • Marie TISSOT, écrivain • Robert VIVIAN, professeur à l'université de Grenoble, directeur du laboratoire C.N.R.S. de la montagne alpine (L.A.M.A.), Grenoble.

Autres albums illustrés sur la France
publiés par Sélection du Reader's Digest :

La France, paradis de la nature
Les plus beaux villages de France
Album des châteaux de France
Album des grandes demeures de France

DEUXIÈME ÉDITION
Troisième tirage

ISBN 2-7098-0111-6

PRÉFACE

L'espace montagnard français est multiple, opulent, fantastique épanouissement tellurique. Vieux ou jeunes, six grands massifs l'ordonnent. Soit 116 000 kilomètres carrés : quelque 20 pour 100 du territoire national. Mille visages, mille contrastes s'assemblent. A l'extrême variété du relief correspond l'immense diversité des milieux naturels. A chacun son sommet donc, sa vallée, son « pays », son paradis... Mais il ne faut pas s'arrêter en route. 3 500 000 montagnards, dont 1 500 000 d'actifs, peuplent encore ces hautes terres. Soit 5 440 communes, 170 000 exploitations agricoles, plus de 400 stations... Tant de similitudes, et tant de disparités. Au-delà des chiffres, une évidence primordiale finit par s'imposer. La montagne bouge. Une frontière du temps a été franchie ces trente dernières années. Et c'est plus sensible ici qu'ailleurs. Hier encore, un univers en marge, immobile, archaïque à bien des égards — un Moyen Age attardé n'hésitent pas à clamer certains —, vivant en autarcie entre ses neiges éternelles et ses troupeaux tintinnabulants. Et puis, soudain, tout a basculé. Happé à son tour par la société de consommation, lancé dans une expansion touristique à tout va, enfin désenclavé, selon les technocrates, ce monde à l'équilibre fragile est en pleine mutation. Il cherche sa voie. Profil vert ? Profil blanc ? Désormais, 6 millions de touristes et 5 millions de skieurs déferlent chaque année. Cette extraordinaire réserve de nature, aux derniers espaces sauvages, est devenue un non moins extraordinaire domaine de loisirs. Et certains de ces « déserts », vidés de leurs hommes récemment, sont déjà en proie à la surfréquentation, ce qui n'est pas le moindre des paradoxes. Planète verte, planète blanche, l'unique certitude est que sans bruit, discrètement, sa grande civilisation traditionnelle, pastorale, vient de disparaître. Et que le montagnard, ce survivant d'une ère révolue, est à compter au rang des espèces en voie de disparition. La montagne d'hier, celle d'aujourd'hui... Lancinant leitmotiv. L'évolution est si rapide que personne ne peut donner de réponses adéquates aux questions posées. Aux logiques économiques s'opposent les impératifs écologiques. Et deux priorités règnent : Développement, Protection — deux maîtres mots, ouvertement contradictoires. Pourtant, ce sont bien les deux énormes entreprises à mener de front. Ce sont les seuls termes du pari engagé, les seuls termes de l'alternative de la vie ou de la mort pour les gens de là-haut. Car eux ne demandent qu'une chose, simple en apparence : rester chez eux, y vivre décemment. Ne pas mourir. Voici, à point nommé, à l'exacte frontière des rêves et des réalités, le kaléidoscope de ce patrimoine naturel et humain sans pareil. Des montagnards, d'origine ou d'adoption, de tous horizons, de tous bords, parlent de leurs montagnes. Ils racontent. Les cimes et les merveilles. Les hommes et les bêtes. Les traditions et les nouveautés. Les angoisses et les espoirs. Avec au cœur cette obsession, d'un bout à l'autre de l'Hexagone : le dépeuplement, l'abandon, la mort lente. Autant de regards posés sur nos himalayas, réunis, mêlés, imbriqués, concernés. Autant de réflexions sur l'amour que nous leur portons. Voici un portrait vivant, passionné — la montagne n'est-elle pas avant tout affaire de passion ? Telle qu'en elle-même, elle se dessine, au fil de leur plume, au bout de leur objectif.

TABLE DES MATIÈRES

LE MASSIF CENTRAL

LES VOSGES

LE JURA

LES ALPES

LE MASSIF CENTRAL

Notre professeur d'histoire et géographie plaquait sa main grassouillette, doigts écartés, au milieu de la carte Vidal-Lablache, il se tournait vers nous et déclamait avec une vibrante solennité : « Le Massif central, placé au centre de la France comme son nom l'indique, est le symbole (ah ! bonne vieille montagne !) de l'unité de notre belle patrie ! » Dans le fond de la classe, nous attaquions aussitôt la Marseillaise en sourdine, à bouche fermée, bras croisés, l'air innocent. Potaches du lycée Jean-Baptiste-Dumas, à Alès (Gard), nous nous sentions adossés, les reins contre le roc, les pieds dans la Méditerranée, nous étions comme l'athlète prêt à l'élan pour le grand bond de la vie. Ce massif du Centre, on lui tournait le dos, on le méprisait un peu, pas aussi jeune que les Alpes ou les Pyrénées, pas aussi pointu, pas aussi tranchant qu'elles, il manquait de neiges éternelles.

« C'est aussi le château d'eau de la France..., reprenait le professeur sur son estrade. Voyez ce rayonnement bleu : la Loire au mont Gerbier-de-Jonc... » Ce rayonnement de sang bleu, comme d'un cœur, le cœur battant de la patrie, nous étions romantiques alors, entre deux guerres mondiales, et on venait de voir jouer Trois de Saint-Cyr au cinéma Familia de notre sous-préfecture. Pour une fois, le cœur n'était plus à Paris, Paris centre des autres cartes scolaires, Paris au creux de la toile d'araignée des rails et des routes. Bref, c'était notre montagne, c'était nous qui irriguions la patrie. Ce « massif primaire affecté par le volcanisme » qu'il fallait franchir comme à saute-mouton pour aller poursuivre ses études à l'X ou à Normale Sup, et, souvent, pour simplement trouver du travail. Puis sont arrivées les années noires. J'ai là sous les yeux la photo « rangs d'oignons » de notre classe de 1939. J'essaye de me repérer parmi ces trente bouilles sérieuses, malicieuses ou niaises, combien d'entre nous sont morts dans les sentiers de cette taupinière, fusillés, perdus ou simplement ensevelis sous un cyprès dans leur cimetière familial, tous rentrés sous terre, ré-avalés par la « bonne vieille montagne ».

Imposante féminité de notre sierra... Je n'ai cessé d'avoir, ma vie durant, des rapports avec elle, rapports tendres et violents, c'est selon, mais rapports intimes toujours. A l'heure actuelle encore, comme au temps de ma folle jeunesse estudiantine, presque une fois par mois, la nuit, je la pénètre, je la traverse comme dans un rêve pour arriver au matin dans une capitale aux yeux chassieux, gare d'Austerlitz. Vous ne connaissez pas le Paris-Clermont-Nîmes ? Je vous le recommande, c'est la ligne la plus extraordinaire de notre S.N.C.F., elle traverse le Massif central de plein fouet comme un sabre dans une motte de beurre. Direction sud, c'est après Clermont-Ferrand que ça devient magnifique. Sur la pente méditerranéenne, avant d'arriver à Alès, sur cent kilomètres de voie ferrée, il y a cent onze tunnels. Je ne compte pas les ponts et les viaducs... Le Paris-Clermont-Nîmes s'arrête dans quelque trente-cinq gares. Quand la voix féminine de la gare d'Austerlitz annonce le départ du train, elle n'en saute pas une. Son énumération est tout un poème : « Langeac, Saint-Georges-d'Aurac, Langogne, Luc, Prévenchères, La Bastide, Gorges-du-Chassezac,

Ci-dessus : Dans le Morvan, la Saint-Cochon, en novembre, une tradition encore bien vivante.

Ci-contre : En Cévenne, ces anciens qui ont refusé l'exil mais non la solitude.

Ci-dessous : Architecture du terroir cantalien, un toit de ferme en schiste près de Vic-sur-Cère.

Villefort, Concoules, Génolhac, Chamborigaud, Sainte-Cécile-d'Andorge, La Grand-Combe-La Pize... » Je vous en passe une trentaine.

L'autre soir, c'était dimanche, il y avait de la neige en altitude, alors tout devenait plus joli. D'abord, le dimanche soir, il y a les pensionnaires qui rentrent dans les C.E.G. des gros bourgs et les lycées des villes. Dans chaque petite gare, des bandes de garçons et de filles attendaient le train, ajoutez, bande à part, quelques permissionnaires facilement reconnaissables à leur coupe de cheveux... Maintenant, le train roulait dans la neige. Une neige collante qui se suspendait en grappe aux branchages, aux fils, au rebord des toits. Dans la nuit balayée par la lumière des wagons, ces combes, ces cascades, ces vallons, ces rocailles que je connais si bien prenaient des allures de cinéma fantastique, ou de science-fiction, et mon train glissait là-dedans avec le bruit angoissant d'une paire de ciseaux dans une pièce de velours blanc.

La neige est un excitant superbe. Dans chaque gare, les pensionnaires avaient posé leur cartable pour faire des boules de neige. Ils attendaient le train pour l'attaquer, c'était le Far West en Sibérie. Je n'osais plus rester à la fenêtre, ma vitre se décorait sur l'instant comme la devanture d'un restaurant pour les fêtes de fin d'année. Je me suis installé sur ma couchette, mais sans baisser le rideau. J'étais seul dans le compartiment. La nuque sur mes bras croisés, je voyais des villages perdus dans le blanc, des hameaux accrochés au flanc de la montagne, quelques lueurs, des gens veillaient là-bas, mais les lueurs étaient si faibles qu'il devait y avoir une panne d'électricité. Pas de télévision ce soir, pas d'éclats bleutés aux fenêtres, les familles se resserraient autour du feu de bois, attentives pour un soir aux vieilles voix, on se parlait à nouveau... Et moi, sur ma couchette, je luttais contre le sommeil, je voulais profiter de cette rare sensation d'éternité que seul peut offrir par une nuit d'hiver le massif. Je voguais comme dans un songe en plein Moyen Age, j'étais bien couvert, il faisait doux, j'aurais voulu que ça dure, vivre la minute qui passe. Le train avait ralenti, à cause de la côte, et de la neige. Il me laissait le temps de reconnaître chaque maison, chaque ferme, chaque mas perdu au flanc de la vieille montagne, je les connaissais tous, depuis toujours.

L'été dernier, fin août, vers le soir, à son heure, l'orage est arrivé d'un coup. Des éclairs, des coups de tonnerre. Les campeurs se sont tous retrouvés sur le chemin, frissonnants dans leurs imperméables. Les uns partaient à la recherche de mas aux voûtes solides, d'autres s'enfermaient dans leurs voitures, branchaient la radio et même les essuie-glace pour se sentir moins seuls. La vallée résonnait, tressautait, s'illuminait, à croire que la foudre tombait parmi les tentes.

Mais d'autres, des indigènes de la montagne, entrouvraient les contrevents, soupiraient : « Enfin, on va respirer... » Et ils se couchaient pour sombrer dans un sommeil d'enfance, bercé par ce « tambour des cagarolles » (« escargots » en occitan francisé), qui rythmait depuis toujours pour eux les premiers pas de l'automne. Leurs rêves étaient pleins de crues qui nettoyaient la rivière, qui emportaient les pots de yaourt vides vers la Cèze, le Rhône et la mer. Des crues qui laissaient, en se retirant, au creux des berges, des remous où pullulaient les vairons qu'on pêche en douce à la bouteille. Des pluies brutales sur des châtaigneraies surchauffées où « boulets » et « rouges » jaillissaient comme par miracle de leurs bouletchéires (champignonnières naturelles) secrètes. « S'il pleut encore demain, songeaient-ils, ce sera une bonne journée. Pas besoin d'arroser le jardin ni de mettre l'eau dans les prés. On fera du bois bien tranquillement sous le « calabert » (le toit de l'appentis), et les voisins traverseront la rue pour venir causer, ils mettront un vieux sac à patates en capuchon sur la tête pour ne pas trop se mouiller. Et après, quand le soleil reviendra, toute la vallée sera repeinte de neuf, il ne restera plus qu'à fouiner sur les rivages pour voir ce que la crue nous a laissé comme bois mort et « réballadis » (tout ce qui traîne) de toutes sortes, même les plus inimaginables. »

Il faut bien que l'eau du ciel regarnisse les sources. C'est, comme on dit, l'intérêt général ! Ce rayonnement bleu jaillit du cœur : l'Allier, le Lot, le Tarn, l'Hérault, les trois gardons, l'Homol, le Luech, tous naissent sur un périmètre grand comme la forêt de Rambouillet. Tous ces beaux ruisseaux font comme les garçons du pays ; ils quittent la montagne dès qu'ils se sentent la force de travailler pour les autres. Un vieux disait : « Et pourtant, malgré les neiges et les glaces qui font leurs fleuves, leurs grasses prairies, leurs jardins, leurs vergers au loin tout autour de notre pays de misère, c'est bien nous qui en avons enduré la neige, la glace et la foudre, mais voici : le bien, ce n'est pas souvent celui qui le souffre de sa peine qui en profite ! » Des vieux qui savent encore penser sur l'eau, vous en dénicherez encore quelques-uns dans les cotillons secrets de la vieille montagne, si vous êtes patients et humbles...

La montagne change robes et tailleurs avec la mode, ses chaussures et ses chapeaux aussi. Et ça ne lui va pas si mal, surtout l'hiver. Par le bas, elle s'enjuponne d'un parc national, par le haut, elle s'égaye la poitrine avec des remonte-pentes. Un exemple : le Mas de la Barque. Malgré son nom paradoxal, ce lieu-dit est situé au sommet du mont Lozère, un haut lieu pour les natifs de ce versant oriental du Massif central. Imaginez un plateau juste sous le ciel. Des bois de fayards, de grandes étendues caillouteuses, des sentiers, des sources... quelques pas suffisent là pour changer de continent et de siècle, pour passer du western à la préhistoire, des Hauts de Hurlevent au fief des Templiers. Quand la tramontane s'en donne sur ces crêtes, on arrive aux débuts de l'humanité. Il fait toujours ou trop chaud ou trop froid. C'est là que les enfants cévenols peuvent concrétiser les aventures de leurs lectures et de leurs cauchemars... Dans les parages se sont cachés les premiers Camisards, les premiers maquisards, et on les comprend, ils ne pouvaient trouver plus sûr entre Seine et Méditerranée. Lorsqu'on arrive là-haut, on devient autre. Du belvédère, on tient tout le pays à ses pieds, jusqu'aux Alpes, jusqu'aux Pyrénées. On peut voir luire au soleil les neiges de nos frontières lointaines. Par nuit claire, on voit le phare de Sète et celui de l'Espiguette en Camar-

Ci-dessus : Les ruines féodales du château d'Alleuze, dans un site romantique des gorges de la Truyère.

Ci-contre : Les gorges de l'Ardèche, taillées dans le calcaire des monts du Vivarais.

Ci-dessous : L'église Notre-Dame d'Orcival (Puy-de-Dôme), du XIIe s., joyau de l'art roman auvergnat.

gue. Avec, en prime, ce vent dans les cheveux, et de grandes claques humides et glacées pour se garder éveillé. On se sent comme un roi. Si l'Éternel existe, s'il vient quelquefois se poser sur terre, au cagnard, pour se rouler une cigarette et nous causer familièrement, c'est là qu'il vient s'asseoir.

Là poussent des choses qu'on ne trouve plus guère qu'en congélateur, des cèpes, des myrtilles..., c'est le paradis de la cueillette. Au village, en bas, nous trouvions toujours une raison d'y grimper. Dès qu'on avait une journée devant soi : « Tiens, si on montait au Mas de la Barque ? » On préparait dans la joie les paniers, les tricots et les godasses cloutées. On descendait avec la nuit, vannés et heureux comme des aventuriers vainqueurs. Il n'y avait alors sur place qu'une maison forestière, on pouvait toujours s'y abriter en cas de tourmente, ce qui n'était pas rare. C'est autour de ce feu de chêne vert que les mômes pouvaient entendre les histoires les plus fantastiques. Ils redescendaient dans leur étroite vallée la tête farcie de sorcières, de démons, de brigands, de maquignons retors et de braconniers rigolards.

Puis est venue la vogue du ski. La neige, au lieu d'être un empêchement, est devenue une raison de plus pour « monter au Mas ». Pas de station mondaine, du ski familial. On s'équipait de bric et de broc, on débutait, on pouvait chuter sans être ridicule, et on cassait la croûte en chœur, appuyé à un arbre. Des mineurs, des paysans, leurs femmes et leurs enfants se sont fixé des planches sous les pieds, on se marrait bien, on s'interpellait, on se soutenait, on se ramassait... Tout autour, la désertification des campagnes s'étendait. Les jeunes quittaient les villages pour aller chercher du travail à Nîmes, à Clermont-Ferrand, à Paris, mais le dimanche, on les voyait revenir avec leurs skis sur le toit des voitures. La neige était un nouveau prétexte à toucher encore un peu le pays. Les vieux parents étaient bien contents. Évidemment, plus ça allait, plus ça faisait du monde. Il a fallu prévoir un parking, des chasse-neige, des installations adaptées aux nouveaux besoins. Les villages voisins se sont équipés, ils ont fourni des logis, de la main-d'œuvre. Eux que l'hiver endormait depuis des siècles, l'hiver les réveille dans ce curieux temps où nous sommes.

A 7 heures du matin, ce lundi, gare d'Austerlitz, j'ai pris un taxi. « Il n'a pas neigé, ici? » Le chauffeur avait « l'accent », il était de Saint-Flour, on s'est donc « reconnus », on s'est mis à parler de l'année où la neige avait bloqué l'autoroute du Sud... Mon taxi auvergnat m'exposait calmement : « La vallée du Rhône, c'est pas comme chez nous, c'est pas vraiment des pays de neige... Alors, faut comprendre, ils peuvent pas se payer des gens et des engins spécialisés qui ne travailleraient qu'une fois tous les deux ou trois ans... » Il était plein de sagesse, et sentait bon le pays — malgré tout —, peut-être même qu'il éprouvait du plaisir à rouler dans ce Paris de l'aube, avec peu de circulation, dans un petit jour laiteux.

JEAN-PIERRE CHABROL

MORVAN
Côte d'Or
Auxois
Bazois
Terre Plaine
CHAROLAIS
Mts du Mâconnais
Mts du Beaujolais
Mts du Lyonnais
Plaine du Forez
Mts de la Madeleine
Mts du Forez
BOURBONNAIS
Combraille
LIMAGNE
MONTS DÔME
PLATEAU DE MILLEVACHES
MARCHE
LIMOUSIN
LYON
ST-ÉTIENNE
MÂCON
CHALON-S.-SAÔNE
BEAUNE
AUTUN
NEVERS
MOULINS
MONTLUÇON
CLERMONT-FERRAND
VICHY
ROANNE
THIERS
MONTBRISON
GUÉRET
LIMOGES
CHÂTEAUROUX
ANGOULÊME
AVALLON
CLAMECY
MONTBARD
CHAROLLES
ST-AMAND-MONTROND
LA CHÂTRE
AUBUSSON
USSEL
ISSOIRE
AMBERT
RIOM
BELLAC
CONFOLENS
ROCHECHOUART
MONTMORILLON
VILLEFRANCHE-S.-SAÔNE
VIENNE
LOUHANS
CHÂTEAU-CHINON
Loire
Allier
Cher
Creuse
Vienne
Saône
Rhône
Indre
Charente
Puy de Dôme 1464

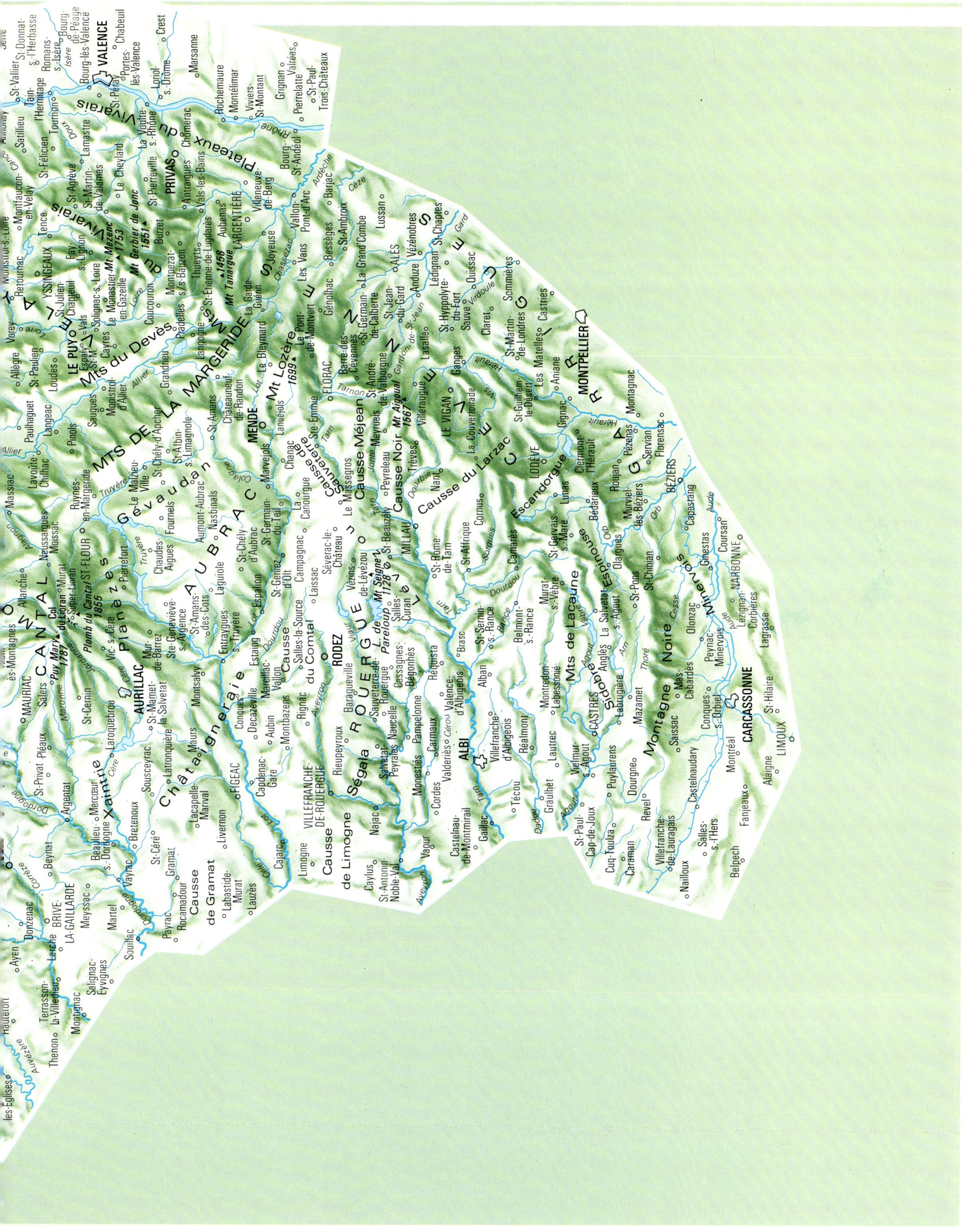

VALENCE
PRIVAS
Plateaux du Vivarais
Vivarais
LE PUY
YSSINGEAUX
Mts du Devès
Mt Mézenc 1753
Mt Gerbier de Jonc 1551
MTS DE LA MARGERIDE
Mt Lozère 1699
MENDE
L'ARGENTIÈRE
Aubenas
ALÈS
Causse Méjean
Causse Noir
Mt Aigoual 1567
LE VIGAN
Causse du Larzac
MILLAU
LODÈVE
MONTPELLIER
BÉZIERS
NARBONNE
CARCASSONNE
LIMOUX
CASTRES
Mts de Lacaune
Montagne Noire
Minervois
Espinouse
Sidobre
ALBI
RODEZ
ROUERGUE
Ségala
Causse du Comtal
VILLEFRANCHE-DE-ROUERGUE
FIGEAC
Châtaigneraie
AURILLAC
CANTAL
Puy Mary 1787
Plomb du Cantal 1855
ST-FLOUR
Planèze
AUBRAC
Gévaudan
MAURIAC
Xaintrie
Causse de Gramat
Causse de Limogne
BRIVE-LA-GAILLARDE
Escandorgue
Lévézou
Mt Seigne 1128
Mt Tanargue 1458

LES VOLCANS D'AUVERGNE

Moyenne montagne, a-t-on coutume de dire : certes, aucun des sommets des chaînes étirées entre la Combraille au nord et l'Aubrac au sud n'atteint-il 2 000 mètres ; altitudes dérisoires en regard de celles des puissants massifs des Alpes et des Pyrénées. Pourtant l'Auvergnat la voit grande, sa montagne, et il a raison. Ce qu'hier encore il savait moins, c'est que ce chaos, ce chef-d'œuvre, était jeune. Bien plus jeune que les grands voisins surgis à l'ère tertiaire dans le sud et dans l'est de la France. Lui qui croyait habiter le plus vétuste, le plus robuste aussi de nos reliefs ! L'Auvergne fait parler. Et elle nous fascine à juste titre. Jusqu'à il y a tout juste deux cents ans, on ne savait pas comment elle nous était née. Un hasard voulut qu'un voyageur reconnût en 1751 le double cratère du Pariou... Un volcan ? Des dizaines de volcans ? Le Sancy, un volcan ? Pascal, le Clermontois, le savant, eût souri et se serait peut-être fâché si on avait voulu le contraindre à admettre que son puy de Dôme était, comme tout le reste, une sorte de monstre jailli des entrailles de la terre depuis moins de 8 000 ans.

Puys de la Vache (1 167 m) et de Lassolas (1 195 m). Ces volcans jumeaux semblent être nés hier : cônes de scories basaltiques et de cendres aux cratères égueulés, ils ont été à peine colonisés par la végétation et restent peu boisés.

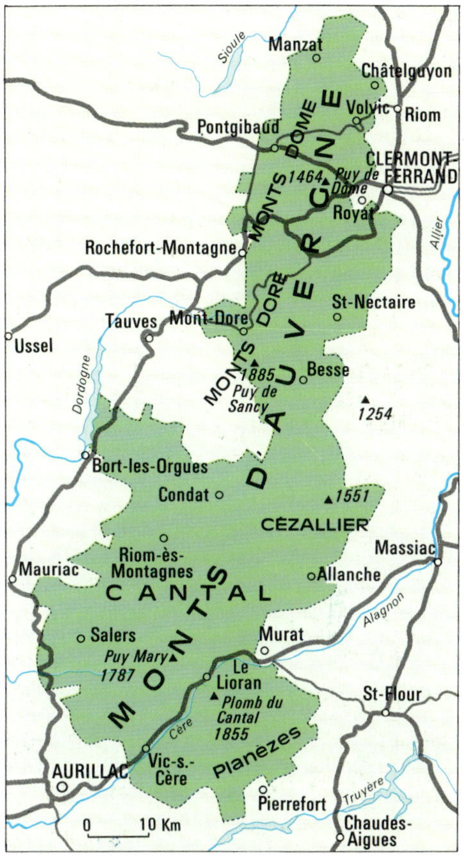

Le puy de Côme (1 252 m) et la chaîne des Puys. Au cœur de « l'un des plus beaux fleurons des volcans d'Europe », un grand cône strombolien à deux cratères emboîtés.

Le puy de Pariou (1 210 m). Le plus parfait des monts Dôme, « le Vésuve auvergnat ». Son cratère circulaire de 200 m de diamètre atteint 92 m de profondeur.

LE PUY DE DÔME

Jailli à 1 000 mètres au-dessus du site de Clermont-Ferrand, et dépassant de plus de 200 mètres les plus élevés de ses voisins, le géant de la chaîne des Puys a toujours fasciné les hommes, qui l'ont sacralisé bien avant de s'y livrer, au sommet, à des expériences scientifiques. Ainsi de l'une des plus célèbres, commandée par Pascal à Florin Périer, pour obtenir la preuve que la pesanteur de l'air n'était pas un leurre.

Mais le volcan est aussi réputé pour les inversions de températures qui s'y manifestent : plus léger que l'air froid, l'air chaud se maintient en altitude ; on note assez régulièrement des écarts de plus de 10 °C entre le site de l'ancien observatoire et celui du parvis de la cathédrale de Clermont. Il gèle aussi là-haut cent quarante nuits par an, et la neige s'y maintient trois mois de plus que dans la capitale auvergnate.

D'accès difficile, le sommet peut être atteint, depuis 1926, par une route (à péage) qui se développe en spirale à raison d'une pente régulière de 12 pour 100, et qui suit le tracé de l'ancienne voie du chemin de fer à crémaillère inaugurée en 1906. On peut aussi y parvenir en empruntant, à pied, l'itinéraire de l'ancienne voie romaine que suivirent les pèlerins. Là-haut, un relais de télévision occupe l'emplacement d'un observatoire météorologique construit à la fin du XIXe siècle : l'ouverture du chantier avait alors permis la découverte des ruines du temple grandiose que les Gallo-Romains, vers l'an 50 de notre ère, avaient offert, sur le site d'un lieu de culte arverne, à Mercurius Dumias (Mercure du Dôme). Le monument, détruit à l'époque des Invasions, avait presque totalement disparu.

En 1911, le premier grand prix Michelin honora l'exploit de l'atterrissage, au sommet, de l'aviateur Eugène Renaux; mais le grand éveil, sur le plan touristique, du roi des puys d'Auvergne date de 1952 : à l'issue d'une étape contre la montre du tour de France cycliste, Fausto Coppi endosse là-haut le maillot jaune. La roue tourne : demain — qui le sait? —, le puy de Dôme accueillera peut-être les concurrents d'un autre « tour », celui des U.L.M...

Nous l'aurions excusé, car son époque ignorait que l'homme du Néolithique, ici, avait assisté à un gigantesque feu d'artifice.

Depuis le XVIIIe siècle, la connaissance du phénomène de nos montagnes a fait, tout de même, des progrès. Encore insuffisants, certes, car nous ne pouvons nous satisfaire d'être en mesure de donner un âge à certaines de nos pierres, de dresser un bilan de l'évolution des cataclysmes. En effet, nous ignorons toujours l'essentiel : l'Auvergne s'est-elle vraiment tue à jamais ou prolonge-t-elle l'un de ces sommeils dont elle a le secret?

Voici près de 30 millions d'années que le pays bouge, avec des périodes de silence qui ont pu s'étendre sur plusieurs millénaires. Les plus récentes des éruptions dont on ait connaissance, autour du Pavin, de Montcineyre, de Montchal, de la Godivelle, entre Sancy et Cézallier, se sont produites il y a moins de 4 000 ans. On aurait donc grand tort de croire, si l'on se souvient que le puy de Dôme venait de prendre place 4 000 ans plus tôt seulement, que nos volcans dorment de façon définitive. En outre, nous ne disposons que de rares et vagues témoignages, postérieurs au début de l'ère chrétienne, de manifestations volcaniques vécues,

Le lac Pavin (1 197 m). Ce lac-cratère, serti de forêts et de rochers, est un des plus beaux d'Auvergne. Il a été créé par explosion vers 1 500 av. J.-C. Selon la légende, l'ancienne ville de Besse y fut engloutie par punition divine.

dont celle, consignée par un chroniqueur, d'une pluie de cendres qui se serait abattue vers le milieu du XIe siècle sur Clermont-Ferrand, et qui aurait été consécutive à un séisme. Bien entendu, on continue d'ignorer la provenance du crachat en question, même si certains géologues ont récemment cru pouvoir la situer dans la bouche du Kilian, dont on sait qu'elle saupoudra à plusieurs reprises le versant occidental du puy de Dôme. Quoi qu'il en soit, tout visiteur de l'Auvergne doit savoir qu'il marche sur un volcan potentiel. La terre y bouge toujours un peu quelque part : nous l'avons personnellement éprouvé en deux occasions au moins à des dates récentes, une fois au petit jour en plein vieux Clermont le 11 novembre 1977, une seconde fois sur le versant sud du puy Mary, ce qui peut paraître beaucoup plus inattendu, vers 13 heures, le 28 juillet 1983. Il n'est, dans de telles conditions, guère surprenant que les volcanologues s'intéressent de plus en plus au massif : pour quand, et surtout où, la prochaine explosion, la projection de scories, la coulée ?

Tout semble avoir commencé il y a une trentaine de millions d'années dans la zone orientale aujourd'hui effondrée et couverte de sédiments, qui correspond au bassin des Limagnes. En se soulevant, les Alpes et les Pyrénées provoquèrent la cassure en mille morceaux du socle ancien, selon des lignes de fracture à dominante nord-sud ; cette immense table granitique, pénéplanée au cours des millions d'années précédentes, reposait en fait sur des couches plus ou moins épaisses et plus ou moins visqueuses de roches en fusion. Par les fractures créées, ces roches à forte teneur en bulles de gaz fusèrent à la surface, s'épandant en énormes tapis de laves.

A la maison des Volcans, ouverte dans l'enceinte du château d'Aurillac, des panneaux suggestifs donnent l'échelle du temps ; ils permettent de réaliser à quel point les dernières manifestations volcaniques sont proches de nous, mais aussi que ces effusions du tertiaire sont géologiquement récentes (30 millions d'années tout au plus) comparativement au volcanisme ancien de Bretagne et des Vosges (entre 230 et 200 millions d'années).

Un grand fossé se forme, entre les plateaux que recouvrent, depuis, les monts du Cantal et, à l'est, ceux du Livradois. Un lac immense, ou plutôt une succession de lacs vont en occuper le fond pour plusieurs millions d'années. Lorsque les lacs se retireront, torrents et rivières continueront d'y déposer des alluvions. Aujourd'hui, l'Allier occupe le centre de la dépression, contournant les massifs éruptifs apparus dans un premier temps sous les eaux ; les nappes des coulées effusives ont subi peu d'altérations, mais ici et là pointent aussi des dykes, qui correspondent à d'anciennes cheminées dans lesquelles la lave s'était solidifiée.

En regard des éruptions sous-lacustres des Limagnes, le massif du Cantal apparaît tout jeune. Pourtant, le plus grand de nos volcans dignes de ce nom est aussi le plus ancien du massif. Les premières effusions de lave, qui s'épandirent sur le socle, ont pu être datées de 21 millions d'années environ. Mais l'énorme machine de 75 kilomètres de diamètre, de 180 kilomètres de circonférence, de 2 500 kilomètres carrés (presque deux fois la superficie de l'Etna) que fut le volcan Cantal ne commença à se mettre en place que 8 millions d'années plus tard.

Trois phases principales caractérisent l'activité volcanique du Cantal. Entre − 13 et − 9 millions d'années, on assiste d'abord à un grand épisode effusif de laves fluides, des basaltes toujours, qui envahissent la plupart des dépressions du socle, notamment dans la partie nord de la région, autour du site qu'occupera à l'époque historique Riom-ès-Montagnes. La seconde phase, de − 9 à − 5,5 millions d'années, est celle pendant laquelle se manifeste le volcanisme explosif proprement dit, accompagné de coulées de boues et de laves visqueuses. Les fantastiques explosions de magmas riches en gaz entraînent le dépôt de matériaux de toutes sortes, souvent arrachés au socle ancien rencontré sur la trajectoire des cheminées, et qui se ressouderont entre eux à l'air, agglomérés par des ciments laveux. C'est la grande époque de mise en place du stratovolcan (à peu près 80 pour 100 du massif sont alors constitués), aux dizaines de bouches qui ne cessent de cracher pendant 4 millions d'années tandis que s'accumulent les brèches, que les laves visqueuses s'érigent en dômes (dits dômes-coulées) dont le puy Mary, au profil plus tard façonné en horn par les glaciers, offre un très bon exemple.

Ce n'est pas tout. Deux phénomènes tectoniques de grande importance

Le lac de Guéry (1 244 m). Son origine : une coulée basaltique qui a formé barrage. De ses rives austères, on a une vue superbe sur les crêtes du massif du Sancy.

accompagnent ce mouvement gigantesque : la formation d'un fossé d'effondrement de 20 kilomètres, puis l'installation d'une caldeira, de 5 kilomètres de diamètre, toujours visible, et qui s'ordonne entre les hautes vallées de la Cère et de la Jordanne selon l'axe actuel des lignes de crêtes. La troisième phase, plus courte (entre − 5,5 et − 2,8 millions d'années), est aussi plus simple : le volcan Cantal se met définitivement en place. Son altitude au sommet a pu dépasser 4 000 mètres. Son sommet de cendres a bien sûr disparu sous l'effet de l'érosion, mais les laves les plus dures, les basaltes étalés à la périphérie ont bien résisté : le couronnement du plomb majeur se dresse encore à plus de 1 800 mètres; précisons qu'il s'agit là de l'une des bordures du grand cratère, le centre de l'appareil se situant à la verticale, à peu près, du dôme de phonolite du puy Griou, à 2 kilomètres de là à vol d'oiseau. Il faut encore préciser à propos des coulées que certaines étaient parvenues à se détacher de l'appareil central, telle celle, célèbre, de Saint-Flour, constituée par accumulations entre − 5,4 et − 4,1 millions d'années.

L'érosion, principalement fluviale et torrentielle, dégagea progressivement les massifs de roches dures, provoquant assez souvent des « inversions de relief » tout à fait caractéristiques de l'Auvergne; dans l'ensemble cantalien, la coulée du plateau de Carlat, qui domine tout le paysage, est exemplaire. Les glaciers n'ont probablement joué qu'un rôle mineur. Cependant, sans qu'on doive en exagérer l'importance, il est vrai que la dernière grande glaciation connue des géologues (entre − 75 000 et − 10 000 ans) n'est pas étrangère à la finition du profil de certaines des grandes vallées en auge rayonnantes.

Au nord du Cantal, le Cézallier correspond à un énorme volcan-bouclier de composition presque essentiellement basaltique (à 80 pour 100); si le socle ancien apparaît sous la forme de certains de ses pointements (signal du Luguet, point culminant, 1 551 m), le mont Chamaroux (1 475 m), dans le même massif du Luguet, compose un cône constitué de pouzzolanes récentes, contemporaines de la formation de la chaîne des Puys (moins de 10 000 ans), qui s'est superposé aux autres formations volcaniques et que l'érosion n'a qu'à peine entamé.

Beaucoup plus jeune que le Cantal, le stratovolcan des monts Dore (600 km², quatre fois la surface du Vésuve) adopte une forme elliptique : 35 kilomètres d'est en ouest pour 16 kilomètres du nord au sud; il apparut en deux phases lors d'éruptions qui se produisirent entre − 6 millions et − 250 000 ans. Ce qu'on nomme le mont Dore lui-même se constitua pendant une période intermédiaire (à partir de − 3 millions d'années) tandis que le second volcan centralisé, le grand et beau Sancy qui dessine dans le ciel une arête péléenne (1 886 m), se forma beaucoup plus tard (vers − 900 000 ans) avant la création de la caldeira trapézoïdale aujourd'hui occupée par la haute vallée de la Dordogne. Cet ensemble impressionnant,

déjà passablement buriné par l'érosion torrentielle et glaciaire, constitue la région volcanique la plus variée de France, la plus passionnante pour les géographes, et partant la mieux étudiée de toutes.

L'homme a vu se former les puys de la chaîne qui portent ce nom : tout jeunes, les soixante volcans groupés sur 35 kilomètres du nord au sud, à l'occident immédiat de la Limagne de Clermont, sont les mieux connus des visiteurs de l'Auvergne. Il est vrai qu'observés de la plate-forme du puy de Dôme, le plus ancien d'entre eux (8 300 ans) et le plus haut (1 465 m), ils offrent un spectacle lunaire sans doute unique au monde. Mais observons d'un peu plus près ce maître, qui intrigue, et qui est aussi le plus original puisqu'il n'a pas de cratère sommital. Sa genèse demeura longtemps imparfaitement comprise. On alla même jusqu'à supposer que sa masse, compacte, avait été projetée hors du socle par une gigantesque bulle de gaz qui n'aurait jamais pu s'échapper, faute d'orifice de sortie; et d'ajouter que dans ces conditions l'intérieur du volcan serait creux... L'observation, depuis la route du col de la Moreno, qui passe à son pied, juste au sud, offre l'image rigoureuse d'un cône trapézoïdal, dressé à 550 mètres au-dessus de coulées antérieures. D'une brèche, mais plutôt d'une bouche strombolienne plus tard ensevelie sous la masse du géant, se serait élevé progressivement, en l'espace de mille ans peut-être, ce chef-d'œuvre de la nature, type parfait du cône péléen (du nom de la montagne Pelée, en l'île de la Martinique, dont l'éruption, en 1902, bien observée par Lacroix, permit d'identifier ce type d'édifice volcanique). Ces appareils, qui adoptent parfois la forme de dômes et qui peuvent être multiples — le nôtre est principalement double, il s'est constitué en deux épisodes —, correspondent à des accumulations de laves si pauvres en gaz qu'elles sont extrêmement visqueuses et ne peuvent donc s'épancher; celles du puy de Dôme, un trachyte poreux de

Superbesse (1 350 m), sur le versant sud du massif du Sancy. Inaugurée en 1961, cette station s'oriente de plus en plus vers le ski de fond, avec 100 km de pistes balisées.

couleur claire auquel on a précisément donné le nom de domite, s'injectaient progressivement dans un cône de cendres et se solidifiaient au contact de l'air froid à mesure que le cône croissait. Les études sur le terrain, réalisées grâce au carbone 14 sous les pouzzolanes provenues ultérieurement du cratère Kilian (500 m au sud-ouest), donnent tout lieu d'estimer que l'appareil se présentait pratiquement sous sa forme actuelle vers 6300 av. J.-C. A cette date, il comprenait déjà deux unités morphologiques distinctes : à l'ouest, la masse rocheuse initiale, au sommet plan et aux pentes abruptes; à l'est, un dôme postérieur, qui correspond à l'excroissance d'une aiguille lentement ensevelie sous les cendres éjectées par la bouche sommitale, et dont l'éruption s'accompagna de coulées boueuses qui comblèrent en partie, au nord, le cratère latéral, dit Nid de la Poule, proche du petit puy de Dôme (1 264 m).

Alentour, mais principalement au nord et au sud, s'organise en traînée un immense musée naturel du volcanisme, et bien que les appareils soient tous éteints, la diversité des images qu'ils offrent par leur jeunesse — l'érosion n'en a pratiquement entamé aucun — est tout à fait passionnante. Sur le horst cristallin d'un plateau dressé à 700 mètres en moyenne audessus de la plaine, entre les fossés tectoniques de la Sioule et de la Limagne, apparurent, voici 35 000 ans, les premiers maillons de la chaîne. Dans l'ouvrage qu'il a consacré aux volcans d'Europe, le volcanologue Maurice Krafft fait état, pour ce qui concerne les puys de la basse Auvergne, de douze phases éruptives principales, les plus anciennes pouvant être localisées plutôt au nord, les plus récentes au sud (et même au sud du massif du Sancy).

On a évoqué, à propos du puy de Dôme, les volcans du type péléen; au

LA BOURBOULE

La Bourboule est l'un des centres de cure les plus réputés du monde et, depuis cent soixante ans, sans doute le plus fréquenté de France après Vichy. Elle accueille le quart des patients séjournant dans nos stations thermales. La ville devrait son nom à Borvo, dieu celte des sources. A 850 mètres d'altitude, au fond de la dépression tectonique des monts Dore parcourue par la vallée de la haute Dordogne, La Bourboule, comme sa voisine Le Mont-Dore, exploite depuis l'Antiquité plusieurs sortes de sources hydrominérales de températures différentes mais de compositions voisines.

On reconnaît, dans le Massif central, deux types principaux d'eaux thermominérales : les unes sourdent de puits forés dans les failles — c'est le cas de plusieurs de celles de La Bourboule —, d'autres jaillissent de façon naturelle; les premières proviennent généralement d'infiltrations d'eaux de surface, réchauffées en profondeur et enrichies par les dépôts en sels minéraux rencontrés sur leur parcours; les secondes, comme celles du Par, à Chaudes-Aigues, ou de Bellerive, près de Vichy, proviennent d'un surchauffement engendré par le contact de roches à température élevée. Cela ne signifie pas que les nappes soient toujours profondes : alors qu'ailleurs dans le monde, la température augmente en moyenne de 1 °C par 33 mètres de profondeur, elle augmente en Auvergne de plus de 2 °C pour une profondeur égale.

Les puits de Choussy-Perrière, à La Bourboule, forés respectivement à 75 et à 84 mètres, procurent des eaux d'une température de 59 ou 60 °C pour un débit de 600 000 litres environ toutes les vingt-quatre heures; à l'amont de la station, les eaux de la source Croizat (300 000 litres en vingt-quatre heures) sourdent à 41 °C; mais, dans la ville même, les sources Fenestre I et Fenestre II procurent des eaux froides (19 °C, 200 000 litres en vingt-quatre heures) utilisées en partie pour le rafraîchissement de celles des sources Choussy.

Radioactives, les eaux de La Bourboule, qui présentent un taux d'arsenic de 5 pour 100 (ce sont les plus arsenicales d'Europe) et une teneur non négligeable en chlorure de sodium, carbonate de soude, calcium, sulfate de sodium, sont surtout utilisées dans le traitement des affections des voies respiratoires, mais aussi des affections cutanées : La Bourboule, station des enfants, pour lesquels un univers de jeux a été créé dans le parc Fenestre, est la seule des dix stations d'Auvergne où l'on soigne les maladies dermatologiques.

nord de celui-ci, le Grand Sarcouy en offre un autre magnifique exemple.

Le type du volcan strombolien correspond à l'image la plus populaire du volcan à cratère : il est ici fort répandu. Expulsant des laves sombres, les andésites, auxquelles appartient la fameuse « pierre de Volvic », grise et bulleuse, le cratère produit des explosions de façon continue, plusieurs mois de suite en général; projetés à de fortes hauteurs, les fragments de lave incandescente se refroidissent, deviennent bulleux, se fusellent sous forme de bombes en tourbillonnant, avant de se déposer en nuées sur les flancs de la machine dont elles constituent progressivement le cône de pouzzolanes. Mais le volcan strombolien émet aussi des laves qui s'épanchent en coulées, à la base des pouzzolanes du cône, et progressent dans la dépression la plus proche avant de s'interrompre par solidification. Le puy des Goules, au nord du puy de Dôme, est caractéristique du phénomène. Plus proches, le puy de Pariou et le puy de Côme, séparés par la masse du Clierzou, offrent une belle variante du même type de volcan : leurs cratères, « emboîtés », se sont constitués à l'occasion d'éruptions séparées dans le temps mais produites par la même cheminée. Il peut arriver que les coulées émanant de la bouche soient si puissantes qu'elles écrasent littéralement une partie du cône : les deux volcans jumeaux de la Vache et de Lassolas offrent une image on ne peut plus caractéristique du cratère « égueulé ».

On a vu que l'un des aspects originaux, et souvent injustement négligés, du volcanisme de la chaîne des Puys était constitué par les coulées, localement désignées sous le nom de cheires (qui vient peut-être du mot celte *cairn* : pierre) ou parfois de serres — tel le chaînon de ce nom, au sud de Clermont-Ferrand, qui est une belle illustration d'inversion de relief. Et puis il y a les lacs. Certains se sont établis dans les cratères, ce sont les maars, dont le gour de Tazenat, tout au nord de la chaîne, et le Pavin, tout au sud, sont les plus célèbres; parfois, ces lacs de cratère ont disparu, enfouis dans la roche poreuse, parfois ils ont donné place à des marécages : ce sont les narses, telle celle, très connue, d'Espinasse. Mais d'autres lacs sont nés d'un barrage, provoqué par les coulées qui ont occupé le lit d'un cours d'eau : les grandes coulées de la Vache et de Lassolas ont donné naissance aux lacs d'Aydat et de la Cassière ; d'autres encore sont dus à l'oblitération née de l'apparition d'un nouveau cône (c'est le cas du lac Chambon), voire d'une cassure tectonique (lac de Guéry).

Sur les hauts pâturages du puy Mary (1 787 m). Dans les monts du Cantal paissent les vaches de Salers à la robe acajou. Elles resteront sur les « aigades » pendant les cinq mois d'estive.

Le gour de Tazenat est donc un maar : ce type de volcan procède d'une explosion provoquée en profondeur par la vapeur d'eau ; le cratère offre une rotondité presque parfaite, accusée par la formation d'un lac de surface né d'eaux de pluies qui s'y sont accumulées après l'extinction du feu de la cheminée; ce lac, profond de 66 mètres et d'un diamètre de 700 mètres, offre des parois abruptes, découpées par le volcan dans des tufs d'âge primaire recouverts, en particulier au nord, par des scories.

Le puy de la Nugère (994 m), le plus septentrional des grands appareils de la chaîne, fut aussi le premier à avoir été reconnu comme un volcan par

SALERS, CAPITALE MONTAGNARDE

1

2

3

4

5

Symbole et témoignage de ce que furent les foyers communaux de l'Auvergne rurale, la petite ville de Salers, édifiée à 930 mètres sur le rebord occidental de la planèze de Mauriac, domine, face au puy Violent (1 593 m), le paysage du profond vallon glaciaire de la Maronne. Au Moyen Age, quelques bâtisses entouraient le château de Salvin. L'essor du bourg qui va devenir Salers procède, on ne sait trop pour quelles raisons, de l'établissement en ses murs, en 1584, du bailliage des « Hautes montagnes », retiré à Saint-Martin-Valmeroux. On rebâtit les remparts, face aux bourrasques et aux assauts des pillards, on restaure le vieux château. La bourgade se fait lieu clos. Comme aujourd'hui, moins de six cents personnes y sont établies. Mais elle devient, en dépit des épidémies qu'elle doit combattre et des sièges qu'elle doit soutenir, tour à tour face aux huguenots puis aux ligueurs, un important centre d'échanges au cœur du « pays vert ». C'est à cette époque que Salers voit s'édifier un nombre estimable d'hôtels familiaux et de logis seigneuriaux ornés de tourelles; depuis 1509, elle peut élire trois consuls chargés de son administration; l'un d'eux, Pierre Lizet, est même devenu, sous le règne de François Ier, premier président du parlement de Paris. A ce siècle de gloire vont succéder plus de deux cents années de sommeil relatif durant lesquelles la cité s'établit dans une bourgeoise quiétude autour de ses couvents.

1. Salers, place forte « taillée en pleine lave au cœur du haut pays ».
2. La porte de la Martille, dans les remparts de la ville.
3. La Grande-Place, avec ses façades de lave sombre.
4. Détails Renaissance sur la façade de la maison Bertrandy.
5. La porte du Beffroi, appelé encore tour de l'Horloge.

Bien que Salers, au XIXe siècle, se maintienne à l'écart du développement industriel, un de ses illustres fils, agronome émérite, Tyssandier d'Escous, permet au centre de foires de sortir de l'ombre, en créant, par sélection d'espèces, la célèbre race de vaches laitières à robe de bure et aux cornes en forme de lyre. Pour l'amélioration de la production fromagère... Certes croise-t-on aujourd'hui la race du terroir avec la frisonne, réputée excellente laitière, et avec la charolaise, pour le veau de boucherie : le rendement commande!

Le haut Cantal en hiver. Ces vastes horizons dénudés sont néanmoins de bons terroirs, avec leurs grasses prairies, humides les mois d'été, fortement enneigées pendant l'hiver.

J. E. Guettard en 1751; le cratère, égueulé, a émis six coulées de laves, empilées les unes sur les autres; la petite ville de Volvic s'est édifiée sur l'une d'elles. Ces laves claires, exploitées dans des carrières, ont longtemps été utilisées pour la construction avant que les tailleurs d'aujourd'hui ne poursuivent leur exploitation pour la fabrication de monuments funéraires. Sous l'une des cheires sourd l'eau minérale de Volvic exploitée industriellement en raison de sa pureté, due aux filtres constitués par les roches rencontrées, et aussi de son abondant débit (200 l/s). Quant au puy Chopine, c'est un volcan très original : aujourd'hui recouverte par la végétation, son aiguille est parvenue, à travers un cratère d'explosion, au niveau de la surface à l'état pratiquement solide.

Au sud du Sancy, l'ensemble Montchal-Pavin correspond à un groupe de quatre volcans très jeunes : le Montcineyre, qui eut une activité vers 1500 av. J.-C., est sans doute la plus récente de nos montagnes. Le superbe lac Pavin (du latin *pavens* : qui fait peur) occupe un cratère d'explosion : les Arvernes ont assisté à sa création. Ce maar, plus vaste et plus profond que le gour de Tazenat (750 m de diamètre, 92 m de profondeur), constitué à 1 200 m d'altitude en vue de Superbesse, est dominé par la masse du Montchal (1 411 m), formé à la même époque, de même que le lac de la Godivelle, qui apparaît un peu au sud.

Ultimes manifestations identifiées du volcanisme auvergnat, les puys et les lacs groupés entre Sancy et Cézallier continuent à susciter les polémiques. Est-ce bien dans leur environnement que les roches en fusion du sous-sol proche réapparaîtront en surface un jour, pour parachever la magnificence du chaos ?

BERNARD HENNEQUIN

LE VELAY SECRET

Trois flèches vigoureuses jaillissent vers le ciel : Saint-Michel d'Aiguilhe, sur son fin piton volcanique, la statue de la Vierge, couronnant le rocher Corneille, et le pur clocher roman de la cathédrale Notre-Dame. Nulle part, sans doute, la nature et l'art n'ont été aussi intimement et aussi harmonieusement mêlés. La lave du cœur des volcans, plus dure que ses gangues minérales, a été mise à nu par l'érosion, et les hommes ont su profiter de ces fabuleux piédestaux pour y ériger des chefs-d'œuvre.

Un joyau dans son écrin. Ainsi découvre-t-on Le Puy-en-Velay en arrivant du nord. Et l'on comprend que cette vision quasi céleste ait pu transcender la foi des millions de pèlerins venus ici au fil des siècles. Peu de villes offrent un pareil site, présentent une aussi fière allure. Les plus chauvins de ses habitants — et Dieu sait, ou plutôt la Vierge sait, combien les Ponots le sont ! — n'hésitent pas à la qualifier de huitième merveille du monde. N'exagérons rien, mais il est vrai que la cité de Marie, façonnée par un millénaire et demi de dévotion religieuse, ne laisse personne indifférent, croyants ou non.

La chapelle romane dédiée à saint Michel archange domine ainsi le seul grand bassin du Velay sur son socle

La vieille ville du Puy, logée entre d'imposants pitons volcaniques portant la chapelle Saint-Michel d'Aiguilhe et la statue de la Vierge. A droite, la cathédrale romane, but des pèlerinages.

Dans les ruelles de la ville haute. De nombreuses boutiques offrent ouvrages de dentelle et objets de piété. Au Puy, la tradition des dentellières travaillant avec leur « carreau » sur les genoux n'a pas disparu malgré la concurrence mécanique.

LA DENTELLE DU PUY

Depuis toujours on associe le mot dentelle à la ville du Puy. Mais à quand remonte ce toujours ? On ne le sait guère. Une date certaine est établie, cependant, en ce qui concerne la dentelle au « carreau » : 1407. Cette année-là, le Vendredi saint et la fête de l'Annonciation tombèrent le même jour, le 25 mars. Année jubilaire donc. A cette occasion, l'évêque du Puy décida d'offrir à la Vierge noire une parure brodée digne d'elle. Une jeune fille, Isabelle Mamour, fut choisie pour exécuter ce travail délicat. Elle eut l'idée de dessiner sur un carton un motif subtil, aéré, et de fixer ce carton sur une planche recouverte de toile. Avec des fils très fins enroulés sur des navettes, elle se mit à l'œuvre. C'est ainsi que serait née il y a plus de cinq siècles, la fameuse dentelle du Puy.

Dans les moindres villages du Velay, dès lors, il n'y eut plus de foyer où l'on ne pratiquât l'art et, il faut bien le dire, le labeur de la dentelle. Les femmes faisaient une triple journée afin d'apporter un maigre complément aux revenus familiaux. Assises sur leur chaise basse, les pieds sur une chaufferette, elles passaient les longues soirées hivernales à s'user les yeux à la lueur de la lampe à huile, dont la lumière était astucieusement amplifiée par son passage à travers une boule de verre remplie d'eau (le douli). Dès que le temps le permettait, elles se réunissaient dehors, en un groupe appelé couvige (demi-cercle), et, après avoir récité quelques prières sous la direction d'une béate, on ne savait plus, des fuseaux ou des langues, lesquels s'activaient le plus.

Les béates, sortes de religieuses laïques, ont propagé la technique de la dentelle en même temps que la foi chrétienne. Malgré la Révolution, un siècle plus tard, en 1880, elles étaient encore près de 800 dans le Velay. A cette époque, l'importance économique de la dentelle restait considérable dans la région : plus de 70 000 femmes y travaillaient. A partir des années 1900, avec l'apparition des métiers mécaniques, l'industrie de la dentelle à la main n'a cessé de décliner. Mais le métier n'a pas tout à fait perdu son âme. Depuis une dizaine d'années, en effet quelques femmes passionnées par cet art en voie de disparition se battent pour perpétuer la tradition. Elles animent un centre actif et tentent de former les jeunes dentellières de demain.

Dentellières dans un village du Velay à la fin du XIXe siècle.

Les Estables (Haute-Loire). A 1 344 m d'altitude, c'est la plus haute commune du Massif central. Au pied du Mézenc (1 754 m), ce village traditionnel de 480 habitants est devenu une modeste mais dynamique station de ski alpin et nordique.

de 80 mètres de haut. Deux cent soixante-huit marches taillées dans le roc et, au sommet de l'aiguille de lave, cette divine surprise : l'étrange édifice ciselé comme une châsse, « véritable prière de pierre », où le roman se marie à l'arabe, et avec quel bonheur! Sobre polychromie de la lave — noir, blanc, gris. Subtil raffinement du décor sculpté. Insolite géométrie dans l'espace. C'est bien là tout l'Orient, délicatement posé sur ce « doigt de Dieu » qu'est le dyke vellave, en plein cœur du Massif central.

Du chemin de ronde se déploie, dans son moutonnement de croupes, dans son dégradé de verts, un paysage urbain des plus originaux. « Une ville du Moyen Age toute semée d'églises et de couvents », s'extasiait déjà George Sand. Quelques ajouts au patrimoine, cependant, ont été commis depuis. Ainsi, non loin, tout en haut du rocher Corneille, Notre-Dame-de-France, monumentale statue de la Vierge — « notre tour Eiffel », disent certains Ponots — inaugurée le 12 septembre 1860 dans la liesse de cent vingt mille pèlerins. Atteignant 23 mètres de hauteur, avec son piédestal, pesant plus de 100 tonnes, elle a été coulée avec la fonte de deux cent treize canons pris à Sébastopol et offerts au Puy par Napoléon III. Une Vierge faite avec des canons! Certains y voient un symbole de paix : peut-être que la fonte, comme l'argent, n'a pas d'odeur!

Entre la construction de la chapelle Saint-Michel, au XIe siècle, et celle de la gigantesque Vierge, neuf siècles se sont écoulés pendant lesquels la renommée du Puy n'a cessé de s'étendre. Mais bien avant, le rocher Corneille, nommé mont Anis, était la capitale religieuse des Celtes vellaves et le but de pèlerinages célèbres. Des guérisons miraculeuses avaient eu lieu sur la pierre des Fièvres, qui était en fait la table d'un dolmen. Il ne fait donc pas de doute que le premier culte sur le mont Anis ne fut pas chrétien mais celtique. Pourtant, devant le succès de la pierre miraculeuse, les premiers évêques du Puy y firent construire, dès le Ve siècle, un sanctuaire consacré à la mère du Christ. Les pèlerins affluant, celui-ci devint rapidement trop petit, et Notre-Dame le remplaça au XIIe siècle, toute orientale elle aussi, et même un brin byzantine, grâce aux croisés vellaves.

Drainant des foules immenses, les pèlerinages du Puy ont été sans conteste les plus importants de France. La cité mariale, devenue une étape essentielle du pèlerinage de Saint-Jacques-de-Compostelle, leur dut sa prospérité commerciale. Elle allait recevoir six papes, un empereur et onze rois. Charlemagne fut son premier visiteur de marque. C'est Saint Louis qui, en 1254, de retour de croisade, fit don à Notre-Dame de la fameuse Vierge noire qui allait attirer les chrétiens de l'Europe entière. Vénérée par des générations de fidèles, la statue fut malheureusement détruite à la Révolution, brûlée comme « le symbole même de l'obscurantisme et de l'idolâtrie ».

La ville sainte ne mourut pas pour autant, loin de là. Au lendemain de la tourmente révolutionnaire, on replaça une copie de la Vierge noire dans la niche traditionnelle, et on recommença à affluer au Puy. En 1932 encore, le jubilé rassembla jusqu'à cinq cent mille pèlerins. Aujourd'hui toutefois, même si les pèlerinages continuent de se succéder tous les ans, l'incidence de la pratique religieuse sur l'économie de la ville n'est plus la même. Par ailleurs, Le Puy a su devenir une capitale régionale active : l'importance de ses marchés le montre à l'évidence. Ce n'est pas une cité industrielle, comme ses voisines Saint-Étienne et Clermont-Ferrand, mais, essentiellement tournée vers l'agriculture, elle possède néanmoins quelques atouts dans la petite industrie de transformation. L'amélioration récente des voies de communication a permis un relatif désenclavement, comme l'on dit à Paris, mais il se heurte encore aux hivers rigoureux : les automobilistes restés bloqués au col de Fix le savent bien.

Ainsi le Velay, c'est d'abord, c'est toujours Le Puy, son cœur battant. L'histoire, la vie, le développement économique de ce curieux territoire coincé entre l'Auvergne et le Vivarais ont été constamment marqués — et le restent — par ce fait primordial. Et la plupart de ses chroniqueurs ne s'y sont pas trompés, qui ont nettement privilégié la ville aux dépens des terres rudes et ingrates qui l'entourent. Pourtant, au-delà du Puy, il y a bel et bien le Velay, haut pays secret peuplé de légendes, domaine des grands espaces et des grandes solitudes. Ses montagnes quelque peu méconnues méritent qu'on s'y attarde. Épaulées elles-mêmes par d'autres montagnes, remparts cernés de remparts qui ont noms Forez, Auvergne, Margeride, Gévaudan, Cévennes, elles encadrent, enserrent, ceinturent littéralement le fertile bassin d'effondrement du Puy, ouvert au beau milieu des plateaux vellaves au tertiaire, par contrecoup du plissement alpin. Sans l'héroïque trouée de la jeune et fougueuse Loire, qui s'est frayé, non sans mal, un passage du sud au nord, le Velay ferait figure de bastion imprenable, aurait tout d'une place vraiment forte.

Pays clos. Pays enfermé, longtemps inaccessible. Pays préservé aussi, dans ce réduit qui est le sien. Sa personnalité n'en est que plus affirmée, robuste, un peu grave, mais d'une discrétion montagnarde de bon aloi. Dans ses paysages, en premier lieu. Car le volcanisme est présent partout ici, sur ses 4 000 kilomètres carrés, et il confère un caractère insolite à la moindre planèze. Les plateaux vellaves ont en effet été formés par des coulées de lave qui se sont solidifiées en nappes épaisses sur le socle cristallin. Ils restent ponctués de « ré-

cifs » volcaniques multiples, modelés par une érosion intense : cônes éruptifs, comme le volcan de Denise; volcans à cratère, comme le lac du Bouchet, serti dans ses forêts à 1 205 mètres d'altitude; cheminées de volcans, comme le piton d'Espaly; coulées ayant constitué des colonnes de basalte prismatiques, comme les célèbres orgues d'Espaly. Dans le Velay occidental, entre Loire et Allier, la chaîne du Devès, qui ne dépasse pas 1 421 mètres, ne compte pas moins de quelque cent cinquante anciennes bouches éruptives sur les 60 kilomètres de sa ligne de faîte.

A l'est de la Loire, les massifs du Meygal (1 438 m) et du Mézenc (1 754 m), où culmine le Velay, offrent sans doute les paysages les plus typiques et les plus grandioses, dans leur mélancolie, de ces vastes étendues quasi désertes. C'est le pays des sucs, royaume de la phonolithe, dont les molles éminences pointent au-dessus d'immenses forêts de sapins naguère hantées par les loups. Quelques jolies vallées l'entaillent, où roulent la Gazeille, le Lignon, la Cagne... Et un chapelet de villages plus ou moins dépeuplés s'y égrène, aujourd'hui timidement revivifiés par les vacanciers, ceux du tourisme vert et du ski de fond : Les Estables, Laussonne, Saint-Julien-Chapteuil — pays natal de Louis Farigoule, alias Jules Romains — Le Chambon-sur-Lignon, Saint-Bonnet-le-Froid, tout au bout des Boutières... et c'est dans ces parages qu'a le mieux subsisté l'habitat traditionnel de lave sombre — fermes au toit de chaume à Moudeyres, au toit de lauze au Pertuis.

Plus sauvage, plus « primitif » que l'Auvergne, ce petit Velay également volcanique a l'identité tenace et singulièrement originale. Certes, ses hauts plateaux inhospitaliers, à une altitude moyenne de 900 mètres, ont toujours été et demeurent encore très isolés. Certes, son relief accidenté a toujours constitué un obstacle au développement économique. Quant à ses axes naturels de communication, ils sont rares, presque tous orientés sud-nord, suivant les hautes vallées de la Loire et de l'Allier. Pays d'agriculture et d'élevage, de maigre rendement, de peu de richesses, seule la récente ouverture au tourisme lui a apporté un nouveau facteur d'essor. Changera-t-elle ce vieux terroir et ses cent quatre-vingt mille habitants? Si les traditions, ici comme ailleurs, reculent à grands pas, c'est avec beaucoup de retard qu'une certaine « modernisation », synonyme d'uniformisation, a atteint le Velay. Que ce soit sur un plan moral, religieux ou politique, le Vellave est un conservateur né, et si ce n'était l'exode rural qui frappe durement les montagnes en déracinant le gros des troupes traditionalistes, il le serait encore plus. A titre d'exemple, en 1906, après la séparation de l'Église et de l'État, la loi ordonnant de faire l'inventaire des biens des églises ne put être appliquée en Velay. Les paysans s'armèrent de fourches et de faux et gardèrent les édifices religieux pour empêcher les gendarmes d'y entrer, et, malgré des heurts sérieux, la population ne céda point. Aujourd'hui encore, les technocrates de la campagne notent que le remembrement se heurte ici, sur les hauteurs, à un rare individualisme. Qu'en sera-t-il demain, dans le sillage des promoteurs de grand air? La question est de taille. Elle reste pour le moment sans réponse dans le cadre d'une croissance raisonnée — et raisonnable.

Veut-on cependant un indice particulièrement révélateur? Deux grandes rivières, on l'a vu, la Loire et l'Allier, commencent dans le Velay un parcours plein d'embûches. Toutes deux, enfoncées dans leurs gorges sauvages et sombres, s'ornent de sites extraordinaires où surgissent nids d'aigle fortifiés, églises romanes, hameaux intacts, châteaux au fil de l'eau... La Loire se presse au pied d'Arlempdes, de Goudet, de Lavoûte-Polignac. L'Allier défile devant Monistrol, Rochegude, Prades, Chanteuges, avant d'aborder la petite plaine de Langeac. Vers le nord, voici un dernier site exceptionnel : Chilhac, sur sa terrasse de basalte. Ici ont été mis au jour des galets aménagés, premiers outils taillés à la main, témoignant de la présence d'hommes il y a 1 800 000 ans! Il s'agit des premiers Européens connus à ce jour. Des plus lointains de nos ancêtres sur le continent. Il était donc dit que les plus vieux Européens seraient vellaves. Difficile, après cela, de trouver un plus long enracinement dans les montagnes de France!

CHRISTIAN BOUCHARDY

SUR LES MONTS D'AUBRAC

L'Aubrac fait partie de ces contrées qui restent largement méconnues malgré l'intense développement des communications. Aux confins du Rouergue et du Gévaudan, entre l'Auvergne et les Causses, les principales routes du sud du Massif central ne font que l'effleurer. Il suffirait pourtant d'un léger détour pour découvrir ce petit pays des grands espaces.

Les gorges de la Truyère, au nord-ouest, et celles du Lot, au sud, lui confèrent une parfaite individualité géographique, mais les divisions administratives, qui se moquent des frontières naturelles, font que l'Aubrac couvre une partie du Cantal, de l'Aveyron et de la Lozère. La Croix des Trois Évêques, qui se trouve à l'intersection de ces départements, près du village d'Aubrac, symbolise également la rencontre de trois régions : Auvergne, Midi-Pyrénées et Languedoc. Si les liens avec le Midi paraissent évidents grâce au trait d'union que sont les troupeaux transhumants, le rattachement à l'Auvergne, au nord, ne l'est pas moins par le volcanisme et les traditions fromagères.

L'Aubrac termine la grande série des paysages basaltiques commencée dans le Puy-de-Dôme avec la chaîne des Puys. Le haut plateau proprement dit, avec ses 50 kilomètres de long et ses principaux sommets à plus de 1 400 mètres, n'a pourtant rien, à première vue, d'un pays de volcans ou même d'une montagne : les points culminants (Mailhebiau 1 471 m, les Trucs 1 447 m, Gudette 1 427 m, le Roussillon 1 408 m) ne semblent être que des collines émergeant à peine d'un vaste moutonnement. Ici, pas de cratères ni de cheminées; la lave a profité d'une large fracture dans le sol ancien de granite et de schiste pour s'épancher de part et d'autre d'un axe nord-ouest-sud-est, remplissant les vallées et recouvrant tout le pays d'une épaisse couche de basalte qui atteint jusqu'à 400 mètres d'épaisseur. Du côté du Gévaudan et de la Margeride, le contact avec le socle granitique se fait insensiblement, mais au-dessus de la vallée du Lot, le relief est beaucoup plus accentué et l'on peut voir de belles orgues basaltiques sur la tranche de la coulée.

Entre les hauteurs du relief volcanique et l'angle formé par la confluence de la Truyère et du Lot, l'Aubrac descend en dessous de 1 000 mètres : c'est le secteur granitique du plateau de la Viadène. Les glaciations du quaternaire, qui ont suivi les épanchements de lave du tertiaire,

Aux environs de Nasbinals. Un berger conduit son troupeau au long des drailles, entre les murets de pierre sèche. Si les pâturages restent si verts, même l'été, c'est que les pluies y sont abondantes, échelonnées sur quelque 200 jours.

ont apporté un élément de variété supplémentaire dans le paysage : les glaciers ont transporté indistinctement basalte et granite, et ils ont laissé de très importants dépôts morainiques qui donnent à la région des lacs, près de Nasbinals et de Marchastel, son caractère si particulier. La présence de quatre lacs et d'innombrables laquets au milieu d'un morne plateau où rien ne vient accrocher le regard donne au paysage un aspect envoûtant de désert humide. Les laquets peu profonds sont progressivement envahis et cèdent la place aux tourbières. On y trouve une végétation spécifique, relique fragile mais vivante de l'époque glaciaire : sphaignes, comarets des marais, linaigrettes, etc. De toutes les plantes des fonds humides de l'Aubrac, la plus étonnante est sans aucun doute une plante carnivore, la rossolis à feuilles rondes, plus connue sous le nom de drosera. Elle risque malheureusement de disparaître en même temps que les biotopes qui l'abritent, sous l'effet du drainage et des assèchements qui se multiplient.

Les monts d'Aubrac, aux lourdes formes émoussées. Au-dessus de 850 m, les plateaux sont couverts d'immenses pâturages où la flore est très variée au printemps.

Un tel milieu ne pouvait que fortement frapper l'imagination populaire, et les légendes locales sont encore très vivaces. Le lac de Saint-Andéol, qui fut pendant des siècles un lieu de pèlerinage, cacherait une ville engloutie. A la fin du siècle dernier, le docteur Prunières a mené pendant quinze ans des recherches difficiles, et il a pu sortir du lac de nombreux ex-voto, des monnaies, ainsi que des morceaux de bois taillés par la dent du castor. Si l'on sait aujourd'hui que les cloches qui résonnent dans la cuvette de Saint-Andéol sont celles des villages alentour, le mystère d'une cité lacustre reste entier.

Partant des lacs, la rivière du Bès collecte les eaux du sud au nord pour se jeter dans la Truyère, qui elle-même rejoint le Lot à Entraygues. Une dizaine de petites rivières descendent directement du plateau en direction du Lot; elles portent le nom local de *boraldes*. Elles ont d'autant plus profondément entaillé les roches tendres du micaschiste qu'elles sautent de 1 400 à 400 mètres d'altitude en quelques kilomètres seulement. Sur ces pentes difficiles d'accès, de belles forêts de feuillus ont pu se maintenir. Toutes les eaux de l'Aubrac reviennent ainsi au Lot et à la Garonne, ce qui a fait dire à certains qu'elles fournissaient « en partie aux grèves du Bordelais les sables basaltiques qui valent aux vins de Bordeaux leurs propriétés ferrugineuses et toniques ».

Quant au climat, un autochtone consulté sur la question répondit avec humour : « Ici, il y a deux saisons, l'hiver et le 15 août. » Si la formule paraît exagérée, elle n'en reflète pas moins l'état d'esprit de ceux qui subissent toute l'année un climat d'une extrême rudesse. Au-dessus de 1 000 mètres, c'est-à-dire sur l'ensemble de la montagne, le printemps et l'automne sont réduits à quelques jours; l'été, qui peut être beau mais aussi pluvieux, est extrêmement bref. Tout le reste de l'année, du 15 octobre au 15 mai, c'est l'hiver. Pluie et neige sont abondantes, échelonnées sur plus de 200 jours. Il n'est pas rare qu'il neige encore au mois de mai au moment de la montée des troupeaux. Ces conditions sont encore aggravées par un vent violent et persistant qui souffle d'autant plus que rien ne l'arrête. Les petites communes ont de sérieux problèmes de déneigement, car les congères se reforment immédiatement derrière le chasse-neige. Les histoires abondent de personnes qui

se sont perdues dans la tourmente près de chez elles et sont mortes de froid. Les habitants craignent pardessus tout l'« ecir » : le vent des bourrasques de neige. Pour eux, la comparaison est difficile à supporter quand, au mois d'avril, à la blancheur des neiges du plateau répond celle des cerisiers en fleur de la vallée du Lot. De plus en plus nombreux sont ceux qui choisissent de fuir un climat aussi rigoureux, même si on lui doit en grande partie l'originalité et la richesse de la vie pastorale en Aubrac.

Jadis le pays fut entièrement boisé. Les moines ont été fort actifs dans la conquête des pâturages sur la forêt — c'est peut-être pour cela que l'Aubrac leur ressemble, avec son immense tonsure herbeuse bordée d'une ceinture forestière. Sur la montagne, à perte de vue, ce ne sont que des herbages, à peine ponctués par les murettes de pierres et les burons. Dans la région, le mot « montagne » désigne également l'étendue de pâtures que possède un propriétaire. Le plateau est divisé en plus de 300 « montagnes », de 20 à 300 hectares, qui forment la partie estivale d'une moyenne

JOURS DE FOIRE À NASBINALS

Une quinzaine de jours par an, dont huit pendant la période d'estivage, le petit village lozérien de Nasbinals connaît à l'occasion des foires une activité intense. Les bétaillères arrivent bien avant l'aube, car il faut avoir les meilleures places afin de mettre les bêtes en valeur. Pour qu'elles plaisent aux maquignons, on bichonne les vaches comme pour un concours de beauté : on les étrille une dernière fois et on coupe les touffes de poils inesthétiques à l'aide du ciseau recourbé. La circulation semble désordonnée dans les allées bouseuses, mais chacun a l'œil à ses affaires, car il est primordial, pour ne pas se faire rouler, d'avoir le maximum de renseignements sur les cours, les propositions des acheteurs, et les prix concédés par le voisin. La foire, c'est la Bourse du paysan.

Les discussions sont vives entre les éleveurs et les maquignons venus parfois d'Italie, et facilement reconnaissables avec leurs blouses noires. Quand l'affaire est conclue, pas de papier, la confiance règne, on « la tope » simplement en se claquant bruyamment les mains. Le deuxième acte se poursuit dans les restaurants et les bistrots qui sont pleins. Les femmes et ceux qui ne vendent pas de bêtes viennent quand même, pour voir du monde, discuter, faire quelques achats. Camelots et commerçants sont assurés de faire une bonne journée.

D'année en année, les foires perdent de leur importance, car les transports sont très coûteux et la vente à l'étable se pratique de plus en plus. Les Aubraciens y sont quand même très attachés, car ils y trouvent cette joyeuse convivialité qui leur manque tant dans les hameaux isolés.

C'est la Saint-Urbain. Les vaches quittent l'étable pour la montée à l'estive, parées de plumets, de pompons et de drapeaux tricolores. Pendant près de cinq mois, elles vont vivre sur les aigades, désormais clos pour éviter le recours au berger.

Traite des vaches au buron. Les buronniers traditionnels préparant eux-mêmes leur fourme ont presque complètement disparu au profit des coopératives laitières.

ou grande exploitation dont le siège n'est pas toujours en Aubrac. Les petites exploitations qui ne possèdent pas de pâtures intègrent leurs bêtes à un troupeau plus grand pour le temps de l'estive; c'est pourquoi chaque animal porte la marque de sa maison.

Après les longs mois d'hiver qui ont nécessité d'importantes réserves de foin et pendant lesquels les vaches sont restées à l'étable, la montée à l'estivage en suivant les antiques drailles est une fête pour tout le monde. Elle a lieu chaque année le 25 mai, à la Saint-Urbain; pour la circonstance les vaches sont parées de plumets, de drapeaux tricolores, de pompons et de sonnailles. Elles ne redescendront que cent quarante jours plus tard, le 13 octobre, pour la Saint-Guiral. Pour certains troupeaux qui viennent des environs de Rodez le trajet est de 80 kilomètres, mais aujourd'hui nombreux sont ceux qui le font en camion, au moins pour les veaux qui ralentissent trop la marche.

A l'époque où la principale production était le fromage (une variété de fourme du nom de bleu de Laguiole), chacun de ces troupeaux était pris en charge par une équipe de buronniers pendant toute la durée de l'estive. Chaque « montagne » avait, à proximité d'une source, son buron aux épais murs de pierre couvert de lauzes.

Tout dans le buron était conçu pour la fabrication du fromage, au détriment des hommes et de leurs conditions de vie et de travail. Le sous-sol était réservé au stockage et à l'affinage des fourmes, la pièce commune servait à leur fabrication, et c'est à peine s'il restait un coin pour la cheminée et la table des repas à côté du broyeur, de la selle à tomme, de l'écrémeuse, des gerles et des presses à fourme. Le tas de pommes de terre et la barrique de vin témoignaient de la monotonie de l'alimentation à base de laitage. Le dortoir se trouvait à l'étage, et les hommes, généralement au nombre de quatre, devaient y vivre dans une promiscuité parfois difficile à supporter malgré la bonne humeur coutumière. Le *cantalès* était le responsable du groupe et de la totalité des travaux, le *pastre* faisait fonction de berger, le *bédelier* s'occupait des veaux et des repas, enfin le *roul*, un enfant de dix à quatorze ans, assurait toutes les basses besognes. Pour faire une fourme de 45 à 50 kilos, il fallait 450 litres de lait, soit la production laitière totale d'une vache pendant les quatre mois et demi de l'estive.

Aujourd'hui, la fabrication du fromage dans les burons est pratiquement abandonnée; la plupart des bâtiments sont fermés et tombent en ruine. Les derniers buronniers intéressent plus les touristes et les ethnologues que l'économie locale, et ils servent l'aligot (plat régional à base de pommes de terre et de fromage) aux visiteurs. Ceux qui pratiquent encore la traite, principalement dans les pâturages à proximité de la route et des villages, vendent le lait aux fromageries qui se sont créées dans les années 60 et qui commercialisent le « laguiole » au niveau régional.

La plupart des « montagnes » sont maintenant exploitées en manades pour la production de viande. L'utilisation de plus en plus répandue du

Saint-Urcize. Ce petit village de 650 habitants, près de Nasbinals, abrite quelques vieilles demeures Renaissance et une église remarquable par son clocher à peigne (mur-pignon percé de baies abritant les cloches).

LA CUEILLETTE DES NARCISSES

Certains produits que la nature offre à l'homme peuvent être encore la source de revenus non négligeables. La cueillette des narcisses, plus localisée que celles des champignons et des myrtilles, est une activité originale et peu connue.

Fin mai, début juin, ceux qui ont la chance de posséder des prairies de fauche où poussent en abondance les narcisses mobilisent toute la famille pour cueillir le maximum de fleurs pendant les quelques jours que dure la floraison. La cueillette à la main a été abandonnée pour un meilleur rendement, et elle se fait maintenant à l'aide d'un large peigne denté au manche court qui sectionne et retient les têtes des narcisses. Le cueilleur avance dans le pré en balançant le peigne d'un ample mouvement de va-et-vient du bras, laissant derrière lui une bande sombre au milieu du tapis blanc. « Les pétales de fleurs, ça pèse pas lourd mais ça peut rapporter gros quand c'est multiplié par des millions. » Quand on pense que seules les corolles sont cueillies, on imagine en effet le nombre de narcisses qu'il faut pour arriver aux 50 ou 60 kilos que certains ramassent en une journée et qu'ils vendent entre 5 et 8 francs le kilo aux collecteurs. Ces derniers, qui centralisent les grands sacs pleins de narcisses, expédient chaque année plusieurs tonnes odorantes aux parfumeries de Grasse.

barbelé permet de faire une rotation sur la montagne. Les vaches, qui ne sont plus traites, sont surveillées deux ou trois fois par semaine par un manadier ou par le propriétaire luimême. Les veaux tètent librement leur mère, car il faut les engraisser pour les vendre aux foires de l'automne qui ont lieu à Nasbinals, Lacalm, Laguiole, Saint-Chély-d'Aubrac, Prades et Saint-Urcize. Pour une meilleure production de viande, la race d'Aubrac, rustique et féconde, est croisée avec des taureaux charolais. Les troupeaux composés uniquement d'aubrac à la robe fauve clair et aux yeux bordés de noir sont de plus en plus rares. Espérons que cette race ne disparaîtra pas, car ses qualités sont le résultat de plusieurs siècles d'adaptation à un milieu bien particulier. Bien que s'étant maintenue dans les traditions de l'élevage et de l'estivage, l'économie de l'Aubrac s'est profondément transformée. En se spécialisant dans la production de viande, elle a perdu son autonomie, et elle est tenue à bout de bras par le cours d'un marché qu'elle ne commande pas. En réduisant la main-d'œuvre et en nécessitant des exploitations de plus en plus grandes, elle a accentué l'exode rural. Ce sont les éléments les plus jeunes et les plus dynamiques qui partent; le vieillissement de la population s'intensifie. Le très faible taux de peuplement (12 habitants au km²) a atteint le seuil critique au-dessous duquel on est obligé d'aller chercher à l'extérieur les éléments indispensables à la vie (conjoint, travail, scolarité, bien-être matériel).

La population des vingt-six communes de l'Aubrac n'est plus que d'environ 10 000 habitants. Malgré un récent et timide développement du tourisme d'été et d'hiver, l'économie reste essentiellement agricole. Les activités artisanales et industrielles sont très faibles, la région doit largement se tourner vers l'extérieur pour ses besoins.

Ces problèmes, même s'ils sont communs à tous les massifs montagneux, sont encore plus sensibles dans une petite région où, malgré le dynamisme d'une minorité, les forces vives risquent de disparaître.

CHRISTIAN BOUCHARDY

REQUIEM POUR LA CÉVENNE

Entre les mégalopoles surpeuplées et la pataugeoire méditerranéenne, on se dit parfois qu'il n'y a rien. Rien que le vide, avec au bout cette espèce de très étroit bac à sable, sur lequel une langue goudronnée déverse, aux beaux jours, des multitudes de citadins assoiffés. Pourtant, il suffit d'un écart, sur la route, là-bas, vers le sud. D'un de ces écarts de conduite qui peuvent être fatals à ceux qui n'y ont pas été préparés. Car les Cévennes, à droite du toboggan, sont un de ces endroits qui vous donnent le tournis.

Un pays entre ciel et tombe, dont on se demande toujours s'il ne va pas sombrer ou larguer ses amarres pour le grand large. Cette hésitation, la vie ou la mort, donne leur grandeur à ces monts qui ne dominent guère pourtant : au point culminant de son crâne, le mont Lozère ne dépasse pas les 1 699 mètres. De la « montagne à vaches » pour les avaleurs de sommets ! Mais l'élévation des Cévennes

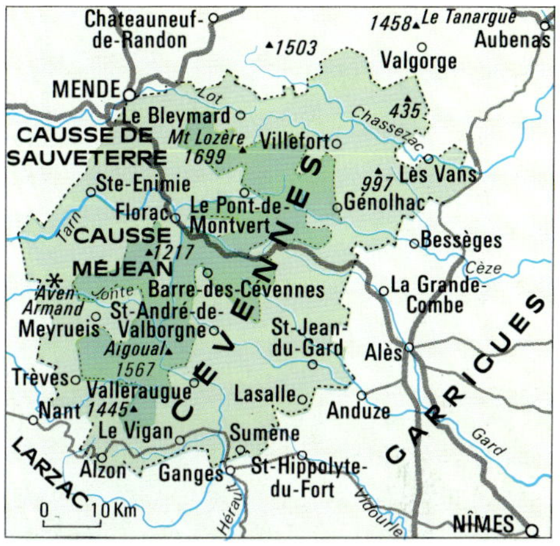

Un hameau à l'abandon, non loin de Valleraugue (Gard). Ses mas bazardés, vidés, ses bancels effondrés, ses forces vives décimées, « la Cévenne en crève » n'en finit pas de mourir.

Ceux qui sont restés. Ils ont appris à lire dans la Bible. « Chacun de ces naturels a le cœur plus vaste et plus beau que son pays, le soleil s'y couche en permanence, c'est plein d'ombres, et un peu froid déjà. » (J.-P. Chabrol.)

tient peut-être moins à la géographie qu'à un état d'esprit, un état d'âme, un état d'homme.

On pourrait même penser qu'elle n'existe pas, cette région. Pas une seule grande ville — Alès est plutôt un gros bourg — voilà qui est rédhibitoire pour une civilisation urbaine. En outre, elle ne connaît ni frontières ni limites précises. Elle n'est pas « bornée ». On ne s'est pas toujours accordé d'ailleurs sur son commencement et sa fin.

Du temps de nos ancêtres — les Gaulois, parbleu ! — tout ce qui avait plissé du Massif central à l'est et au sud était cévenol. Pendant longtemps même on y mêla le Morvan. Aujourd'hui, on reconnaît quelques points de repère : le rebord des Causses (Florac, Meyrueis), à l'ouest; le mont Lozère, au nord; les pays vivarais, au nord-est; les portes d'Alès et d'Anduze, au sud; le tout écartelé sur trois départements, la Lozère, l'Ardèche et le Gard. L'unité de ce pays n'est pas administrative. Ni même climatique ou végétale. Il y a plusieurs mondes entre l'émeraude des forêts du mont Lozère, les pâturages du massif de l'Aigoual, battu par les vents et les pluies, les basses Cévennes, méditerranéennes à souhait, où l'ocre des sables joue avec le mauve des grès et le bleu des lavandes sauvages. Les pierres aussi, même si elles se mélangent parfois, varient du schiste en feuilleté croustillant au granit pailleté. Pourtant, cela se sent, cela se vit. Dans « Cévennes », si l'on ose dire, coule un sang unique.

Un sang bleu d'abord... Toute la noblesse du sud. Vous savez, cette lumière bleutée, à l'aube ou au couchant, avant ou après que tombe la hache du soleil de midi. La mer, lorsqu'elle s'est retirée autrefois, a laissé ses couleurs derrière elle. Et au printemps, le matin, quand les embruns des brumes se déchirent, on se demande parfois si elle n'aurait pas profité de la nuit pour revenir. Sous la brise, les arbres verts sont ballottés comme des algues. Seuls surnagent, au lointain, quelques monts chauves, aussi lumineux que les îles de l'océan Indien. Et en grattant un peu, on peut même trouver des étoiles de mer, des oursins, des coquillages. Comme s'ils s'étaient fossilisés en quelques heures. Et l'on sent qu'à tout moment ils peuvent être à nouveau emportés par les flots d'une de ces nuits rugissantes d'orage.

C'est cela les Cévennes, mais c'est bien autre chose encore, qui ne se livre pas d'emblée. Les montagnes ne se laissent pas conquérir aisément, c'est un fait avéré. A plus forte raison celles-ci dont le caractère s'est trempé au fil des siècles, dans le chaud et le froid, le feu et le sang.

Le chaud et le froid. En ville, on ne sent plus les saisons. Ou si peu. On dirait que les citadins ont été mis sous cloche, tels des melons ou des fraises. Ici, elles ont une force primaire, brute, barbare même. Pas partout évidemment. Côté méridional par exemple, le climat a souvent une douceur quasi évangélique. Certes, à l'automne, les pluies peuvent allègrement s'y déverser, ravinant encore plus des escarpements tourmentés. Mais les oliviers, les chênes verts, les amandiers, des palmiers même et quelques mimosas disent assez la douceur des temps.

Il faut aller plus haut, vers le couchant. Prendre des sentiers qui se hérissent peu à peu de cailloux et d'herbes sèches. Suivre les cavalcades des torrents et des collines, des hêtres, des sapins et des bouleaux, qui, en frissonnant à votre passage, vous accompagnent jusqu'aux « hautes terres du sud ». Là vous serez seuls. Terriblement seuls. Ce sont les derniers

Ceux de l'au-delà. Arrimées au roc, mais peuplées de fantômes, les ruines du hameau de Bellecoste (Lozère) ont largué les amarres vers l'Éternel. Quelle apocalypse a foudroyé ce dernier désert ?

déserts. Avec des paysages lunaires. Le ciel les a bombardés d'éclats de granit, tranchants, menaçants, sans doute un avertissement aux mortels que l'orgueil pousserait à aller plus haut.

On appelle cette contrée la « Sibérie des Cévennes ». Quand on vendange côté sud, la neige parfois ici enserre déjà la terre. Et elle ne la lâchera pas de longtemps. L'hiver y est un alcool blanc, fort, puissant. Trop peut-être. Car le vent n'y est pas fripon. Il griffe, gifle et souffle sans cesse. Sans répit pour les vivants. Mais y a-t-il encore des vivants ?

Au col de Finiels (1 540 m), sur le mont Lozère. Le schiste cède ici la place au granit. La Sibérie des Cévennes offre ses hautes solitudes minérales hérissées de gel.

Quelques corbeaux font des taches d'encre au loin sur la neige. Pas un bruit. Enfin pas un bruit d'homme. Les nuits sont si longues et si noires. Et les jours si blancs. Pourtant ils sont quelques-uns à s'obstiner dans leurs masures, comme dans des terriers. Des sangliers, qui, quand ils le peuvent, ne cessent de fouailler la terre de

L'ÉPOPÉE CAMISARDE

1

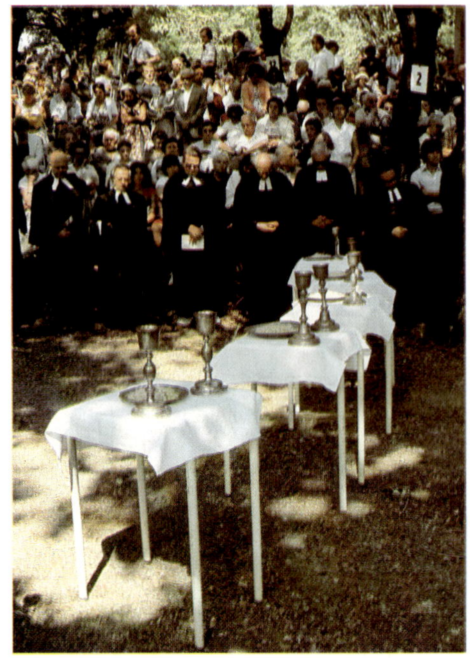

2

3

Les Cévennes sont « camisardes ». Depuis le début du XVIIIe siècle, on s'est « repassé » de père en fils la chemise de la révolte que les insurgés calvinistes portaient lors des attaques de nuit pour se reconnaître entre eux. Il est vrai, et cela ne peut sombrer dans l'oubli, que c'est tout un pays qui s'est soulevé pour sa liberté de croire, pour son Dieu. Et même s'ils ont été battus, ces paysans, ces artisans, c'est une sorte de victoire qu'ils ont remportée sur le roi et ses armées, sur l'injustice.

L'histoire, devenue légende, est simple. En 1685, fameuse date, Louis XIV révoquait l'édit de Nantes, qui accordait jusque-là liberté de conscience aux protestants. Pour réaliser l'unité du pays, il voulait imposer l'unité de culte. Commencèrent alors les persécutions contre les calvinistes et en particulier les Cévenols, qui l'étaient à 90 pour 100. On chassa les pasteurs. A coups de bâton, on conduisait les huguenots à l'église, où l'on faisait l'appel : le manquant était châtié. La soldatesque fouillait partout en quête de bibles proscrites ou pour voir si l'on n'avait pas fait cuire de la viande les jours maigres. Cela ne transformait pas pour autant ces huguenots en bons catholiques. Ils recrachaient l'hostie.

Les pasteurs furent remplacés par de simples hommes qui se disaient inspirés : « Dieu parlait par leurs bouches. » Tous se retrouvaient en cachette dans des « assemblées du Désert » — terme qui, dans la Bible, évoque l'exode et la souffrance des Hébreux après leur fuite d'Égypte.

La persécution engendra la révolte. Le 24 juillet 1702, au Pont-de-Montvert, quelques indomptables tuèrent l'abbé du Chayla, qui détenait une poignée de prisonniers mais en avait fait exécuter ou déporter quantités d'autres. L'insurrection gagna alors vallées et montagnes. Pendant vingt-sept mois, mille cinq cents hommes environ tinrent tête à près de vingt mille soldats et deux maréchaux de France. Frondes et fourches l'emportèrent même un temps sur sabres et fusils. Car ces « guérilleros », qui ne se battaient pas contre les nobles mais pour la liberté de conscience, avaient pour eux les Cévennes et les Cévenols. Et puis Dieu armait leurs bras, cuirassait leurs corps ! Faute de capturer des Camisards, insaisissables dans ces monts et ces vallées, les dragons du roi se vengèrent sur les villages suspects, qui furent brûlés, et leurs habitants passés par le fil de l'épée ou roués. Aux dragonnades répondirent parfois des représailles sanglantes contre des catholiques soupçonnés de dénonciations.

1. Une assemblée au Désert. Les hérétiques se retrouvaient dans des lieux secrets et solitaires en pleine montagne.

2. Au Mas Soubeyran, à Mialet (Gard), le rassemblement annuel des protestants commémore les assemblées clandestines des XVIIe et XVIIIe s.

3. Dragonnade. « Un roi, une loi, une foi... » Et ces « gens de rien », ces « opiniâtres », guérilleros avant la lettre.

Après plus de deux ans de ce « grand brûlement des Cévennes », le principal chef camisard (un apprenti boulanger !), Jean Cavalier, affaibli, négocia avec le maréchal de Villars. Pour lui, chef des « osards », ce fut l'exil. Pour d'autres, comme le prophète Abraham Mazel en 1710, la mort. C'était la fin de la lutte armée. Mais ces calvinistes avaient forcé le respect. Et en 1787, avec l'édit de tolérance, les protestants obtenaient à nouveau la liberté de culte. C'était aussi la victoire de ces Cévenols.

La vallée de la Borgne et le mont Fageas (1 118 m). « Nous sentons qu'Apollon n'est ici plus tout à fait chez lui, et que commence le règne de dieux plus sauvages. » (J. Carrière.)

leurs dents de fer. Des solitaires qui ne parlent ni ne vivent trop fort, comme s'ils craignaient de déranger, d'attirer sur eux le regard des dieux, toujours courroucés d'avoir créé des humains si petits.

Un printemps tardif réveille la terre de cet engourdissement minéral et cascade en éclats de rire vers les vallées. En sens inverse moutonnent les troupeaux qui gravissent les drailles, musique en tête. Même les pierres respirent, laissant couler leurs larmes le long des fissures. Ce bout du bout-du-monde se débarbouille, palpite à nouveau, jusqu'à ce que le soleil de midi l'alanguisse, puis le frappe d'une autre stupeur, brûlante celle-là, écrasant moutons et bergers qui se traînent sous l'ombre rare d'arbustes maigrichons.

Mais le flux des estivants — les touristes succèdent aux moutons —, les disputes et criailleries des passereaux, le vol lourd du faucon pèlerin, les percées de l'adonis printanier ou de l'iris sauvage ne peuvent tromper. C'est un miracle fragile, un équilibre instable, qui dissimule mal une lutte séculaire, âpre, implacable entre les Cévennes et les Cévenols. Tout dit ici cette empoignade farouche qui tourne aujourd'hui au désavantage des hommes. Michelet décrivait bien ce corps à corps dans son *Histoire de France* : « Partout en Cévennes, on sent la lutte de l'homme, son travail opiniâtre, courageux, contre la nature. Entre le roc et le roc, le schiste et le schiste, une toute petite vigne s'accroche, deux ou trois brins de seigle dressent leurs maigres épis... » La terre jamais ici n'eut ces largesses qui engraissent somptueusement ceux qui la fécondent. Certes on se rappelle un âge d'or, vers le milieu du XIXe siècle. Cette race dure à la souffrance était alors parvenue à fertiliser ces terres stériles. Avec leurs mains, ces petites gens avaient élevé des escaliers

Les transhumants ou l'opiniâtreté séculaire. Les derniers survivants de l'antique civilisation paysanne continuent seuls d'animer « ce pays mourant ».

pour géants : les « bancels » ou « faisses », des murets de pierre, qui, au flanc des escarpements, permettaient de cultiver un peu de seigle, un peu de vigne. Quand les orages emportaient la terre, ils la remontaient. Sur leur dos puisqu'il le fallait. Aujourd'hui, ces marches de titans s'écroulent une à une. Plus personne n'est là pour les relever.

C'était le temps béni, aussi, où s'épanouissait « l'arbre à pain », le châtaignier. Tout était bon chez lui, il n'y avait rien à jeter. Il charpenta maisons et vies, nourrissant hommes et animaux et les chauffant l'hiver. Sur son bois, on mangeait, dormait, naissait et mourait. Et quand la pluie ou le soleil se faisaient africains, il ne demandait qu'à vous abriter. Mais « l'encre » lui fut funeste. Un sale champignon qui lui grignota l'écorce, puis le cœur. Là encore, personne pour le soigner, le dorloter. Abandonnés à eux-mêmes, ces arbres aujourd'hui se marchent sur les racines, s'étouffent, renaissent et meurent sans pouvoir grandir. Cet « arbre de vie » paraît condamné à n'être plus que rachitique.

Pareil pour les mûriers, baptisés, eux, « arbres d'or ». Sur leurs feuilles profitaient des vers à soie et des familles entières, et plus loin dans la vallée, des filatures et des tanneries. Les magnaneries, près des maisons, avaient l'allure imposante de coffres-forts. On voyait l'avenir dans la soie, au point qu'en 1843 la Société d'agriculture du Var demandait « aux propriétaires éclairés » de planter des mûriers, et « aux dames charitables » d'élever des vers à soie... Sauf que ceux-ci, un peu plus tard, ont « filé un mauvais coton ». Des maladies d'abord, et puis la concurrence impitoyable d'autres producteurs, vers lesquels se tournaient avidement les soyeux lyonnais, et enfin l'apparition des textiles synthétiques. Adieu vers, soie, cocons... Ils n'avaient plus qu'à tisser leur linceul du pays... D'autant que même la vigne en avait pris un coup, fomenté par ces pucerons de *Phylloxera vastatrix*. Si la piquette aussi venait à manquer, alors il n'y

LA MONTAGNE AU TRÉSOR

En septembre 1878, l'écrivain écossais Robert Louis Stevenson prenait les Cévennes « aux lacets ». Le baudet devant — l'ânesse en fait, au doux nom de Modestine — et lui derrière, il mettait douze jours, à pied, pour atteindre Saint-Jean-du-Gard en étant parti du Monastier-sur-Gazeille, non loin du Puy. De cette singulière équipée il tira un petit livre : *Voyages avec un âne dans les Cévennes,* qui est des plus délicieux, même s'il n'a rien de commun avec *l'Ile au trésor.* Naufragé de l'amour, Stevenson refait alors surface peu à peu, pas à pas, dans ce pays qu'on voit à travers sa plume qui n'est pas moins véloce et sautillante. Son itinéraire, bien sûr, passe par la Cévenne camisarde. Nul autre peut-être que ce huguenot n'en a mieux parlé, et avec humour.

L'humour, il lui en faudra parfois. Ainsi raconte-t-il : « Tandis que je louvoyais désespérément à travers la tourbière, enfants et bétail avaient commencé à s'égailler, si bien qu'il ne restait plus qu'un couple de fillettes en arrière. D'elles je tentai de connaître la direction de ma route. Le paysan, en général, est peu disposé à renseigner un chemineau. Un vieux diable se retira tout bonnement dans sa demeure dont il barricada la porte à mon approche et j'eus beau frapper et appeler jusqu'à l'enrouement, il fit celui qui n'entend pas. Un autre, m'ayant donné une indication que par la suite je reconnus inexacte, me regarda complaisamment m'engager dans la mauvaise direction, sans esquisser un geste. Il se souciait comme d'une guigne, si j'errais, la nuit entière, par les montagnes. Quant à ces deux jeunes filles, c'était une paire de péronnelles effrontées et sournoises, qui ne pensaient qu'à mal. L'une tira la langue devant moi, l'autre me dit de suivre les vaches et toutes deux se mirent à rire tout bas et à se pousser du coude. La Bête du Gévaudan a dévoré environ une centaine d'enfants de ce canton. Elle commençait à me devenir sympathique. »

De tournant en tournant, Stevenson devait trouver le chemin qui mène au cœur. « La vallée en dessous de La Vernède me plaisait de plus en plus, au fur et à mesure que j'avançais. Tantôt les montagnes nues et couvertes d'éboulis se rapprochaient de part et d'autre et emprisonnaient la rivière entre des falaises. Tantôt la vallée s'élargissait et verdoyait comme une prairie. La route me conduisit au-delà du vieux château fort de Miral, situé sur un éperon, au-delà d'un couvent crénelé depuis longtemps détruit et converti en église et presbytère ; au-delà aussi d'un groupe de toits noirs, le village de Cocurès assis parmi les vignobles, et les prés et les vergers riches de pommes rouges. Là, au long de la chaussée, des gens gaulaient des noix aux arbres d'un côté de la route et remplissaient sacs et paniers. Les montagnes, quoi que la vallée demeurât spacieuse, étaient toujours hautes et dénudées aux dentelures âpres, avec, çà et là, des aiguilles qui pointaient. Et le Tarn murmurait toujours parmi les pierres sa chanson montagnarde. Je m'étais attendu, d'après des touristes à l'humeur pittoresque, à trouver une région horrifique selon le cœur de Byron. A mes regards d'Écossais, elle semblait riante et généreuse, tandis que la température donnait à mon corps d'Écossais une sensation d'arrière-été. Pourtant les châtaigniers étaient déjà dépouillés par l'automne et les peupliers qui commençaient ici à s'y mêler étaient devenus d'or pâli aux approches de l'hiver.

« Il y avait dans le site un aspect souriant malgré sa rudesse qui m'expliquait l'esprit de ces Covenantaires du Midi. Ceux qui, en Écosse, se réfugièrent dans les montagnes pour la paix de leur conscience, étaient tous d'humeur mélancolique et troublée, car une fois qu'ils avaient reçu assistance de Dieu, ils avaient au moins deux fois été en lutte avec le diable. Mais les Camisards n'avaient que de claires visions auxiliatrices. Ils continuaient de vivre la conscience tranquille dans ces rudes temps et malgré les circonstances. [...] Ils se savaient à la droite de Dieu, avec une certitude sans égale chez les Écossais.

Stevenson, l'auteur de l'Ile au trésor, *campant dans les Cévennes. Bois gravé de Walter Crane, frontispice de l'édition originale (1879).*

« Nous courions, raconte un vieux Camisard, lorsque nous entendions le chant des psaumes, nous courions comme si nous avions des ailes. Nous ressentions, à l'intime de nous, une ardeur exaltante, un désir qui nous soulevait. Des mots ne peuvent traduire nos sentiments. C'est quelque chose qu'il faut avoir ressenti pour le comprendre. Aussi harassés que nous pouvions être, nous ne pensions plus à notre fatigue et nous devenions enthousiastes dès que le chant des psaumes arrivait à nos oreilles.

« La vallée du Tarn et les gens rencontrés à La Vernède m'expliquèrent non seulement ce texte, mais les vingt années de souffrance que ceux-là qui étaient si obstinés et sanguinaires dès qu'ils s'étaient engagés au combat, endurèrent avec une douceur d'enfants et une constance de paysans et de saints. »

Les forêts du mont Aigoual en hiver. Il y a quelque cent ans, ce bastion des Cévennes du Sud (1 567 m) n'offrait plus que ses hauteurs dénudées. C'est sous l'impulsion de Georges Fabre, des Eaux et Forêts, que le reboisement s'amorça dès 1875.

avait vraiment plus qu'à partir, même si c'est mourir un peu...

Et partir de chez eux, ils n'ont fait que cela les Cévenols depuis la fin du XIXe siècle. Les vallées se videront d'abord, drainant derrière elles la fine fleur des montagnes. Destination : les vignobles languedociens, l'industrie gantière de Millau, les constructions de voies ferrées, les mines d'Alès. Et puis l'État. Ah ! le doux rêve que d'être sous l'État ! Que de troquer le pantalon de toile contre la livrée du fonctionnaire, grise mais chaude et confortable. Une armure contre la pluie, le gel, les mauvaises récoltes.

Qui pourrait les en blâmer ? Surtout que la pauvreté n'est supportable que lorsque tout le monde paraît gîter à la même enseigne. Le besoin de bien-être, d'argent, de sécurité se fera insupportable quand la richesse des autres viendra, avec les courants d'air, battre le seuil de leurs maisons froides. Le printemps a beau vous jouer du Vivaldi dans vos arbres, les lumières de la ville éclairent d'un jour trop cru les plaies d'argent. Elles en deviennent alors mortelles. Et souvent ce sont les femmes qui s'en iront les premières. Leur instinct de vie fait qu'elles ressentent mieux, qu'elles pressentent la mort.

Certes, aux beaux jours des vacances, ils nous paraissent délicieusement agrestes ces mas aux murailles de granit, aux toits de larges lauzes qui brillent de mille feux d'artifice lorsque vient l'éclaircie. Mais sans eau courante, sans électricité, avec cette froidure au petit lever et l'angoisse d'un lendemain qui promet d'être encore plus catastrophique que le jour présent ?

Alors le tissu de cette région, trop usé, trop ravaudé, s'est défait, petit à petit, puis famille après famille, maille après maille. D'autant que la guerre — la der des ders — y avait déjà laissé de grands trous. 1914-1918 : sanglante transhumance pour les Cévenols. Embrassés, pomponnés, ils partirent plusieurs milliers « pour Berlin ». La plupart ne dépassèrent pas le Chemin des Dames. Ces paysans étaient ce qu'il y a de mieux pour l'infanterie, pour la boucherie.

Certains, cependant, n'ont pas lâché et se sont accrochés aux pentes arides, comme leurs pères et les pères de leurs pères, et avant eux... Ils ont ici leurs racines. Faut-il qu'elles soient profondes pour résister ! Non seulement aux pluies, mais à tout cela...

Pas un cri, pas un rire d'enfant, pas un seul écho espiègle dans les vallées, une fois l'été passé. Ici, on meurt toujours plus qu'on ne naît. Les hautes demeures bâties sur le roc pour ménager ce sol si ingrat se sont lézardées. Leurs murs, larges comme des digues, se sont rompus, leurs toits se sont effondrés, la colonne vertébrale brisée, en pleine poutre. Les mauvaises herbes poussent dans l'âtre. Là où on dormait autrefois tel l'enfant dans le ventre de sa mère, dans ces pièces creusées au flanc de la montagne, ne courent plus que quelques rats. Les rues des villages haut perchés ont été prises dans les serres griffues des orties et des ronces, ces plantes rapaces qui guettent la ruine. Et partout cette odeur lourde, écœurante, des genêts, qui ont le parfum de « la dame en noir ». Car leurs fleurs jaunes sont « la petite monnaie de la mort » : dès que l'homme cède et lâche le terrain, elles s'en emparent pour l'ensevelir.

Mais ces terres abandonnées ne l'ont pas été pour tout le monde. Elles ont été reprises. Pas par des vivants. Par des passants. De ceux qui viennent se reposer un mois sur douze, jouir du pays et du soleil. Alors que les derniers habitants livrent un ultime combat à la montagne. Ils ressentent cette invasion saisonnière comme un autre coup bas. Certes ces « estrangers » ne se conduisent pas tous comme Attila. Derrière eux l'herbe repousse parfois plus verte qu'elle n'a jamais été. Ils n'ont pas tous commis des pavillons de banlieue ou des chalets alpins. La majorité ne subtilise pas les récoltes ni ne sème ses papiers gras ou ne plante sa tente nuitamment, là, en plein milieu du pré. Mais leur nombre pose problème : il y a si peu d'ombre à se partager et avec tous ces campeurs à l'été, le gardon se trouve si pollué que les bêtes refusent parfois, dit-on, de s'y désaltérer...

Surtout, tous ces gens qui trouvent merveilleux de se tremper les mains dans l'eau glacée afin de laver le linge,

pour qui le Moyen Age n'est qu'amour, délice et orgue, se sont peut-être trompés d'histoire d'amour. Ils rêvent de retour aux sources et les « indigènes » de Sécurité sociale... Jusqu'aux ruines qu'ils reprennent, remontent dans le style du pays, remaçonnant cheminées et escaliers à l'ancienne. C'est bien plus beau que le zinc et la tôle ondulée chéris par quelques « natifs », mais cela vous a un air de reproche impudent, un côté flambant neuf des résidences de colons. Et si elles s'ouvrent aux beaux jours, tout au long de l'année il faut supporter le regard aveugle de leurs volets clos trop vernis.

Voilà qui rend la mort de ce pays presque insupportable à ceux qui y sont « attachés ». Certes l'agonie peut être belle. Splendide même sous le ciel si limpide, si bleu qu'elle en devient poignante. La vie paraît tellement plus magnifique avant le grand saut. Car elle ramasse toutes ses forces, toutes ses couleurs, toutes ses séductions.

LES DRAILLES

C'est d'abord un grondement sourd. Puis comme l'écume blanche de la mer qui partirait à l'assaut de la montagne, soutenue par les battements de toutes les cloches du littoral. Voici les « transhumants ». Ce ne sont pas des extraterrestres, même si aujourd'hui on les regarde souvent comme tels. Rien que des moutons qui, aux beaux jours, s'en vont chercher eau et herbe fraîches en altitude, où ils resteront tout l'été. Car plus bas, dans les garrigues de l'Hérault et sur les premiers contreforts des Cévennes méridionales, le soleil a tout séché.

Alors, début juin, aux ordres du berger, se range le cortège. Lui devant, et tous derrière, aides et bêtes. Avec son fouet et ses chiens pour mener le troupeau : au départ, quelques centaines de têtes, des « caussenardes des garrigues » pour la plupart, ni « laitières » ni « lainières », mais bon pied, bon œil et bonne viande. Elles sont toutes pomponnées de boules de laine rouge et bleu, et portent au cou ces sonnailles qui rythment la marche, chassant vipères et mauvais esprits. En cours de route, d'autres bêtes les rejoindront. Elles seront plusieurs milliers à l'arrivée, sur les pâturages des monts Aigoual et Lozère.

En huit jours de temps, elles y seront par « leurs » voies royales : les drailles, qui relient le bas Languedoc à la montagne et vont d'un col à l'autre en épousant les lignes de crête. Il reste trois grandes de ces sentes (Aubrac, Margeride, Gévaudan), d'une centaine de kilomètres chacune, blanchies par les passages. Selon des ethnologues, la transhumance ici pourrait avoir commencé aux alentours de l'an 2000 av. J.-C., quand l'élevage succéda à la chasse. Son histoire connaîtra des hauts — au XIIIe siècle — et des bas — depuis la fin du XVIIIe siècle.

Regardez-les passer, ils ne sont déjà plus qu'un souvenir. La poussière retombe sur eux comme un linceul. Notre civilisation avance d'un autre pas que celui des transhumants. Les résidences secondaires et leurs jardinets, les sociétés de chasse et leurs clôtures, les paysans et leurs vaches, plus rentables, n'ont laissé à ces « frères de laine » que les plus minces et les plus pauvres des plus pauvres pâturages. Sans compter les réglementations de plus en plus restrictives. En plaine même, la vigne a chassé les moutons. Les drailles disparaissent peu à peu : on les goudronne. Les moutons ne sont plus que quelques dizaines de milliers à aller passer l'été là-haut, à « estiver » comme on disait. D'autres « estivants » les ont remplacés... Ceux-là ne laissent pas derrière eux, accrochés aux ronces, des brins de laine dont on dit qu'ils sont des cheveux d'ange.

*Circaète Jean-le-Blanc (*Circaetus gallicus*). Ce splendide rapace diurne, très fin voilier, est un véritable et étonnant spécialiste : il ne chasse que les reptiles. A son menu, couleuvres, vipères, lézards...*

Mais il ne faut pas vendre la peau du Cévenol avant de l'avoir tué. Ces vieux lutteurs ne sont pas encore couchés dans le caveau, même si les femmes tout de noir vêtues semblent toujours avancer à petits pas sur le chemin du cimetière.

Main contre pierre, os contre granit, ce corps à corps séculaire a donné aux Cévenols une force de résistance qui s'est en outre trempée dans le cours tumultueux d'une histoire aux allures d'épopée. Celle des Camisards d'abord, de la Résistance ensuite.

Avec leur tête qui touche au ciel, ils n'ont pas supporté que le Roi-Soleil, de Versailles, leur fasse de l'ombre et leur impose la foi catholique. Protestants ils étaient, protestants ils resteront. Malgré dragonnades et massacres, tout un peuple entrera en résistance. Il y retournera « tout naturellement » lors de la dernière guerre. Les Cévenols accueillirent les Juifs pourchassés et reprirent ces chemins du maquis qu'avaient empruntés leurs ancêtres camisards.

Ils ont toujours tenu tête et le racontent volontiers, comme si le passé était pour eux plus que présent. Et s'ils ne disent rien, leurs visages parlent. Ils ont autant d'éloquence que le musée du Désert, où brûle encore la flamme camisarde, ou que ces noms de lieux-dits : Pendedis, col où a été pendu un huguenot, Saint-Andéol-de-Clerguemort, village où le curé aurait été tué... Plus symboliques encore : devant chaque maison ces sentinelles fidèles, l'if et la tombe familiale où on a pris l'habitude de se faire enterrer. Car autrefois ces « obstinés » étaient exclus du privilège de la sainte terre du cimetière. Et de même qu'on ne va pas chez le boucher catholique quand on est parpaillot, de même les protestants ont toujours été plus républicains que les papistes aux penchants royalistes. Ça n'empêche pas aujourd'hui curé et pasteur de célébrer de temps à autre un office ensemble.

Ne nous pressons pas trop alors pour jeter la dernière pelletée : il est des signes qui montrent que le cadavre bouge encore. D'abord, ce retour aux sources des urbains a fouetté la fierté des « indigènes ». « S'ils viennent de si loin pour nous, se disent-ils, c'est qu'on doit bien avoir quelque chose d'admirable... » Et puis, dans le sillage de Mai 68, les fils, quelques-uns, sont revenus au pays, avec les « Zippys ». Un contact difficile souvent avec des anciens parfois momifiés qui tiraient leur gloire de leur fidélité à l'immuable. En outre on ne repeuple pas les Cévennes aussi facilement. Beaucoup sont repartis : la terre est basse... Et bien triste parfois quand on a tout lu dans les livres. D'autres sont restés. Les robes ont perdu leurs fleurs. On s'est arraché les clochettes des cheveux — et les cheveux avec quelquefois — pour les mettre au cou des moutons. On fait des fromages, du miel, des châtaignes à nouveau. Ce n'est pas facile mais ceux qui ont fait ou refait souche ont les Cévennes chevillées au corps. De même que ceux qui donnent de la voix à toute volée comme s'ils sonnaient ces cloches de la tourmente qui, sur les hauts plateaux, guidaient l'égaré et livraient ce message : « J'appelle les vivants, je plains les morts, je repousse les orages. » On se dit qu'un pays qui engendre des écrivains tels Jean-Pierre Chabrol ou Jean Carrière ne saurait mourir.

Comme la sève monte la conscience de soi. La création du parc national des Cévennes en 1970 y a aidé. Cette mise sous tutelle de 321 000 hectares, la zone périphérique incluse, fut d'abord, et peut être encore, une menace. Celle d'être transformée en zoo où s'ébattraient en liberté ces animaux disparus, le vautour fauve, le coq de bruyère ou le cerf noble. Les forêts bien reboisées — elles avaient été tondues par les moutons, ravagées par les pluies, brûlées par les feux —, les hommes, eux, risquaient de se retrouver confits dans leur réserve au nom des « harmonies ancestrales ». Les touristes seraient venus les photographier dans leurs costumes et leurs attitudes traditionnelles : l'outil dans une main, le livre sacré dans l'autre. Pour la même excursion, on aurait eu droit au carrousel des martinets alpins, à l'accouplement du hibou grand-duc et aux labours du paysan. A moins que ce ne soit l'inverse...

En aidant les paysans « survivants » à développer leurs activités, en recherchant une forme de tourisme qui ne soit pas bulldozer, on a essayé d'éviter la « réserve d'Indiens ». Mais là se joue sans doute l'avenir pour ce pays de Dieu qui sait qu'il va à la diable. Car le monde va son train. Un train d'enfer.

NICOLAS DOMENACH

LES GRANDS CAUSSES, PLANÈTE INSOLITE

La France a un désert : les Causses. Peu ou pas d'eau en surface. Des écarts de température exceptionnels entre l'été et l'hiver, qui rendent la vie très dure à la maigre végétation. Quelques oasis dans les fonds. Des moutons qui errent dans la steppe, unique ressource des rares habitants.

Présentés de cette manière abrupte, les Causses apparaissent comme une terre ingrate, inhospitalière, un pays « dont on voit les os » — pierraille et rocaille — et dans lequel il ne fait pas bon s'attarder. La preuve ? Lorsque naguère les bergers empruntaient les drailles (chemins) pour mener leurs troupeaux de Languedoc en Aubrac, ils devaient faire comme tout nomade dans le désert : suivre des itinéraires immuables, jalonnés de jasses (bergeries) et de fermes fortifiées, avec l'espoir que la fonte des neiges aurait bien rempli les lavognes, ces abreuvoirs naturels rendus étanches par dépôt d'argile sur le calcaire.

Le calcaire ! Tout le secret des Causses est contenu dans ce mot (ils sont

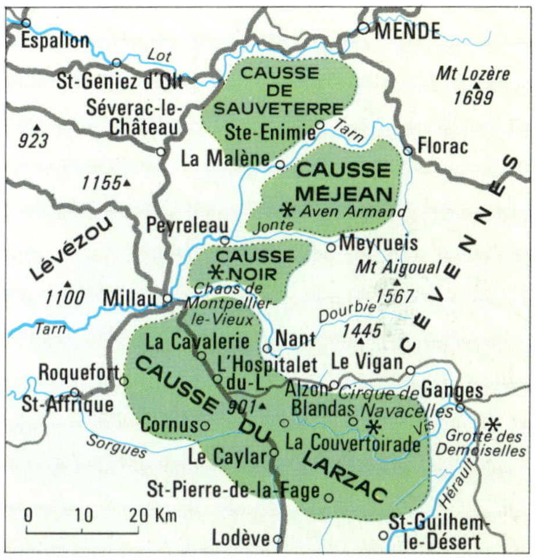

Les steppes de la France centrale. Ces vastes étendues dénudées sont caractéristiques des plateaux calcaires des Causses, qui déroulent à l'infini leur solitude.

d'ailleurs synonymes). Alors que les Causses sont cernés de massifs granitiques imperméables et très arrosés, leurs plateaux calcaires ne peuvent retenir les trombes d'eau qui s'abattent par exemple sur l'Aigoual ou le mont Lozère tout proches. Le calcaire boit l'eau et ne la restitue — quand il y consent — que dans les baumes et les fonds de gorges. L'eau, dans les Causses, est souterraine. C'est la pierre qui affleure. Mais il y a causse et causse. Pour s'en tenir aux quatre « Grands », on ne peut confondre les immensités plates et pierreuses du Larzac ou du Méjean avec les pinèdes escarpées du causse Noir et les taches rouges des champs du Sauveterre. Chaque causse, enserré dans ses gorges, possède son identité propre.

Le Sauveterre, au nord, entre la vallée du Lot et les gorges du Tarn, est le moins aride, tant en raison de sa latitude que de sa géologie. On y trouve aussi bien des forêts résineuses ou feuillues que des champs soigneusement cultivés dans les fonds argileux des sotchs, ces dépressions qu'on appelle ailleurs dolines et qui, dans le Sauveterre, sont tapissées d'une terre rouge assez fertile où l'agriculture a conservé ses droits.

Plus au sud, de l'autre côté des gorges du Tarn, s'étend le causse Méjean (ou « médian », c'est-à-dire du milieu). C'est le plus rude du point de vue climatique, car le plus élevé, avec un plateau culminant en moyenne à 1 000 mètres. Là, plus de cultures, mais des moutons... et quelques hommes : entre un et deux habitants au kilomètre carré !

Puis vient le causse Noir, le plus petit des Grands, coincé entre Jonte et Dourbie. C'est aussi le plus accidenté, le plus riche en « chaos » (Montpellier-le-Vieux, Roquesaltes, le Rajol), où la nature s'est complu à sculpter dans les fameuses dolomies ces formes tourmentées qui évoquent des ruines. A parcourir ces chaos naturels, le voyageur romantique peut, en quelques arpents de causse, se croire successivement à Mycènes ou sur les bords du Rhin. Qu'il aime la forêt d'arbres ou la forêt de pierre, ce voyageur est servi. Paradis du randonneur, le causse Noir offre à la fois des chemins creux, des coins ombreux et des points de vue mémorables tout au long de sa corniche, superbe balcon sur les gorges de la Jonte.

Changement brutal de décor au sud avec le Larzac, le causse des causses, plat et monotone, brûlé par le soleil, immense. On sait que, de haute lutte, les bergers l'ont emporté sur les militaires dans la bataille de l'extension du camp. Les moutons resteront donc l'unique richesse du pays, offrant leurs peaux à la ganterie de Millau et les brebis leur lait pour le roquefort, le roi des fromages. Sans oublier, bien sûr, les beaux vestiges de l'architecture locale : jasses enfouies sous leur toit de lauzes, fontaines, et surtout l'impressionnante commanderie des Templiers de La Couvertoirade.

Le cirque de Navacelles. Entre les causses de Blandas, au nord, et du Larzac, au sud, c'est le site le plus prestigieux de la vallée de la Vis, qui y a creusé des gorges profondes.

Causse du Larzac. Il s'étend sur plus de 1 000 km². Son relief calcaire (ou karstique) a créé d'étranges paysages de pierre aux formes tourmentées, qui évoquent des villes en ruine. C'est pourquoi on leur a donné le nom de rochers ruiniformes.

Ces quatre causses majeurs, véritables steppes de la France centrale, recèlent une flore et une faune beaucoup plus riches qu'il ne paraît au premier abord. Car il y a dans les Causses plusieurs biotopes, au moins deux très marqués, et même trois si l'on compte le monde souterrain. Sur les plateaux battus par le vent, grillés par le soleil et recouverts de neige plusieurs mois par an, une maigre végétation, faite de genévriers, de touffes de buis et surtout de cette herbe rare qui ondule à l'infini, verte, jaune, rousse ou bleue, selon l'heure et les saisons. Avec, parfois, un brin de lavande et l'arôme des plantes balsamiques exalté par la chaleur. Sans oublier une plante que l'on trouve aussi bien dans la pierraille que clouée à la porte des jasses : c'est la carline, ce chardon mascotte que les gens du Larzac appellent cardabelle. Les bergers s'en servaient de baromètre car son cœur d'artichaut aux épines jaunes s'ouvre et se ferme selon les caprices du temps. Les plantes épineuses abondent et comprennent plusieurs espèces endémiques.

MARTEL, LE « PÈRE DE LA SPÉLÉOLOGIE »

Édouard Alfred Martel (1859-1938) est un personnage à la Jules Verne : à la fois désintéressé et passionné, avec ce côté amateur des hommes de science de la fin du siècle dernier. Avocat au tribunal de commerce de la Seine, Édouard Martel aurait pu passer sa vie plongé dans les dossiers de contentieux. Mais depuis l'âge de sept ans, il rêve de voyages et de découvertes.

Martel aborde les Causses en 1883, à l'âge de vingt-quatre ans. C'est le coup de foudre. Il y retournera chaque année, d'abord comme voyageur-géographe, puis comme explorateur du sous-sol.

En 1888, notre homme s'enfonce à la poursuite du Bonheur, rivière qui disparaît dans un aven et resurgit 700 mètres plus loin en cascade : c'est l'abîme du Bramabiau, dans le Gard. Comme ses compagnons, Martel a fait cette première en veston et chapeau melon avec un canot de toile. Mais le virus de ce qu'on appelle encore la « grottologie » le tient. L'année d'après, il « invente » le gouffre de Padirac et, dès lors, il plonge chaque été dans les entrailles de la terre. Il se fait descendre au fond des gouffres sur une escarpolette, actionnée de la surface par des haleurs à l'aide d'un treuil. Avec le forgeron de village Louis Armand, il explore en 1897 l'aven qui portera son nom, l'aven Armand.

Édouard Martel, tout en continuant à courir le monde, s'applique à sa mission : faire connaître les splendeurs cachées des Causses. En 1926, il publie *les Causses et les gorges du Tarn* et, dix ans plus tard, *les Causses majeurs*. A peine ce dernier ouvrage terminé, il meurt après une chute dans son escalier, lui qui, à l'âge de soixante-quinze ans, explorait encore des gouffres.

Martel explorant Bramabiau : la descente de la deuxième cascade.

1

4

5

Peu de métiers suscitent autant de rêves bucoliques que celui de berger. Pour comprendre cet attrait, il suffit d'avoir aperçu la silhouette d'un pâtre au milieu de son troupeau, se découpant majestueusement sur les terres arides des plateaux caussenards. Il se dégage de cette image une telle impression de sérénité et de liberté qu'elle ferait presque oublier la dure réalité d'un métier qu'il faut avoir suivi toute l'année pour en apprécier les grandeurs et les servitudes.

C'est en été et en automne, quand les troupeaux paissent sur les parcours, que le travail du berger se fond le mieux avec la nature et qu'il semble le plus facile. Un coup d'œil superficiel pourrait faire croire que tout se fait naturellement, mais pour tenir un troupeau de plus de deux cents bêtes, comme c'est souvent le cas, des années d'expérience sont nécessaires. Depuis des siècles, la science des bergers et leur connaissance intime du pays ont permis de marier la terre et les bêtes et d'engraisser celles-ci sans épuiser celle-là.

Sur les Causses, la plupart des ovins sont des brebis, car les principaux revenus ne proviennent pas de la laine ou de la viande, mais du lait. Après le mois de juin, la traite est terminée et les brebis sont présentées au bélier afin que les naissances aient lieu cinq-mois plus tard, en hiver. D'août à novembre, quand le temps le permet, les mères n'ont plus qu'à paître et à s'engraisser pour aborder l'agnelage et la campagne laitière dans les meilleures conditions.

Une fois rentrées les provisions de foin, de luzerne et de sainfoin, les bêtes restent à la bergerie, où le berger ne les quittera guère pendant le rigoureux hiver caussenard. Chaudement protégées par les murs d'un mètre d'épaisseur et les voûtes basses de calcaire gris, elles donnent naissance à leurs petits en décembre et janvier. Pendant l'agnelage, le berger ne compte plus ses nuits blanches. Que ce soit Noël ou le Jour de l'An, il doit être là pour assister les mères en difficulté, remettre en place une patte repliée qui empêche la mise

UNE VIE DE BERGER

2

3

6

7

1. Bergers guidant leur troupeau sur la draille du causse Méjean.
2. Au retour de la transhumance, le tri des bêtes.
3. Brebis sujette au piétin, dû aux longs jours de marche.
4. De temps à autre, des fermes (jasses) où s'abreuver.
5. La marque des bêtes aux initiales du propriétaire.
6. La tonte des brebis aux ciseaux et aux forces.
7. Les caves de Roquefort-sur-Soulzon.

bas et isoler chaque brebis et son agneau du reste du troupeau. Dès la fin février, il opère un premier tri parmi les jeunes. En effet, certains restent sous la mère — en particulier les agnelles destinées à renforcer le troupeau. Quant aux mâles, ils sont vendus à un mois (13 kg) ou à trois mois (30 kg).

Après cette période mouvementée, le travail du berger est loin d'être terminé car la campagne laitière commence, avec ses deux traites par jour, à 6 heures et à 17 heures. Malgré un effort de modernisation qui s'accentue, de nombreux bergers continuent la traite à la main, mais ceci limite le nombre de brebis à une quarantaine par trayeur. Aujourd'hui, la race lacaune a remplacé l'ancienne caussenarde rustique, et la production de lait par brebis et par campagne est passée de 50 litres à plus de 110 litres.

En même temps que la traite, au printemps, les bergers doivent castrer les mâles destinés à la boucherie, marquer les jeunes et leurs mères, et enfin tondre la laine quand la nouvelle apparaît sous l'ancienne. Les festivités et les concours de rapidité qui avaient lieu à cette occasion ont pratiquement disparu : la tondeuse électrique a remplacé les « forces », antiques ciseaux à tondre, de même que la traite se fait grâce à l'électricité avec le roto-lactor. Le métier de berger s'éteint petit à petit, et il va rejoindre dans l'oubli ceux, traditionnels, du village : sabotier, forgeron, charron...

Le hameau de Saint-Véran (Aveyron), perché sur la rive droite du cañon de la Dourbie. De l'ancien château du marquis de Montcalm ne subsiste qu'une tour, de laquelle on a une vue plongeante sur un méandre de la rivière.

LE RETOUR DES BOULDRAS

Jusque dans les années 20, le *bouldras* — nom local du vautour — était un hôte familier des gorges du Tarn, de la Jonte, de la Dourbie et de la Vis. Les falaises calcaires, inaccessibles, lui offraient le gîte, et les plateaux des Causses, parcourus par les troupeaux de moutons, la nourriture. Mais les bergers n'aimaient pas cet oiseau de malheur qui, pour eux, symbolisait l'échec. C'est pourquoi ils préféraient basculer discrètement les carcasses dans un aven plutôt que de laisser tournoyer au-dessus d'eux les charognards, témoins à charge de leur malchance. C'est pourquoi aussi, parfois, ils prenaient leur fusil pour en abattre quelques-uns et revendre les pennes de leurs ailes aux plumassiers. Tant et si bien que, vers 1940, le dernier vautour fauve disparut des Causses. Depuis ce temps, en France, on ne rencontrait plus ce rapace que dans les Pyrénées occidentales.

En 1968, quelques amoureux de la nature décident de réintroduire le vautour fauve dans son ancien biotope. Deux ans plus tard, ils construisent une volière sur le causse Méjean et acclimatent quatre jeunes vautours espagnols. Le lâcher est un échec : les rapaces disparaissent au bout de trois mois. Il faut attendre 1978 pour que d'autres vautours, offerts par l'Espagne, se mettent à pondre. Mais l'élevage des poussins en captivité est difficile et un seul parvient à l'âge adulte en 1980. Les premiers grands lâchers ont lieu en décembre 1981 (cinq couples) et en janvier 1982 (un couple). Sur les douze oiseaux ainsi libérés dans le causse, huit vont se fixer sur place et un couple va même élever un jeune avec succès puisque, le 20 septembre 1982, après quatre mois de séjour au nid, le jeune bouldras prend son vol. Victoire ! C'est le premier vautour réellement caussenard depuis près d'un demi-siècle !

Pour fixer dans les Causses des rapaces naturellement erratiques, il a fallu créer un charnier, alimenté par des carcasses de boucherie, sous contrôle vétérinaire. C'est que les cadavres de moutons deviennent rares pendant les mois d'hiver où les animaux restent dans leur bergerie. Mais le charnier sert aussi à familiariser les vautours libres avec leurs frères captifs, car il est situé à proximité de la volière. On espère ainsi faciliter l'insertion dans les Causses de la vingtaine d'oiseaux qui attendent leur lâcher. Le retour des bouldras exige une longue patience, et aussi la disparition du mythe de l'oiseau « d'aspect hideux et répandant une odeur de pestilence » des vieux dictionnaires. Hideux, le vautour ? Allez donc le voir planer, superbe et majestueux, au fil des gorges du Tarn ou de la Jonte !

Au fond des gorges, la végétation, bien irriguée, peut devenir luxuriante avec ses hauts peupliers, ses ormes et ses frênes, ses érables et ses merisiers. Sur les pentes s'accrochent le pin sylvestre et le chêne pubescent, vestiges de la forêt primitive aujourd'hui disparue. Et toujours ces touffes de buis dont les branchages, autrefois, servaient de litière, et le bois de matériau pour le petit outillage. Dans le causse Noir, la végétation est parfois si dense qu'elle devient difficile à pénétrer. C'est ainsi que le site de Montpellier-le-Vieux a été « découvert » tardivement — il y a exactement un siècle — par des « messieurs de Paris » en randonnée scientifique.

La faune des Causses est pauvre en mammifères — si l'on excepte le mouton ! — mais riche en oiseaux, reptiles et insectes. Les bousiers abondent dans les drailles de transhumance et, dans les pâtures, c'est une prolifération de sauterelles, grillons, papillons et abeilles. Les lézards, naturellement, sont maîtres de la pierraille, beaucoup plus que vipè-

res ou couleuvres, davantage attirées par les points d'eau. Dans le ciel planent buses, éperviers, quelques aigles (quatre ou cinq couples au dernier recensement), et aussi, depuis peu, des vautours fauves. Ce qui n'empêche pas la grive et l'alouette de proliférer pour le plus grand bien — chut ! — de l'ordinaire des bergers... La nuit, les hiboux le disputent aux chauves-souris, généreusement accueillies dans les innombrables grottes et avens.

Incontestablement, c'est ce fantastique univers minéral fait de gorges, baumes, cañons et dolomies, d'une part, de grottes, avens, gouffres et rivières souterraines, d'autre part, qui constitue l'aspect le plus curieux et peut-être le plus attachant des Causses. Qu'il s'agisse des gorges du Tarn, la « maîtresse merveille » selon Édouard Martel, ou de l'aven Armand et sa « forêt vierge » de stalagmites, le plateau des Causses recèle des trésors naturels exceptionnels.

Réagissant différemment sur les carbonates de calcium et de magnésium contenus dans la roche, l'eau a taraudé le calcaire sur toutes ses faces, transformant des tables rocheuses, à l'origine massives et régulières, en véritable gruyère. En surface, ce sont les dolomies des « chaos » et ces cañons profonds parfois de 500 mètres qui découpent le plateau en quartiers, disposant chacun d'une hydrographie propre, d'une vie différente. En sous-sol, les infiltrations ont creusé des réseaux de galeries immenses, dotés de salles souterraines superbement décorées (aven Armand, grotte de Dargilan, grotte des Demoiselles, grotte de Clamouse), où le visiteur peut admirer la transparence des concrétions de calcite et la prodigieuse effervescence des buissons d'aragonite.

Quel contraste avec la surface ! C'est dans les Causses qu'on se rend compte à quel point l'eau est à l'origine de toute vie, de toute abondance, de toute richesse de formes et de couleurs. A l'air libre, l'eau sculpte la pierre et fouette la végétation. Captive, elle fouaille la roche, l'infiltre par tous ses pores, la couvre d'une multitude de formations minérales aux contours insoupçonnés, et la transforme finalement en grandioses palais souterrains que l'homme découvre avec admiration et effroi.

Cette vocation « minérale » des Causses se retrouve dans les activités humaines : chemins et champs bordés de murets ; constructions entièrement en pierre sèche, depuis la cave voûtée jusqu'à la toiture de lauzes ; mares pavées de main d'homme pour retenir l'eau rare ; fromage affiné dans les profondeurs calcaires du Combalou ; et aussi ces dolmens de la préhistoire, dont on dit que le Languedoc est plus riche que la Bretagne — mais il faut les trouver !

Les Causses, désert humain ou presque, qui dissimule ses richesses sous la pierre, et même dans la pierre. Les plus belles forêts sont de calcite et les jardins se tapissent au creux des gorges. Au premier regard, on ne voit que des immensités fauves où le chant des grillons se perd dans le vent.

ROGER CANS

LES VOSGES

C'était en juin 1940. Nous étions quatre soldats parmi des milliers d'autres que les Allemands venaient de capturer et de parquer, comme les bœufs d'un western, dans un vaste piège clôturé de barbelés. Nous nous agglutinions les uns aux autres pour offrir moins de surface à la pluie et, comme nous n'avions rien à nous mettre sous la dent, nous ruminions l'amertume des vaincus.

Notre groupe comprenait un Savoyard, un Béarnais, un Parisien et moi, qui suis né dans les Vosges alsaciennes. La défaite nous avait laminé le moral et nos âmes étaient plates comme des crêpes lorsque le Savoyard se mit à nous parler des sommets alpins. Ce fut le sursum corda. Nos âmes se remirent à la verticale et partirent à l'assaut du mont Blanc. Le Béarnais maintint la conversation à très haute altitude en célébrant les pics pyrénéens. Le Parisien faillit la faire redescendre, mais il compensa les insuffisances de la butte Montmartre en appelant à la rescousse Pigalle et le Sacré-Cœur, autrement dit les attraits du vice et les prestiges de la religion. Quand vint mon tour, je glorifiai le ballon de Guebwiller au pied duquel, à en croire les révélations de mes parents, la cigogne m'avait déposé, quelque vingt ans plus tôt. On crut devoir ironiser : quelle longueur avait la ficelle qui retenait ce ballon si près du sol ? Je répondis fièrement que le plus haut sommet des Vosges culminait à 1 424 mètres. Le Savoyard et le Béarnais trouvèrent le chiffre dérisoire, et le Parisien, qui empruntait le funiculaire pour gravir le monticule montmartrois, fit chorus. Je proférai quelques fortes insultes et je soutins que les Vosges, sans avoir à se pousser du col, étaient les plus belles montagnes de la Création. Nos esprits s'échauffèrent, notre amitié se refroidit, et je quittai les montagnards pour me joindre à trois captifs bretons qui chérissaient la mer, donc ne supportaient pas qu'on les privât d'espace. Si bien que les ayant suivis dans le brillant slalom auquel ils se livrèrent le soir même, entre les sentinelles et les barbelés, je retrouvai le chemin de la liberté.

Plusieurs décennies ont passé. J'ai entrevu l'Himalaya, j'ai contemplé le Caucase, j'ai admiré les neiges du Kilimandjaro, j'ai franchi les Rocheuses, j'ai parcouru la cordillère des Andes et j'ai partagé, devant la Mer de Glace, l'humilité de M. Perrichon. Mais je maintiens que les Vosges sont les plus belles, à tout le moins les plus charmantes montagnes de la Création.

Au rebours de celles que je viens de citer et dont l'attitude naturelle est de vous barrer le passage, les Vosges courbent le dos pour mieux porter les routes et les sentiers. Point n'est besoin de piolets, de pitons et de folie conquérante pour les escalader. Elles vous reçoivent à vallées ouvertes et se font aussi accueillantes au voyageur que le chameau qui s'agenouille pour recevoir le chamelier. Mais si elles vous laissent le passage, elles vous invitent à l'arrêt.

On les dit très vieilles. Je les trouve juvéniles. Certes, il s'est écoulé des dizaines de millions d'années entre l'époque où des tanks animaux (du genre brontosaure) dévoraient des arbres entiers pour s'ouvrir un passage à travers l'inextricable forêt et ce jour de 1920 où un président de la République française se jucha sur le ballon de

Ci-dessus : Brumes matinales sur le val de Villé, vu du col de la Charbonnière.

Ci-contre : La Grande Cascade de Tendon, près de Gérardmer, qui dévale ses 35 m en trois bonds.

Ci-dessous : Vieilles fermes vosgiennes du hameau des Hauts-Rupts, non loin de Gérardmer.

Guebwiller pour y prononcer un discours plein d'imparfaits du subjonctif — c'était Raymond Poincaré, mais de Napoléon III à Charles de Gaulle et de Guillaume II à Winston Churchill, en passant par les coureurs du Tour de France, les Vosges ont vu les pieds les plus illustres taquiner leur gazon.

Mais nous n'allons pas fouiller dans leur passé géologique. On dit qu'elles ont fait une première apparition lors du plissement hercynien et qu'elles ont resurgi lors de l'agitation alpine. Ajoutons que c'est à l'érosion qu'elles doivent leur beauté. On tient ce phénomène pour une dégénérescence. J'y vois plutôt un rajeunissement. L'érosion a rendu aux Vosges ce que l'opération du lifting restitue aux visages en péril et aux poitrines fatiguées, un aspect plus jeune et une silhouette plus harmonieuse. Nul ne niera qu'elles ont des formes et des grâces féminines. Vous me direz que la grâce n'est pas ce qu'on attend des montagnes que l'on assimile plus volontiers à des colosses qu'à des nymphettes. Mais si nous prisons tant les corps bien galbés, pourquoi mépriserions-nous des sommets si joliment arrondis?

On use souvent d'une expression qui se veut dédaigneuse en parlant de montagne à vaches. On a tort de railler : les vaches font partie du charme des Vosges et je les aime beaucoup. J'admire ce laboratoire qu'elles ont dans le ventre, cet estomac à quatre compartiments où l'herbe des montagnes se transforme en lait pour les vallées. Voilà qui confirme le côté féminin, voire maternel des Vosges : elles allaitent, par tétines interposées, une bonne partie de l'Alsace et de la Lorraine. Ne quittons pas les vaches sans saluer la clochette qui est comme une petite âme suspendue à leur cou. Je le dis très gravement : il n'est pas de plus beau cantique que celui qu'on peut entendre les matins d'été, quand ces clochettes se mêlent à la prière des anges et au chant des oiseaux. Puisque nous évoquons le lait, parlons aussi du miel que les abeilles extraient de la forêt. Si le lait est blanc avec des reflets bleus, le miel est presque noir avec des reflets verts. L'un et l'autre laissent entendre que les Vosges sont semblables à ce pays ruisselant de lait et de miel, promis à Moïse par Iahvé. Leurs ballons sont les cousins des douces collines de Galilée.

Leur féminité se révèle encore dans leur amour des bijoux. J'entends par bijoux ces colliers d'églises, de châteaux, de villages dont elles parent leurs vallées. Ou ces beaux lacs tantôt clairs comme des diamants, tantôt sombres comme des émeraudes qu'on voit scintiller de toute part. Quant à leurs toilettes, quitte à ce que mes louanges vous fatiguent, je témoigne que les forêts dont elles s'habillent sont parmi les plus soignées et les plus élégantes du monde.

Mais il faut les voir sortir leurs pâquerettes, leurs jonquilles et leurs autres merveilles pour le grand opéra du printemps. Il faut les voir revêtir leurs soieries d'or et leurs velours de pourpre pour le salon d'automne. « Salon » est un mot bien mièvre, je devrais parler d'illumination, d'embrasement, car l'automne vosgien éclate comme un poème de flamme, il est plus ardent que le printemps. Pour savourer l'été, cueillez la fraise, la framboise, la mûre ou la myrtille, laissez-les fondre sur votre langue, vous recevrez le baiser de la forêt. Une forêt dont la peau est si douce elle aussi, je veux dire si feutrée de mousse ou de gazon que, dans le silence rencontré par ses pas, le marcheur n'entend plus que les battements de son cœur.

Pendant toute la belle saison, c'est la fête des Vosges. L'hiver, quand la montagne revêt son voile de neige, c'est la fête des Vosgiens. De la Saint-Nicolas au Carnaval en passant par Noël et la Saint-Sylvestre, les habitants du massif, particulièrement les Alsaciens, festoient à qui mieux mieux. La grande réjouissance est celle de la Nativité. Toutes les volailles, tous les jambons, tous les boudins, toutes les pâtisseries, tous les vins, toutes les eaux-de-vie de la province se donnent rendez-vous sous le sapin de Noël. L'Enfant-Jésus est là, invisible au milieu des ripailles, pour rappeler les âmes à la ferveur. Quant au sapin, les spécialistes des traditions populaires assurent que ce sont les Vosgiens qui lui ont confié le rôle qu'il tient, depuis le Moyen Age, dans la grande fête de fin d'année.

La cuisine est un art particulièrement honoré. Il y a celle que préparent, dans les auberges des vallées, des chefs réputés. Il y a celle que vous proposent, dans les fermes de la montagne, des paysannes dont le savoir-faire vient du fond des siècles. J'ai le souvenir d'omelettes servies sur des tables en plein air, dans des poêles dont la queue est longue comme un manche de fourche et où l'or d'innombrables œufs, constellé de petits cubes de lard, compose d'incomparables mosaïques. Dans ces mêmes lieux, le marcheur affamé se voit accueilli par le munster, seigneur des fromages dont le parfum déconcerte les narines délicates, mais dont la saveur ravit les palais raffinés. Il va sans dire que l'omelette au lard, le munster et les autres trésors de la gastronomie vosgienne ne se présentent jamais seuls. Ils ont besoin du vin d'Alsace comme l'homme a besoin d'une compagne ou la femme d'un compagnon. Le vin d'Alsace est enfant des Vosges. Le vignoble se blottit contre la montagne comme un nourrisson dans le giron maternel. La mère ne se contente pas de lui donner sa tendresse : elle le protège contre les vents et les pluies venues de l'ouest, elle lui renvoie le soleil qu'elle reçoit pour qu'il ait double ration de lumière.

Il nous faut, à présent, faire quelques distinctions. On peut diviser les Vosges selon des critères géographiques : Vosges du Nord et Vosges du Sud, Vosges orientales ou alsaciennes, Vosges occidentales ou Vosges... vosgiennes (par référence au département qui s'est attribué leur nom). Mais je crois préférable de classer les Vosgiens. J'en connais trois sortes : ceux des vignes, autrement dit les Vosgiens de l'Alsace du Sud, qui sont buveurs de vin ; ceux des houblonnières et des brasseries, autrement dit les Vosgiens de l'Alsace du Nord, qui sont buveurs de bière, sans dédaigner le vin pour autant; ceux du versant occidental, qui apprécient d'autant plus le vin, la bière et les eaux-de-vie qu'ils disposent, pour lessiver les foies, de sources miraculeuses. Par exemple, celles de Plombières-les-Bains, où viennent boire et se baigner, depuis des siècles, la politique, la littérature, la peinture, la musique et la galanterie : des curistes comme Richelieu, Montaigne, Voltaire, Lamartine, Delacroix, Berlioz, Napoléon III, les

Ci-dessus : Traces de skieurs de fond au Champ du Feu (1 000 m), station des Strasbourgeois.

Ci-contre : Le lac de Blanchemer, au fond de sa conque boisée, vu de la route des Crêtes.

Ci-dessous : Les ruines en grès rose du château de Saint-Ulrich, au-dessus de Ribeauvillé.

filles de Louis XV, bien d'autres jolis corps, bien d'autres beaux esprits. Oui, les Vosges de l'Ouest sont pleines du chant des sources et de la rumeur des fontaines. C'est le pays de l'eau.

Les Vosges sont aussi le royaume de nombreux animaux. Un royaume dont le cerf est le roi. A la saison des amours; quand les puissances de la génération mettent le feu dans ses reins et qu'il remplit les nuits d'automne de son brame, c'est toute la forêt qui devient électrique.

Mais revenons aux hommes. Si les Vosges ont été choyées par la géographie, elles ont été rudement secouées par l'histoire. Les Gaulois furent les premiers à s'y sentir chez eux. Les Romains porteurs d'armes et de culture se révélèrent des ennemis... amicaux. Ils imposèrent la pax romana et les Vosges se mirent à l'heure de la civilisation gallo-romaine. Cette heure dura quatre siècles, ce qui est un record en matière de paix. Mais d'autres visiteurs allaient établir le record des guerres et des invasions : les Alamans, les Vandales, les Huns, les Francs, les Impériaux, les Français, les Prussiens et, last but not least, un nommé Hitler qui est l'addition de tous les autres et qu'on vit bomber prématurément le torse en contemplant, un matin de juin 1940, le splendide panorama du haut de la route des Crêtes.

Il est temps d'évoquer la ligne bleue des Vosges, si chère au Déodatien Jules Ferry (Déodatien parce que natif de Saint-Dié). Mais pour jolie qu'elle soit, l'expression fait lever de tragiques souvenirs. Cette ligne d'un bleu si doux, les hommes en ont fait une ligne rouge, une ligne de feu et de sang. L'ossuaire et les tombes de l'Hartmannswillerkopf sont les silencieux témoins d'un massacre qui couvrit la montagne de quelque soixante mille cadavres. Voilà pour la Première Guerre mondiale. La Seconde y ajouta les potences, la chambre à gaz et le four crématoire de l'affreux camp du Struthof, sans parler des tombes et des ruines laissées par les combats de la Libération.

Aujourd'hui, les Vosges, pour lesquelles Français et Allemands se sont tant battus, sont devenues une terrasse de paix du haut de laquelle on peut, quand le bleu du ciel s'unit au bleu de la montagne, admirer le Rhin, la Forêt-Noire, le Jura et les Alpes, autrement dit l'un des plus beaux panoramas d'Europe. Oui, ces montagnes-là sont faites pour la contemplation et je me demande si elles ne doivent pas aussi la douceur de leurs formes aux innombrables regards qui, de siècle en siècle, les ont lissées, polies, patinées, humanisées.

« Voyez Naples et mourez ! » dit le dicton italien. On pourrait difficilement l'appliquer aux Vosges, car, lorsqu'on les a vues, on n'a plus du tout envie de mourir... Et pourtant, je sais un petit cimetière, posé comme un nid dans un vallon de mon pays natal. C'est là que j'irai — le plus tard possible, rien ne presse — dormir auprès des miens. Il est dans un si joli site qu'au jour du Jugement, quand les anges sonneront de la trompette sur le ballon de Guebwiller, je n'aurai, si Dieu m'admet parmi les justes, que quelques pas à faire pour me trouver au paradis.

JEAN EGEN

Breidenbach
Volmunster
Bettviller
Bitche
Sturzelbronn
Obersteinbach
Niedersteinbach
WISSEMBOURG
Lauter
Achen
Rohrbach-lès-Bitche
Lemberg
Éguelshardt
Dambach
Lembach
Mouterhouse
Niederbronn-les-Bains
Langensoultzbach
Rahling
Soucht
Gœtzenbruck
Schœnenbourg
Hunspach
Lauterbourg
Mackwiller
Rosteig
Lichtenberg
Zinswiller
Reichshoffen
Wœrth
Soultz-ss-Forêts
Weislingen
Wingen-s.-M.
Moder
Mietesheim
Eschbach
Surbourg
Seltz
Sauer
Drulingen
Weitersviller
Pfaffenhoffen
Forêt de Haguenau
Weyer
La Petite Pierre
Bouxwiller
Forstfeld
Hirschland
Bust
Ohlungen
HAGUENAU
Eschbourg
Dossenheim
Ettendorf
Phalsbourg
Forêt de Saverne
Hochfelden
Alteckendorf
Réding
Hommarting
Canal de la Marne au Rhin
Brumath
Bischwiller
SARREBOURG
SAVERNE
Mittelhausen
Arzviller
Schwenheim
Hœrdt
Hesse
Marmoutier
Héming
Troisfontaines
Willgottheim
Truchtersheim
Singrist
Lorquin
Walscheid
Dabo
Forêt de Dabo
Wasselonne
Kuttolsheim
Mundolsheim
Hattigny
Bertrambois
Forêt d'Abreschviller
Wangen
Schiltigheim
Forêt de St-Quirin
Wangenbourg
Westhoffen
STRASBOURG
Vézouze
Balbronn
Achenheim
Blâmont
Cirey-s.-Vezouze
Oberhaslach
MOLSHEIM
Illkirch-Graffenstaden
Bruche
Brémenil
1008
Lutzelhouse
Mutzig
Montigny
Badonviller
Col du Donon
Le Donon
Rosheim
Altorf
Geispolsheim
Merviller
Russ
Pexonne
Plaine
Allarmont
Schirmeck
Bœrsch
Obernai
Baccarat
La Broque
Le Struthof
Mt Ste-Odile
Bertrichamps
Celles-s.-Plaine
Deneuvre
Meurthe
Raon-l'Étape
Le Saulcy
Fouday
Barr
Erstein
Rhin
Ste-Barbe
Senones
Champ du Feu
Andlau
Ménil-s.-Belvitte
Moyenmoutier
Grandrupt
Benfeld
Brû
Forêt de Rambervillers
St-Jean-d'Ormont
Saales
Steige
Rambervillers
St-Remy
Col de Saales
Villé
Autrey
Provenchères-s.-Fave
Thanvillé
Forêt de Mortagne
Lalaye
Vomécourt
ST-DIÉ
Neubois
Raves
Ste-Marie-aux-Mines
Liepvrette
SÉLESTAT
Frémifontaine
Mortagne
Taintrux
Saulcy s.-M.
Ban-de-Laveline
Ht Kœnigsbourg
Thannenkirch
Sercœur
Grandvillers
Brouvelieures
La Croix-aux-Mines
Bergheim
Dogneville
Bruyères
Biffontaine
St-Léonard
RIBEAUVILLÉ
Marckolsheim
Golbey
Deyvillers
Fraize
Illhaeusern
Darnieulles
Les Forges
ÉPINAL
Vologne
Aumontzey
Corcieux
Lapoutroie
Kaysersberg
Lerrain
Chantraine
Cheniménil
Champdray
Col du Bonhomme
Labaroche
Jésonville
Harol
Charmois-l'Orgueilleux
Archettes
Tendon
Col de Martimpré
800
Col de la Schlucht
Turckheim
Fecht
Relanges
Canal de l'Est
Éloyes
Lac de Gérardmer
Soultzeren
Wintzenheim
Andolsheim
Darney
Forêt de Darney-Martinvelle
La Haye
Uzemain
Raon-aux-Bois
Forêt de Fossard
Gérardmer
COLMAR
Monthureux-s.-Saône
Harsault
Xertigny
Moselle
St-Nabord
Col de la Grosse Pierre
953
1362
Le Hohneck
Munster
Hattstatt
Neuf-Brisach
Isches
Hautmougey
Bains-les-Bains
Remiremont
La Bresse
Metzeral
Pfaffenheim
Les Thons
LA VÔGE
Passavant la-Rochère
Pont-du-Bois
Trémonzey
Plombières-les-Bains
Forêt de Longegoutte
Forêt de Cornimont
Cornimont
1267
Petit Ballon
Rouffach
Senaide
Bousseraucourt
Coney
Ruaux
Faymont
1329
Le Klintzkopf
Soultzmatt
Fleurey-lès-St-Loup
Saulxures-s.-Moselotte
1222
Grand Drumont
Gd Ventron
1204
Enfonvelle
Corre
Vauvillers
Le Val-d'Ajol
Rupt-s.-Moselle
GUEBWILLER
Soultz-Ht-Rhin
Blondefontaine
Saône
Mélincourt
Fougerolles
Fellering
1424
Grand Ballon
Ormoy
St-Loup-s.-Semouse
Corbenay
St-Bresson
Le Thillot
Bussang
Les Neufs Bois
Ensisheim
Canal du Rhône au Rhin
Barges
Betaucourt
Anchenoncourt-et-Chazel
St-Valber
Faucogney-et-la-Mer
Le Haut-du-Them
St-Amarin
Moosch
Bollwiller
Thur
Venisey
Lanterne
Aillevillers
Luxeuil-les-Bains
Breuchin
Froideconche
Ballon de Servance
Ballon d'Alsace
1250
Oberbrück
THANN
Steinbach
Wittelsheim
Breuches
Belmont
Ecromagny
Ognon
Cernay
Wittenheim
Belonchamp
Leimbach
Mélisey
Lepuix
Masevaux
Aspach-le-Bas
La Chapelle-lès-Luxeuil
La Neuvelle-lès-Lure
Fresse
Giromagny
Vescemont
Rougemont-le-Château
Doller
MULHOUSE
Rougegoutte
Champagney
Angeot
Burnhaupt-le-Haut
Ronchamp
Valdoie
Roppe
Magny-Danigon
Salbert
Offémont
BELFORT
PLAINE D'ALSACE

LA GRANDE FORÊT SOMBRE

Toute l'histoire, ici, est faite d'arbres. Au XIIIe siècle, le moine Richer de Senones n'écrivait-il pas que les Vosges se montraient « copieuses en forêts de sapins, si épaisses et si obscures qu'elles donnent terreur au spectateur » ? Le nom même de la montagne, la Vôge, désigne un espace boisé — vaste espace hostile qui restera longtemps le bastion des loups et des brigands. Au temps des Gaulois, qui avaient un sanctuaire sur le Donon, et jusqu'au début du Moyen Age, la forêt s'étendait sans interruption des Côtes de Lorraine aux rives du Rhin. Seuls quelques lacs et quelques tourbières trouaient le manteau végétal. Seuls cinq sommets des hautes Vosges étaient suffisamment ventés et froids pour empêcher la hêtraie de s'enraciner. Au total, près d'un million et demi d'hectares d'arbres couvraient alors le massif vosgien.

A l'aube du christianisme, de nombreux ermites hantaient ces grands bois originels. Puis les premiers véritables défricheurs arrivèrent. A partir du VIe siècle, des abbayes furent fondées : Munster, le Mont-Sainte-Odile, Murbach, Andlau... Moines et moniales commencèrent à déboiser, à essarter, ouvrant clairière après clairière. De cette époque lointaine, indécise et floue, la légende a retenu le souvenir, tantôt ému, tantôt effrayé, des géants et des nains, des sorcières et des fées, des fantômes et des fauves voraces. La pénétration se fit évidemment le long des vallées. Les villages, qui, bientôt, s'y égrenèrent, ont isolé au fur et à mesure en massifs compacts la sylve d'antan. Sur le versant alsacien, le vignoble a vite rogné les premiers étages des collines sous-vosgiennes. Mais le morcellement de l'immense forêt débuta vraiment avec la naissance de l'industrie, fille de l'eau et du bois, et grande dévoreuse d'arbres.

Ce fut d'abord la verrerie, au XIVe siècle. Puis la première papeterie, en 1444. Et l'on découvrit les riches filons de la vallée de Sainte-Marie-aux-Mines ; l'exploitation minière s'étendit à l'ensemble du massif et les fonderies sacrifièrent des milliers d'hectares. La métallurgie, tirant profit des bois de hêtre et de chêne bon marché, s'implanta au XVIIe siècle. A partir de 1850, ce fut le tour de l'industrie textile qui gagna rapidement toutes les vallées, favorisée par l'eau et surtout par une main-d'œuvre importante. Lentement, inéluctablement, la forêt régressait. Avec elle disparaissaient les derniers ours, les derniers loups, les derniers chevaux sauvages. Pour la seule Alsace, elle se réduisait de 500 000 à 200 000 hectares. Des vallées entières étaient mises à mal, complètement déboisées. De nos jours encore, la montagne garde les traces vivantes de ce traumatisme de l'histoire. Aux alentours de 1900, le mouvement s'est enfin inversé : la forêt a repris du terrain. Depuis 1945, 16 000 hectares ont été replantés. Peu à peu, la forêt redevient ressource. Sa superficie n'est plus menacée. Mais sa structure a profondément changé.

La forêt vosgienne couvre aujourd'hui 500 000 hectares. Le taux de boisement est variable : il atteint 60 %, voire 75 %, dans le sud du massif, descend au-dessous de 50 % dans les Vosges moyennes, pour remonter aux environs de 80 % dans les Vosges du Nord. Les forêts domaniales sont assez éparses et ne forment que 20 % du massif. Les forêts communales, elles, représentent 60 % de l'espace; certains villages, comme Rombach-le-Franc, en possèdent 1 800 hectares; d'autres, comme Soultzeren, en gèrent

Chouette de Tengmalm, hôte discret venu du froid. Tout le mystère de la forêt vosgienne dans ce petit nocturne couleur d'écorce qui affectionne les conifères. Relicte des dernières glaciations, l'espèce compte ici 30 couples.

Ombres et lumières d'une pessière, au col de Sainte-Marie-aux-Mines. Les épicéas, ces fameux sapins de Noël des traditions vosgiennes, restent les arbres rois entre 600 et 1 000 m. Ils forment de sombres cathédrales aux colonnes hautes de 40 m.

920; une ville comme Sainte-Marie-aux-Mines regroupe 2 800 hectares, de même que Strasbourg. Quant aux grandes forêts privées, elles se trouvent essentiellement dans la vallée de Masevaux et dans les Vosges du Nord, sur les terres des anciens « rois » des forges et des verreries.

La structure de cette forêt a largement évolué. Ainsi en Alsace, en 1935, les 200 000 hectares de forêt de montagne étaient constitués de 60 % de feuillus et de 40 % de résineux. En 1983, le pourcentage est inverse, et il atteindra bientôt 70 % de résineux pour 30 % de feuillus. Cette mutation imposée par l'économie moderne a considérablement modifié les paysages forestiers. Elle a fait disparaître les vieux métiers du bois, et elle menace certaines espèces animales rares comme le grand coq de bruyère. Mais la forêt vosgienne reste très présente. Elle fournit 8 % de la production française de bois, soit quelque 4 000 000 de mètres cubes, avec un rendement annuel de 6 à 8 mètres cubes à l'hectare. Et elle continue d'employer plus de 4 000 bûcherons et ouvriers forestiers.

Les essences originelles, sapin, hêtre et chêne, dominent toujours. Cependant, de tous les arbres, c'est le sapin qui a le plus marqué la vie quotidienne et la légende. Il faut dire qu'avec la tradition du sapin de Noël il occupe une place de choix. Dès le XIVe siècle, les Vosgiens allaient chercher en forêt « l'arbre de Noël », cet arbre toujours vert qui symbolise la vie au cœur de l'hiver. Chez les plus riches comme chez les plus pauvres, le sapin-roi était décoré.

Le sapin domine entre 500 et 1 000 mètres d'altitude — le climat frais et humide lui convient, comme au hêtre. Sur les sols granitiques ou gréseux, il y forme ces cathédrales aux tons glauques, aux colonnes de 30 à 40 mètres de hauteur. Dans les vieux éboulis, où mousses et lichens s'unissent sous son ombre bleue, les fougères apportent leur touche d'exubérance. Les sapinières de Rambervillers et de

LE GRAND TÉTRAS

Le grand tétras *(Tetrao urogallus),* ou grand coq de bruyère, symbolise mieux que tout autre animal les vieilles forêts d'altitude qui s'accrochent aux pentes abruptes des hautes Vosges et où, six mois par an, la neige régit la vie. Toutes les forêts vierges de la planète possèdent leurs gallinacés sauvages : du dindon de l'Amazonie au tétraogalle du Caucase, ces oiseaux primitifs reflètent bien l'écosystème lourd, lent, puissant et fragile des forêts restées vierges. Là, sans doute, commence le mythe.

Le grand tétras est un oiseau de forte taille pouvant atteindre plus de 1 mètre d'envergure et pesant de 3 à 6 kilos. D'une couleur bleu gris métallique aux reflets vert sombre, l'œil surmonté d'une caroncule rouge et le poignet blanc, cette espèce de grand dindon qui se gave de baies des bois n'offre a priori rien de passionnant. Mais son caractère farouche vient renforcer son mythe. Toute l'année, il reste caché dans la forêt. Ce n'est qu'au printemps, quand tombent les dernières neiges et qu'éclatent les bourgeons des hêtres, que son célèbre chant crisse sur les névés : une série de notes étouffées et basses, lancées le cou tendu, les ailes pendantes, la queue déployée en éventail.

Fin avril, là-haut, parmi les fayards centenaires, le grand coq délimite sa place de chant — il « fait son arène » — et séduit les poules. Certaines places peuvent rassembler 3 à 15 coqs. La parade amoureuse du grand tétras a une signification sociale complexe, permettant aux oiseaux les plus âgés de couvrir les femelles.

Il y a très longtemps qu'est née la traditionnelle chasse du coq de bruyère au chant, qui voulait que tout disciple de Nemrod digne de ce nom ait tué un tétras dans sa vie... un seul tétras. Aujourd'hui, les chasseurs ont rangé leurs armes, car, à l'exception des Pyrénées, le coq de bruyère est interdit de tir. Ses populations ont en effet disparu à une vitesse inquiétante. De plus de 1 000 mâles chanteurs en 1939, les Vosges n'en ont plus aujourd'hui que 250. Dans les autres montagnes françaises, il subsiste également 250 mâles dans le Jura, et 50 dans les Alpes du Nord ; dans les Cévennes, le parc national tente de réintroduire l'espèce dans les jeunes forêts ; seules les Pyrénées conservent une population assez stable de 5 000 à 8 000 individus.

La chasse n'est pas seule en cause. Les routes et les touristes, les maladies et les étés pluvieux accroissent les pertes naturelles. Mais c'est la monoculture forestière qui est la grande responsable de cette lente disparition. On arrache les sorbiers, on abat les arbres tortueux, on plante les clairières avec des épicéas ou des sapins de Douglas venus d'un autre monde. Or tout, dans la biologie du coq de bruyère, appelle la diversité : l'oiseau a besoin d'une vieille futaie claire, ponctuée de trouées de lumière, possédant encore quelques géants de la forêt et offrant une herbe et une régénération denses.

Farouche et fragile survivant d'une autre ère, le grand tétras est devenu le symbole des Vosges restées sauvages.

Symphonie d'automne en forêt de Guebwiller. Le paysage forestier originel a disparu à jamais. Le patchwork d'une hêtraie-sapinière est issu de la sylviculture. Et l'enrésinement est toujours plus poussé. Affaire de rentabilité.

Flamboiement et mélancolie au bord du lac d'Alfeld (620 m). Hêtres, bouleaux, érables et frênes s'accrochent au roc. Mais ces feuillus n'ont plus de valeur économique. Les forestiers ne les conservent que pour l'esthétique.

Gérardmer sont fort réputées, tant pour la vigueur de leur pousse que pour leur étrange beauté où se mêlent les senteurs fauves d'un tapis moite d'aiguilles et de myrtilles.

Sapinières et hêtraies-sapinières composent près de 70 % de la forêt vosgienne. Elles noient versants et vallons, douces houles bleutées, amples ondes paisibles se propageant à perte de vue. Cette forêt vivante et riche constitue également une « matière première » irremplaçable. On peut simplement regretter que, par le passé, certaines communes aient tenté de l'exploiter trop vite, s'obligeant à raser de grandes parcelles et à replanter des épicéas (12,5 % des arbres) ou des sapins de Douglas. Les Vosges moyennes, de la vallée de la Bruche à celle de Sainte-Marie, présentent ainsi de tristes paysages découpés en champs d'arbres.

Les étages forestiers ne sont pas des gradins successifs, mais des milieux étroitement imbriqués, dépendant du climat local et de l'action séculaire de l'homme. La limite entre ces étages varie donc d'un versant à l'autre, d'une micro-région à l'autre, et, lentement, ils se confondent. Naturellement aussi, cet étagement est discontinu, quelle que soit l'altitude. Cependant, les bas étages du massif et la totalité des Vosges du Nord restent

LES MAÎTRES VERRIERS

La verrerie naquit dans la « Vôge » dès 1373. En 1448, les verriers de Darney obtinrent leur première charte. Les vastes forêts des Vosges du Nord, grâce à l'abondance d'eau pure, de bois et de silice, ont ainsi permis l'essor de l'industrie du verre dès la fin du Moyen Age. Mais, après la terrible guerre de Trente Ans, il fallut attendre le XVIIIe siècle pour voir renaître verreries et cristalleries — et cela grâce aux privilèges royaux, octroyés afin de freiner les « importations nuisibles à la balance commerciale et à la monnaie » : « Produisons français » était déjà la devise de Louis XIV et de Louis XV. En 1767, ce dernier conféra à la verrerie de Munsthal, dans le pays de Bitche, le titre de « verrerie royale ». En même temps, le souverain donnait une forêt de 1 600 arpents à René François Jolly et Pierre Étienne Ollivier, tous deux avocats à la cour de Lorraine : les deux entrepreneurs allaient tenter de profiter des ressources naturelles (eau, bois, sable gréseux riche en silice, potasse) et de la main-d'œuvre très qualifiée pour contrecarrer l'expansion du cristal et du verre venus d'Angleterre.

A Baccarat, à mi-chemin entre Saint-Dié et Nancy, la cristallerie devint industrie à partir de 1830. Baccarat put bientôt exporter vers la Russie, la Perse, l'Italie... Le développement du chemin de fer, en amenant sur place les matières premières nécessaires, devait néanmoins permettre à la forêt de « reprendre ». L'exportation en fut aussi favorisée.

De nos jours, l'industrie du verre emploie encore près de 1 000 personnes. Nombre d'ateliers ont fermé leurs portes, mais à Saint-Louis, une des « capitales » du cristal, les traditions subsistent. On y va à l'usine de père en fils, et cette transmission des techniques et du savoir garantit toujours un travail de qualité. Les ouvriers ont quitté leurs fermes. Les hommes soufflent, cuisent et transportent. Les femmes décorent à l'aide de fins pinceaux. La cristallerie continue ainsi sa vie, trouvant de nouveaux débouchés dans le tourisme avec des pièces d'un abord moins contraignant pour les bourses.

le domaine de la hêtraie-charmaie, au sol nappé de luzules et d'anémones des bois. Entre 400 et 700 mètres d'altitude se développe aussi la chênaie acidophile, au sous-bois caractérisé par l'aubépine, la bourdaine, les ronces et le chèvrefeuille. Les vallons humides sont occupés par les érables, les ormes, les frênes ; sur les sols les plus détrempés, l'aulnaie couvre les fonds, associée au saule marsault, au cassissier sauvage et à la viorne aubier. Quant au pin sylvestre, il a été planté très largement au XVIIIe siècle sur tous les contreforts vosgiens, où les sols pauvres lui conviennent à merveille ; une superbe espèce locale, le pin de Hanau, a pu y croître. Les châtaigniers, enfin, ont été introduits à l'époque romaine, lorsque leurs fruits servaient d'aliments ; par la suite, leurs « tiges » devinrent réputées comme piquets de vigne, et de véritables taches de cultures de châtaigniers se sont étendues au long du piémont alsacien.

Ainsi en est-il allé de la grande forêt, toujours plus cultivée et toujours plus humanisée. Il est cependant une forêt récalcitrante où les aléas de l'histoire ont permis de conserver localement l'aspect des grands bois naturels. C'est la « forêt des brouillards », ou *Nebelwald*, qui constitue sans conteste l'un des joyaux naturels du massif vosgien. Cette forêt d'altitude — hêtraie sur le versant alsacien, sapinière sur le versant lorrain —, accrochée aux flancs des cirques glaciaires des Vosges du Sud, se trouve en effet prise dans les nuages ou la brume plus de cent vingt jours par an. La rudesse du climat y rabougrit les arbres, le gel y fend les troncs, la tempête y casse les cimes. Il peut tomber près de 3 mètres d'eau par an sur ces lambeaux de forêt sauvage. En hiver, les congères y atteignent couramment 10 à 20 mètres de hauteur. En été, le vent y souffle souvent de 100 à 120 kilomètres à l'heure. Ces conditions extrêmes font varier les essences et les formes. Tout y est diversité. Ainsi est faite la forêt vosgienne, avec ses lourdes croupes ondoyantes et changeantes au gré de l'altitude.

Diversité et richesse sont aussi les caractéristiques de ses populations animales. Le retour de la grande faune permis par l'occupation allemande (1870-1914) a été assez spectaculaire. On estime aujourd'hui que le massif vosgien abrite environ 10 000 cerfs, 40 000 chevreuils, 30 000 sangliers. Par ailleurs, après dix ans de débats et d'études scientifiques, un de ses hôtes d'antan, le lynx, disparu de la montagne vosgienne à partir de 1815, vient d'être réintroduit en 1983,

OPÉRATION « CHAMOIS »

Le chamois ne semble pas avoir existé dans les Vosges aux temps historiques. On peut donc parler d'introduction à propos du lâcher de 11 animaux originaires de Forêt-Noire au-dessus de Ranspach, près de Saint-Amarin, le 8 janvier 1956 : 2 mâles, 5 femelles, 4 faons, cadeau des forestiers badois reconnaissants pour la protection de leur cheptel à la fin de la Seconde Guerre mondiale, lors de l'occupation française. Plusieurs lâchers devaient suivre, en 1959, 1970 et 1974 : 7 mâles au total. La réserve nationale cynégétique du Markstein (Haut-Rhin), créée en 1961 pour favoriser le peuplement, fut reconduite pour neuf ans en 1970 ; elle couvrait alors 3 110 hectares, d'un seul tenant, étagés de 500 à 1 300 mètres, entre le Hohneck et le Grand Ballon. En 1979, lors de la réadjudication, sa superficie a été réduite à 950 hectares, divisés en deux « îlots » : au nord, le Hohneck et le Kastelberg, au sud, le Grand Ballon. Mais l'herbivore alpin a colonisé le massif bien au-delà des limites de la réserve. A l'heure actuelle, il se rencontre sur toutes les crêtes des hautes Vosges : son aire de répartition s'étend de la vallée de Sainte-Marie-aux-Mines à celle de Thann, et de Soultz à La Bresse ; il y cohabite avec le cerf et avec le chevreuil. Sa population compte environ 600 individus (dont une centaine dans la réserve) vivant en hardes.

Totalement protégé, le chamois s'est parfaitement acclimaté à la moyenne montagne et a prospéré dans ces hautes Vosges, où les éboulis situés à la limite supérieure de la forêt et exposés au sud constituent son milieu favori. Il se plaît sous les ballons : il y trouve l'herbe abondante des anciens cirques glaciaires et l'abri de la forêt d'altitude — il recherche le couvert forestier dès que le soleil tape, car il n'aime pas la chaleur, ou que les touristes envahissent les chaumes. Il s'y nourrit de graminées, à l'occasion de framboises, de myrtilles... et souvent de jeunes pousses et de jeunes plants de résineux, surtout en hiver. C'est en raison de ces dégâts, réels et potentiels, infligés à la forêt et multipliés par l'accroissement rapide des populations (50 en 1964, 250 en 1970, 800 en 1977) que, dès 1975, la chasse au chamois fut ouverte dans les Vosges selon des plans de tir sélectif. Depuis, 820 chamois ont été tués, au rythme d'une bonne centaine chaque année. Par ailleurs, 130 animaux ont été capturés au cours de reprises en vue de repeupler d'autres massifs montagneux (Bauges, Cantal).

DES CERFS PAR MILLIERS

1

2

3

4

Le cerf noble d'Europe *(Cervus elaphus)* a longtemps été chassé dans les Vosges. Mais au XIXe siècle, l'accession au droit de chasse acquis lors de la Révolution entraîna sa disparition, à l'exception de quelque 400 animaux réfugiés sur les pentes du Donon. Grâce à la loi locale de chasse de 1881, édictée pendant l'occupation allemande et maintenue depuis, les effectifs ont pu se refaire, et aujourd'hui plus de 10 000 cerfs peuplent le massif vosgien. Le repeuplement s'est effectué depuis le versant lorrain jusqu'aux Vosges du Sud. Il se réalisa vers 1930 à Sainte-Marie-aux-Mines, vers 1950 à Munster et vers 1960 seulement dans la vallée de la Thur. Les Vosges du Nord ont été recolonisées à partir du Donon, et la réserve nationale de chasse de La Petite-Pierre (Bas-Rhin), créée en 1952 sur 4 300 hectares entre les vallées de la Moder et de la Zorn, et aujourd'hui incluse dans le parc naturel régional des Vosges du Nord, a permis le retour du plus grand animal de notre faune sauvage.

De nos jours, le cerf voit son biotope bouleversé par le tourisme et par l'extension de la sylviculture. C'est ainsi que ce grand ongulé de 150 à 180 kilos qui mange de 6 à 12 kilos d'herbes et de rameaux par jour, ne trouvant plus les vallons herbeux ou les friches abondantes, provoque parmi les plantations de résineux et de feuillus des dégâts considérables (frottis, écorçage, abroutissement) dès que sa densité dépasse 2,5 à 4 têtes au kilomètre carré. C'est en vue d'instaurer un tir raisonnable que les premiers plans de chasse sélectifs, à l'affût ou à l'approche, furent établis. Ils orientent la sélection vers les basses classes d'âge en tentant d'éliminer les animaux en surnombre.

1. Un beau dix-cors à l'automne, après le brame.
2. Biches et faon à la reposée, dans une clairière.
3. Rituel du brame : le maître des lieux sur la place de brame.
4. Grand cerf adulte en hiver, s'enfonçant vers la remise où il gîte.

Cerfs et biches vivent séparément, en groupes sociaux de 5 à 8 unités : femelles et jeunes d'une part, ou groupes matriarcaux, menés par une biche maîtresse ; mâles d'autre part, en hardes dites sociales rassemblant des coiffés sans liens de parenté. A l'approche du brame, dont l'apogée se situe autour du 25 septembre, les hardes se rapprochent les unes des autres, formant un noyau dense où l'on peut compter 6 à 8 animaux au kilomètre carré. Le tir débute alors : chaque saison, 2 000 à 2 500 animaux sont tués dans le massif vosgien. On note toutefois que dans le Bas-Rhin, en 1981-1982, sur 2 076 animaux inscrits au plan de chasse, seuls 990 ont été abattus. Cette situation a priori anormale est en fait liée à la tradition cynégétique locale qui veut que le chasseur « entretienne » ses animaux, dont il cherchera la meilleure densité et la plus grande qualité. Le forestier, en revanche, fixe le seuil de tolérance au niveau permettant à la forêt de se régénérer. Le cerf provoque ainsi des querelles sans fin entre forestiers, chasseurs, élus locaux et promeneurs.

Chat sauvage surpris dans son repaire. Ce fin chasseur de la nuit est désormais protégé. Son biotope favori est la forêt de feuillus des Vosges gréseuses, qu'il a lentement colonisée depuis 1970.

en dépit de l'hostilité de certains chasseurs qui voient en ce prédateur discret « un braconnier à quatre pattes ». L'écologie de l'animal, encore mal connue, ne permet pourtant pas d'affirmations hâtives. Il faudrait encore souligner l'importance biologique et écologique des « petits », trop souvent négligés : chats sauvages, martres des pins, blaireaux, renards, belettes..., dont les Vosges sont abondamment pourvues.

Les oiseaux sont un autre trésor de la grande forêt. Le nombre d'espèces représentées et les effectifs s'avèrent en effet particulièrement impressionnants. Parmi les plus remarquables, le bec-croisé est un nicheur régulier en toute saison, même au cœur de l'hiver. Il se nourrit des fruits contenus dans les cônes de pins, sapins ou épicéas. Mâles rouge sombre et femelles vert sale errent souvent en bandes au gré des bouquets de conifères, dont les cimes s'animent lorsque des grappes d'oiseaux aux cris métalliques viennent s'accrocher aux cônes. Venturons, cassenoix mouchetés, accenteurs, mais aussi pics noirs et pics épeiches, mésanges et pinsons des arbres peuplent les sylves des Vosges du Nord et du Sud. Au nord, les abrupts gréseux sont encore habités par quelques faucons pèlerins. Au sud, le rarissime tichodrome se rencontre dans les parois rocheuses.

Dans les forêts de moyenne altitude, les densités sont extrêmement élevées : 800 à 900 couples au kilomètre carré. Dans la hêtraie-sapinière, qui offre un extraordinaire fourmillement de vie, elles restent fortes, de 70 à 90 couples nicheurs au kilomètre carré. La hêtraie d'altitude ne compte plus que 40 à 50 espèces d'oiseaux nicheurs, mais certaines d'entre elles, comme la chouette de Tengmalm ou la chouette chevêchette, sont de véritables reliques des dernières grandes glaciations. De nos jours, elles ne se rencontrent plus que dans la taïga et dans les forêts des versants les plus froids de nos montagnes. Le grand coq

FORÊTS VIERGES DES VOSGES DU SUD

En 1983, dans la haute vallée de Munster, J.-L. Wilhelm trouva une aire abandonnée de hibou grand-duc, le seigneur de la nuit. On croyait le rapace totalement disparu depuis 1938, et pourtant on découvre soudain un nid vieux de cinq à dix ans... Les pentes des hautes Vosges n'ont pas livré leurs derniers secrets, car la forêt vierge y existe encore, avec son cortège de plantes exceptionnelles, comme l'if, ou ses oiseaux inconnus, comme le grand-duc. Certes, au Moyen Age, bûcherons et braconniers vivaient au rythme des grands bois. Mais ces hommes n'ont pas tué la forêt qui, sur les éboulis, sur les pentes abruptes des anciens cirques glaciaires, a conservé son cycle naturel, son pouls séculaire.

Les forêts vierges des Vosges du Sud ne sont pas impénétrables, mais d'un accès difficile. Elles se distinguent par la présence d'arbres morts sur pied ou tombés au sol, par la diversité de leur structure et de leur composition, et par l'existence de très grands arbres. Ainsi, dans la vallée de Mittlach, un vieux sapin de 300 à 500 ans atteint 54 mètres de hauteur et 1,10 m de diamètre ; les vieux du village l'appellent « le grand-père ». Sous la ferme-auberge du Kastelberg, quelques sapins doivent dépasser les 600 ans : un vieux schlitteur les appelait « les arbres de Charlemagne ». Sapins imposants, hêtres tortueux, ces géants marqués par le climat donnent à eux seuls l'image de la forêt vierge. Mais au sens écologique du terme, « vierge » doit être compris comme « naturel ». Dans un cycle naturel, la forêt vit et se régénère, les vieux arbres y meurent sur pied, seules la tempête, la foudre ou la neige les abattent.

Du ballon d'Alsace au massif du Hohneck, en passant par Vieille-Montagne et le Batteriekopf, ces vieilles sylves vivent ainsi leur vie. Les plus étendues se situent le long de la crête courant de Masevaux à Wildenstein. Le Ventron, le Kastelberg, le Frankenthal et les alentours des Spitzkoepfe ont aussi leurs forêts sauvages. Au total, quelque 1 000 hectares qui mériteraient d'être totalement protégés, afin que ces témoins naturels ne soient pas seulement conservés dans la mémoire des bûcherons. L'un de ceux-ci, dans la région de Gérardmer, parlait de la forêt cultivée comme d'un vulgaire champ de patates, tel celui qui jouxtait sa ferme. Mais quand il évoquait les vieilles sapinières, son bras glissait, sa main s'ouvrait sur les ballons ondulant dans le lointain, et ses mots s'allongeaient, et tout son patois revenait...

Féerie hivernale en forêt de Saverne : les grands hêtres givrés. Durant certains redoux, toute l'eau de ces hauteurs humides se transforme en glace. La hêtraie séculaire compose alors d'étranges clairs-obscurs.

de bruyère d'ailleurs, encore représenté dans le massif vosgien quoique en voie de disparition, symbolise à lui seul cette faune relictuelle, farouche et menacée. Certains oiseaux habitent tous les étages forestiers : le bec-croisé des sapins, le cassenoix moucheté, tous deux inféodés au plus profond des forêts résineuses; la sittelle torchepot, qui se déplace indifféremment vers le bas ou vers le haut le long des troncs de conifère et qui, pour nicher, utilise les anciennes cavités des pics qu'elle « cimente » à sa taille avec de la boue...

Espace étranger et sauvage, la grande forêt vosgienne est cependant devenue une ressource économique de premier plan, on l'a vu, et elle se trouve désormais soumise aux impératifs d'une exploitation intensive. L'avenir du massif passe en grande partie par la gestion raisonnée de ce patrimoine unique. Une ombre au tableau, toutefois : les Vosges vont donner pour vingt ans encore des bois de faible volume que les scieries et les usines de pâte à papier en crise ne peuvent malheureusement plus absorber. La forêt doit en outre satisfaire une fonction sociale nouvelle. Car ces dernières décennies, elle est également devenue une fabuleuse aire de loisirs : plus de 4 millions de personnes visitent le massif chaque année aujourd'hui! On imagine aisément l'amplitude des dérangements, des perturbations que cette invasion inflige aux biotopes traditionnels et à leurs habitants de plume et de poil.

Toute cette évolution s'est faite à travers des siècles de lente pénétration et de labeur incessant, dont les faits sont encore gravés dans les anecdotes, les manières, le savoir-faire des vieux des vallées. Traditions vivantes bientôt reléguées au musée. Pour reconstituer la vie et les techniques de jadis, il suffit encore de questionner nos doyens. Ils ont connu leur forêt avant la prodigieuse révolution technologique implantée par la tronçonneuse, qui a ravi la place à la cognée et au légendaire passe-partout, par le tracteur, qui a remplacé bœufs et chevaux, par le chemin de fer, qui a fait mourir le flottage... Massif autrefois tout entier tourné vers la forêt, les Vosges d'hier et de demain cohabitent encore. Mais ce n'est plus pour longtemps.

CHRISTIAN KEMPF

ARCHITECTURES DE GRÈS

On les dirait issus de l'imagination poétique d'Erckmann-Chatrian, ces paysages un peu fantastiques aux escarpements rocheux surgis de la forêt. Le géologue, lui, les attribue plus prosaïquement au grès triasique, vaste dalle sédimentaire du début de l'ère secondaire, qui s'étend au nord de la vallée de la Bruche, couvrant le massif sans autre discontinuité que les alluvions récentes des vallées.

Ce grès des Vosges est bien plus complexe qu'il n'y paraît à première vue, et présente des variantes, selon le niveau et le lieu, dans sa résistance à l'érosion. Il anime la chaîne des Vosges moyennes et basses par une architecture très particulière.

Rocher du Rothenberg, au sud de Sturzelbronn. Le conglomérat a été presque entièrement érodé. Cette singulière architecture rocheuse surgit de l'épaisseur même de la forêt.

Pour le géologue, le trias dit « germanique » dont il fait partie atteint son développement le plus complet et le plus important en Allemagne (d'où son nom), au nord et à l'est de la Forêt-Noire. Les Vosges se situent très nettement vers la marge sud-ouest de cette formation, dont l'épaisseur est de plus de 600 mètres en Hesse. A Wissembourg, l'épaisseur du grès est encore de 400 mètres environ; elle est de 330 mètres dans la région de La Petite-Pierre et du col de Saverne, de 140 mètres au Haut-Kœnigsbourg et, enfin, atteint moins de 100 mètres dans le sud-ouest du massif.

On admet que les matériaux détritiques qui constituent ce grès provenaient de la partie du continent hercynien comprise entre le Massif central, les Ardennes et les reliefs aujourd'hui recouverts par les sédiments plus récents du Bassin parisien. Un climat subdésertique et subtropical peut se déduire de l'effet des vents secs combinés au charriage torrentiel. Les périodes sèches délitent les roches hercyniennes grenues dont les constituants cristallins ne réagissent pas de la même manière à l'alternance du réchauffement par le soleil et du refroidissement nocturne.

Le transport par le vent du sable ainsi formé est plausible pour certains horizons, très homogènes et dépourvus de galets. Mais, dans son ensemble, le charriage et la sédimentation, de l'avis de géologues, ont été le fait de périodes de pluies abondantes, de ruissellements torrentiels dont les chenaux et les cônes de sédimentation sont marqués par l'inclinaison et les recoupements de la stratification.

Peu à peu, l'influence de la sédimentation « humide » s'affirme. Dans les assises les plus récentes du grès, la présence de fossiles de quelques espèces animales aquatiques (*Estheria minuta*) et de plantes (*Voltzia heterophylla*) confirme la fin de la période

Rocher de l'Erbsenberg, près de l'étang de Hanau. Une étrange tour ruiniforme qui doit à l'action irrégulière de l'érosion sa base entièrement rongée. Ces sites semblent sortis de l'imaginaire romantique.

continentale subtropicale et le passage progressif à un régime marin côtier, ou du moins lagunaire et humide. En fait, la période suivante du trias moyen — calcaires, marnes et grès marneux du Muschelkalk — marque une transgression marine sur le vieux continent hercynien et les grès qui viennent de s'y déposer.

En simplifiant, la succession des assises, telle qu'elle apparaît déterminante dans le paysage, est la suivante. Tout d'abord les couches inférieures, de 40 à 80 mètres d'épaisseur, constituées de grès marneux micassé. C'est le grès d'Annweiler (Palatinat) des géologues. Il forme par exemple la butte aux pentes relativement douces portant le rocher du Fleckenstein. Ces assises inférieures sont moins apparentes vers le sud du massif gréseux.

Les couches moyennes forment ensuite, avec une épaisseur totale de 350 à 370 mètres au nord et de 120 mètres dans le cas des dernières buttes-témoins des Vosges moyennes, l'essentiel de l'ensemble appelé « grès des Vosges ». C'est un grès à grain généralement fin, kaolinisé par la décomposition des feldspaths nombreux que contenait le sédiment. La composition chimique globale est caractérisée par la richesse en quartz et en silice et la très faible proportion (2 à 3 pour cent) de constituants calcaires ou argileux. A côté de silice hydratée formée secondairement entre les grains de sable, ce sont ces constituants à base de chaux et d'alumine, combinés à des oxydes de fer et de manganèse, qui donnent sa dureté à la roche. Ce grès moyen présente à des niveaux divers des bancs à galets plus ou moins nombreux, intercalés entre d'importantes épaisseurs de grès très homogène, à galets rares. L'assise supérieure de cette série moyenne, de 15 à 20 mètres d'épaisseur, très riche en galets, forme le « conglomérat principal », particulièrement résistant à l'érosion.

Ce niveau, très constant dans toute l'étendue du massif gréseux, constitue la dalle rocheuse des sommets en plateau ou découpés en promontoires. C'est lui qui forme le plateau cerné par le « mur païen » et le promontoire du mont Sainte-Odile, ce qui lui vaut la dénomination locale de poudingue de Sainte-Odile. Il détermine la silhouette générale en trapèze des montagnes gréseuses, d'autant plus que les assises sous-jacentes sont relativement friables. Les corniches constituent des défenses naturelles souvent utilisées par l'homme dans le passé. Au sud de la Moder, la presque totalité des ruines médiévales occupent de tels sites. La ruine du Haut-Barr est portée dans sa partie la plus élevée par une table du conglomérat principal.

Sauf dans certains cas, où des eaux profondes minéralisées ont réduit et décoloré les oxydes de fer auxquels le grès des Vosges doit sa coloration, ce grès moyen est d'un rose soutenu et assez uniforme. Sa porosité est généralement importante, ce qui peut en faire un réservoir d'eau phréatique d'une grande pureté, comme en témoignent les nombreuses sources qui jalonnent sa base ou apparaissent au gré d'une assise plus argileuse.

Dans les basses Vosges, au nord de la Moder, ce conglomérat a été presque entièrement érodé. Les roches ruiniformes, tels l'Erbsenberg ou le Rothenberg, sont sculptées par l'érosion des assises inférieures. L'absence d'un niveau de conglomérat, repère continu, donne à cette érosion une irrégularité inattendue.

Les assises supérieures du grès des Vosges, au-dessus du conglomérat principal, sont riches en constituants argilo-calcaires. Leur disposition, d'abord très nettement torrentielle et deltaïque, se régularise ensuite, au fur et à mesure de la transgression marine. L'aspect le plus typique de ces « couches intermédiaires » des géologues (entre trias inférieur et moyen) est celui du grès à meules, à grain fin, la plupart du temps sans galets et solidement cimenté par les constituants argilo-calcaires. C'est cette pierre rose et blanche (grise !), le « grès bigarré », qui a été utilisée pour la construction de la cathédrale de Strasbourg.

Ces assises dures, mais sensibles à l'altération chimique, et entrecoupées de bancs argileux et de marnes, donnent un relief plus doux. C'est cet ensemble du trias moyen qui dessine le paysage vallonné où se déploie la forêt vosgienne, vers l'ouest, vers l'Alsace bossue et le pays de Bitche.

A part quelques témoins importants de ce grès triasique supérieur,

L'Erbsenberg. L'érosion, en attaquant le grès, l'a ici littéralement évidé. Elle a ouvragé les parois de façon spectaculaire, créant ce porche naturel.

Le Haut-Barr, érigé sur une table de conglomérat qui domine la vallée de la Zorn. Le grès devient matériau de construction avec ce château-rocher du XIIe s., vestige de la forteresse romane des évêques de Strasbourg.

notamment dans la région de La Petite-Pierre, ce sont surtout les résidus de son altération qui marquent le paysage à l'intérieur du massif. Plus argileux et plus calcaires que le grès des Vosges sous-jacent, ils donnent au sol forestier une qualité qui ne s'explique pas par le conglomérat principal, siliceux, que ces sols recouvrent. Les belles hêtraies de la région de La Petite-Pierre en témoignent.

L'érosion qui sculpte ces grès si divers par un travail continu, lent mais décisif pour le paysage gréseux, agit à l'échelle de chaque corniche, de chaque paroi, de chaque bloc.

Le réseau hydrographique des Vosges gréseuses est remarquable d'abord par son orientation. Le plateau sédimentaire s'incline en pente douce vers l'ouest, la Lorraine et le Bassin parisien. Mais rares sont les cours d'eau qui s'écoulent vers l'ouest et la Sarre. La forte pente due à l'effondrement du fossé rhénan, la dénivellation le long des failles, qui augmente plus ou moins vite depuis la formation à l'éocène, au début de l'ère tertiaire, du rift rhénan, mettent en mouvement une érosion régressive très

Maisons troglodytiques à Graufthal, dans la vallée de la Zinsel. Creusées au pied d'impressionnantes falaises de grès, hautes de 70 m, ces anciennes dépendances d'un petit monastère cistercien, disparu au XVIe s., furent habitées jusqu'en 1958.

active. Partie du niveau de la plaine du Rhin, cette érosion progresse « à reculons », dans le sens inverse de l'écoulement, drainant finalement les cours d'eau loin à l'ouest de la ligne des sommets les plus élevés. La ligne de séparation des eaux entre affluents du Rhin et de la Sarre est de ce fait difficile à tracer. Dans une grande partie des basses Vosges, des dénivellations insensibles déterminent le sens de l'écoulement.

Hydrographie capricieuse qui explique le relief capricieux. Mais l'eau est également l'artisan de la sculpture même de la roche. Ce n'est pas l'usure mécanique par la pluie et le vent qui importe, mais l'eau infiltrée, qui imprègne la roche poreuse. Elle agit à la fois par le gel et par son action dissolvante, surtout si elle s'est acidifiée et minéralisée. Le gel agit surtout là où la pierre est humide en profondeur. A cela s'ajoute un jeu complexe de dissolution des constituants ferro-magnésiens et kaolinisés qui donnent sa dureté au grès. Ces constituants sont entraînés vers la zone d'évaporation au niveau de suintement. La roche, dont la cohésion est ainsi chimiquement réduite, est d'autant plus sensible à la gélivité. Cette altération est encore facilitée si l'acidité naturelle du sol forestier augmente l'agressivité chimique des eaux d'imprégnation. Des dentelles de pierre en alvéoles se forment ainsi, le creux se surcreusant et les arêtes, consolidées par les constituants accumulés par l'évaporation, se maintenant tant que la finesse de leur support le permet. La face nord-est du rocher du Falkenstein et quelques blocs de ses murs, soumis depuis sa destruction il y a trois siècles aux mêmes effets, en sont un bel exemple.

Chaque rocher, chaque défilé, chaque ruine a ici son voile de mystère et de légendes, comme ce voile de brume qui s'élève doucement de l'ombre moussue, après la pluie.

ERNEST HEIL

Le château de la Wasenburg, à l'entrée de la vallée du Falkensteinbach. Cette ruine majestueuse du XIIIe s., que Goethe honora de sa visite, offre un mur-bouclier et la magnifique façade gothique du logis seigneurial.

D'UN BALLON L'AUTRE

La montagne vosgienne n'a ni pics éclatés par le gel ni dents ou crêtes déchiquetées par les intempéries. Raboté par les millénaires, usé, ce très ancien massif n'offre plus que des paysages de douceur, onduleux et paisibles. Sommets arrondis, molles pentes lorraines, plateaux où paissent les troupeaux, tout donne à la « Vôge » un air sympathique de vieille « montagne à vaches ». D'aucuns croient d'ailleurs volontiers qu'il n'y a de montagne que lorsque les glaciers coulent des cimes ou lorsque les neiges poudrent celles-ci jusqu'en août. Sur ce plan, certes, les Vosges ne supportent guère la comparaison, avec leurs dômes tranquilles et bleutés, leurs 1 424 mètres d'altitude maximale et leurs 10 à 15 mètres carrés de neiges presque éternelles ! Et pourtant... En passant le col de la Schlucht ou en remontant la haute vallée de la Thur, on trouve bien ces parois abruptes, ces escarpements, ces à-pics qui définissent la haute montagne. Et trop de touristes encore, abusés par l'image débonnaire des Vosges, se hasardent ici sans expérience et sont enlevés par cette montagne prétendue tranquille : avalanches en hiver, épais brouillards en été, et, en toutes saisons, abrupts imprévus que cachent les forêts profondes.

Les hautes chaumes qui coiffent les ballons permettent de lire à ciel ouvert l'histoire géologique de cette montagne. Chaque relief a sa spécificité, et son origine peut se retrouver par sa forme et sa composition. Il y a 1 milliard d'années, une mer profonde recouvrait ce qui est aujourd'hui la Vôge. Il y a plus de 300 millions d'années, à la fin de l'ère primaire, un soulèvement montagneux commença à donner à l'est de la France sa configuration actuelle.

Les joies de l'hiver vosgien.
Le ski de fond a connu cette dernière décennie un développement remarquable dans les hautes Vosges, particulièrement propices à ce sport.

Vosges et Forêt-Noire ne formaient alors qu'un seul massif, s'étendant de la Souabe à la Lorraine. Cette surrection s'accompagna de phénomènes volcaniques (dont témoignent les rochers du Nideck par exemple) et métamorphiques (les gneiss d'Urbeis). L'érosion chimique et météorique rabota les sommets, laissant déjà apparaître une différence entre le sud du massif, constitué de grauwackes (vieux schistes métamorphisés et très gélifs), et le centre et le nord, où le granit affleure.

Aplanies, érodées, ces Vosges hercyniennes allaient être partiellement recouvertes par la mer à l'ère secondaire. Cette mer secondaire connut des périodes de transgression et de régression marines qui se traduisirent

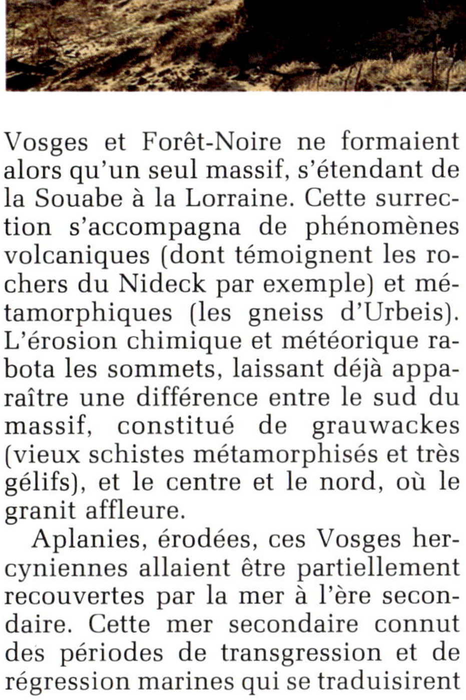

par l'apport d'alluvions très variées allant des marnes déposées en eau profonde aux grès déposés en bord de côte. Puis, il y a quelque 25 millions d'années, à la fin du tertiaire, le plissement alpin souleva le sud du massif. En même temps, un important réseau de failles fit s'affaisser le bloc central : le fossé d'effondrement rhénan était ouvert, qui sépara Vosges et Forêt-Noire. Une érosion intense accompagna ces mouvements tectoniques — qui se poursuivent de nos jours —, libérant les Vosges méridionales de leurs alluvions, mettant à nu le vieux relief primaire.

Ce second plissement donna ainsi leur configuration définitive aux Vosges, massif dont les sommets les plus élevés se trouvent au sud, plus affecté par le plissement alpin. Les sommets entourant le Grand Ballon culminent entre 1 200 et 1 400 mètres d'altitude; vers le Donon, ils atteignent 800 à 1 000 mètres; près de La Petite-Pierre, enfin, ils n'ont plus que 600 à 800 mètres.

Incliné du sud au nord, le massif vosgien présente donc trois grandes divisions : Vosges du Sud, taillées dans les grauwackes; Vosges centrales, aux grands plateaux granitiques; Vosges du Nord, où le grès secondaire n'a pas été érodé. D'ouest en est, le massif a également sa structure.

Au Rossberg (1 191 m), entre Thann et Masevaux. La hêtraie sommitale sous le givre. Souvent noyée dans les nuages, cette forêt d'altitude grimpe à l'assaut des gazons tourbeux où s'agrippent pins sylvestres, genévriers et sorbiers rabougris.

S'élevant très lentement à partir des Côtes de Lorraine, à travers marnes, calcaires et grès, la montagne n'apparaît que dans les parties les plus hautes, de granit ou de grauwackes. Sur le versant alsacien, la dénivelée est accentuée par le jeu des failles qui, au pied du massif, font se succéder les terrains gréseux, calcaires et argileux constituant des terroirs variés, propices à la vigne.

L'immensité des temps géologiques a ainsi mis en place les grandes unités naturelles du massif vosgien, mais c'est au cours du dernier million d'années, au quaternaire, que le relief va se trouver définitivement sculpté et dans le détail. Lors des grandes glaciations qui caractérisent cette ère géologique, Alpes, Jura et Vosges furent chacun pris sous une énorme chape de glace. Dans les Vosges, les glaciers coulèrent dans les vallées. Certains, comme celui de la Meurthe, atteignaient 40 kilomètres de longueur. Sur le versant alsacien, le plus

imposant devait être le glacier de la Thur, avec ses 15 kilomètres de long. Chaque vallée vosgienne fut ainsi façonnée par les glaces. Les larges fonds plats sont les témoins des torrents qui s'échappaient des langues glaciaires, et qui étalaient leurs multiples bras dans un lacis d'alluvions et de galets arrachés à la montagne, roulant sous la glace jusqu'à la vallée. Les versants escarpés, rabotés par les glaces, présentent parfois des sortes de dômes accrochés aux pentes : les anciennes moraines latérales voisinent avec les moraines frontales. Le See d'Urbès a été ainsi créé par surélévation, grâce à une digue artificielle, du barrage morainique existant.

Les paysages glaciaires les plus typés et les plus remarquables restent cependant ceux des hautes Vosges. Sur les deux versants, l'emplacement et le cheminement des anciens glaciers se lit facilement. Accumulées par le vent, les neiges s'entassaient sur le versant alsacien, mais les sommets couverts de glace ou les neiges plus abondantes sur le versant lorrain y alimentaient les plus grands glaciers. Depuis la chape culminale, la glace coulait en cataractes vers les cuvettes des cirques taillés par l'alternance du gel et du dégel, qui fait éclater la roche.

Alimentés en neige sur tout leur cours, les glaciers surcreusaient les vallées, emportant avec eux le matériel arraché pour former les moraines. Lorsqu'une roche dure apparaissait, ils la contournaient, comme à Wildenstein, ou la recouvraient, surcreusant encore la partie amont : à la fonte subsisteront des cuvettes, plus tard occupées par des lacs ou des tourbières. Sur les pentes, les débris rocheux glissaient sur la neige. Quant aux énormes blocs qui se détachaient de la montagne, ils pouvaient être transportés par les glaciers ou bien former de vastes champs d'éboulis : c'est l'origine de ces versants abrupts parsemés de grosses pierres, quasi inaccessibles, repaires secrets des chamois et des tétras.

Ces éboulis sont présents dans l'ensemble des hautes Vosges, mais leur plus belle extension se situe entre le ballon d'Alsace et l'Altenweier ou le lac Noir — les Vosges du Sud étant constituées de grauwackes, roches plus sensibles au gel que le granit. Les Vosges du Nord ne portent pas du tout cette empreinte glaciaire : leur relief sommital tabulaire atteste simplement la présence du grès, leurs pentes abruptes ne suggèrent qu'une importante ablation d'origine fluviale.

Avec leurs roches taraudées et polies par les millénaires, leurs sommets émoussés par l'érosion — ces fameux ballons, *Belchen* en alsacien —, les hautes Vosges gardent ainsi à la fois les reliefs apaisés des temps les plus anciens et les parois vertigineuses des temps les plus récents : la dernière glaciation, qui connut son paroxysme entre − 50 000 et − 15 000 ans, a en effet un caractère presque actuel à l'échelle géologique. La juxtaposition de ces phénomènes d'âges si différents en font un authentique musée des formes du relief.

Ce n'est pas, loin de là, leur seul intérêt. Leur type de végétation compte parmi les plus singuliers des massifs montagneux français. Une question se pose de prime abord : ces hautes Vosges, aujourd'hui passablement dénudées, étaient-elles jadis boisées ou non ? Longtemps, les botanistes ont discuté ce problème. C'est R. Carbiener qui, récemment, a avancé des arguments irréfutables : les associations végétales reliques typiques des combes à neige dégarnies et les nombreuses espèces subalpines existant sur les hautes chaumes impliquent la survivance d'un étage sans arbres. Par ailleurs, les limites entre la pelouse d'altitude et la forêt peuvent être déterminées par l'analyse des sols : ceux qui ont évolué sous un tapis forestier diffèrent de ceux qui sont spécifiques aux pelouses alpines. La limite supérieure de la forêt varie en fonction des versants : les crêtes exposées aux vents dominants voient cette limite avoisiner les 1 250 mètres, tandis que les sommets abrités sont couverts par la forêt malgré leur altitude plus élevée — par exemple, le Storckenkopf, à 1 361 mètres, et le Klintzkopf, à 1 346 mètres.

Les vents déterminent en fait, de même que les sols, trois types de végétation bien particuliers. D'abord, les landes primaires, qui couvrent les sommets les plus exposés. C'est le domaine des gourmets, car myrtilles et airelles y abondent. Ces chaumes sont peuplées essentiellement par des plantes alpines : la gentiane jaune, l'anémone des Alpes, l'aconit napel,

Vue depuis le ballon d'Alsace vers la plaine. Avec ses 1 250 m, c'est le sommet le plus élevé des Vosges méridionales. Sur ces hautes chaumes, les troupeaux montaient traditionnellement de la Saint-Urbain à la Saint-Michel.

l'orchis blanchâtre, l'arnica, la trolle, la violette, la pensée, le lis martagon, dont les chamois raffolent... Dès la fonte des neiges, anémones et jonquilles couvrent les chaumes de leurs vagues blanches et or. Mais c'est surtout à la fin de juin ou en juillet qu'il faut se promener sur ces gazons d'altitude pour admirer la somptuosité de la flore dont plusieurs espèces sont aujourd'hui protégées. Ces hautes chaumes primaires, ou naturelles, s'égrènent tout au long de la grande crête nord-sud, du Reisberg au Tanet, puis du Hohneck au Rothenbachkopf et enfin au Grand Ballon.

Les hautes chaumes secondaires, c'est-à-dire créées par l'homme, ont été gagnées sur la forêt : depuis le haut Moyen Age, les agriculteurs ont défriché celle-ci afin d'aménager dans les hautes vallées et sur les sommets les alpages nécessaires aux troupeaux. Pâtres et vachers ont dès lors pu déplacer leurs bêtes vers les prés d'altitude : la transhumance vosgienne est ainsi née, et avec elle se lient plus de dix siècles d'histoire. Les vicissitudes de celle-ci ont tour à tour étendu les chaumes ou laissé revenir la forêt. De nos jours, du Donon au ballon d'Alsace, plus de 8 000 hectares de pelouse s'offrent aux troupeaux qui montent des vallées pour estiver. Les chaumes secondaires se caractérisent par un cortège de fleurs différent de celui des chaumes primaires.

La végétation des cirques glaciaires, enfin, constitue l'ensemble floristique le plus remarquable (jusqu'à

VOL LIBRE...

Il suffit d'une aile volante, d'un harnais et d'un casque. Simple. Et grisant. Le vieux rêve d'Icare est devenu accessible à tous, là-haut, sur les chaumes. Plus de 25 sites d'envol, au-dessus de Masevaux, Guebwiller, Munster, permettent à quelques milliers d'adeptes du deltaplane de découvrir les Vosges à vol d'oiseau. Vols de 10 à 20 kilomètres de longueur, de 200 à 700 mètres de dénivellation. Le vol le plus long s'effectue au départ du Kastelberg (1 346 m) : 28 kilomètres. La dénivellation la plus importante au départ du Markstein : 800 mètres. Fondée en 1975, l'École de vol libre du Markstein forme quelque 350 élèves chaque année, de mai à septembre. Et les delta-clubs se multiplient. L'aérologie locale doit être bien connue de l'amateur de ciel. Car les hautes Vosges subissent un régime de vents d'ouest près de deux cent cinquante jours par an, parfois avec de grosses perturbations. Les masses d'air humide grimpent le long du versant ouest, et les vallées, provoquant un appel d'air, créent des « nids-de-poule » inattendus. Le *soaring* (ascension très rapide) évoque souvent pour le deltaplaneur vosgien des souvenirs ruisselants et angoissés.

LES MARCAIRES

Aux IXe et Xe siècles, le 23 juin, à la Saint-Jean d'été, les fermiers qui gardaient leurs troupeaux de vaches sur les hautes chaumes descendaient dans les vallées pour s'acquitter de leurs droits de pâture sous une forme originale : ils vendaient leurs fromages aux enchères, pièce par pièce. Libérés du cens du duc de Lorraine ou des abbayes de Remiremont et de Munster, ils retournaient ensuite à l'estive. C'est ainsi que sont nés les deux frères si réputés, le munster, versant alsacien, et le géromé, versant lorrain.

Ces fermiers allaient devenir les marcaires, souvent d'origine suisse et tyrolienne après la guerre de Trente Ans et dont le nom est dérivé de l'allemand *Malker,* le trayeur. Ils montaient sur les chaumes entre le 15 et le 25 mai, lorsque les dernières plaques de neige avaient fondu et que l'herbe repoussait bien grasse. Les cloches des troupeaux tintaient sur les pâturages jusqu'à la Saint-Michel, le 29 septembre. Dans les marcairies ou fermes d'estive avait lieu la fabrication du fromage dans une pièce spéciale : la *Käskammer*.

Édifiées le long de la grande crête nord-sud, les marcairies sont toutes situées entre 1 000 et 1 250 mètres d'altitude. Depuis près de cent ans, elles se sont sensiblement transformées : exploitations agricoles pratiquant soit la transhumance, soit l'élevage sédentaire, quelque 60 fermes-auberges offrent ainsi aux randonneurs et aux touristes le couvert (le repas marcaire : tourte, viande fumée, *roigebrageldi,* munster fermier...) et parfois le gîte. Ces revenus complémentaires permettent aux derniers agriculteurs de montagne de rester au pays. Gages du maintien de la vie pastorale et de la conservation des paysages, les fermes-auberges font vivre aujourd'hui, été comme hiver, tout le sud du massif vosgien.

Dans la vallée de Munster, au petit matin, un troupeau de vaches s'achemine vers les pâturages d'altitude. Plusieurs milliers de bêtes transhumaient encore au début du siècle, on n'en compte plus que quelques centaines aujourd'hui.

100 espèces pour 50 m²), étroitement lié aux conditions de relief et de climat très particulières aux hautes Vosges. Les vents d'ouest qui frappent de plein fouet la grande crête Donon-Markstein rasent les chaumes et plongent dans les cirques, provoquant, par contrecoup, des tourbillons ascendants très visibles, impressionnants par temps de brume. Des « couloirs » d'air doux viennent alors lécher les parois des cirques, entraînant avec eux la végétation forestière, dont les langues atteignent les premiers rochers et s'installent sur les éboulis. Sous cette grande crête, le balayage continu de la neige forme en hiver d'énormes congères. Juste au-dessous de ces névés, la forêt n'a jamais percé, laissant se développer une prairie d'une rare diversité et d'une grande luxuriance : les herbes y atteignent couramment 50 à 60 centimètres de hauteur sur les flancs sud et est. Sur les flancs nord, près des sourcins, les adénostyles, plantes envahissantes par leurs très larges feuilles, tapissent les versants. Les escarpements rocheux sont le domaine des saxifrages, des véroniques des rochers, des orpins et des églantiers. Les éboulis hébergent les groseilliers alpins, les sorbiers, les ronces des rochers, et toutes sortes de fougères dont la très rare *Allasorus crispus.*

Il est encore là-haut, sur les hautes chaumes, dans les cuvettes de l'étage sommital, au fond des vallées, des lieux mystérieux et envoûtants : les tourbières à sphaignes. Gazons tourbeux, spongieux, où courent des ruisseaux profonds disparaissant pour réapparaître plus loin, les *Schlenken.* Vieux lacs pris par les « mousses », nichés au creux d'un cirque glaciaire. Les légendes y voient les fées danser, les fantômes hanter les rives. Dans les vallées, on raconte que, la nuit, des feux étranges dansent sur la tourbe. Les marcaires évitent depuis toujours ces endroits maudits où les vaches peuvent se noyer. Les scientifiques, eux, y étudient un biotope d'une extrême originalité botanique, y observent un cortège fascinant de plantes carnivores, telle l'extraordinaire drosera. Quant aux simples amoureux de la nature, ils y contemplent l'un des paysages les plus boréaux des hautes Vosges, qui rappelle les horizons sans fin de la toundra lapone. Et de fait, froides et humides, ces tourbières sont des lambeaux d'Arctique oubliés dans nos montagnes. De nombreuses plantes vivant ici lors des grands froids de l'ère quaternaire y ont trouvé aujourd'hui leur dernier refuge. Terres de légendes, reliques glaciaires, les tourbières vosgiennes, biotopes extrêmement fragiles, sont menacées par divers projets d'exploitation, d'aménagement ou d'assèchement pur et simple. Gazon du Faing, les Rouges Feignes, lac des Truites, lac de Lispach, étang Noir de Frankenthal, étang du Devin... Ces sanctuaires comptent encore parmi les rares sites entièrement naturels des Vosges. Chefs-d'œuvre en péril, eux aussi, ils doivent être entièrement sauvegardés.

CHRISTIAN KEMPF

Au pied du col de Bussang, le lac (« See ») d'Urbès, jadis formé par un barrage morainique. Sa riche tourbière, caractéristique des vallées vosgiennes d'origine glaciaire, est une des plus réputées du versant alsacien.

HOHNECK, L'ALPE DES VOSGES

« Là-haut, ce vieil ours blanc du Hohneck a l'air d'avoir abîmé sa fourrure à trop se frotter aux nuages... » Comme chaque hiver, tout à trac, il s'est déchaîné. Quelques heures ont suffi pour réveiller sa vraie nature arctique. La glace craque, mille flocons tourbillonnent furieusement, un vent terrible balaye l'immensité blanche et oblige les rares skieurs à ramper à quatre pattes. La tourmente glaciale hurle telle une meute de loups, fantômes probables de ceux qui, au début du siècle, rôdaient encore dans les parages. Il y a quelque chose de sibérien dans l'air. Certes, le thermomètre a chuté bien en dessous de zéro. Mais quelle sorte d'endroit est-ce donc? Plus rien à voir avec les paisibles chaumes pastorales de l'été, piquetées de vaches pie et de gentianes jaunes. Un autre univers se dévoile, un pays sauvage et inhospitalier, tanguant sous les rafales qui le malmènent. Le Grand Nord, soudain, avec sa grande rumeur blanche qui n'en finit pas de tournoyer à travers ces espaces dénudés. Tempête. Blizzard. Les avalanches déboulent des couloirs, dans le Frankenthal. Un froid polaire coule sur la montagne. Il ne fait pas bon s'y frotter ces jours-là. Et gare aux précipices, alors, qui s'ouvrent sous les spatules du côté de la douce Alsace! Lorsque tout s'apaise, enfin, n'émergent plus à fleur de ciel qu'un silence gris-bleu et le monde étincelant du givre. Sacrée vieille montagne hyperboréenne! Depuis le temps qu'elle est plantée là, comme une sentinelle, à l'orée de la ténébreuse Germanie, elle les connaît, les éléments!

Altitude : 1 362 mètres. Ce sommet-là n'est donc que le quatrième des Vosges, loin derrière le ballon de Guebwiller ou Grand Ballon (1 424 m). Il se classe ex aequo avec le Storckenkopf (la Tête de Cigogne). Ses

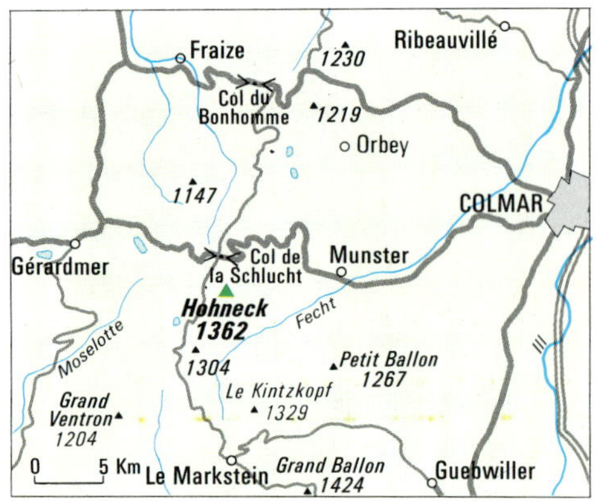

hauteurs apparaissent peut-être modestes, mais elles peuvent être diablement rudes. Ses caprices climatiques sont célèbres — redoutés et redoutables. Le quatrième ballon ne manque assurément pas de personnalité. Avec ses tempêtes d'hiver, ses orages fracassants, ses trombes d'eau et ses épais brouillards d'été, il fait

LA MARTINSWAND

Hopla, mer gehn! Allez, on y va! Une muraille de granit franc, à petits feldspaths. Hauteur moyenne : 80 mètres. Et au choix, selon leur cotation, une soixantaine de voies répertoriées, dont quelques jolies classiques. Ambiance alpine assurée : dièdres, fissures, surplombs, vires, arêtes aériennes, tout est là pour le plaisir. Même des passages de toits, requérant de l'« artif » athlétique. Les coinceurs règnent, cela va de soi. Et en libre, plein pot, l'ivresse des hauteurs navigue au plus près de la roche. L'hiver, bien sûr, l'escalade glaciaire est de mise, dans quelques goulottes d'un raide! Bref, pour les habitués du massif, la « Martins », c'est le paradis de la grimpe vosgienne. Au flanc du Hohneck, hérissée à 1 222 mètres d'altitude, voici une des plus belles falaises d'escalade de France. Et elle est fréquentée, cette rude « école », terrain de jeu idéal pour tous les grimpeurs d'Alsace et de Lorraine. « La » falaise, au vrai, est morcelée en trois grosses tours, séparées par des couloirs : le Petit Cervin, la Strassburgerwand et, au milieu, la Martinswand proprement dite. Équipées, reliques du pitonnage d'antan, partiellement équipées ou pas équipées du tout, les voies offrent une grande qualité, et toutes sortes de difficultés. Parmi les plus dures : la Pilule, sur la Martinswand, la Retraite des Vieux, sur la Strassburgerwand, le Calvaire et l'Extrême-Onction, sur le méchant Petit Cervin. Les amateurs de sensations fortes ne rechignent pas. Et puis le rocher est excellent. Voilà. On est sorti tout droit, par une superbe dalle. Il ne reste plus qu'à redescendre, à se laisser glisser vers le refuge C.A.F. des Trois Fours, rendez-vous chaleureux de grimpeurs comblés. Montagne à vaches, les douces Vosges de la douceur alsacienne?

même montre d'extravagance sur cette terre de modération, parmi cette houle de monts chauves fatigués par le temps, domestiqués, humanisés. Mais d'avenance, point. Pourtant, en dépit de ses excès, de ses humeurs (mauvaises), ne bat-il pas tous les records de fréquentation touristique ?... ce qui est quand même un comble. L'explication est simple. Et triple. Un : le Hohneck se trouve extrêmement bien situé. Au cœur des hautes Vosges cristallines, à deux pas de la fameuse route des Crêtes, à 5 kilomètres du col de la Schlucht (1 139 m), plaque tournante du grand tourisme vosgien... Bref, il est à la croisée des chemins, passage obligé entre Munster et Gérardmer, entre Le Bonhomme et Le Markstein. Deux : le Hohneck est un incomparable belvédère — par beau temps, bien sûr, mais cela arrive, quelques jours par an, l'hiver en particulier. De son sommet se déploient l'Alsace, les Vosges et la Forêt-Noire, mais aussi, plus avant, le Jura et ses crêts, et, à l'horizon, les Alpes, toutes les Alpes, depuis l'Autriche jusqu'au mont Blanc (à moins de 250 kilomètres à vol d'oiseau) en passant par l'Oberland bernois. Un coucher de soleil sur cette frise de pics scintillante, lorsque la chaîne entière est illuminée de ses feux irréels, est un spectacle vraiment inoubliable. Rêver des Grandes Alpes... sur une petite Alpe. Et de trois ! Car si le Hohneck est si couru, c'est encore et surtout parce qu'on y trouve « les Alpes vosgiennes », amplement célébrées par les poètes, mais reconnues à leur juste valeur par le moindre touriste s'aventurant hors de son automobile. Des paysages alpins ? Assurément, et parmi les plus beaux des Vosges. Une riche flore alpine, aujourd'hui intégralement protégée ? Des hardes de chamois ? Rien ne manque au décor, en vérité. Veut-on toutefois une preuve plus irréfutable encore du caractère incontestablement alpin du Hohneck ? Eh bien ! le ski extrême — mais oui — est désormais pratiqué sur les abrupts du cirque du Frankenthal. Et il fait là nombre d'adeptes.

Ainsi, « le géant Hohneck, qui trône majestueusement au-dessus des autres montagnes », jouit bel et bien d'un climat montagnard — mâtiné de fortes tendances océaniques, il est vrai. Les météorologues alignent frileusement les chiffres concernant cette éminence réputée. Une moyenne de 11 °C en juillet, une autre de − 3,2 °C en janvier, soit une moyenne annuelle de 3,4 °C ! Ce qui rapproche le Hohneck de la Laponie et de l'Islande, soumises, elles aussi, aux courants d'air atlantiques. Le massif rattrape donc par l'altitude, avec sa dizaine de sommets supérieurs à 1 300 mètres, ce qui lui fait défaut en latitude. La force des vents d'ouest dominants s'avère ici également appréciable : une moyenne de 60 kilomètres à l'heure en été, de 90 en hiver. La longueur des hivers, la brièveté de la saison estivale, constantes du milieu montagnard, sont fortement marquées. De 100 à 150 jours de neige par an, avec un

Vue depuis le Kastelberg (1 346 m), vers le sud. Le massif du Hohneck en hiver : le Rainkopf, le Rothenbachkopf, le Batteriekopf et le Herrenberg. Le ski de fond s'y est largement développé à partir de la Schlucht et du Gaschney.

Le versant sud du Hohneck : le cirque glaciaire du Wormspel, vu des Spitzkoepfe. Le relief du lourd ballon hercynien a été ravivé par une érosion intense qui a ouvert sur le versant alsacien d'impressionnants abrupts.

LE CLUB VOSGIEN

Le 31 octobre 1872, au lendemain de la défaite française, fut créée à Saverne, dans le Reichsland d'Alsace-Lorraine, la première section du Club vosgien. L'homme qui la mit sur pied était un Allemand, passionné de nature et grand marcheur, magistrat de son état : Richard Stieve, fraîchement débarqué de sa Westphalie natale. La première mission du nouveau Club était de révéler les Vosges aux Allemands. La seconde, d'opérer un rapprochement entre les occupants et les autochtones. L'accent était mis sur le développement du tourisme pédestre dans le massif — ce qui allait devenir la raison d'être du Club. Le succès fut immédiat. Dès 1873, on comptait plus de 800 membres. En 1901, il y en avait 6 000 ; en 1910, 8 000. Réunis par la volonté de faire connaître les Vosges, ces membres vont dès lors, à titre bénévole, baliser des centaines de kilomètres de sentiers, jalonner des itinéraires, aménager des belvédères, débroussailler les ruines, construire des refuges d'altitude. Durant l'entre-deux-guerres, ils vont être à l'origine du développement du ski vosgien. Aujourd'hui, quelque 28 000 membres cotisent. Le Club, dont le siège est à Strasbourg, a une structure très décentralisée : la plus grande indépendance est laissée à ses 90 sections, qui couvrent les départements du Bas-Rhin, du Haut-Rhin, des Vosges et de la Moselle.

10 000 kilomètres de sentiers balisés, une trentaine de refuges, des terrains de camping, une revue trimestrielle : *les Vosges,* des cartes et des guides remarquables... Les marcheurs vosgiens ont fait florès. Une vaste gamme d'activités leur est proposée : excursions, randonnées, marches d'orientation, stages de ski, cours théoriques de cartographie, activités culturelles... L'entretien des équipements est toujours assuré par les bénévoles du Club : car il faut défendre contre un vandalisme inlassable chalets-refuges, plaques indicatrices, bancs de repos... Enfin, ces dernières années, le Club vosgien a été amené à jouer un rôle croissant dans la protection du massif, de ses paysages, de sa faune et de sa flore. Il est intervenu auprès des autorités contre des projets intempestifs de routes, de résidences secondaires, de stations de ski. Il a sensibilisé le grand public, notamment en 1972 avec sa campagne « S.O.S. Vosges ». Sa commission de défense de la nature, fondée en 1962, milite depuis 1967 pour la création d'un parc naturel régional des Hautes-Vosges (ou des Vosges du Sud). Il reste ainsi fidèle à sa vocation de faire connaître la montagne vosgienne, devenue un immense espace de loisirs, tout en préservant son inaliénable patrimoine.

Pique-niqueurs dans les Vosges vers 1900.

enneigement qui varie de 1,50 à 2 mètres, et même 2,50 m, des névés qui s'attardent jusqu'en juillet-août sur certaines faces nord : ces hautes Vosges ne sont décidément pas mal pourvues, question rigueur hivernale. Ne pas omettre les records absolus atteints pas les congères en certains recoins du Hohneck : 22 mètres de hauteur ! Quant aux pluies, elles s'y montrent tout aussi exceptionnelles : plus de 2 500 millimètres chaque année ! Les lourdes nuées venues de l'Atlantique se déchirent ici sur ces cimes rondes et déversent de véritables déluges. Cette ligne de faîte, ligne de partage du relief et des eaux, est un des lieux les plus arrosés de France. En contrepartie, Colmar, tout au bout de la vallée de Munster, au pied de cet écran protecteur providentiel, est une des villes les plus sèches de l'Hexagone : à peine 500 millimètres par an !

Tout est extrême ici — à l'échelle des Vosges s'entend. Pansue, ventrue, la montagne paraît émoussée, totalement usée, simple croupe rase battue des vents. Soudain, avec une singulière vigueur, des gouffres s'ouvrent sous les pas, de formidables entailles labourent le versant alsacien. Le paysage végétal des hautes chaumes se fait minéral, granite à vif, découpé, disséqué, déchiqueté en arêtes, parois, ravins, éboulis géants — profondes cicatrices d'un lointain boule-

versement géologique. La vieille pénéplaine posthercynienne, brutalement ravivée, a en effet été burinée par une intense érosion après le soulèvement alpin. Aucun ballon ne porte si ouvertement, si éloquemment, l'empreinte des grands glaciers du quaternaire. Sur son flanc nord, le cirque du Frankenthal, où jaillissent les célèbres rochers de la Martinswand, compose l'un des plus étonnants paysages vosgiens. Sur son flanc sud, le cirque du Wormspel, tout hérissé des Spitzkoepfe, déploie sa sauvage grandeur. Territoire de prédilection des chamois, ces aériennes Spitzkoepfe, qui culminent à 1 166 mètres, au-dessus des lacs du Schiessrothried et du Fischboedle, sont d'impressionnantes arêtes en dents de scie. Un peu partout, des vestiges de moraines, des blocs erratiques, des roches moutonnées, polies par les fleuves de glace disparus. Vers le Kastelberg, d'autres cirques encore : l'Ammelthal, le Schwalbennest, le Kaltenborn... Les glaciers alsaciens, suralimentés, se sont maintenus plus longtemps que les lorrains aux têtes des vallées, surcreusant ces cirques bien taillés, parfaits, où s'attarde la neige, où se nichent, au fond de leur entonnoir, de minuscules lacs de barrage morainique, tel le joyau romantique du Fischboedle (à peine 100 m de diamètre, 4 m de profondeur), posé à 790 mètres parmi la forêt et toujours hanté par les fées.

Étrange Hohneck ! Nul autre ballon n'est environné d'autant de vide — ses à-pics sont seulement interrompus par le Petit Hohneck (1 288 m) et les alpages du Gaschney. Il reste un univers à part, inattendu, où se trouvent ainsi représentées sur quelques kilomètres carrés toutes « les choses de l'Alpe ». Au-dessus de Metzeral, la célèbre vallée de la Wormsa est une superbe auge glaciaire qui ne déparerait pas un massif des Alpes cristallines. Au-dessus de Mittlach, où les ours ont vécu probablement jusqu'en 1860, les avalanches se déclenchent assez fréquemment; une des plus spectaculaires et des plus mémorables eut lieu au siècle dernier : sur les quelque trois kilomètres de sa course, elle emporta plusieurs dizaines d'hectares de forêt et une ferme. Au long du sentier des Roches, si typiquement alpestre, subsiste, cramponnée à la pente, une remarquable forêt d'épicéas naturelle, à peu près unique dans ces Vosges « cultivées ». Alentour, de hautes sapinières tapissent le bas des cirques, mystérieuses forêts aux sous-bois moussus, aux très vieux arbres embarbés de lichens, comme dans les tableaux de Grünewald et d'Altdorfer. Au flanc des pentes rapides, au creux des rochers, un peu partout, une multitude de plantes alpines peuplent les escarpements : lis martagons, arnicas des montagnes, anémones pulsatilles, saxifrages... Toute une flore somptueuse, relictuelle de l'âge glaciaire elle aussi. Le Hohneck est, à ce titre, une zone de nature protégée depuis 1962.

Jadis, et naguère encore, ce Hohneck tant apprécié des naturalistes était « la » montagne de Munster. Elle veillait depuis les temps les plus reculés sur sa vallée et ses habitants. Et pour cause : le Berggeist, l'Esprit de la Montagne, le créateur des Vosges, habitait parmi les Spitzkoepfe. A la tombée de la nuit, il aimait se promener dans le Wormspel. Marcaires et bûcherons le connaissaient bien. Nombre d'entre eux l'avaient rencontré, l'avaient vu, en chair et en os. « C'est un vieil homme aux cheveux blancs et à la grande barbe blanche. Il y a dans son regard une grande sagesse et une grande bonté. » Aujourd'hui, la vieille montagne tutélaire est tiraillée entre Munster, Gérardmer, La Bresse..., tous veulent avoir « leur » Hohneck. Elle est livrée en pâture aux touristes, aux randonneurs, aux alpinistes... Bref, elle est envahie, hiver comme été. Le Berggeist s'en réjouit-il ? Ou a-t-il quitté à jamais ses hauteurs, comme presque tous les marcaires ?

CHRISTIAN KEMPF

CES VOSGIENS DE TOUJOURS

Ils ont gagné les hauteurs il y a plus de mille ans. Ils sont toujours là parce qu'ayant bravé toutes les tourmentes. Entre la tête du Rotabac (ou Rothenbach, selon qu'on est d'un versant ou de l'autre) et le Hohneck, le climat est pourtant identique à celui du cercle polaire avec une température moyenne de 3,5 °C, une pluviosité de 2,5 m (50 cm à Colmar), 170 jours de neige au sol et un blizzard qui d'un seul coup emporte les toitures. Mais les carillons de la transhumance lancent régulièrement leur défi printanier. Et la vie reprend.

Par deux fois en un siècle, la frontière — une murette de pierres sèches — a suivi les crêtes, et par deux fois le tonnerre du canon a couvert le son des clarines. Les chaumes fleuries se sont muées en champs de bataille où des hommes accourus de loin se sont affrontés baïonnette au canon, alors que les fermiers, eux, partaient vers d'autres fronts, et pas toujours sous le même uniforme. Le marcaire du Gresson, quatre-vingt-seize ans, raconte à qui veut l'entendre qu'il n'est descendu de sa montagne que pour... monter au front. C'était en 14. Enrôlé

Le repas des bûcherons, au ballon d'Alsace, vers 1900. Ceux-ci vivaient six jours sur sept dans la coupe, logeaient dans des cabanes recouvertes d'écorce, y dormaient dans leurs vêtements, « comme les animaux dans leur fourrure ».

dans l'armée du kaiser, il connut la fournaise de Notre-Dame-de-Lorette. Dominée par le ballon d'Alsace, sa vallée natale redevint cependant française dès les premiers jours des hostilités. Il ne revit de ce fait la ferme haut juchée qu'à la Saint-Nicolas 1918. Le soir même, après avoir fait les derniers trente kilomètres à pied, il tirait à nouveau les vaches.

Les chaumes étaient en cet automne-là meurtries, abreuvées de sang. Au Vieil-Armand, on comptait les morts. Trente mille. Le 11 novembre, les survivants, jaillis de leurs tanières, avaient cependant fraternisé. L'armée pacifique des fermiers et des bûcherons reconquit alors les sommets. Vingt étés durant les troupeaux ont fait tinter les cloches fondues à Morteau, à La Chaux-de-Fonds, à Labergement-Sainte-Marie, ou encore à Stosswihr, mais en 1939 l'orage se leva encore, réservant aux Vosgiens des deux versants des sorts divers mais pareillement cruels. Ce furent tour à tour l'opiniâtre résistance et les sanglantes représailles. Saint-Dié, La Bresse, Le Ventron et d'autres cités martyres ont payé un terrible tribut. Sur les crêtes verrouillées, les marcairies étaient des points de refuge, des lieux de passage et le théâtre de drames tel celui du Drumont, ferme sise côté lorrain sur le ban de la commune de Bussang, mais à 600 mètres seulement de la frontière rétablie par l'occupant. Nicolas Lutenbacher, père de huit garçons et de trois filles, né juste en contrebas, côté alsacien, était depuis quarante ans le très populaire fermier de ces lieux. En 1940, la filière des prisonniers évadés passa par cette chaume, en 1942 celle du courrier clandestin, en 1943 celle des réfractaires alsaciens. Le 21 septembre 1944, la Gestapo cerna la marcairie, arrêta tous ses occupants, dont le fermier et deux de ses fils. Le 23, la ferme flamba; le 24, alors que les femmes prenaient le chemin des camps, les hommes étaient abattus. Nicolas, le père, avait soixante-treize ans. Comme lui tombèrent Paul puis Émile, alors que commençait la chasse aux autres fils. Saisis, deux d'entre eux purent échapper aux bourreaux, l'un en sautant du premier étage. Il se terra pendant deux mois en forêt, pour se joindre enfin aux libérateurs, tandis que l'un de ses frères, condamné à mort, quittait le camp de concentration, sauvé par les Alliés.

On ne saurait conter cette montagne, cette barrière dressée entre l'Est et l'Ouest, sans d'abord évoquer les luttes qui ont embrasé la « ligne bleue », car ceux qui, au fil des siècles, ont fait les Vosges ont aussi, obscurs bien souvent, tracé quelques pages d'histoire entre étable et grange, entre *lè stoye* et *lo bétèye*.

C'est sans doute par le nord, en leur partie basse et gréseuse, que les Vosges ont été dès la préhistoire pénétrées par l'homme, mais les hautes Vosges, tout au sud du massif, n'ont été défrichées qu'après l'époque romaine par des moines venus souvent d'Écosse et d'Irlande pour fonder des monastères dans maintes vallées : Remiremont en 620, Munster en 630, Senones en 640, Saint-Dié en 669, Moyenmoutier en 671, Murbach en 727... Les pieuses populations se sont groupées autour de ces communautés, qui développèrent l'élevage des bovins. Leurs fermiers déboisèrent les cimes pour gagner des pâturages, depuis lors défendus pied à pied contre le retour des ronciers. Les marcaires qui se battent ainsi et qui depuis les grands défrichements envoient leurs troupeaux tondre l'herbe rase sont en vérité les jardiniers séculaires des hautes Vosges.

La schlitte individuelle se fait banal traîneau pour transporter jusqu'à la ferme bûches et charbonnettes au cœur de l'hiver. Pas besoin de chemins de roftons quand la neige offre ses pistes. En été, la petite schlitte descendra les « lessues » de foin.

SCHLITTEURS D'HIER

1

2

3

Le schlittage dans les Vosges au milieu du XIXe s.

1. Retour des schlitteurs à la coupe, sur le chemin de roftons, ici sorte d'échelle sans fin formant ponts et viaducs.

2. Schlittage du bois de chauffage, l'homme arc-bouté dans les brancards.

3. Un malheur... Le genou a-t-il fléchi, le pied a-t-il glissé ?

A Saint-Dié et à Muhlbach-sur-Munster, l'ultime course des schlittes s'est terminée dans des musées où elles évoquent la vie rude et périlleuse des hommes qui, en s'arc-boutant dans les brancards, ont, pendant des siècles, débardé par les *Schlittweg.* Il semble bien que seules les Vosges aient offert le spectacle du bûcheron guidant et maîtrisant un traîneau dont les vieux disaient qu'il « crève en montant et tue en descendant ».

Si l'ingénieux débardage se pratiquait dans la région de Gérardmer et dans les forêts du Donon, il est évident qu'il avait au préalable fait ses preuves sur le versant alsacien, puisque c'est bien le terme alémanique de *Schlitte* (luge) qui est entré dans le langage des Vosgiens de l'autre versant, tout comme celui de *Schlittweg* (chemin de schlittage).

Pistes à la fois ingénieuses et audacieuses. Le grand randonneur et narrateur Charles Grad a évoqué vers la fin du siècle dernier ces voies dites aussi « chemins de roftons » d'après le nom de leurs traverses plus ou moins espacées. Chaque rofton était fixé par deux piquets dont le but était double : bloquer la traverse et empêcher la schlitte de « dérailler ». Les traverses étaient le plus souvent fixées sur des troncs couchés. Le chemin prenait alors l'allure d'une échelle sans fin. Pour franchir gorges et torrents, de savants ouvrages s'imposaient. Charles Grad s'extasiait : « Écoutez les trains de schlittes passer à la descente : six, huit, dix traîneaux et plus se suivent à la file, chacun avec son propre conducteur sur le devant, les bras aux brancards. Un fort grincement les annonce au loin par ses notes stridentes. Une fois lancée sur la voie, la masse en mouvement tend naturellement à accélérer sa marche. Une sorte de lutte s'engage... Malheur au schlitteur si son genou fléchit, si son soulier glisse sur une traverse. »

Les témoins de ces dangereux paris sont encore là. Seppi, l'ancien marcaire du Rouge-Gazon, retrousse volontiers les manches pour montrer les muscles éclatés des avant-bras, et l'un des innombrables Jaeglé, retiré au Haut-Mittlach, explique comment il construisait ses schlittes, en bois de frêne, à la fois robustes et légères parce qu'il fallait les remonter sur les épaules.

A côté de la « simple schlitte » qui emportait bois de chauffe, écorces, fagots, voire blocs de granit, le « bouc », schlitte courte sur laquelle les troncs ne reposaient que par une extrémité, servait au transport des grumes dont l'autre bout s'appuyait parfois sur une schlitte sans cornes, la « chèvre ».

Dans la haute vallée de Munster. Lourd et puissant, le bœuf s'enfonce dans la neige épaisse. Tenace le fermier, obstiné le bovin. Entre eux, quelle longue histoire!

Il serait faux de croire qu'il y ait une sorte de symétrie vosgienne au niveau des sites et des hommes, car les deux versants sont très divers. Côté alsacien, la montagne plonge droit sur le vignoble et ses bourgs médiévaux, sur la plaine du Rhin et ses villes demeurées longtemps libres, une plaine dominée par le chapelet des châteaux forts qui souvent s'élèvent sur les restes de castels d'où les Romains épiaient l'horizon rhénan. Côté lorrain, la pente est douce et les prés sont gras. Partout, comme semées au hasard, des fermes trapues qui, sous le même toit, regroupent l'habitation, l'engrangement et l'étable, fermes isolées sous un ciel plus gris, plus bas.

La diversité des paysages, celle du climat et celle de l'histoire d'où découle d'ailleurs celle des langues, voire des législations (chasses louées institutionnalisées d'une part, chasses dites banales de l'autre, pour ne citer que cet exemple), ont modelé deux types de Vosgiens. Si, outre la langue nationale, les uns parlent un patois roman, les autres un dialecte alémanique, des échanges se sont cependant faits entre les deux parlers. Le *sàger* alsacien (le scieur) est devenu le *sagar* vosgien, le *malker* se muant, lui, en marcaire. Ce dernier, on le sait, n'exploite les chaumes sommitales qu'en été et, avec ses troupeaux, regagne la vallée dès avant les premiers flocons, alors que le modeste fermier du versant lorrain affronte aussi la rude saison et s'agrippe, un cochon dans le fumoir, vingt sacs de pommes de terre en cave, du beurre et du géromé à volonté, assez de bois pour faire ronfler les poêles et chauffer le four à pain, quelques litres de goutte dissimulés dans le bahut.

Les Vosgiens des deux versants ont eu en commun les vieux métiers du bois. Du sapin, revenu il y a cinq mille ans, bien après les dernières glaciations, ils ont toujours fait leurs lits et leurs berceaux, leurs armoires peintes, leurs tables et leurs bancs, leurs cuveaux à traire, leurs barattes, leurs moules à fromage et leurs hottes à

Sur les hauteurs, près du col des Bagenelles. L'habitat, l'engrangement et l'étable sont regroupés sous les toits longs de ces fermes. Elles sont légion sur les pentes douces et saturées de pluie qui, sans se presser, rejoignent le plateau lorrain.

fumier. Ils ont taillé leurs abreuvoirs dans des fûts de cette même essence et c'est en perçant de bout en bout de jeunes sapins avec une « losse » qu'ils obtenaient des tuyaux pour canaliser l'eau des sources.

La tâche était rude sur les flancs lorrains qu'envahissait au printemps l'or des jonquilles si dûment fêtées à Gérardmer, si néfastes pourtant pour les bêtes. En ces premiers beaux jours, les hommes remontaient à la brouette portante la terre entraînée par les pluies d'automne. Le fumier était porté dans les hottes avant que les bœufs ne quittent l'étable pour les labours. Lourds, placides, puissants, ils étaient la vivante fortune à ménager, en forêt notamment, car les patients complices du fermier traînaient aussi les troncs hors des coupes.

Frappante image estivale que celle du fermier gravissant la pente inaccessible à l'attelage, sur la nuque une monumentale « lessue » de foin, c'est-à-dire une de ces grosses toiles carrées avec des ficelles aux quatre coins, bourrées d'une herbe bien séchée afin que dans le grenier elle ne s'échauffe pas. L'homme ainsi ployé précédait de quelques semaines celui qui allait couper et battre le seigle, faire moudre le grain, arracher les pommes de terre. Pouvaient enfin, après ces ultimes récoltes, tomber les grosses neiges ! Sous le toit de la ferme construite avec les matériaux trouvés sur place, l'agriculteur de montagne a longtemps vécu des seuls produits de la terre, de l'étable et de la basse-cour. En son modeste domaine, il se sentait roi à l'âge d'or de la vie pastorale. Ce maître-chez-soi ne rechignait pas à la besogne, et ses besoins étaient, il est vrai, rudimentairement modestes. C'était l'ère du bonheur simple et chiche qui dura jusqu'à la seconde moitié du XIXe siècle.

Cet âge était aussi celui des métiers que le musée municipal de Saint-Dié hisse sur le pavois. Il y a là le sabotier, le tonnelier, le fabricant de bardeaux, mais aussi les scieurs de long qui travaillaient par paires, le « chevrier » montant sur la bille, le « renard » saisissant la barre inférieure de la scie. On leur doit toutes les planches et tous les madriers d'avant le haut-fer, c'est-à-dire la scierie traditionnelle animée par la force hydraulique et alimentée par le flottage qui, avant le chemin de fer, se pratiquait sur toutes les rivières vosgiennes. A Raon-l'Étape, qui était alors le grand port de transit du bois, quelques tableaux datant du XVIIIe siècle et visibles à la mairie évoquent de façon saisissante les travaux en forêt, mais aussi le flottage vers les ports de Nancy, Metz et Thionville.

Le textile est bien sûr présent au musée déodatien, avec sa spécialité vosgienne : le blanchiment sur pré des toiles de lin et de chanvre destinées à la confection du linge de maison. On le pratiquait autant à Munster qu'à Gérardmer. L'industrie textile, venue se nicher jusque dans les hameaux, a longtemps été florissante (15 000 postes de travail à Sainte-Marie-aux-Mines au début de ce siècle, y compris les tisserands à domicile ; 5 000 à Wesserling au pied du col de Bussang). Parce que prometteuse de loisirs, elle a largement contribué à l'« abandon des hauts ».

La venue du confort et l'évolution des techniques agricoles ont peu à peu supprimé l'esclavage auquel la montagne avait réduit ses fermiers. L'électricité ouvrit la marche, fournie par l'éolienne avant le raccordement au réseau. Ce fut la motorisation, et après les lanternes la baratte fut reléguée aux oubliettes, alors que dans les prés le moteur relayait le bœuf attelé aux premières faucheuses. Lorsque l'eau arriva sur l'évier et que le boulanger étendit sa tournée, bien des jeunes quittèrent les tissages, se réconcilièrent avec la ferme en se lançant souvent dans des cultures nouvelles, dont celle des fruits sauvages. Ailleurs, les jeunes sont tout bonnement restés pour parfois s'associer en vue d'exploiter d'autres créneaux. Ainsi à La Roche-du-Chat (960 m), où la ferme des Valdenaire, détruite par le feu, a été reconstruite. Deux des fils

Prélude aux travaux printaniers. Sur le flanc lorrain, au-dessus de Gérardmer, les hommes remontent la terre dans la brouette portante.

La Bresse (700 m), cité montagnarde de 6 000 habitants, au cœur des hautes Vosges. Le textile battait de l'aile. La Bresse a donc misé sur l'or blanc de ses cimes et offert ses pentes aux chalets à larges toits. Elle a joué, et bien joué, la carte du tourisme.

LES MINEURS DU VAL DE LIÈPVRE

Il a fallu creuser d'innombrables galeries pour joindre les merveilles qui depuis la nuit des temps dormaient sous le manteau forestier. Dans le seul site de Sainte-Marie-aux-Mines, un réseau de 300 kilomètres a permis d'accéder aux filons du plus précieux des métaux. L'argent valait en effet plus cher que le métal jaune au temps où les comtes alsaciens de Ribeaupierre et les ducs de Lorraine nageaient dans l'opulence et versaient leurs meilleurs vins dans des hanaps d'une valeur inestimable. Vers le milieu du XVIe siècle, plus de 3 000 mineurs travaillaient dans les 500 mines du val de la Liépvrette pour en tirer annuellement 2 à 3 tonnes d'argent fin, leur plus fabuleuse trouvaille ayant été un bloc de 592 kilos de métal pur arraché à la mine Zur Treu en 1581.

De nos jours, les archéologues se font spéléos pour rouvrir les galeries fermées depuis deux siècles et y vivre d'émouvants rendez-vous. Suivre du doigt les courbures des traces de pointerolle dans les parois d'une galerie, c'est en effet rencontrer la main de celui qui, il y a quatre siècles, a inlassablement piqué la roche au marteau-burin pour avancer de 2 à 3 centimètres par jour. A l'entrée de chaque mine, un bénitier taillé dans le roc. Les mineurs, « hommes pieux guettés par les multiples dangers du monde souterrain », se signaient avant de retrouver le filon.

Le souvenir des forçats de l'ombre emplit encore les Vosges souterraines, et chaque année, à la Sainte-Barbe, on déploie la bannière des mineurs de Sainte-Marie qui, dès 1620, avaient leur système de sécurité sociale, leur hôpital et leur propre juridiction. Venus surtout de Thuringe et de Saxe, ils avaient aussi leurs estaminets où, le soir venu, ils se gorgeaient de schnaps pour oublier, pour mieux fraterniser aussi.

Mineurs de Sainte-Marie-aux-Mines en costume d'apparat, vers 1900. Pour la Sainte-Barbe, ils ont déroulé la bannière bénie.

descendent chaque matin à La Bresse pour y livrer en berlingots d'un litre le lait frais qu'ils déposent à domicile au cours d'une tournée qui précède de loin celle du facteur. Au Kastelberg, ce sont les Wehrey qui tiennent bon. Avec Michel, vingt ans, c'est la cinquième génération qui entre dans l'histoire de cette chaume proche du Hohneck. Seul fils, entouré de quatre sœurs actives à la ferme-auberge, il prendra la relève. C'est décidé. « Pour moi, le Kastelberg est une patrie. » L'aïeule, octogénaire, l'œil vif, le toise et lui sourit.

Ne pas quitter ! A Mittlach, un village qui rêve au pied du Kastelberg précisément, cette volonté est collective. 377 habitants en 1801, 302 en

Au Val-d'Ajol. L'épinette des Vosges naît sous la main du luthier qui aura choisi judicieusement ses « bois de résonance » parmi les résineux du versant lorrain.

1982, avec une pointe de 578 en 1921. A l'époque, le petit tissage employait 70 personnes. Il est à présent fermé. Quant aux 360 hectares de forêts, ils occupent moins de monde. Rien d'étonnant puisque 2 000 bûcherons exploitent aujourd'hui, dans les forêts communales d'Alsace, un volume supérieur à celui qu'y façonnaient 6 000 bûcherons immédiatement après la guerre. Rapport net pour Mittlach : 54 000 francs en 1982. Signe des temps : le petit camping communal annonçait en cette même année 73 000 francs de bénéfice. Pour retenir la génération nouvelle, la commune s'est endettée en construisant une salle des fêtes. Mais les jeunes reviennent, constate le maire, quarante-quatre ans, chargé par le Génie rural de la surveillance des deux lacs qui dorment là-haut en leurs cuvettes glaciaires. Les trois plus récents retours se sont soldés par six écoliers supplémentaires. Leur nombre est ainsi passé à trente. Les chiffres de l'état civil sont à nouveau positifs. Quatre mariages, cinq naissances et deux décès l'an dernier. Le problème majeur est celui du logement. Les cent résidences secondaires n'arrangent rien. Se trouvera-t-il un jeune architecte pour concevoir un immeuble collectif s'insérant parfaitement dans le site avec possibilité d'accession à la propriété ? Quand c'est la fête au village, on chante ici comme en famille. C'est important, mais il faut vivre aussi, donc créer des emplois sans abîmer le village et sans en rompre le charme. Et si l'on vendait précisément le silence et la fraîcheur de ce fond de vallée ? Un centre de vacances, une maison de repos, une pension de famille, la pratique du caravaning hivernal en ces lieux faits pour le ski de fond permettraient à Mittlach de mieux vivre, à ses trois cafés de s'animer. Tandis que la doyenne du village raconte comment à l'aube de ce siècle les jeunes filles montaient le dimanche jusque sur les chaumes pour danser la valse, la polka et la mazurka aux sons de l'accordéon, « juste entre les vêpres et l'angélus », les édiles inscrivent l'avenir à leur ordre du jour.

Sur l'autre versant, La Bresse a réussi sa mutation. 30 pour 100 de ses habitants vivent aujourd'hui du tourisme, contre 2 pour 100 il y a vingt-cinq ans. Le ski en hiver, la balade en été. Partout s'étagent les chalets. L'aventure touristique est cependant périlleuse dans ce massif de taille modeste et aux équilibres fragiles. En sont conscients l'Association d'étude et d'aménagement du massif vosgien et nombre d'élus ayant adhéré à l'idée d'un parc naturel régional des Hautes-Vosges. Pendant de celui des Vosges du Nord, créé en 1977 sur 12 000 hectares, il aurait pour mission première de relancer les activités traditionnelles. En prenant ce virage, les Vosges devront pouvoir compter sur la sagesse des Vosgiens.

LÉON-PIERRE LUTTEN

LE JURA

Bien avant d'être pour moi une réalité de roche, de terre et de forêt, les montagnes du Jura m'apparurent sous la forme d'un carré de tissu blanc. Tout au fond de ma mémoire roule encore l'écho de la grosse voix un peu rocailleuse du bon M. Buffard, notre maître d'école. « La chaîne jurassienne fait partie des montagnes jeunes. C'est le soulèvement alpin de l'ère tertiaire qui a provoqué ce plissement. Les Alpes ont bousculé la croûte encore tendre. Vous voyez, comme ça ! » Les larges mains aux ongles spatulés maintenaient sur une table le chiffon à essuyer le tableau. L'une d'elles demeurait en place du côté de la plaine bressane, l'autre poussait de l'est, lentement, avec une force qu'on sentait colossale, tandis que la grosse voix grondait : « Regardez... vrouoummm ! » Les plis se formaient, allant en décroissant, du versant suisse jusqu'aux derniers contreforts du Revermont. Ce Revermont où nous vivions, tout au bord de ce carré de tissu pas plus grand qu'un mouchoir de poche.

Du jardin de mes parents, lorsque je regardais vers le levant, la seule montagne que j'apercevais portait deux bosses. L'une crêtée d'un village : Montaigu, l'autre du Solitaire, énorme tilleul qui semblait une bille en fragile équilibre et prête à rouler vers la ville. Ces collines nous cachaient le reste, les cimes dont nous parlaient nos leçons. Pour nous aider à les imaginer, M. Buffard nous avait distribué une plaquette merveilleuse, que j'ai traînée des années dans mes bagages, mais qui a fini par disparaître au cours d'un de mes nombreux déménagements. Ces quelques pages sous couverture d'un bleu passé s'intitulaient Géographie du Jura. Elles demeurent au plus douillet de ma souvenance, avec des vues de cascades, le cirque de Baume, le lac de Bonlieu et ces coupes géologiques sommaires reprenant les ondulations du torchon à tableau. On y parlait de strates ployées et de failles, on y découvrait l'étage de la vigne, du chêne et du hêtre, tout proche de nous, celui du sapin, celui de l'épicéa, puis la lointaine dégringolade des feuillus regardant vers le Léman.

Nous apprenions que cent cinquante millions d'années plus tôt, l'océan était là. A notre place. C'était lui qui avait laissé les dépôts qui devaient finir par constituer les roches dont notre pays était fait. Cent millions d'années plus tard avait eu lieu cette poussée alpine qu'imageait le tissu plissé, puis l'ère quaternaire avait achevé de modeler nos contrées avec les coups de rabot des glaciers, les déluges et tout ce vaste remue-ménage érodant le sol pour y creuser des vallées. La mer nous avait également laissé du sel. Les salines de Montmorot fonctionnaient encore et nous allions observer avec une curiosité mêlée de crainte une maison qui, insensiblement, s'enfonçait dans le sol. Abandonnée par ses propriétaires, elle s'offrait à nos jeux, ouvrant au ras de terre ses fenêtres du premier étage. Sans doute plus sensible au mystère des choses qu'à leur pittoresque, ce qui demeurait invisible m'intriguait davantage que la maison enlisée. Que se passait-il dans ces profondeurs obscures? Quels monstres vivaient dans ces cavernes immenses et quelle force était la leur pour qu'ils puissent ainsi tirer cette masse de pierre vers les profondeurs?

Ci-dessus : En forêt de Montlebon, dans le haut Doubs, les chevaux aident encore au débardage du bois en hiver.

Ci-contre : Cascade gelée près de la source de l'Ain, qui naît dans un site rocheux et boisé.

Ci-dessous : Le lac Genin (836 m), dans le haut Bugey. Avec ses 18 m de fond, il peut geler l'hiver.

C'était, en quelque sorte, l'envers des montagnes, des pics et des crêtes en négatif qui marquaient ainsi le bas pays dont nous étions. Les blancheurs ne se trouvaient que rarement sur les collines, elles résidaient au fond de la terre.

Les montagnes, mon père en parlait souvent, mais je ne l'ai jamais entendu les appeler autrement que « les monts Jura ». Il les avait parcourues à pied, durant son service militaire, vêtu de rouge et de bleu, l'as de carreau sur le dos. Pour lui, elles signifiaient souffrance et transpiration. Elles évoquaient aussi le temps de ses vingt ans. « Monts Jura », ces deux mots ouvraient les portes du rêve. Mais c'étaient les années trente. Seuls les riches disposaient d'automobiles. Et nous n'étions pas riches. Je ne sais quel âge je pouvais avoir lorsque mon père me fit monter dans un wagon à plate-forme du petit chemin de fer à voie étroite. Ce « tram » s'élançait, tout essoufflé dès le départ, vers la vallée de Revigny. A force de lacets, de viaducs et de tunnels, il finissait par atteindre le premier plateau d'où l'on découvrait la côte de Leutte. Par-delà, c'était la Montagne, les vrais monts Jura. J'allais attendre quelques années encore pour les découvrir avec mes premières vacances à L'Abergement-Sainte-Marie. Non loin du lac de Saint-Point s'offrent les vastes sapinières où le jour ne pénètre jamais assez franchement pour dissiper le mystère. L'adolescence et les longues randonnées à bicyclette allaient me révéler le reste de mon pays, avec ses gorges profondes où rugissent les eaux enragées, avec ses combes, ses plateaux où les automnes empourprent le vent. Mais tout cela, c'était la saison chaude. Celle dont je rêvais était froide, blanche et grise.

A Lons-le-Saunier, la neige tenait tout au plus une semaine ou deux. A peine recouvrait-elle les taupinières. L'autre, la vraie, celle qui monte à la rencontre des interminables toitures, je ne l'avais guère rencontrée que dans l'album de cartes postales que je tirais souvent du placard humide ménagé sous l'escalier des chambres. Des mètres de neige bloquant la route entre Censeau et Nozeroy durant l'hiver 1907 ; la place Voltaire, à Saint-Claude, où un cheval trottait devant un traîneau chargé de bidons à lait; la charrue (ou triangle) tirée par six ou sept bêtes puissantes attelées en flèche pour ouvrir le chemin à Saint-Laurent du Jura. « Saint-Laurent-Grand-Vaux », disaient mes parents qui parlaient du plateau comme d'un vaste enfer blanc. Mon père se souvenait d'y être resté plusieurs jours prisonnier de l'hiver, dans les années 1880, alors qu'il était monté y chercher je ne sais quoi avec une jument qui s'appelait la Grise. J'imaginais cette blancheur enveloppant ce cheval gris, et je regrettais fort de n'avoir point partagé cette aventure.

Me reviennent aussi ces cartes avec des skieurs en complets noirs et chapeaux mous, en pèlerines et casquettes plates, s'aidant d'un unique bâton qu'ils tenaient à deux mains comme on fait d'une gaffe sur une barque. L'hiver ! Avec des neiges à recouvrir le clocher : mon rêve jamais réalisé !

Je tiens que le pays rêvé est souvent plus fort, plus tenace en nous que le pays vécu. Enfant du Revermont, c'est du haut Jura longtemps inaccessible que je garde en moi les plus troublants souvenirs. Le mystère de la montagne glacée, des lacs gelés dans l'ombre des forêts lourdes de nuit, les torrents pétrifiés au fond des crevasses de rochers, les grottes tièdes que l'imagination peuplait de monstres, l'au-delà des cimes dont on se demandait s'il n'était pas un autre monde, tout cela composait un univers que nous avions grande envie de pénétrer.

La Vouivre n'était pas loin. Je ne parle pas ici de la merveilleuse fille créée par Marcel Aymé et que l'on ignorait encore, mais de l'autre, son ancêtre si j'ose dire, ce monstrueux reptile crachant le feu dont rien ne prouvait qu'il ne fût pas tapi au détour d'une sente, tout prêt à nous bondir aux trousses dès que tomberait la nuit habitée de bise. Des veillées de jadis, qu'elle appelait des racontotes, ma mère conservait ces légendes où se côtoyaient le meilleur et le pire. La bonne Dame Blanche, le beau Chevalier de Bonlieu s'effaçaient souvent devant les fées hideuses, les sorcières glapissantes et les diables cornus entretenant de sinistres foyers.

Je ne prétendrai pas que ces visions m'ont poursuivi tout au long de ma véritable découverte des monts du Jura, je dirai plus volontiers qu'elles m'ont ouvert la route. Les hauteurs boisées, les reculées où chantent les eaux tour à tour d'émeraude et de cristal, les cascades et les chemins enneigés peuvent être d'une grande beauté, ils ne sont pas grand-chose dépouillés de leur magie. Un univers sans êtres, sans espoir de rencontre, sans ce frisson que procure l'inconnu, ne m'intéresse pas.

Les monts Jura sont peuplés. Dans l'ombre des personnages de légende se profilent ces gens de chair et d'os, ces Montagnons dont Auguste Bailly dans la Carcasse *et* le Tord-Cou, *puis Romain Roussel avec* la Vallée sans printemps *ont brossé d'inoubliables portraits. Ce sont ces femmes et ces hommes attachés à leur terre et à leurs besognes qui m'ont aidé à découvrir le haut pays. Fermiers et artisans, ils ont appris à tailler le diamant, à tourner et sculpter les pipes, à tresser l'osier, à forger, à limer. Ils sont devenus horlogers, boisseliers, lunetiers, lapidaires. Ils se sont mis à inventer des jouets en bois, à dessiner des bijoux, à créer ou restaurer des boîtes à musique. Ainsi ont-ils meublé l'interminable saison morte. Le Jura de ces gens-là est sans frontière. Leur montagne n'est ni suisse ni française, elle est forêt, prairie, fromagerie, petite industrie. Jadis, on affirmait que, dans chaque famille du haut pays, dès qu'un fils entrait dans les douanes, un de ses frères se vouait à la contrebande. Juste équilibre. Respect des lois de l'honneur. On ne voulait avoir honte ni dans un sens ni dans l'autre.*

Parmi les cartes postales de l'album familial, j'en revois une qui faisait s'allumer d'ironie l'œil clair de mon père à qui les Jésuites avaient enseigné les bonnes manières. On y montrait un douanier ventru tranquillement installé sur une chaise, devant sa porte, alors qu'une élégante à robe longue et à large chapeau se tenait debout, présentant le contenu de son bagage. « Ça semble le monde à l'envers, souriait mon père. Mais non. C'est tout naturel. Faut bien que ce

Ci-dessus : Ferme de montagne dans le haut Doubs. Son grand toit offre moins de prise au vent.

Ci-contre : Mesnay et la reculée de la Châtelaine, dans le Vignoble — le « Bon Pays » pour les Montagnons.

Ci-dessous : Sculpteur sur bois travaillant à la gouge, à Ornans, dans la vallée de la Loue.

gros sac réserve ses forces pour courir après les passeurs d'allumettes. » Les anciens sentiers de contrebande, les vieux nous en entretenaient avec passion. Je les ai depuis lors parcourus maintes fois, guidé par les douaniers d'aujourd'hui dont beaucoup — à l'instar des facteurs de village et des gardes forestiers — sont devenus champions de ski par la force de leur métier.

Les temps ont changé et les hommes avec eux, mais il ne semble pas que l'âme des Montagnons se soit métamorphosée aussi rapidement que celle des habitants du bas pays et des grandes cités. La Montagne, même quelque peu envahie par le tourisme, préserve encore ses gens et leur conserve du caractère. Aux flancs du Risoux comme dans la forêt du Massacre, sur les roches qui dominent Villers-le-Lac aussi bien qu'à Bellefontaine ou aux Moussières, j'ai côtoyé ces hommes fiers d'être de ces hauteurs d'où l'on contemple, avec une étincelle de mépris dans l'œil, les gens du bas.

Cependant, le Jura est un tout. Il va des premiers haussements de terrain riverains de la Bresse jusqu'au pays de Vaud ; de la forêt de Chaux si chère au peintre Roland Gaubert jusqu'aux villages dominant Pontarlier, dont Pierre Bichet est le plus authentique imagier. Il porte le souvenir de Louis Pergaud comme celui de Gustave Courbet. Peut-on imaginer contrée plus riche ? Le pain, le vin, le sel. A ces trois éléments, qui sont l'essence même de la vie, s'ajoutent le lait, la viande, le bois de chauffe et le bois d'œuvre. Pour permettre de moudre, de scier, de transporter, la montagne libère la terrible et merveilleuse force des eaux.

Le plus grand homme de cette province de bûcherons, d'artisans, de fromagers et de paysans, c'est Pasteur, bien sûr. A Dole comme à Arbois, sa porte était ouverte aux malades aussi bien qu'aux vignerons. Au moment des vendanges, pour la fête du Biou, il se mêlait à la foule. C'est un peu à son image que ma mère eût aimé me modeler. Cette femme à l'âme simple et pure me racontait comment le grand savant — dont ses parents se souvenaient — avait sauvé de la mort à la fois le vignoble et un petit berger atteint de la rage. Elle me faisait apprendre par cœur ce texte émouvant à force de simplicité et dont l'essentiel m'est resté, écho précieux d'un chant venu du fond des reculées sonores où rugissent les eaux : « Oh ! mon père et ma mère ! Oh ! mes chers disparus, qui avez si modestement vécu dans cette petite maison, c'est à vous que je dois tout... Regarder en haut, apprendre au-delà, chercher à s'élever toujours... »

Le père de Louis Pasteur était tanneur, à Dole, au bord du canal, sous des voûtes où stagne encore l'odeur âcre de son travail. C'est peut-être par cette cité, si longtemps capitale de la Comté, qu'il convient d'entrer dans le pays. Les eaux qui la baignent descendent des monts, elles portent la force des grands bois, la pureté des neiges. Le clocher s'y balance sur un ciel de rêve. Du haut de sa plate-forme où chantent les quatre vents, on peut voir les lointains bleus, ces hauteurs où naissent des sources éternelles.

BERNARD CLAVEL

Sochaux-
Gd-Charmont
MONTBÉLIARD
Étupes
Beaucourt
Bavans
Audincourt
Lougres
Mancenans
L'Isle-s.-le-Doubs
Valentigney
Hérimoncourt
Soye
Écot
Mathay
Meslières
Fontaine-lès-Clerval
Clerval
Rang
Bourguignon
Glay
Branne
Anteuil
Dambelin
Pont-de-Roide
Baume-les-Dames
Villers-St-Martin
Lomont
Col de Ferrière
Valonne
Chamesol
Vaufrey
Venise
Marchaux
Séchin
Servin
Fleurey
Doubs
St-Hippolyte
Burnevillers
Bonnay
Deluz
Roulans
Lanans
Sancey-le-Grand
Les Bréseux
Trévillers
BESANÇON
Thise
Glamondans
Aissey
Laviron
Maîche
Goumois
Pirey
Chalèze
Gonsans
Orsans
Pierrefontaine-les-Varans
Les Écorces
Charmauvillers
Franois
Montfaucon
Naisey
Germéfontaine
Charquemont
Avanne
Morre
Dessoubre
Les Fontenelles
Avenay
Fontain
Mamirolle
Vercel-Villedieu-le-Camp
La Sommette
Le Luhier
St-Vit
Boussières
Trépot
Valdahon
Le Russey
Fournet-Blancheroche
Salans
Mérey-sous-Montrond
Tarcenay
Fallerans
Fuans
Byans-s.-Doubs
Osselle
Ornans
Épenoy
Passonfontaine
1160
Le Bélieu
Noël Cerneux
Saut du Doubs
Forêt de Chaux
Fourg
Quingey
Rurey
Cléron
Nods
Vanclans
Longemaison
Mt Vouillau
Loue
Samson
Fertans
Chantrans
Montgesoye
Lods
1142
Morteau
Arc-et-Senans
Montbarrey
Villers-Farlay
Myon
Amancey
Reugney
Aubonne
Crêt Monniot
Grand'Combe-Châteleu
Ounans
Éternoz
Déservilliers
Ouhans
Montbenoît
Mt Poupet
850
Maisons-du-Bois
Vaudrey
Mouchard
Marnoz
Salins-les-Bains
Sombacour
Levier
Arçon
Oussières
Vadans
Arbois
Cirque du Fer à Cheval
Chaffois
PONTARLIER
Grozon
Arc-sous-Montenot
Dompierre-les-Tilleuls
La Cluse-et-Mijoux
Colonne
Ft d'Arbois
Forêt des Moidons
Forêt de la Joux
Ste-Colombe
Bersaillin
Poligny
Courvières
La Rivière-Drugeon
La Gauffre
Sellières
Barretaine
Chapois
Bief-du-Fourg
Frasne
Montperreux
1303
Commenailles
Plasne
St-Germain-en-Montagne
Bonnevaux
Brény
Besain
Nozeroy
Remoray
Montagne de l'Herba
Vincent
Bletterans
Voiteur
Les Reculées
Crotenay
Champagnole
Boujeons
La Marre
Sirod
1237
Mouthe
Rochejean
Le Vernois
Montmorot
Montigny-s.-l'Ain
Ain
Larnaud
Crançot
Lac de Chalain
Marigny
Chaux-des-Crotenay
Les Planches-en-Montagne
Forêt du Risol
LONS-LE-SAUNIER
Conliège
Ste-Agnès
Macornay
Blye
Charcier
La Chaux-du-Dombief
Foncine-le-Bas
Chapelle-des-Bois
St-Laurent-la-Roche
Cogna
St-Laurent-en-Grandvaux
Flacey-en-Bresse
Beaufort
Clairvaux-les-Lacs
Forêt de Prénovel
Bellefontaine
Cuisia
La Tour-du-Meix
Forêt de la Joux-Devant
Morbier
Forêt du Risoux
Cousance
Gizia
Orgelet
Forêt de la Joux
Prénovel
Morez
Cuiseaux
Joudes
Loisia
Chavéria
L. de Vouglans
Étival
Les Rousses
St-Amour
Chambéria
Charchilla
Prémanon
La Cure
Gigny
Bienne
Longchaumois
Valouse
Louvenne
Bge de Vouglans
Moirans-en-Montagne
Valfin-lès-St-Claude
1495
Nanc
Lains
ST-CLAUDE
Crêt Pela
Coligny
Arinthod
Pratz
Col de la Faucille
Salavre
St-Julien
Mijoux
1320
Bourcia
Lavans-s.-Valouse
Molinges
Villard-St-Sauveur
Divonne-les-Bains
Villemotier
REVERMONT
Vaux-lès-St-Claude
1689
GEX
768
Cornod
Dortan
Viry
Les Bouchoux
Mt Colomby de Gex
Thoirette
Veyziat
La Pesse
Segny
Treffort-Cuisiat
Suran
Oyonnax
Forêt de Champfromier
Ornex
Ferney-Voltaire
Chavannes-s.-Suran
1718
Crêt de la Neige
Matafelon-Granges
Bellignat
Crêt du Mont
St-Genis-Pouilly
Simandre
1380
Rhône
Jasseron
Romanèche
Izernore
1043
Challex
Ceyzériat
Mt Burdet
Montanges
Bohas
Farges
Montagnat
Brion
NANTUA
Gd Crêt d'Eau
St-Martin-du-Frêne
1249
1621
Collonges
Tossiat
Crêt de Beauregard
Vouvray
Certines
Challes
Condamine
Bellegarde-s.-Valserine
La Tranclière
Cerdon
Outriaz
1351
Poncin
Brénod
Génissiat
Mgne de Vuache
Druillat
Crêt du Nu
1101
Jujurieux
Valromey
Pont-d'Ain
Izenave
Corcelles
Boyeux-St-Jérôme
Hauteville-Lompnès
Chanay
Priay
Ruffieu
Ambérieu-en-Bugey
Seyssel
St-Rambert-en-Bugey
Champagne-en-Valromey
Brénaz
St-Denis-en-Bugey
Bettant
Tenay
1531
BUGEY
Lagnieu
St-Sorlin-en-Bugey
Cluse des Hôpitaux
Thézillieu
Gd Colombier
Vertrieu
Belmont
Béon
St-Vulbas
La Burbanche
Virieu-le-Grand
Culoz
Parmilieu
Ordonnaz
Chanaz
Hières-s.-Amby
Bouvesse-Quirieu
Contrevoz
Pugieu
Briord
Magnieu
St-Romain-de-Jalionas
Marchamp
Conjux
Lhuis
1019
BELLEY
Lucey
Lac du Bourget
Courtenay
Crémieu
Arandon
Montagne de Tentanet
La Balme
Yenne
St-Jean-de-Chevelu
Plateau de Crémieu
Passins
Salagnon
Morestel
Peyrieu
Séran
St-Paul
Bourdeau
Vézeronce-Curtin
876
St-Chef
Les Avenières
Mt Tournier
St-Savin
Vignieu
Aoste
St-Genix-s.-Guiers
Novalaise
LA TOUR-DU-PIN
Évrieu
Lac d'Aiguebelette
Le Pont-de-Beauvoisin
La Bridoire
St-Béron
St-Bueil
LAC LÉMAN

MÉMOIRES D'UNE RIVIÈRE, LA LOUE

Pour former son nom, il faut d'abord le promener en bouche, de façon gourmande, comme pour apprécier un grand vin. Et ensuite projeter les lèvres en un arrondi avant, comme pour envoyer un baiser. La voilà bien, exquise, sensuelle : Loue, comme ce mot est doux à dire. Le fervent d'étymologie, voire de toponymie, désireux de remonter le cours de cette appellation, croit vite deviner que « loue » tient de « louve », du latin *lupa*. Il peut s'en satisfaire. Mais s'il poursuit sa recherche, il découvrira la véritable origine : la rivière est « loue », car louée, du latin *lauda*.

Il en va de son nom comme de son cours : on croit être à la source ; mais il faut chercher encore. L'apparition de la Loue au grand jour est le résultat d'un long cheminement souterrain qui lui a donné force et pureté. Son surgissement dans le cadre envoûtant d'une source résurgente incite à une totale admiration. Comment n'auraient-ils pas ressenti la toute-puissance des esprits, ces hommes venus du nord à l'époque de Hallstatt et qui

La source de la Loue. Jaillie d'une falaise à pic, une des plus extraordinaires résurgences du Jura. Pertes du Doubs, du Drugeon, et eaux d'infiltration s'y mêlent.

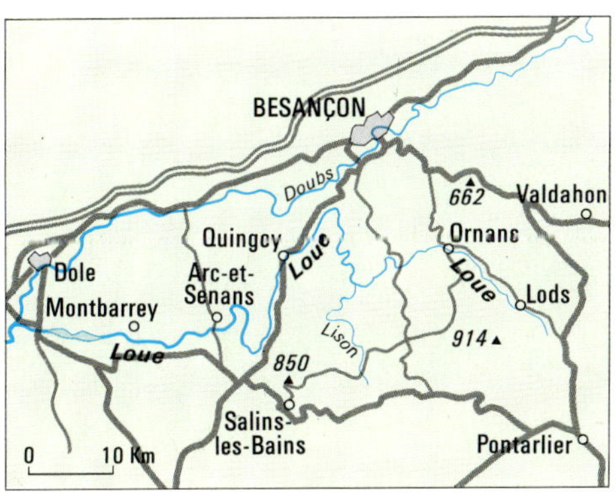

LA LÉGENDE DE LA VOUIVRE

Combien de matinées toutes fraîches de rosée, de touffeurs méridiennes, de tombées du jour embrumées? Toutes ces attentes, ces vains espoirs de son apparition. Et jamais rien. Personne. Et pourtant, elle existe. D'aucuns l'ont surprise à son bain de nature, notre sœur, notre mère, notre fille, notre amante. Notre terre comtoise faite femme. Et heureusement, il y eut Marcel Aymé (1902-1967), le chantre de la Franche-Comté, le baladin de son imaginaire.

« Vouivre, en patois de Franche-Comté, est l'équivalent du vieux mot français « guivre » qui signifie serpent et qui est resté dans la langue du blason. La Vouivre des campagnes jurassiennes, c'est à proprement parler la fille aux serpents. Elle représente à elle seule toute la mythologie comtoise, si l'on veut bien négliger la bête faramine, monstre certainement très horrifique, mais dont la forme et l'activité sont laissées au caprice de l'imagination. Sur la Vouivre, on possède des références solides, des témoignages clairs, concordants. Dryade et naïade, indifférente aux travaux des hommes, elle parcourt les monts et les plaines du Jura, se baignant aux rivières, aux torrents, aux lacs, aux étangs. Elle porte sur ses cheveux un diadème orné d'un gros rubis, si pur que tout l'or du monde suffirait à peine à en payer le prix. Ce trésor, la Vouivre ne s'en sépare jamais que pendant le temps de ses ablutions. Avant d'entrer dans l'eau, elle ôte son diadème et l'abandonne avec sa robe sur le rivage. C'est l'instant que choisissent les audacieux pour tenter de s'emparer du joyau, mais l'entreprise est presque sûrement vouée à l'échec. A peine le ravisseur a-t-il pris la fuite que des milliers de serpents, surgis de toutes parts, se mettent à ses trousses et la seule chance qu'il ait alors de sauver sa peau est de se défaire du rubis en jetant loin de lui le diadème de la Vouivre. Certains, auxquels le désir d'être riche fait perdre la tête, ne se résignent pas à lâcher leur butin et se laissent dévorer par les serpents.

» La Vouivre, figure comtoise, est sans doute un des souvenirs les plus importants qu'ait laissés en France la tradition celtique. Survivante de ces divinités des sources, qu'adoraient les Gaulois et qui se comptaient par milliers, elle a transporté à travers les âges l'une des croyances les plus populaires de la Gaule antique. Cette croyance, fort répandue à son époque où la conquête romaine était toute récente, Pline l'Ancien la rapporte en ces termes : « En outre, il est une espèce d'œuf en grand renom dans les Gaules et dont les Grecs n'ont pas parlé. En été, des myriades de serpents se rassemblent et s'enlacent. Collés les uns aux autres par leur bave et par l'écume qui transpire de leurs corps, ils façonnent une boule appelée œuf de serpent. Les Druides disent que cet œuf est soutenu en l'air par les sifflements des reptiles et qu'il faut le recevoir dans un manteau avant qu'il ait touché terre. En outre, le ravisseur doit s'enfuir à cheval, car les serpents le poursuivent jusqu'à ce qu'il ait mis une rivière entre eux et lui. Cet œuf est reconnaissable à ce qu'il flotte sur l'eau, même attaché à un morceau d'or... J'ai vu moi-même un de ces œufs, qui était de la grosseur d'une moyenne pomme ronde... » (Pl. *Historia Naturalis*.)

» Telle que la raconte Pline l'Ancien, la légende apparaît à peine transposée dans celle de la Vouivre. Le talisman, qui avait chez les Gaulois la réputation de faire merveille dans les procès, a pris de la valeur avec le temps. On pourrait d'ailleurs, sans grands risques d'erreur, expliquer comment l'œuf de serpent s'est changé en rubis. La transformation s'est très vraisemblablement opérée depuis l'époque où l'industrie de la taille des pierres précieuses s'est installée dans les cités et les bourgades du haut Jura. »

Marcel Aymé
La Vouivre, Gallimard, 1945.

Pêche à la truite. Réempoissonnée, et fort bien gardée, la Loue, très prisée des amateurs, figure parmi les meilleures rivières de France. Les truites recherchent des eaux froides et riches en oxygène, des pierres pour se cacher.

la découvrirent, créature surnaturelle, bondissante hors des lèvres de la roche ? Sa source, puisant dans le vert et le bleu les vibrations les plus profondes. Sa vive énergie. Sa venue au pied d'une falaise de cent mètres de haut. Tout ne pouvait être que création divine. Rivière soit louée.

Aujourd'hui encore, parcourant la sente qui la borde, au creux de ce canyon fantastique des gorges de Nouailles, il est difficile d'échapper à l'émotion pure. A condition tout de même d'ignorer le touriste pressé. Ici plus qu'ailleurs, il faut laisser le temps au temps. Combien sont-ils à avoir, sur les rives de la Loue, oublié le sablier des heures ? Pêcheur en combat singulier avec l'une de ces truites royales. Petit poète taquinant la rime ou fantasmant sur quelque créature plantureuse du maître Courbet. Vigneron se reposant des longues remontées, bouille au dos, afin de ramener en haut de la vallée la terre ravinée par les pluies. Désireux, eux aussi, de ne plus penser à la dureté des temps, ces moulineurs en toutes matières, étireurs de métal, tanneurs de cuir, hommes et femmes de toutes peines... Oubliant le temps, eux encore, ces cupides guetteurs du diamant de la Vouivre, alors que celle-ci vient tout juste de confier sa nudité à la caresse des eaux.

Mouthier-Haute-Pierre. Au sortir des gorges de Nouailles, au cœur d'une conque verdoyante plantée de vignes et de cerisiers, l'un des plus beaux villages de la vallée.

Aux premiers des temps, la source actuelle était invisible. Et puis il y eut cette colère des Titans et l'effondrement de la voûte, recouvrant en partie le cours d'eau souterrain. Ainsi, des millions d'années plus tard, les hommes ont pu découvrir le point exact du surgissement de la Loue à la lumière. Il fallut encore bien des siècles pour savoir que le débit miraculeux de la source était lié à un phénomène de résurgence. En ce temps-là, les poètes décadents célébraient les vertus singulières de l'absinthe. Capitale du haut Doubs, Pontarlier était également consacrée capitale de l'absinthe ou fée verte. Ce siècle avait un an lorsque l'une de ses principales distilleries fut ravagée par le feu. Un million de litres de Pernod s'écoulèrent dans les eaux du Doubs. Deux jours après l'incendie, il était devenu impossible de cacher plus longtemps la liaison souterraine et secrète que la Loue entretenait avec le Doubs : elle aussi, elle fleurait le pastis. Fluorescéine à l'appui, les savants confirmèrent son état résurgent. On établit aussitôt un projet de colmatage du lit du Doubs, pour éviter les fuites. Au nom de la force motrice nécessaire à l'industrie de l'époque. Comme si la Loue ne faisait pas tourner les moulins... Heureusement, ce projet fou tomba droit dans l'eau.

Ainsi la rivière va-t-elle toujours son cours, des cascades impétueuses de Nouailles à l'immobilité contemplative du Miroir de Scey-en-Varais. Au passage, elle se ralentit déjà, le temps de refléter, à Lods, Vuillafans, Ornans, les plus ou moins belles demeures perpétuant le souvenir des humains qu'elle a vus naître et mourir. Car elle en a connu, des hommes, de leurs premiers feux terrestres à leurs fulgurances aériennes. Elle a vu défiler toutes les invasions. Mais surtout elle a regardé passer toutes les saisons, au rythme immuable du temps. Le merveilleux printemps qui fait frissonner toute la vallée. Et l'été à la langue chaude qui fouaille ses moindres recoins afin que partout foisonne la vie. Et l'automne flamboyant, avec ses infinités de feuilles aux nuances éclatantes. Puis l'hiver, noir de ciel, noir de branches tordues, parfois blanc d'une neige comme égarée en la douce vallée.

Parmi les premiers à s'installer sur les rives : des moines. Mouthier-Haute-Pierre perpétue leur souvenir depuis le haut Moyen Age. Ces grands défricheurs commencèrent par planter la vigne. Labourant les pentes de la vallée, ils lui ont donné ce cachet si particulier, avec les cultures en terrasses appuyées sur des murs de pierres sèches. Si l'on ne retrouve pas mention des premières légumineuses et céréales produites ici, en revanche le vin de la Loue, noirin ou bon blanc, est signalé dès le XIIe siècle comme le meilleur de Comté. En 1200, le seigneur Guy de Vuillafans en expédie

GUSTAVE COURBET, UN ENRACINÉ

10 juin 1819. Ce jour-là à Ornans, au 5 de la rue de la Froidière, Éléonor Régis Courbet apprend que sa femme vient de lui donner un fils, fils pour lequel ce propriétaire terrien aisé forme déjà de fabuleux projets de réussite sociale. Sa première déception viendra du peu de goût que le jeune Jean Désiré Gustave manifeste pour les choses de l'étude. Au petit séminaire d'Ornans, le regard de l'élève Courbet s'évade bien souvent vers le ciel, les rochers, les collines. Il est cependant un cours pour lequel Gustave montre un vif intérêt : celui du père Beau. Un cours de dessin qui est une sorte de révélation, surtout quand il s'agit d'aller sur les bords de la Loue, parfois jusqu'à la source, dessiner le paysage d'après nature. A dix-huit ans, l'entrée de Courbet au collège royal de Besançon précède de peu sa sortie ; il ne supporte pas cette « caserne ». A vingt et un ans, il monte à Paris faire des études de droit. Mais rapidement, au grand dam de son père, il les abandonne pour se consacrer entièrement à la peinture.

Courbet natif d'Ornans. Oui, né en ce pays, mais surtout de ce pays. De son grand-père maternel comme de son père il a hérité la stature des hommes de la Comté. Carré d'épaules comme de mâchoires, saillant de pommettes, lourd de force contenue dans la démarche, il plonge tout droit ses racines dans la bonne terre comtoise. Sa peinture s'en ressentira.

Difficile d'échapper à son destin. Et celui de Courbet était de revenir sans cesse, régulièrement, tout au long de sa vie, à son pays de Loue. Certes, il fut attiré par d'autres lumières. Mais Courbet n'est-il pas infiniment plus lui-même chez lui, dans ses scènes de vie quotidienne : *l'Après-Dînée à Ornans, les Casseurs de pierres, un Enterrement à Ornans,* ou dans ses évocations de la nature comtoise : *les Bords de la Loue, le Gour de Conches, la Remise des chevreuils au ruisseau de Plaisir-Fontaine, Trois Truites de la Loue...*

Paysans, paysages, animaux... Il a toujours retrouvé ici, sur les rives de la Loue, la réalité de son pays. Accusant à larges touches les traits de la nature, sa puissance, sa dureté. Toujours pour le tout en tout. Jamais dans l'insignifiant ni le superflu. Peintre vrai pour un pays vrai. Le ciel par-dessus la roche, l'eau par-dessous l'arbre s'y retrouvent et n'ont rien à en redire. Pas plus que ces paysans dont on jurerait qu'ils vont nous parler en patois.

1871 : le communard Courbet est emprisonné puis exilé. Et c'est en Suisse, à La Tour-de-Peilz, dans le canton de Vaud, qu'il mourra en 1877. Aujourd'hui, le chemin de Courbet passe par les musées du monde entier. Pour l'apparence. En réalité, Courbet est depuis bien longtemps revenu dans son cher pays. Il y a retrouvé son univers, son ciel, ses rochers, ses arbres. Et surtout ses gens. Et tous lui disent : « Bonjour, monsieur Courbet ! »

Ornans, 4 400 habitants, pittoresque capitale de la vallée de la Loue. La rivière assagie y coule entre de vieilles maisons sur pilotis. Riche d'un long passé, Ornans s'enorgueillit surtout d'être la patrie de Gustave Courbet.

ainsi quatre-vingts litres à l'abbé de Besançon pour s'en concilier les bonnes grâces.

Et c'est vrai qu'à l'époque, tout au long de la rivière, sur les sites les plus escarpés, les seigneurs érigeaient leurs donjons. Il n'en reste rien aujourd'hui, ou presque. Quand ce pays fut rattaché à la France, Louis XIV fit raser tous ces nids d'une potentielle résistance. Les seigneurs de la vallée s'étaient beaucoup mieux accommodés des Grands d'Espagne. Un fils de la Loue, le cardinal de Granvelle, fut même l'éminent conseiller de Charles Quint. Cette gloire eut des retombées architecturales pour Besançon. Avec tout de même un château pour Ornans, que les Français mirent bas. Ne reste, pour la rivière, que le reflet de toutes ces demeures patriciennes et vigneronnes qui ont traversé les siècles. Les vignerons ont établi ici quelques belles fortunes jusqu'à ce que le canal Monsieur et le chemin de fer ouvrent grande la route aux abondants vins du Midi. Les plus avisés d'entre eux avaient déjà amorcé leur reconversion, sensibles aux premiers frémissements de la civilisation industrielle.

Le Miroir de Scey. La Loue y dessine une courbe où se reflète admirablement le paysage aquatique. La « vallée des peintres » n'a pas fini de charmer par son harmonie.

Le XVe siècle marque l'aube des roues mises à tourner sur la rivière. Quelque trois cents ans plus tard, en 1778, sur les 30 premiers kilomètres de son cours, on dénombre 11 grands moulins et 20 autres sur les ruisseaux qui l'alimentent. La vallée est toute bruissante d'activité. Les roues tournent sans trêve. Des petits artisans papetiers aux plus ou moins grands maîtres de forges, des tanneurs aux scieurs de long, tous transforment tout, grâce à la constante énergie de l'eau. Ils travaillent la pierre, la laine, le cuir, le chanvre, l'argile, le lin. Ils exercent seuls, ou en famille. Parfois, ils donnent de l'ouvrage à quelques paires de bras libérées des travaux des champs, saisons obligent. La première révolution industrielle va bousculer cette belle harmonie communautaire. Les temps nouveaux de ce XIXe siècle triomphant vont déporter les foules laborieuses vers de grands établissements. Finie l'ère des petits martinets, ces installations où

Le château de Cléron (XIVe-XVIe s.). Les forteresses féodales qui surveillaient la Loue ont disparu, démantelées sur ordre de Louis XIV.

l'on étire le fer en le martelant — et c'est la Loue qui actionne le marteau. Deux d'entre eux vont se transformer en usines qui attendront encore un siècle pour péricliter.

Ainsi, au fil d'un millénaire, l'agriculture, puis l'artisanat, et enfin l'industrie ont tour à tour connu ici leur âge d'or et de bien cruelles vicissitudes. Le Miroir de Scey ne refléterait-il plus désormais qu'un désert ? Nenni, ma foi ! Les gens de la vallée n'ont jamais rendu les armes. Le vin d'Ornans n'est plus qu'un souvenir, mais les cerisiers de Mouthier produisent encore le fameux kirsch de la Marsotte. L'agriculture a reculé, mais la forêt a pu reprendre sa juste place, après les coupes à blanc opérées par les charbonniers. Enfin l'industrie, si elle a perdu en effectifs, a aussi perdu en nuisances et le redéploiement d'activités propres convient mieux à l'ambiance de la vallée.

Car, il faut le dire, la Loue accueille si bien ceux qui veulent lui donner le temps de les enchanter ! Pour peu que le temps (l'autre) s'y prête, la voilà dans une crique toute disposée à la baignade — et en été, la température atteint facilement vingt degrés. Et puis, en toutes saisons, il y a ceux qui la sollicitent pour les joies de ses rapides où les canoës frissonnent. Mais savent-ils, ceux-là, qu'en ses eaux il est une vie fabuleusement riche et diverse, celle des insectes ? La Loue détient à ce titre un record d'Europe. Ainsi ses poissons atteignent des quantités, des tailles et des saveurs telles que tous les pêcheurs dignes de ce nom ont un jour engagé avec elle le singulier combat. A l'évidence, la rivière a glané les plus belles et les plus légendaires histoires de ces chevaliers de la gaule. Ainsi Émile Euvrard, de Lizine, un des vieux renards de la vallée. Sur sa jambe de bois, il faisait dix kilomètres de marche pour retrouver sa Loue. Un beau jour d'avant-guerre, près de Châtillon, il lui a enlevé une de ses truites superbes et monstrueuses : 14 livres et 300 grammes. Il lui fallut plus de quatre heures pour en venir à bout.

L'Émile pratiquait aussi le Lison, un des affluents de la Loue. Parmi tous les soupirants qui finissent par se jeter dans ses bras, celui-là est l'un des plus impressionnants. Il est vrai que, comme elle, il est déjà très fort à sa naissance. La source est belle, un peu semblable à la sienne. Presque aussi visitée. Mais le Lison fait moins de mystère que la Loue pour admettre qu'il a déjà pris naissance avant de venir au jour. Sa véritable origine se situe dans la forêt de Scey. Après un cheminement mi-aérien, mi-souterrain, l'eau, dans un cours capricieux, a fini par creuser des gorges étroites. Là fut jeté le Pont du Diable. Et quand le petit Lison est bien en eaux, on peut découvrir, au Creux Billard, un joli effet de cascades.

La pêche au Lison n'est pas sans charme, encore que discrète. Dans les années 50, un homme défraya la chronique : Maxime Guinchard, l'instituteur d'Éternoz. Bon an mal an, il prenait un millier de truites et d'ombres. Le tout à la mouche. Et avec quel mérite : le Lison ne court que sur 25 kilomètres, 100 de moins que la Loue !

Loue. Lison. Hautes vallées d'un pays hautement recommandable. Un pays où, magique et divine, l'eau peut encore remonter le cours du temps.

GUY MOYSE

PAYSAGES DU CALCAIRE, LES RECULÉES

Ces étranges vallées, pure fantaisie de la nature jurassienne, ne mènent nulle part. Soudain, à bout de rêve, elles s'encaissent, se rétractent, se ferment par une puissante muraille crénelée d'arbres. Les falaises se rejoignent, cernent le ciel, obstruent le passage. Plus rien que cette courbe de la roche, découpée à grands pans pâles comme un lavis. La sémantique confirme le regard : ces hémicycles quasi parfaits ont été nommés cirques ou, mieux encore, bouts-du-monde. Vallées bel et bien sans issue. Seules quelques sentes abruptes zigzaguent, à fleur de paroi, au ras des calcaires. Jadis, les gens d'en bas les empruntaient, ces fameuses « échelles », ânes et mulets en file indienne, pour rejoindre ceux du plateau : elles reliaient deux univers.

Vue partielle du cirque de Ladoye. Une végétation luxuriante, où dominent le chêne, le frêne, l'if, tapisse les versants raides et couronne la corniche calcaire.

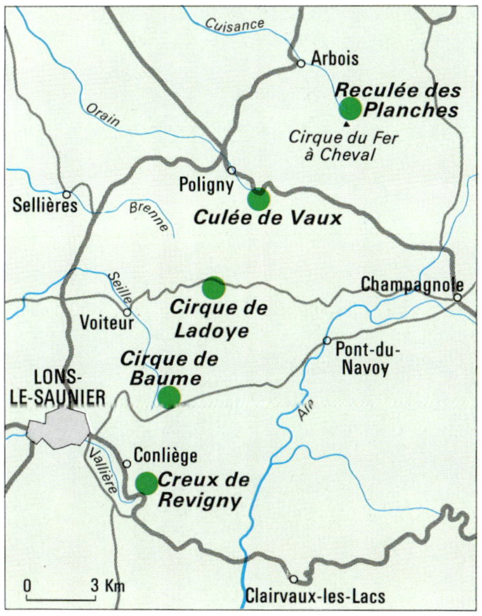

Le site de Baume-les-Messieurs vu de Granges-sur-Baume, et la très belle reculée du Dard, exemple le plus classique de cette forme de relief propre à la bordure occidentale du Jura, au revers du premier plateau.

Au pied de la haute muraille bouillonnent les sources — résurgences, cela va de soi en pays si calcaire. Les pulsions de l'eau s'imposent d'emblée. Partout, des eaux vives jaillissent. Partout, trouant un silence irréel, la basse grondante des cascades roule de falaise en falaise. Rumeur de l'eau, omniprésente, insistante. Ce somptueux bruit de fond amplifie l'architecture verticale. Décor clos, certes. Espace clos, enclavé, carrément à part. Un parfum d'abandon y traîne. Et ce territoire secret, tapi dans les replis cachés de la terre, reste curieusement hors du monde, hors du temps. D'ailleurs le temps, ici, ne signifie plus rien. Seule règne la durée, à l'échelle tectonique, temps perdu et infini des géologues, minutieusement rythmée par les joutes millénaires de la roche et de l'eau.

Ainsi, on les appelle vallées aveugles. Des paysages francs-comtois, ce sont les seuls qui soient monumentaux. Et ce sont sans doute les plus originaux. Leur singularité, en tout cas, n'a jamais échappé aux hommes, génération après génération. Au creux des songes jurassiens s'inscrivent avec force ces cañons miniatures, ces grands escarpements qui montent la garde depuis la nuit des temps, au débouché de la plaine, à l'orée des monts. Les sensibilités changent, toutefois. Aujourd'hui, ces modestes accidents topographiques, noyés sous leur quiétude verte, apparaissent comme autant de sites admirables et admirés : précieux fiefs d'une nature heureusement préservée, des vals harmonieux, impressionnants bien sûr, et même quelque peu austères. Mais leur beauté sauvage possède la retenue et la pudeur comtoises. Autrement dit, elle est d'une sobriété de bon aloi, d'une poésie rude, sans affectation. Point de fioritures esthétiques. Rien de grandiloquent, à la manière alpine. Une simple magie indigène, éminemment discrète.

Pourtant, jusqu'en plein XIXe siècle, les Comtois, tout comme les voyageurs, ne virent ici que gouffres épouvantables, précipices affreux, abîmes terrifiants. Les seuls sentiments que ces lieux de haute solitude, tout juste bons pour des moines pénitents, inspiraient étaient l'effroi et l'horreur.

Au XVIIIe siècle, alors que l'Europe des Lumières découvre, émerveillée, la Nature, les rares intrépides qui s'aventurent dans ces « déserts » sinistres en retirent les plus fâcheuses impressions. Voici comment ils évoquent Baume, site exceptionnel s'il en

FAUCONS PÈLERINS EN SURSIS

Ils ne sont plus que 250 couples à nicher en France. Jadis prospères, leurs populations ont été tragiquement décimées au cours des dernières décennies. Responsables ? Le tir, le désairage pour la fauconnerie, les destructions en tout genre et, surtout, les pesticides agricoles, qui intoxiquent leurs proies et entraînent soit la mort directe, soit la stérilité de ces remarquables rapaces diurnes. *Falco peregrinus,* le plus magnifique sans doute des « becs crochus », se raréfie aujourd'hui dangereusement. C'est une espèce extrêmement menacée, et même si, depuis 1972, la loi la protège, il demeure nécessaire que des équipes du F.I.R. (Fonds d'intervention pour les rapaces) et de la L.P.O. (Ligue pour la protection des oiseaux) assurent la surveillance des aires en période de nidification afin que les jeunes aient une chance de s'envoler à leur tour...

Les reculées, biotope peu appauvri, sont l'un des derniers sanctuaires du pèlerin. Le Jura abrite une cinquantaine de couples. Sédentaire, le pèlerin y niche dans les hautes falaises, son habitat de prédilection, à même une anfractuosité de la paroi rocheuse : seul rapace ne construisant pas de nid, il se contente d'y gratter une cuvette de ponte. Son « domaine vital » offre ici de grandes ressources : l'avifaune est riche, dense et variée. En effet, extraordinaire virtuose aérien, le pèlerin est un chasseur hors pair. Ses proies : les oiseaux en vol, pigeons, étourneaux, petits passereaux, geais, pies, perdrix, corbeaux... Il joue à merveille son rôle de régulateur, éliminant les individus blessés ou déficients, constituant « un frein biologique à l'expansion démographique incontrôlée de certaines espèces ». Sa technique de chasse est particulièrement spectaculaire. La proie repérée, il attaque en piqué, à très grande vitesse, ses ailes pointues repliées en arrière, telle une arbalète tendue à l'extrême : il peut atteindre ainsi des pointes de plus de 300 kilomètres à l'heure ! Sa proie est « liée », c'est-à-dire saisie en plein ciel. Au cours de la parade nuptiale, en février-mars, le pèlerin se livre à des acrobaties devant les falaises. Piqués vertigineux, accélérations foudroyantes, freinages puissants, ce bolide du ciel possède une rare maîtrise de l'air et de l'espace. Utile et beau, il fait partie depuis toujours du patrimoine naturel jurassien. Serait-il condamné à disparaître ?

est. En 1714 : « La situation est des plus affreuses qu'on puisse voir; on n'y arrive que par une gorge serrée de deux rochers escarpés d'une hauteur prodigieuse. Le lieu même où l'abbaye est bâtie est fort étroit et de tous côtés on ne voit rien que des rochers stériles et élevés à perte de vue... » En 1799 : « Baume est dans un précipice, au fond d'une fosse, étroite, entre des montagnes immenses, entre des rochers arides, qui ne laissent apercevoir aucun point de la surface du globe; la voûte des cieux est exactement, dans ce site barbare, le seul objet auquel on puisse avec plaisir attacher les yeux... » En 1825, du haut des Échelles de Crançot, Charles Nodier note : « Quand, parvenu au bord de l'abîme, on contemple les profondeurs où il faut descendre par des degrés assez grossiers taillés dans le roc, on ne peut se défendre d'un sentiment mêlé d'admiration, d'étonnement et de terreur. » Nodier concède cependant que les rochers « qui pressent de tous côtés la gorge étroite de Baume sont aussi remarquables pour le géologiste que pour le peintre et le poète ».

L'enquête géologique, depuis Nodier, a considérablement progressé. Elle a permis de reconstituer le très long processus qui, depuis l'ère secondaire, depuis quelque 200 millions d'années, a abouti à ces paysages calcaires si particuliers, à ces formes de relief uniques en France. Les chercheurs ont débusqué les témoins, indice après indice, puis ont laissé libre champ à leur imagination. Et c'est toute l'histoire du calcaire jurassien qui a repris vie. La prédominance de cette roche sédimentaire, ossature du Jura, a déterminé la topographie originale des fameuses reculées.

Au commencement, donc, était la mer, l'immense mer secondaire. Et au fond de celle-ci, à peu près à son emplacement actuel, le futur Jura. S'y accumulent en effet de grands dépôts sédimentaires, c'est-à-dire une multitude de squelettes d'animaux marins de petite taille : protozoaires, échinodermes, mollusques, poissons... Puis les sédiments deviennent roches. Les bancs calcaires et les assises marneuses du secondaire, dont les plus anciens datent précisément du jurassique, se constituent ainsi peu à peu durant des millions d'années. Un premier Jura est exondé, il émerge progressivement sous forme de hauts fonds d'une mer tropicale sur les bords de laquelle croissent palmiers et cocotiers. C'est une forte carapace de calcaire, moins pure, moins belle peut-être que celle qui, par exemple, charpente le Vercors; elle s'avère néanmoins imposante et elle va subir de longues phases d'érosion.

Un événement majeur intervient dans cette orogenèse à la fin du tertiaire : le soulèvement alpin, juste au sud, il y a 60 millions d'années. Les vieux calcaires se retrouvent plissés et disloqués. A travers maintes péripéties, le Jura bascule définitivement

Dans le cirque du Fer à Cheval, les grandes eaux de la future Cuisance, qui sourd au pied de la falaise. Le débit est souvent élevé, surtout en période de pluies et à la fonte des neiges.

vers l'ouest et se met « en place ». Le rebord externe du croissant se plisse et se disloque à son tour; les failles y sont de moindre importance, mais il se compartimente à l'envi. Une corniche accidentée se crée, déjà striée de profondes coupures : les futures reculées. Les plateaux — le Jura dit tabulaire — se trouvent exposés là, sur ces zones de fracture, à une érosion intense qui les découpe, les désagrège, les déblaye. Cette érosion évide graduellement, jusqu'au niveau des assises marneuses imperméables, d'étroites vallées aux parois verticales, taillant à vif les fantastiques corniches, souvent hautes de plus de 100 mètres, dans les épais bancs de calcaire qui sont mis à nu.

En outre, les eaux d'infiltration qui pénètrent la surface des plateaux vont, elles, travailler ce calcaire dans sa masse. Cheminant interminablement dans le dédale des fissures, elles forent tout un réseau souterrain dont témoignent les innombrables grottes et sources vauclusiennes, phénomènes typiquement karstiques. Le grand lac de Bresse, qui a succédé à la mer secondaire, reflue jusqu'à sa complète disparition, ce qui modifie probablement l'hydrologie des premiers plateaux, superficielle et souterraine. Au quaternaire enfin, les grandes glaciations parachèvent le lent travail des eaux : leur empreinte fige en quelque sorte l'évolution des formes.

Le territoire imaginaire des géologues s'est estompé. Il a laissé la place à ces paysages archaïques, primitifs, modelés par la gigantesque coulée du temps. L'ancien rivage des plateaux jurassiens n'est plus battu par les vagues. Le premier plateau tombe sur les plaines de Saône par les rudes pentes du Vignoble et du Revermont. Les reculées l'entaillent dans sa partie centrale. Entailles, encoches, échancrures, indentations, redents... Que de termes n'a-t-on employés pour mettre en images ces magnifiques festons de pierre qui balisent l'extrême occident du Jura ! Du nord au sud, la reculée des Planches (ou d'Arbois), terminée par le superbe cirque du Fer à Cheval, la culée de Vaux, le cirque de Ladoye, le creux de Revigny et, surtout, « ce joyau de verdure cerné de roches vives », la merveille absolue du cirque de Baume — Baume-les-Moines laïcisé à la Révolution en Baume-les-Messieurs. Tout au fond de chacune d'entre elles sourd un torrent aux eaux glacées, bientôt ruisseau et puis rivière : la Cuisance, la Glantine, l'Orain, la Seille, le Dard, la Vallière... Il leur arrive de se tarir, c'est rare mais normal et saisonnier. Le plus souvent, elles font assaut de turbulences, en proie à une débauche de crues, à la fonte des neiges, au cours d'orages ou de pluies diluviennes. Et alors là, ce sont vraiment les grandes eaux, embellies de légendes. « Bobignon crache », disent simplement les gens de Ladoye, pas peu fiers pourtant de leur cascade mugissante.

Remous. Luisances. Mais aussi ces senteurs de terre mouillée que durent aimer les Séquanes. Ces mousses épaisses et ces lichens chevelus à foison. Ces brouillards d'automne et ces premières neiges, et ces grands froids immobiles de la morte-saison. Ces oiseaux de proie qui planent, jouant au plus fin avec les courants ascendants. Et cette ultime vision que l'avion procure lorsque s'ouvre en plongée abrupte Baume la trilobée, telle une fabuleuse feuille de trèfle découpée à l'emporte-pièce dans la roche vive du plateau de Lons. Sur le plateau se dessine le quadrillage serré des murets de pierres sèches. Au loin, vers l'est, courent les forêts. Plus loin encore moutonnent les croupes massives des monts. Mais l'incomparable splendeur de la montagne jurassienne se trouve juste là, sous les ailes, dans cette architecture de vide à géométrie variable qui se décompose et se recompose à l'infini.

MARIE TISSOT

LES PLATEAUX : DES FORÊTS ET DES LACS

Face aux formidables molaires alpines, l'homme comprend d'emblée ce que montagne veut dire. Abordant le Jura par l'ouest, il n'aura pas la même révélation, car le Jura cache son jeu. Montagnes, ces reliefs accusés, mais d'altitude modeste, qui cernent Besançon ? Montagnes, les pentes fertiles du « Bon Pays », qui étire son vignoble d'Arbois à Lons-le-Saunier ?

Une fourmi errant au pied d'un escalier ne voit que la falaise constituée par la première contremarche. Peut-elle soupçonner que cet obstacle-là n'est que le degré initial d'un édifice beaucoup plus imposant ? A la fourmi humaine, l'escalier de géants qu'est le Jura oppose le même sortilège. Il faut en gravir les premiers contreforts, puis se retourner, pour constater que la plaine, en bas, s'estompe dans ses brumes et que la montagne s'est emparée de nous, presque par surprise.

Sur cette première terrasse, dont les forêts feuillues sont assez semblables à celles de la plaine, on trouve encore beaucoup de terres labourées, de cultures céréalières. Une nouvelle succession de pentes débouche sur l'océan de sapins et de prairies du second plateau, dont les entablements calcaires vont butter au loin contre le chaos des crêts du haut Jura.

Deux plateaux donc, pour qui considère la chaîne d'ouest en est, en

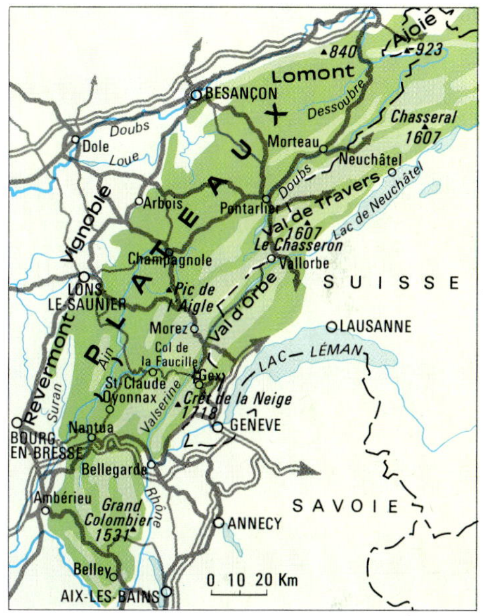

Le lac d'Ilay et le Bec de l' Aigle en hiver. Proche des cascades du Hérisson, il fait partie de la région des Lacs, qui s'étend sur les plateaux de Champagnole et du Frasnois.

1

2

3

4

1. Drosera (Drosera rotundifolia).
2. Mouche syrphe prise au piège d'une drosera.
3. Sphaignes (Sphagnum palustre) *ou mousses des marais.*
4. Utriculaire (Utricularia vulgaris).

En se retirant il y a environ 10 000 ans, les glaciers ont laissé subsister des cuvettes remplies d'eau provenant de la fonte des glaces. Ces cuvettes, peu à peu, ont été envahies par une espèce de mousse, les sphaignes, dont la partie supérieure vit et croît, alors que la base meurt et se décompose en tourbe, entassée parfois sur 5 mètres d'épaisseur. Les tourbières sont ainsi des témoins de la période glaciaire. Par leur aspect, par leur végétation, ce sont de petites enclaves boréales perdues sous le climat tempéré.

On distingue, selon le degré d'évolution qu'elles ont atteint, trois types de tourbières : stade topogène, stade de transition, stade ombrogène. Dans le Jura, où les tourbières s'étagent sur les plateaux entre 700 et 900 mètres d'altitude, dans la région de Frasne et de Bonnevaux notamment, les trois types existent, pour le plus grand bonheur des scientifiques et des amis de la nature.

On ne peut s'aventurer dans une tourbière sans éprouver le sentiment de pénétrer dans un autre monde, mélancolique et beau, un peu inquiétant, et dont il faut justement se méfier : dans ce milieu très humide, les plantes sont parfois constituées en îles flottantes qui se dérobent sous le pied.

La végétation des tourbières est fort riche et constitue une large part de leur intérêt. On y trouve notamment des plantes carnivores telles les droseras, qui engluent les insectes qui viennent se poser sur elles et s'en nourrissent. Mais les andromèdes, les canneberges, différentes sortes d'airelles et de bruyères, les linaigrettes empanachées de « coton » blanc composent également la parure florale des tourbières qui, ici, accueillent fréquemment le pin à crochets, le bouleau pubescent et, par exception, le bouleau nain.

6

7

5. *Trèfles d'eau* (Menyanthes trifoliata).
6. *Grassette ou pinguicule* (Pinguicula vulgaris).
7. *Champ de linaigrettes à larges gaines* (Eriophorum vaginatum) *que l'on rencontre dans les substrats marécageux.*

La faune des tourbières jurassiennes comporte, elle aussi, des composantes spécifiques. On y trouve la vipère péliade et un papillon, le damier, qui ne peut vivre hors de la tourbière, car sa chenille se nourrit exclusivement de canneberge. Très particulier est aussi le lézard vivipare. La femelle conserve sa ponte en elle jusqu'au développement complet de sa progéniture. Elle compense ainsi par la tiédeur de l'abri maternel le printemps tardif et le soleil avare du marais. Quant aux oiseaux, ceux qui vivent en permanence dans les tourbières sont rares, mais ceux qui y trouvent refuge en cours de migration ou viennent y chasser à la belle saison sont très nombreux. Conservatoires de reliques boréo-arctiques, réserves aqueuses qui amortissent les brusques variations de température et régularisent les cours d'eau, les tourbières présentent l'intérêt supplémentaire de nous renseigner sur l'évolution du climat depuis l'époque glaciaire. Ce sont de véritables « fichiers » couvrant dix millénaires. L'examen des pollens qu'elles renferment contient peut-être les explications que recherchent les savants sur les cycles climatiques.

Toutes ces raisons incitent à penser qu'il faut les préserver. Hélas ! nombre d'entre elles ont déjà été saccagées, asséchées, transformées en sapinières ; d'autres sont menacées. La tourbe, du moins dans le Jura, est cependant d'un intérêt économique faible. Le temps n'est plus où elle servait de combustible. C'est son utilisation en horticulture qui constitue une menace : éventrée par les bouteurs, une tourbière subit très vite des dégâts irrémédiables. Pourquoi détruire un milieu relicte aussi précieux, alors qu'il existe d'immenses tourbières qui ne présentent pas le même intérêt et que l'on peut exploiter de façon rentable sans dommage écologique ?

Le lac de Chalain (492 m), le plus important de la région des Lacs, s'étend sur 230 ha. On a trouvé sur ses rives les vestiges d'une cité lacustre néolithique datant du IIIe millénaire av. J.-C.

coupe simplifiée. Mais combien de plateaux pour qui entreprend de la parcourir du nord au sud, sur 200 kilomètres, des confins bâlois aux moutonnements du Bugey ? Plateau de Vercel, de Mamirolle, plateau d'Ornans, d'Amancey, plateau de la Petite Montagne, plateau de Nozeroy, de Saint-Laurent et combien d'autres encore... Plateaux qui dans leur diversité défient les classifications sommaires : celui de Maîche, par exemple, qui culmine à 1 100 mètres, n'appartient-il pas déjà à la Montagne proprement dite ? Où finissent les plateaux tabulaires ? Où commence la haute chaîne ? La limite n'est pas toujours facile à reconnaître.

Il y a, dans la réalité sensible, mille frontières subtiles. Côté plateaux domine le sapin, dont les cônes se dressent sur les branches comme bougies sur les arbres de Noël ; côté Montagne s'impose l'épicéa, dont les « pives » font pendeloques. Côté plateaux bondit le chevreuil, alors que le chamois hante les sites rocheux de l'étage sommital.

Les nuages, comme les touristes, viennent souvent de l'ouest. Ils heurtent le Jura de front et déversent fortes pluies sur ses monts. De façon paradoxale, ce massif abondamment arrosé présente parfois le visage d'une contrée sèche, toute osseuse des cailloux blancs et des chaux arides. C'est que le sol calcaire boit presque toute l'eau que le ciel lui envoie. Il la stocke dans ses entrailles. Et pourtant, autre paradoxe, le manteau forestier du Jura est luxuriant, ses rivières vives et généreuses, et ses lacs s'égrènent en chapelet d'émeraude ou d'améthyste au creux de ses vals.

Les vaches montbéliardes qui font tinter leurs clarines dans les combes ne seraient assurément pas si bien en chair si la marne imperméable n'avait le bon goût de tapisser les fonds où pousse une herbe drue, émaillée de myriades de fleurs.

Les glaciers de l'ère quaternaire jouent de leur côté un rôle bénéfique dans le concert des effets et des causes qui font que le Jura offre rarement le faciès ridé des Causses. En se retirant, ces glaciers ont en effet abandonné maintes moraines, amas colossaux de matériaux plus ou moins finement broyés et qui retiennent d'énormes quantités d'eau. Alors que le lac Léman, les lacs de Bienne et de Neuchâtel, qui bordent le Jura suisse, sont le souvenir de mers des autres âges, la plupart des lacs du Jura français procèdent de l'héritage glaciaire. On en dénombre soixante-dix, du lac Saint-Point, le plus grand, au lac de Chalain, le plus profond.

Quant aux torrents, quant aux rivières, ils sont moins nombreux que dans les Vosges, par exemple, où l'eau circule en surface faute de pouvoir pénétrer le socle granitique, mais diantre qu'ils sont beaux ! Le Doubs, la

LES ROULIERS DU GRANDVAUX

Transporteurs et colporteurs, les rouliers du Grandvaux (plateau de Saint-Laurent) s'inscrivent dans une tradition qui remonte, semble-t-il, au XVe siècle. Pour aller gagner ailleurs l'argent que leur terre ne leur accordait qu'avec parcimonie, les rouliers quittaient le Jura à l'automne et ne rentraient que pour récolter les foins.

Chaque roulier était à la tête d'un train de cinq ou six voitures appelées grinvollières, attelées chacune d'un seul cheval. La grinvollière, bâchée de blanc, assemblée par chevilles, sans un clou, ressemblait un peu aux chariots du Far West. Sous la paille, les Grandvalliers y entreposaient des horloges, du fromage, des objets de boissellerie qu'ils vendaient au cours de leurs déplacements. Délestés de leur cargaison, ils se mettaient en quête de fret et livraient dans toute la France et parfois bien au-delà. Hommes des bois, les Grandvalliers s'étaient par ailleurs fait une spécialité dans le transport des troncs de sapin destinés à mâter les navires du roi ou de l'empereur.

Cela ne passait pas inaperçu, un convoi du Grandvaux ! Carré dans sa blouse bleue, portant chapeau de feutre, et sous le chapeau, un bonnet de laine, le Grandvallier tirait des clous de ses bottes autant d'étincelles que ses chevaux de leurs fers ! Avec son fouet, il était capable d'arracher la pipe des lèvres d'un quidam à six mètres. Le cheval de tête portait un collier rehaussé de clous dorés et de miroirs, orné de surcroît d'une queue de renard. Au brancard hochait une lanterne. Le cheval serre-file faisait tintinnabuler des grelots qui renseignaient l'homme au fouet sur ses arrières...

A la Saint-Jean, certains voituriers rentraient parfois au pays à pied et sans monture, ayant vendu chevaux et voitures ! Lorsque la fortune leur avait souri, les rouliers rapportaient des jaunets et des chansons, du sucre et des épices. Ce sont les Grandvalliers qui ont adjoint au folklore comtois des airs venus de Normandie. Mais pour chanter leur complainte, il faudrait dire aussi le sang versé à la guerre. Habitués aux grands froids, les Grandvalliers et leurs chevaux ont fait merveille à la Berezina. Ils ont sauvé beaucoup de grognards et arraché des canons aux flots. Mais la camarde a prélevé sa dîme... Nombre de géants du Grandvaux (les Grandvalliers étaient de haute stature) sont restés couchés à jamais dans les neiges russes.

La forêt de la Joux. La plus belle sapinière de France occupe une superficie de 2 500 ha. Les sapins peuvent y atteindre des tailles exceptionnelles : ainsi le Sapin Président, célèbre pour ses deux siècles d'âge et ses 45 m de haut.

Loue, l'Ain, le Dessoubre, le Cusancin, la Furieuse sont des cours d'eau à grand spectacle, débordant d'écume et de panache. Le relief spécifique du Jura leur impose des parcours d'obstacles établis dans des sites grandioses. Il leur fait en effet franchir cluses et verrous, forcer des passages étroits entre roches, reprendre souffle dans quelque bassin épanoui, puis s'élancer de plus belle! Le Hérisson, affluent de l'Ain, dégringole ainsi en trente et une cascades et un saut de 70 mètres. A la fonte des neiges, c'est les grandes orgues. Chaque cascade enfante mille cascatelles, s'étale en mouvantes draperies jaillissantes, improvise d'infinies variations.

Par une heureuse interaction, l'eau confère aux forêts jurassiennes une vitalité débordante et la végétation forestière sécrète l'humus qui concourt au maintien de l'humidité. Le sapin est un franc buveur. Le Jura est son fief. Il en est le prince et le symbole. Curieusement, cette hégémonie n'a pas toujours été du goût de l'homme. Dame! les pourceaux ne se nourrissent pas de « pommes de pin » et le paysan de jadis était trop heureux de les envoyer glander sous les chênes ou fouiller du groin sous les hêtres pour s'empiffrer de faînes.

Par ailleurs, et jusqu'à l'avènement des énergies modernes (charbon, houille blanche, pétrole, nucléaire), les besoins en bois de chauffage de l'industrie franc-comtoise (métallurgie, salines, verreries) excédaient la capacité productive des taillis et cépées feuillues de la plaine et du premier plateau. D'où l'effort de l'homme pour faire reculer les baronnies des résineux bien en deçà des limites naturelles.

Ingrat « Montagnon » du Jura, il en venait à oublier que les conifères lui procuraient la charpente de son énorme ferme (six mois de foin : cela fait du volume) et les tavaillons qui tenaient lieu de tuiles sur son toit. Il ne rendait pas grâce à l'épicéa et au genièvre de conférer leur arôme aux cochonnailles pendues en guirlandes dans son immense cheminée baptisée « tué », et l'armailli sans vergogne se souciait-il de ce que la « seille » dans laquelle il faisait gicler le lait de ses vaches était faite de bois de sapin ? Le paysan avait-il cure de ce que la poix dont il enduisait le fil à coudre des harnais était tirée de la résine ?

Au cœur d'une civilisation du sapin, le sapin était un mal aimé. Il prend aujourd'hui sa revanche. Il colonise les espaces défrichés à l'aube de notre millénaire par les moines hardis de Bonlieu ou de Clairvaux. Il déferle en rangs serrés jusque dans la plaine. Pour épouser la géométrie du parcellaire, il forme volontiers le carré. Grandissant, il fait de l'ombre aux prairies, qui se déprécient et sont mûres dès lors pour être à leur tour enrésinées. Le bâtiment, la papeterie ont fringale de sapins, mais c'est le cas aussi d'autres industries, telle la lutherie, qui traque l'élite rarissime des « bois de violon », ces bois de résonance qui poussent lentement dans l'ombre.

Signe péremptoire de la considération dont jouissent les résineux : les communes du haut Jura ont coutume de désigner leur « Sapin Président ». C'est évidemment au plus grand, au plus beau qu'échoit le titre. Une bonne manière de découvrir l'univers des résineux est de parcourir la Route des Sapins, qui, sur 50 kilomètres, va de Levier à Champagnole. Elle traverse notamment la superbe sapinière qu'est la forêt de la Joux (Joux, Jura : les deux mots ont même origine et signifient forêt). On peut y voir, entre autres, les derniers sapins dits « espagnols », parce que la Franche-Comté, française depuis 1678, appartenait encore au roi d'Espagne lorsqu'ils ont commencé à pousser.

Cheminant dans la cathédrale des grands fûts verticaux, on rencontre parfois les travailleurs de la forêt : bûcherons, bien sûr, qui font un raffut du diable avec leurs tronçonneuses, mais aussi « sangliers », qui prélèvent sur les grumes fraîches d'épicéas les sangles d'écorce dont on cerne les fromages du Mont-d'Or, pour les parfumer, ou bien encore les cueilleurs de cônes, qui jouent les écureuils à la cime des sapins pour récolter les « pives » et alimenter la sécherie de Joux, où l'Office national des forêts traite toutes les semences de conifères qu'il recueille en France. Dans les scieries, les troncs argentés des sapins ou rose vineux des épicéas se transforment en lingots d'or nommés planches ou chevrons... L'argent n'a pas d'odeur, mais cet or-là est, quant à lui, le parfum, la quintessence du Jura.

SERGE GOLDER

AU FIL DU HAUT DOUBS

On m'avait dit : « Le mot Doubs vient du latin *dubus,* douteux », et j'y croyais fermement. Tout m'y incitait dans le comportement de cette rivière à la tête un peu folle qui coule au nord, qui coule au sud, qui vire et tourne et revient. Douteux, quelle trouvaille ! Et quelle prouesse : pour s'en aller jusqu'à Verdun, son confluent avec la Saône, à 100 kilomètres à vol d'oiseau, elle en parcourt 430, ou 32, ou 50 — les géographes ne sont pas d'accord. Nous ne sortons pas du doute. Or, vers ma cinquantaine, quelqu'un m'a recyclé. L'étymologie avait, paraît-il, fait d'énormes progrès, ce n'était plus « douteux » du tout, c'était : « profond ». J'ai toujours grand-peur de passer pour un rétrograde : marchons pour profond.

Et voici que s'oublient les merveilleux méandres, les paresses admirables, pour ne plus penser qu'aux passages que le Doubs taille à coups d'épaule, à l'emporte-pièce dans des à-pics émouvants, où les sapins téméraires ne réussissent pas toujours à s'agripper. Car le Doubs suscite tant de passions que chacun essaie de se le définir. Comme Robert Fernier, fondateur du musée Courbet d'Ornans, Comtois inconditionnel, qui proclamait : « Le Doubs, fleuve français, qui prend sa source à Mouthe, qui reçoit la Saône et le Rhône, et se jette dans la Méditerranée ! » On trouve toujours des arguments pour justifier ses amours.

Les routes flèchent depuis très loin la source du Doubs, enfant du mont Risoux. Elles ont bien raison, car le cadre est prenant avec ses sapinières immenses, ses prairies où affleurent des rochers gris, ou sa neige tenace. La source du Doubs n'a pas la grandeur sauvage de celle du Lison. Elle possède toutefois un charme bourru avec ses gros rochers moussus, ses sapins effondrés, ses sentiers, ses escaliers rustiques.

Ce pays du deuxième plateau connaît une moyenne de deux cents jours de gelée et de quarante-cinq jours de neige par an. Mais ce climat n'effraie plus que de loin. Il a permis l'épanouissement d'une race solide et résistante, à l'esprit équilibré. Il a développé la volonté d'entreprise des gens du haut Doubs, leurs qualités de sérieux et de travail. Au surplus, le jeu des chasse-neige est si bien organisé que l'on peut circuler constamment.

C'est vrai, Mouthe est un pôle du froid. Un des pôles, les autres étant à La Brévine (Suisse), à Saint-Laurent, ici et là. Les relevés quotidiens de la maréchaussée font apparaître à

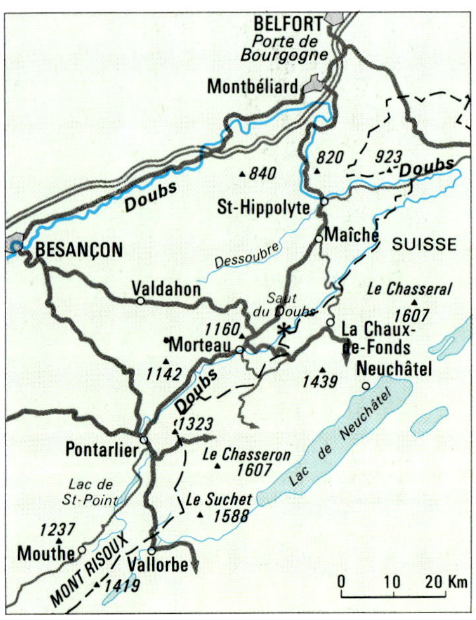

Saucisses de Morteau et jambons sèchent à l'intérieur du « tué ». Cette hotte pyramidale qui s'élève au-dessus de la ferme, et que l'on peut fermer par deux volets, servait au chauffage de toute la maison et faisait office de fumoir à viandes.

Mouthe des années records. 1969 : − 29,8 °C (maximum de la journée : − 8 °C, moyenne des minima du mois : − 20 °C). 1979 : − 30 °C. De là, des doubles fenêtres, des isolations, des murs plus épais. Les murs, du mauvais côté, étaient couverts de bardeaux, que l'on nomme ici tavaillons. C'était plus qu'un pittoresque : une chaude protection de la maison. Sous prétexte de danger d'incendie, les temps modernes leur ont substitué des plaques de fibrociment, parfois d'un rouge agressif, ou des tôles ondulées qui rouillent, hélas !

Le plus surprenant est que ces pôles sont très localisés. Ce microclimat possède à chaque fois la même explication : les tourbières. Celle de Mouthe, qui n'est plus exploitée depuis la dernière guerre, agit comme toutes ses consœurs. Des phénomènes de condensation se produisent la nuit, d'où ce froid incongru. Et même en plein été, parfois, il gèle au petit matin. En revanche, la surface noire et sèche, sous l'action du soleil, donne des journées estivales très chaudes.

Quitté le val de Mouthe, la rivière paresse avec langueur, puis s'engouffre dans des gorges d'une grande sauvagerie, car le Doubs est toujours imprévisible. Puis le voici dans le calme des lacs. Celui de Remoray, qu'il ne fait que côtoyer et qui a la chance d'être, depuis peu, un site protégé. Celui de Saint-Point (qui s'appelle de Malbuisson sur l'autre rive) est tout simplement le plus grand du Jura. Surtout, il est d'une beauté rare avec ses cygnes, ses vibrantes vaguelettes qui courent à sa surface, son éclat argenté, son air « frais, revigorant, délicieux »...

Après Pontarlier, que domine l'odeur du chocolat, à quelques encablures, le Doubs présente un nouveau changement à vue. Il s'amenuise, devient ruisseau entre les pierres moussues et les algues. Rien de tapageur, point de grand spectacle. L'eau disparaît peu à peu, pour reparaître plus au nord dans la source de la Loue.

Le village de Mouthe. Non loin de la source du Doubs, à 935 m, on y enregistre en hiver des records de froid (jusqu'à − 30 °C) et un enneigement toujours important.

LA GENTIANE

On dit qu'il existe dans la région trois cent cinquante paysans qui distillent la gentiane. Mais il n'y a plus qu'une seule distillerie industrielle en Comté. Et sans doute même en France. Elle est juchée à Chapelle-des-Bois, le village le plus haut du Doubs, à plus de 1 000 mètres.

C'est un Savoyard qui a fait connaître ici l'eau-de-vie de gentiane, voici bientôt cent ans. Une distillerie d'abord familiale fut créée, qui, de génération en génération, fit passer sa consommation de 3 à 80 tonnes de racines de gentiane.

L'arrachage des racines est un travail plus que pénible. Il y faut un pic, lourd, d'un modèle impressionnant, et creuser profond. Un bon ouvrier arrive à extraire de 100 à 150 kilos par jour. On fait venir, présentement, beaucoup de racines de gentiane du Massif central. Mais la distillation est bien comtoise, avec des secrets de famille que l'on garde jalousement.

Des chiffres ? 6 à 8 litres d'alcool de gentiane pour 100 kilos de racines séchées. Des histoires merveilleuses ? Les connaisseurs décèlent la qualité de la production au simple bruit qui sort de l'alambic ! Des vertus médicinales ? Il n'y a que la gentiane pour remettre dans le droit chemin une rumination bloquée ! Recette abandonnée, paraît-il, car la viande aurait trop mauvais goût s'il fallait abattre la bête. C'est toujours un peu triste de voir le prodigieux qui s'en va !

Montbenoît, où le courant peu à peu reconstitué s'en va, voilà que ce n'est plus la France, mais la capitale de la République du Sauget (ou Saugeais). Inlassablement, Mme la présidente de la République du Sauget raconte aux touristes, auxquels elle vante les beautés de l'abbaye médiévale, la formation de ce groupement de onze communes. Ce sont des Savoyards et des Suisses des Grisons qui sont venus s'installer ici au service de l'abbaye. De là des habitations d'un style original, un patois spécifique.

Mme la présidente — d'une République qui s'apparente à la commune libre de Montmartre — s'ingénie à créer une animation qui compte parfois d'excellentes réussites. Quant au pays du Sauget, il vit de foresterie et d'élevage. Les vaches sont, comme partout dans la région, des montbéliardes, excellentes laitières. On y fabrique un fromage très exigeant : des vaches nourries au foin et à l'herbe, un travail plus important du fromager, un affinage d'au moins trois mois. Mais le résultat est un enchantement : quel goût fruité, quelle renommée ! Quel inimitable comté !

Dans le jeu de ses alternances, le Doubs pénètre ensuite dans le défilé d'Entre-Roches, où la route a tout juste le passage, au milieu du long travail d'érosion de la rivière qui a

Dans le val de Morteau. Le Doubs s'assagit et paresse en lents méandres entre des rangées d'arbres jaunissants. Le paysage de prés-bois laisse bientôt place à la sombre forêt de résineux, toile de fond classique du Jura.

creusé, au fil des millénaires, des rives escarpées et parfois en surplomb, saisissantes. Et voici Morteau (les eaux mortes), à l'issue de sinuosités paisibles, qu'un auteur d'autrefois décrivait ainsi : « Une lentitude admirable et tant paresseuse que, avec les yeux, difficilement peut-on discerner de quelle part il se meut si quelque chose nageant par-dessus n'en fait la montre. » Et cependant, quel besoin aurait-on eu, ici, d'eau en abondance, et vive! Ce ne sont, au long de l'histoire, qu'incendies à répétition! 1479: l'église. 1747: l'église encore, le couvent et une vingtaine de maisons. 1865 : presque la totalité de la ville. 1838 : le château Pertuisier. 1946 : l'hôtel de ville.

Les environs ont subi un sort analogue. Sans parler des événements de la conquête de la Franche-Comté qui mit le pays à feu et à sang. Il en subsista deux réactions anti-françaises. Comme les gens de la Cour se rasaient, il devint un signe de résistance de porter en Comté barbe et moustache. Et pour ne pas voir le soleil, emblème de Louis XIV, les bons Comtois se faisaient enterrer la face contre le sol!

L'abondance des entreprises de voyages en bateaux, dès que l'on arrive à Villers-le-Lac, n'est pas là pour surprendre : c'est un des quinze grands sites régionaux classés. Et l'on garde un souvenir inoubliable, parfois vertigineux, du circuit, tant sur le lac de Chaillexon (que les Suisses appellent des Brenets), que sur les bassins du Doubs. Et l'on navigue de surprise en surprise, de rochers curieux en rochers célèbres, sur une eau tantôt d'un bleu turquoise, tantôt d'un vert parfait.

Ah! les fantaisies du Doubs! Grandes eaux en 1801, donnant son nom à La Roche Marquée et, naturellement, en 1910. Basses eaux en 1893 et en 1906. On traversait le lac sur des planches posées sur le sol fendillé. Le Doubs n'était plus qu'un ridicule ruisselet. Gel enfin. Spectaculaire. Jadis, des milliers de promeneurs et de patineurs évoluaient sur la glace, préalablement débarrassée de sa neige par des « triangles » et des balais. Jusqu'à la marchande de marrons qui s'installait avec son fourneau qu'elle changeait tout de même de place, de temps à autre!

Gorges encore, gorges toujours recommencées. Au lieu-dit La Goule, le 18 septembre 1356, un tremblement de terre extrêmement violent, qui secoue l'évêché de Bâle, fait tomber un pan de rocher dans le Doubs. Le niveau de l'eau monte de 17 mètres. Les siècles ont travaillé à corriger ces choses. Mais tout cela s'inscrit dans la sauvagerie des lieux, où l'on trouve un Moulin de la Mort et des Échelles de la Mort. Elles grimpent, vertigineusement, le long d'une falaise verticale, et gardent le souvenir de ces contrebandiers qui les gravissaient, en portant un veau sur leurs épaules...

Chaque site, dit le poète, est une découverte à savourer calmement. Par

HORLOGERS DE MONTAGNE

Le Doubs est certes la capitale de l'horlogerie. En 1840, on y fabriquait déjà 50 000 montres — il s'agit de montres en or et en argent, poinçonnées, les montres « ordinaires » n'ayant pas, alors, de recensement. Chiffre porté à 212 000 lors de l'Exposition universelle... de Besançon, en 1860. Actuellement, la production française avoisine les 6 000 000 de montres, dont environ 81 % pour le Doubs, avec 141 fabricants et 8 000 ouvriers.

Morteau et sa région fabriquaient des montres dès la fin du XVIIIe siècle. Mais l'essor de l'horlogerie n'y débuta vraiment qu'en 1880. En 1900, quand on comptait 33 000 ouvriers pour la région, il y en avait 16 000 à Besançon et 3 300 à Morteau.

L'horlogerie est une profession très sensible à la mode. Au surplus, les incidences économiques créent des problèmes complexes. Les meilleurs ouvriers étaient partis en Suisse, où ils étaient mieux payés. La récession les en a chassés sans qu'ils retrouvent forcément une place en France. Par ailleurs, la montre à quartz exige moins de main-d'œuvre et une grande partie du travail se fait désormais à la machine.

C'est ainsi que le beau métier d'horloger qualifié a disparu. Toutefois, il y a encore ici des fabriques d'outils pour l'horlogerie et la bijouterie.

Le Saut du Doubs. En aval du lac de Chaillexon (748 m), le Doubs dévale, en une magnifique cascade, 28 m de dénivelé pour retrouver son cours naturel. L'endroit est propice à la pêche, particulièrement pour les tanches et les brochets.

exemple, Goumois, étrange commune, partagée en un Goumois-France et un Goumois-Suisse, au traité de Louis XVI, en 1780. Mais il n'y a qu'un cimetière, et qu'une église, situés en France et tous deux indivis.

Le Doubs longe la Suisse. Mais la frontière n'est pas au milieu de la rivière : elle est sur la rive suisse. Insolite mesure ! Les princes-évêques de Bâle étaient cousins du roi de France, donc l'évêché de Bâle (chef-lieu Porrentruy) devait fournir des soldats à la France. Beaucoup de ces lascars désertaient. Or, ils venaient tous passer le Doubs vers Goumois. Les gens d'armes français les attendaient sur la rive suisse...

Goumois est un pays charmant : de l'air pur, des forêts, et c'est un haut lieu de la pêche, et de la truite. Le Moulin du Plain, centre de toute cette activité, était tenu dès 1450 par des Voisard. Moulin à blé, moulin à huile. En aval, une verrerie de la Caborde est demeurée célèbre, et on a conservé les noms des maîtres verriers Melchior Schmitt et Hans Raspiller. C'était comme ici et là, au long du Doubs, une dynastie de verriers, jaloux de leurs secrets de fabrication. Pour les préserver, un jeune verrier devait épouser la fille d'un autre verrier. Elles étaient précieuses, ces verreries : on savait merveilleusement y faire des bouteilles et des verres à boire, mais aussi le matériel du culte, et les beaux verres de cérémonie.

Ainsi, nous parlons au bord du Doubs avec l'ami Pierre Choulet qui est la mémoire passionnée, colorée, fidèle, de tout le pays. Auprès de lui, je m'aperçois que j'ai omis tant de choses, dans ma trop rapide balade au long de cette rivière qui est une princesse. Les brumes, les couchers de soleil, les bois sombres, les courants violents... Les merveilles de la neige, sa féerie constamment renouvelée, le grand vent salubre, l'attente impatiente du printemps, l'éblouissement des champs de fleurs, dès qu'une lumière les favorise, l'éclat subit de l'automne qui métamorphose plus qu'ailleurs. Surtout mon attachement à ce coin de terre, mon plaisir de vivre dans ce pays fier et l'interminable découverte que j'en fais, pas à pas, jour après jour, avec à chaque fois un bonheur nouveau.

HENRI FROSSARD

LE HAUT PAYS DU MONTAGNON

Les dernières houles du relief français, figées dans leur rocheuse impassabilité, s'arrêtent ici, net, comme si, poussées par le dominant vent d'ouest, elles se donnaient quelque répit avant de traverser la plaine suisse et rejaillir en folle tempête dans le formidable chaos des Alpes suisses. Ici, c'est la crête de la vague. Venant des plaines de Saône ou de Bourgogne, le voyageur a insensiblement gravi les vastes marches successives qui forment le sol comtois. Au plat et doux vignoble a succédé le plateau, entaillé de profondes vallées, déjà empreint d'une certaine gravité qui doit quelque chose de son âpre caractère à la large mosaïque des forêts de sapins. Les derniers plis du relief se livrent alors, obstinément parallèles, barrant l'est comme un mur apparemment sans faille, dentelé des cimes forestières et crénelé de roc calcaire qui tente bien difficilement de trouver sa place au soleil, tout recouvert qu'il est de ces forêts épaisses qu'il nourrit si généreusement.

Nous sommes en bout de France, non comme le promontoire breton ouvert sur le large, mais bloqués, arrêtés par cette rectitude géologique qui ferme notre horizon vers l'est. Pour voir le large du côté du levant, il faut continuer à s'élever jusqu'aux ultimes défenses de la muraille. Avec étonnement, on découvre que la planète continue au-delà, que le front de

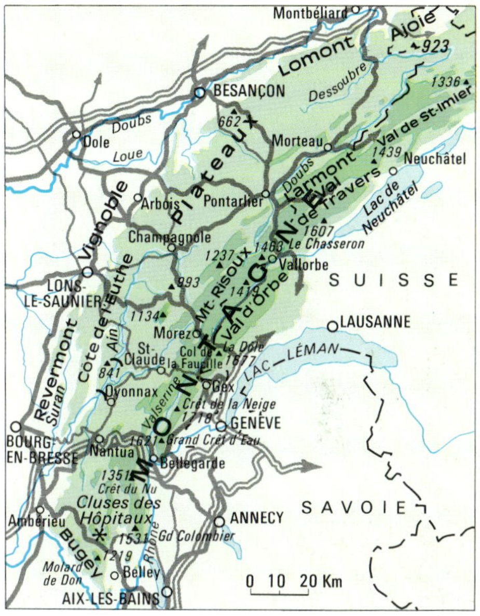

Le mont Rond (1 614 m) vu du Colomby de Gex. Les crêts du Jura plissé, à la tectonique complexe mais aux formes claires sculptées par l'érosion, offrent une architecture vigoureuse.

Hiver dans le haut Jura. Combes enneigées, fermes isolées, résineux à perte de vue... Des ondulations où la montagne prend parfois l'aspect de hauts plateaux. La saison de végétation n'y dure que de la mi-juin à la fin août.

LE JURA FRONTIÈRE

Un extraterrestre curieux s'initiant à la géographie de notre planète pourrait considérer le Jura comme un long et beau vaisseau ancré entre France et Suisse. En réalité, voilà une chaîne de montagnes bordant deux pays. Une frontière naturelle courant de Bâle au sud de Genève. Un immuable rivage de la France qui finit abruptement. Jura obstacle ? Jura trait d'union ? Réponse impossible !

Les hommes de la préhistoire n'avaient pas à s'en soucier, eux qui déjà faisaient commerce de nombreux produits, dont les silex des pays de Loire qu'on retrouve dans certains gisements lacustres du lac de Neuchâtel. Les Celtes occupent et civilisent indifféremment les deux versants : mêmes sépultures, mêmes parures, mêmes rites funéraires. Il a fallu que l'écriture fixe les témoignages pour qu'apparaissent quelques différences. L'historien voit les Helvètes d'un côté, les Séquanes de l'autre ; pourtant tout semble prouver une imbrication étroite des peuplades qui habitent moins les hautes terres qu'elles ne les parcourent. Les Barbares saccagent allégrement des deux bords. Les moines défrichent patiemment des deux côtés. Les mercenaires suisses se font un peu la main sur ce versant avant d'aller plus loin servir le plus offrant. Charles le Téméraire franchit les cluses pour aller se faire étriller à Morat. Les Bernois font quelques méchantes incursions. Le petit peuple, lui, n'y voit pas frontière et, au gré des événements, se réfugie tantôt d'un versant, tantôt de l'autre.

Le grand mouvement de la Réforme déferle à son tour contre le mur jurassien sans parvenir à le déborder. En dépit de tout, on continue d'échanger, de commercer et de parler la même langue. Les patronymes prouvent des alliances persistantes. La révocation de l'édit de Nantes voit la migration d'une bourgeoisie huguenote française industrieuse vers les cantons romands. De Suisse, l'horlogerie et son savoir-faire se propagent vers Morteau et Besançon. Le fromager suisse devient le personnage indispensable du village de montagne, versant français... Jusqu'en 1914, malgré la prolifération de douaniers pittoresques (on en vit poursuivre, lampe tempête à la main, les chiens jurassiens chargés de contrebande), la frontière est inexistante pour tout individu de bonne mine !

Aujourd'hui, avec la Communauté économique européenne dont la Suisse ne fait pas partie, cette frontière se fait plus pesante, et plus tatillonne l'activité des douaniers et policiers. Le frontalier devient presque incongru. Pourtant, elle est toujours là, cette frontière qui court sur les « crêts » et laisse indifféremment passer les vents, les orages, les tempêtes, les animaux sauvages, les vaches fugueuses, les trains internationaux, les promeneurs distraits ou les skieurs égarés, mais exige papiers et preuves d'identité des Jurassiens qui souvent ne sont nés qu'à quelques centaines de mètres de part et d'autre de cette ligne invisible.

la vague s'arrête là. En bas, c'est la plaine suisse, et pour ceux qui y vivent la même impression que ce mur jurassien termine leur planète. Ce mur qui, disait Ramuz, « semble n'être là que pour séparer... ». Par-delà la plaine suisse, déchiquetant tout l'horizon, le déploiement de la chaîne des Alpes : des premières Alpes fribourgeoises jusqu'aux grands sommets italiens. Certainement un des plus beaux dépliants touristiques qu'agence de voyages puisse rêver. Toutes les vedettes à portée de vue, toute la couronne des plus de 4 000, avec le mont Blanc, qui, même vu d'ici, est bien le plus haut.

On se prend à rêver devant ces montagnes qui scintillent comme gemmes précieuses et à regretter que la chaîne jurassienne, elle, ne présente plus que les ruines d'elle-même, enfouie qu'elle est sous ses propres détritus, rabotée sans pitié par les glaciations qui, déferlant du massif alpin et recouvrant toute la plaine suisse, vinrent successivement buter sur le jeune Jura avant de le franchir pour déferler plus loin, érodant son relief, alluvionnant ses profondes vallées,

LE LYNX

1

2

3

1. Animal forestier, le lynx trouve dans le haut Jura un biotope favorable.
2. Femelle et son jeune de l'année.
3. Ce splendide félin fait aujourd'hui l'objet d'un véritable mythe.

Le dernier lynx dont on a parlé dans le Jura aurait été tué près de Salins, dans les bois de Bovard, en 1885. L'espèce était devenue si rare qu'il faut remonter au XVIIe siècle pour que les archives de la commune de Couvet, sur le versant suisse du Jura, fasse état de récompenses accordées pour sa destruction.

Le lynx a toujours été présent dans le massif mais sans doute en nombre limité, chaque lynx ayant besoin, selon les spécialistes, d'un territoire pouvant varier de 50 à 300 km².

Sa relative rareté en a fait un gibier de prestige, difficile à chasser, dont la réputation s'entoure de mystère, de légendes, qui en font, sous le nom de « loup-cervier », tantôt un animal redoutable, voire dangereux pour l'homme, tantôt un animal fourbe et rusé, capable des pires méfaits dans le voisinage des villages ou des fermes isolées. Il est dommage que dans le passé l'homme ait été si acharné à détruire ce carnassier et si peu attentif à étudier ses mœurs. Plusieurs couples ont déjà été lâchés dans le Jura. Ils ont jusqu'à présent été si discrets que rares sont ceux qui ont pu observer leurs traces, ou découvrir les restes de leurs proies. Il reste à convaincre tous ceux qui, chasseurs ou non, protestent contre cette réintroduction, croyant y voir une menace pour la faune indigène. Partout où le lynx a été exterminé, il apparaît qu'on a fortement exagéré les effets de sa présence. Partout où il s'est maintenu, il vit en équilibre avec la faune qui l'entoure. Au-delà de l'utilité ou des nuisances que peut amener sa réintroduction, il reste que cet animal noble, hôte oublié des hautes terres jurassiennes, a le droit de retrouver un domaine qui fut le sien et, en dépit des légendes malfaisantes qui l'ont fait pourchasser sans pitié, de redevenir ce qu'il fut dans le passé : une des plus belles espèces de notre faune.

Bûcherons à Chapelle-des-Bois. Naguère les scieries étaient nombreuses, mais les exploitations traditionnelles disparaissent : le bois s'est industrialisé.

créant ces « vals » où nichent quelquefois des lacs aux eaux claires. Le promeneur s'étonne de trouver parfois, mêlés au calcaire indigène, des galets de granite, de schiste ou de gneiss, venus des Alpes sur le dos des glaciers, témoins exotiques comme l'est la flore alpine qui pousse sur les hautes crêtes jurassiennes : la gentiane bleue, l'anémone des neiges, la rarissime saxifrage des tourbières qu'on ne retrouve qu'au Groenland ou en Laponie.

C'est moins les raisons géologiques de cette terre, de ce calcaire exclusif, qui ont façonné l'homme de ce pays que le facteur climatique. L'altitude moyenne du haut Jura est de 1 000 mètres. C'est peu en regard de la haute montagne. C'est énorme en regard de la terre de France. L'amère réflexion du philosophe constatant qu'à notre époque la terre et les hommes « s'uniformisent sans s'unifier » laisse en marge ces brusques écarts climatiques qui constituent le principal caractère de ce pays.

Si le voyageur qui traverse le Jura est sensible et attentif aux choses de la nature, il comprendra bien vite que le paysage, les forêts, les sommets, les lacs ne sont qu'une part visible du pays, que l'âme de cette terre est aussi dans l'air, dans la brume, la pluie ou la neige, et que nulle énergie humaine n'a jusqu'à présent pu empêcher l'hiver de revenir. Cette loi secrète de l'hiver, cette complicité difficile entre le climat et l'homme, celui qui vit ici la connaît bien : c'est une calamité et c'est une fête. C'est l'assurance de petits ennuis quotidiens et la promesse d'une irremplaçable beauté. De jeunes psychologues se pencheront peut-être un jour sur les rapports de l'homme de ce pays et de son climat, où nous apparaîtront ces relations méfiantes et passionnelles de l'habitant et de sa terre avec la complicité de l'altitude.

Impossible, faute d'enquête, de mesurer la part d'enthousiasme qui marque l'exubérance de l'écolier à la vue de la première neige, ou la part de résignation du médecin de campagne poursuivant obstinément sa route en pleine tourmente, au risque de se trouver bloqué par ces congères de neige qui, pour temporaires qu'elles soient, n'en sont pas moins temporairement infranchissables. La folle

PIERRES PRÉCIEUSES

C'est à la fin du XVIIe siècle que les tailleurs de pierres précieuses, protestants ou israélites, qui avaient fui les persécutions consécutives à la révocation de l'édit de Nantes, s'établirent à Genève, d'où leur descendance rayonna plus tard dans le pays de Gex et le haut Jura. L'abondance des torrents, dont l'industrie de la taille utilisait la force motrice, contribuait à favoriser localement le développement de cette activité lapidaire, qui concerne alors toutes les pierres précieuses à l'exclusion du diamant. Celui-ci, venu d'Afrique du Sud, n'intervient qu'à la fin du siècle dernier : c'est vers 1875 que s'installe dans le village de La Patinerie (aujourd'hui Montbrilland) la première taillerie de diamants du Jura, bientôt suivie par d'autres, établies à Saint-Claude ou dans le voisinage. Il s'agit en général d'entreprises familiales de petite dimension, mais qui toutes ensemble employaient jusqu'à 4 500 ouvriers : dans ce pays rude, où toute activité agricole était suspendue pendant les longs et rigoureux mois d'hiver, il existait une abondante main-d'œuvre, et les montagnards, auparavant formés au travail de l'horlogerie ou des pierres, se familiarisèrent rapidement avec celui du diamant.

Cette activité connaît son apogée vers 1914, puis subit le contrecoup de la guerre et de la grande crise à la fin des années 20. En 1930, la région de Saint-Claude et de la vallée de la Bienne employaient encore dans ce secteur plusieurs milliers de personnes. Mais l'industrie du diamant et des pierres de couleur décline inexorablement, cédant la place à celle des pierres synthétiques, de la verroterie et de l'outillage pour la bijouterie. Cependant, le village de Septmoncel, où jadis l'on travaillait le rubis destiné à l'horlogerie, reste jusqu'à nos jours exclusivement fidèle à sa tradition lapidaire ; tandis qu'à Saint-Claude, bon an mal an, quelques centaines de personnes sont encore employées dans cette branche. Toutefois, le travail artisanal des pierres précieuses, long et minutieux, requérant un outillage traditionnel, n'attire guère les jeunes, qui lui préfèrent le travail des pierres synthétiques, relativement moins sensible aux fluctuations de la conjoncture économique.

Lapidaire de Mijoux dans son atelier : un travail à domicile.

danse des flocons devant les phares d'une voiture durant une tempête d'hiver, c'est le signe d'une aventure qui, pour n'être pas lunaire, demeure dans son anonymat une aventure.

« Neige de miséricorde », écrivait Samivel. Si ce pays a quelque mérite à l'exceptionnel, c'est bien l'hiver qui le lui fournit. Précédée par l'avant-garde des brouillards de fin d'automne et le miraculeux givre annonciateur des grands froids, fragile féerie de fleurs de glace qui font du plus vil objet un chef-d'œuvre, la neige prendra possession du pays, insidieuse, envahissante, venue des noirs nuages déferlant sans faiblesse, qui laissent la place aux jours de glaciale lumière dans un ciel d'une éblouissante pureté. C'est l'implacable halte dans le rythme des saisons, car les trois autres sont ici quelquefois confondues.

Un, deux, parfois trois mètres de neige suivant l'exposition et l'altitude, une couche de splendeur magique qui a bouleversé le décor et confère à ce haut pays des lettres d'extravagante noblesse climatique. Toute couleur s'estompe. Ne restent que des gris, des bleus, et les innombrables nuances du blanc qui ne l'est jamais totalement tant la neige se fait miroir du ciel et des mouvants nuages. Ici, quand le temps tourne à la tempête, que la danse des flocons devient lancinante sarabande, l'homme redevient le guetteur inquiet et vigilant des temps disparus. J'ai dû hériter des miens cette attention pour les choses de l'hiver, et la neige ne cesse de susciter chez moi étonnement, émerveillement, tendresse pour ce manteau somptueux et dérisoire, promis à s'évanouir chaque printemps au terme des turbulentes fêtes hivernales.

Ici, au petit matin des neiges de la nuit, on « entend » qu'il a neigé. Toute rumeur s'est tue, étouffée, amoindrie, voilée d'un silence qui est le signe de l'événement insolite. Au plus profond de vos souvenirs, vous trouverez votre joyeux étonnement devant vos neiges d'enfant. Les enfants et les chiens manifestent sans retenue leur allégresse, et je ne me lasse jamais de les voir les uns et les autres se livrer avec exubérance aux joies de la merveilleuse rencontre. Quel matériau fabuleux, la neige ! On peut s'y rouler, ça se pétrit, ça se mange, ça se transforme, se jette, se ramasse, s'empile en tas quelquefois gigantesques, montagnes fugitives qui ne durent que le temps de quelques jeux fous et se font toboggans,

LES FRUITIÈRES

1

2

3

1. Fabrication du comté. Le lait est chauffé dans un grand chaudron.
2. La pâte est sortie dans une toile. Elle va être moulée.
3. Dans la cave, l'affinage demandera de quatre à six mois.

Les fruitières, appelées aussi « chalets », font partie du paysage jurassien, et leur existence a déterminé pour une large part l'économie et les activités sociales et communautaires des villages.

La vocation essentielle des hautes terres, trop pauvres pour permettre une agriculture nourricière, est l'élevage laitier et la production de fromages. Dès le XIVe siècle, il existe des fruitières, propriétés collectives où le lait produit par chaque troupeau est livré pour la fabrication du fromage. Ce dernier est ensuite réparti entre les familles selon la quantité de lait fournie.

Certains sociologues ont voulu voir dans cette association collective volontaire les prémices d'un socialisme exemplaire. D'autres, sous l'influence de Jean-Jacques Rousseau, ont cru y trouver les vertus sociales de paysans bons parce que protégés de la corruption et du lucre par leur isolement. En vérité, la nécessité de vivre sur une terre pauvre et rude ne laissait guère aux Montagnons d'autre choix que de s'unir pour survivre. La mise en commun des traites laitières de tout un village permettait la confection de très gros fromages, de bonne conservation, qui, au bout de six mois, étaient mûrs pour être emballés dans des tonneaux de sapin et chargés sur les grands chariots à destination des marchés de France.

Dès cette époque, le collectif de la fruitière est né, et les choses ne changeront guère jusqu'à nos jours. Le chalet est le centre économique indispensable, comme le fruitier, ou fromager, est le patron de l'économie villageoise. De son savoir-faire dépendra le bon renom et la qualité du fromage produit au village. Au début du XIXe siècle, le fromager devient aussi affineur, et dans la cave voisine du chalet, objet de soins attentifs, les lourdes meules alignées sur les rayons de bois reposent comme un trésor collectif dont chacun peut se sentir légitimement propriétaire.

Deux fois par jour, des étables du village, des fermes proches ou éloignées, arrivent, portées à pied, en voiture, à dos d'âne ou à dos d'homme, les traites de tous les troupeaux. Deux fois par jour, en livrant son lait, chacun retrouve les autres, et le chalet devient la maison commune où s'échangent les nouvelles, où s'affichent les décisions administratives, où les vieux côtoient les jeunes, et les garçons les filles.

A la fin du siècle dernier, les fruitières se modernisent, la production laitière s'accroît considérablement ainsi que la fabrication du gruyère local, qui prend alors le nom de comté. Certains villages se groupent pour se doter de fromageries de type semi-industriel, mais le principe ancestral du chalet collectif demeure. Seule a changé la collecte du lait, qui tend à se faire à domicile et ne contraint plus l'éleveur à se rendre deux fois par jour au chalet. Si cette collecte se généralise, par quoi remplacera-t-on ce centre indispensable à la vie villageoise que constitue encore le chalet, stimulant incomparable de l'esprit communautaire ?

forteresses, himalayas, igloos, terrains de batailles des luttes enfantines ou palais merveilleux.

Avant que la neige ne devienne source de distraction, de sport, quelquefois de profit, l'hiver n'aurait dû être que calamités et épreuves, et pourtant je sais l'indulgence, voire la tendresse des gens d'ici pour cette neige familière. Son importance dans les conversations d'hiver fait deviner la place qu'elle tient dans les souvenirs des vieux comme dans la joie des petits. S'il est bon de grommeler un peu contre ce fléau et de prier le ciel de faire cesser cette sinistre manne, on n'en est pas moins fier d'être du haut pays où, l'hiver, tout est plus beau, où le soleil brille plus fort quand il se montre, où le froid se fait si vif qu'il en mérite quelquefois les honneurs des « informations » !

Ici, le combat est loyal, car c'est beau, la neige. Mais qu'en faire quand elle se fait par trop généreuse ? Il faut ouvrir les routes, dégager les chemins et les voies d'accès, décharger les toits pour prévenir une catastrophe en cas de « redoux ». On a beau la pousser, la charrier, la déplacer, implacablement s'érigent les gigantesques remparts qui cernent — les menacent-ils ou les protègent-ils ? — nos maisons et nos fermes. C'est la danse de la pelle à l'échelle individuelle, des engins mécaniques à l'échelle du groupe ou des collectivités. Les énormes chasse-neige sont devenus aux yeux des enfants d'ici le symbole de la puissance comme l'étaient les belles locomotives à vapeur du temps de ma jeunesse. Les grands voyages m'ont appris la monotonie de certains pays tropicaux ou équatoriaux, à la même éternelle saison et où tous les jours de la vie s'écoulent dans le même immuable décor. La violence des saisons, leur alternance, le décor toujours transformé et la promesse du vert printemps qui chassera la dernière neige, c'est la richesse de mon haut pays, perché sur la croupe jurassienne, entre France et Suisse, terre un peu oubliée et secrète où une chose incongrue, inutile et passagère comme l'est la neige laisse l'impérissable souvenir d'un événement important. Là, sans doute, se cristallise l'identité du Montagnon.

Ainsi, la géométrie sévère du paysage, la rudesse du grand hiver, et les conditions essentiellement pastorales et forestières de l'agriculture, ont façonné ceux qui sont enclos dans ce haut Jura sans en être prisonniers. Ici, on gravit l'échelle sociale en perdant de l'altitude. Le gosse de la ferme descend à l'école du village avant de descendre au lycée de la ville. Étudiant, il descendra plus bas encore à l'université, avant de glisser, s'il en a les moyens, vers le Paris fascinant où il espère trouver la clef qui ouvre la voie des grandes carrières.

Longtemps prisonnier des deux vraies richesses de cette terre, la forêt et l'élevage, l'horizon économique paraissait bien rustique et bien resserré. Un seul demi-arrière-pays, puisque la frontière, à la fois géologique et politique, interdisait tout rapport économique important avec la Suisse voisine. Une petite industrie métallurgique, exploitant les faibles filons du minerai de fer du valanginien, avait, jusqu'au XIXe siècle, constitué les prémices d'une industrie mécanique et révélé l'application, le sérieux, la méticulosité de ces paysans-ouvriers. L'initiative privée jointe à l'obstination d'édiles dévoués ont à présent ouvert la voie à un développement qui paraissait impossible, tant il fallait être convaincant pour décider des industries centralisées à venir créer ici de nouvelles usines, malgré l'éloignement des zones de diffusion commerciale, la difficulté et le coût du transport des matières premières comme des produits finis. C'est sans doute la qualité du travail de l'ouvrier montagnon qui a permis que naissent aujourd'hui de nouvelles promesses.

Le long de la frontière suisse, au-dessus de la Valserine, les immenses alpages de la Maréchaude. Les effectifs des troupeaux sont faibles, mais toute l'activité reste ici tournée vers la production du lait.

PIPES ET PIPIERS

Depuis le Moyen Age, les montagnards des hautes vallées du Jura se sont efforcés d'améliorer leurs revenus en s'adonnant durant l'hiver au travail artisanal du bois : saboterie, boissellerie, tonnellerie, fabrication de jouets... Ce n'est que dans le courant du XVIIIe siècle que l'usage de la pipe se développe en France et que les artisans de Saint-Claude, habiles tourneurs sur bois, se spécialisent dans la fabrication de cet article. Tout d'abord, ils adaptent des tuyaux en bois à des fourneaux en terre ou en porcelaine importés d'Allemagne. Puis ils commencent à fabriquer des pipes entièrement « indigènes », à partir de bois de hêtre, de buis ou de merisier qui présentent malheureusement l'inconvénient de se consumer en même temps que le tabac, auquel ils donnent un goût âcre. Au XIXe siècle, la racine de bruyère arborescente fait son apparition dans l'industrie pipière. Son bois dur, au grain fin, très résistant au feu, transmet à la fumée du tabac un arôme délicat. Venue des rivages de la Méditerranée, elle est d'abord débitée en ébauchons, que l'on met à sécher pendant trois à six mois avant de les faire passer par les multiples opérations qui les transformeront en ces incomparables pipes de Saint-Claude vendues aux quatre coins du monde. Jusqu'à la fin du siècle dernier, la ville a détenu le monopole de la fabrication des pipes de bruyère. Si elle l'a perdu depuis, du fait de la concurrence étrangère, elle n'en continue pas moins de produire deux à trois millions de pipes par an.

Les fourneaux sont taillés dans les ébauchons.
Atelier de pipiers à Saint-Claude, vers 1900.

De récentes découvertes archéologiques ont démontré l'importance du passage durant la civilisation celte, pendant le millénaire précédant l'ère chrétienne et surtout aux temps où la Comté était le fief des turbulents et industrieux Séquanes. D'Angleterre ou de Gaule, jusqu'en Grèce ou en Italie, le commerce, en grande partie, empruntait la voie jurassienne. Aux obscures périodes barbares succèdent à la fois le défrichement des joux et des pessières, souvent lié aux fondations d'abbayes, et l'apparition de brigands rançonneurs, installés aux passages clefs, aux « cluses », dépouillant les voyageurs, s'enhardissant, s'enrichissant, s'anoblissant, et construisant les premiers châteaux forts. Troublé de temps à autre par des invasions suisses, allemandes, et même suédoises, le haut pays vivra ensuite dans une paix relative. Les communes s'affranchiront très tôt, aux XIIIe et XIVe siècles, et défendront leur liberté avec obstination en même temps que naîtront ici, sans doute les premières en France, les « fruitières », coopératives agricoles qui survivront jusqu'à nos jours sans changement dans le principe même de leur organisation.

Dernière et pacifique invasion, le tourisme, dont les collectives migrations redécouvrent cette terre discrète. Jura vert. Jura blanc. L'été voit fleurir les tentes des campeurs, et les vieilles fermes deviennent gîtes ruraux. Mais surtout, les paisibles villages qui, l'hiver, sommeillaient sous la neige sont devenus « stations » : Chapelle-des-Bois, Bellefontaine, Bois-d'Amont, Lamoura, La Pesse, Mijoux, Lélex... La Montagne, enfin sortie de son isolement séculaire, s'est aménagée, s'est bel et bien équipée, s'est adaptée au goût du jour. Tranquillement, sérieusement, à sa façon. La « révolution » du ski de fond est en train d'y faire son œuvre, sans trop de bruit ni de fureur, même si Les Rousses, capitale incontestée et archimécanisée de la neige jurassienne, ambitionnent, à 1120 mètres, une promotion de station alpine... Un dynamisme nouveau se fait jour, les pistes ne cessent de se multiplier, les hauts lieux du ski de fond jurassien s'ouvrent avec bon sens à la société des loisirs. Les grandes courses sont de plus en plus... courues, et réputées. Ainsi en est-il de la célèbre et déjà classique Progressime ou Transjuras-

La Transjurassienne ou Progressime. La plus importante course de fond française rassemble chaque année, entre Lamoura et Mouthe, plusieurs milliers de participants venus de toute l'Europe. Le Jura est en France le berceau du ski de fond.

sienne, la plus longue compétition française de ski de fond : 76 kilomètres, entre Lamoura et Mouthe, comportant la traversée de douze villages — et cela, souvent par – 25 degrés ! Quant à l'illustre G. T. J. (Grande Traversée du Jura), elle déroule sa piste sur plus de 200 kilomètres pour les randonneurs moins pressés, du nord au sud du superbe croissant enneigé comme aucun, moderne et poétique trait d'union entre trois départements (Doubs, Jura, Ain) et quatre-vingt-quatorze villages.

Une nouvelle économie s'implante, en fait, où l'industrie des loisirs réclame ce qui naguère était un handicap au développement de ce pays : l'éloignement des grandes villes, la rusticité des villages, l'altitude et la proximité d'une terre étrangère. Puisse mon pays y remplir sa bourse sans y perdre son âme. Car aux promesses d'une amélioration des conditions de vie s'opposent les menaces d'un développement anarchique. Au calme champêtre, le tumulte motorisé. Au caractère si particulier de l'homme d'ici, l'uniformisation publicitaire de bon et de mauvais aloi.

La nature est à tous. Les Montagnons, qui l'ont jusqu'à présent bien gérée et, par un atavique respect, ne l'ont jamais mutilée, n'en ont guère refusé l'accès à quiconque. Toutefois, en marge du « boom » de l'or blanc, des esprits inquiets et prévoyants ont d'ores et déjà proposé des projets de réserves naturelles au cœur de ce haut Jura naguère hanté par les ours et les loups et longtemps préservé dans son intégrité. A court terme, trois secteurs sont concernés : le massif du Risoux, encore peuplé de lynx, de grands tétras et de rapaces ; les tourbières des lacs de Bellefontaine et des Mortes ; et la tourbière du lac des Rousses. A plus long terme, les protecteurs de la nature pourront-ils progresser aussi vite que les « bétonneurs » de la Montagne ? Question à suivre.

Demain, la neige reviendra, assourdissant les rumeurs, rendant la vie plus secrète, la réflexion plus grave. C'est le moment favorable où ceux d'ici pourront tenter de discerner le sens de la prodigieuse mutation qui affecte, en harmonie pour l'instant, ces hautes terres pas comme les autres.

PIERRE BICHET

LES ALPES

Rien de plus aisé, à la fin du XXe siècle, qu'une rapide découverte des Alpes. Il suffit d'ouvrir un atlas quelconque pour voir onduler en plein cœur de l'Europe cette longue échine dont le dessin évoque à la fois celui d'une comète chevelue, et celui d'une « vouivre » — dragon fameux justement des légendes alpestres —, plongeant vers l'ouest son mufle dans les eaux méditerranéennes, tandis qu'à l'orient, la queue se tortille jusqu'aux Portes de Fer, au dard effilé des montagnes de Transylvanie. Le segment le plus épais sépare l'Italie de la Suisse, mais la tête est en France, avec l'œil très en retrait et haut placé du mont Blanc. C'est la partie noble du vaste monstre de roc et de neige, et elle constitue les Alpes occidentales.

Mais une telle vision, déjà planétaire, est une invention toute moderne. Avant le XVIe siècle, cet immense complexe de sommets, d'eaux et de vallées n'était qu'un labyrinthe incompréhensible où seuls quelques itinéraires se trouvaient jalonnés depuis les origines fort obscures de l'Histoire. Dans ces « Alpes », lesquelles d'ailleurs n'avaient pas encore de nom, s'aventurèrent à l'origine les hommes timides. Des chasseurs sans doute à la poursuite d'un gibier refoulé vers les hauteurs par les fluctuations du climat. Puis quelques groupes sédentaires pratiquant surtout l'élevage. Cette lente colonisation remonte à des temps indécis, en tout cas fort lointains, comme ici et là quelques blocs égarés en portent surprenant témoignage. Par exemple, et pour les seules Alpes françaises, à la montagne des Merveilles, dans les maritimes. Ou bien encore en Maurienne, en Savoie, au rocher des Gures, à l'orée de la vallée de Chamonix... pierres à cupules, à empreintes, à hiéroglyphes plus ou moins déchiffrables, qui toutes trahissent une très antique présence humaine, avouent déjà, de façon rudimentaire mais émouvante, les inquiétudes éternelles de l'Espèce.

Car nulle part ailleurs qu'en montagne, la nature ne révèle par de plus saisissants contrastes les véritables dimensions de l'univers et la fragilité, l'impermanence des êtres qui se nomment eux-mêmes « les vivants ». Sans doute la première et l'évidente qualité de tels espaces est d'être métaphysiques. Mais entendons-nous ! Une métaphysique réduite pour les civilisations rurales aux expressions les plus simples et les plus naïvement utilitaires. Paradis lumineux flottant comme un rêve au-dessus des plaines, le monde des cimes, devenu le monde des horizons barrés et des pentes abruptes dès qu'on en pénètre les arcanes, révèle une réalité écrasante au plein sens du terme, et ses continuels débordements d'énergie apparaissent aisément comme autant d'agressions méditées, c'est-à-dire l'œuvre de présences qu'il faudra séduire, détourner. D'où les derniers vestiges d'une mythologie alpestre à laquelle le christianisme opposa la pieuse cohorte de la Vierge et des saints protecteurs.

Mais cette formidable barrière des Alpes, il fallait aussi, d'absolue nécessité, la traverser et en toutes saisons. Soldats, marchands, politiques, « romieux » (pèlerins allant à Rome ou en revenant), s'y employèrent au cours de nombreux siècles par quelques passages privilégiés comme le mont Genèvre ou le Cenis, non sans grandes

fatigues, frais, périls et tremblements, justifiés en de nombreuses circonstances, tant à cause des hommes — certaines voies se trouvaient périodiquement infestées par les brigands — que des redoutables défenses de la nature : le froid, les tourmentes, les avalanches...

On ne saurait donc s'étonner de l'aura d'angoisses préalables dont s'entourait l'entreprise. Elle confirmait une répulsion traditionnelle pour une nature « brute, hideuse et mourante », en d'autres termes échappant encore aux volontés humaines et (en apparence) à un ordre intellectuel. Comme si l'Espèce ne se sentait pas encore suffisamment assurée de sa domination sur les « choses » pour être capable d'émettre à leur endroit une opinion désintéressée, donc esthétique. « Horrible », « Affreux » sont les qualificatifs que l'on retrouve sous la plume des premiers voyageurs. L'état d'esprit des « estrangers » montés des plaines fertiles évoquait celui des indigènes ; et la crainte, qui gît d'ailleurs étymologiquement au fond des horr... et des affr..., bloquait toute autre réaction. Ce fut la règle, confirmée par de très rares exceptions, comme il est d'usage. Celle par exemple de Josias Simler, du Zurichois Conrad Gesner surtout, qui, dès le milieu du XVIe siècle, dans une lettre « à Jacobus Avienus sur l'admiration des montagnes » (sic), ose écrire : « Là, dans ce profond et religieux silence, votre imagination croira, du sommet des monts, entendre, si du moins elle existe, l'harmonie des sphères célestes. »

Mais la note est encore isolée, et elle émane d'un témoin direct, d'un précurseur, d'un homme qui a réellement parcouru les montagnes « pour le plaisir », et dont l'expérience personnelle a balayé l'amas de préjugés qui les dissimulaient (et dont certains ne sont pas encore effacés à l'heure actuelle). Il faudra encore deux siècles pour que l'opinion commune en arrive à peu près au même point. Car le passage des « monts affreux » aux « monts sublimes » s'accomplira au moins autant par l'effet d'un nouvel état de civilisation, d'une sécurité accrue, que par celui d'un certain snobisme littéraire et mondain. Il fera, indistinctement, le succès des Alpes du botaniste Albert de Haller, des Rêveries de Rousseau (dont les décors alpestres sont parfaitement conventionnels), et des ouvrages de Saussure, où certaines descriptions font enfin apparaître le monde des cimes dans son insolite et authentique beauté.

Dès lors, l'élan est donné, et les aigres réserves de Chateaubriand fourniront juste la discordance qui fera d'autant briller un chœur désormais unanime. La découverte artistique des Alpes suit celle des botanistes et des géologues. D'excellents graphistes comme Linck ou Brockedon, des peintres comme Calame, Diday, Turner, plus tard Segantini, chercheront tour à tour à exprimer un aspect du monde échappant aux normes classiques et aux recettes d'atelier, tandis qu'un Ruskin s'efforcera justement de démêler les lois mystérieuses qui, au-delà d'un désordre apparent, engendraient les architectures alpestres.

Cependant, les déformations en hauteur de certains paysages romantiques annoncent déjà la naissance d'un désir original : celui de la conquête physique des sommets. Il passera dans les mollets des

Ci-dessus : Près de Grenoble, couvent de la Grande-Chartreuse, au cœur du massif du même nom.

Ci-contre : Ski sur le glacier de l'Envers du Plan, à plus de 3 000 m, dans le massif du Mont-Blanc.

Ci-dessous : Les lumières de La Clusaz sous la neige. En toile de fond, la chaîne des Aravis.

premiers grimpeurs dont l'apparition à la fine pointe des « cathédrales de la terre » ne pourra qu'être jugée par ce même Ruskin absurde, polluante et scandaleuse. Mais en l'occurrence l'esthète avait tort, car les « victoires » sportives qui l'exaspéraient entraînaient la découverte d'une sphère nouvelle de sons, de formes et de couleurs, dont il était impossible, d'en bas, d'inventorier, de deviner la variété et la richesse. D'abord prudemment justifiée par l'alibi scientifique et la présence inévitable du « baromètre », l'exploration des altitudes débouchait en réalité sur la reconnaissance d'une passion nouvelle ouvrant des perspectives extraordinaires et inattendues sur la beauté du monde.

Beauté? Selon nous, la qualité d'un objet grâce auquel, par la voie des sens, nous nous percevons en état d'heureuse harmonie avec le cosmos.

C'est dire que dans les grands décors de l'altitude, et par un étrange paradoxe, l'homme, être à la fois mouvant, fragile et limité, découvre quelque chose de lui-même, certains reflets de sa propre nature, qu'il se trouve secrètement hanté par un rêve de silence, de cristal, de pureté et d'infini. Il faut en revenir à cette idée que la caractéristique essentielle de cet authentique « nouveau monde » est d'ordre métaphysique, un ordre exprimé de la façon la plus évidente par l'étrangeté fascinante de la mise en scène. Car rien — sauf la vision des fonds sous-marins tropicaux — ne peut égaler la satisfaction profonde, l'incomparable euphorie où se trouve ici plongé, sans effort et en de nombreuses occasions, tout esprit « non perverti ».

Sans parler, car ceci nous entraînerait trop loin, des suggestions d'un espace où dominent les verticales, de l'acte ascensionnel en lui-même qui éveille des résonances au plus profond et au plus universel de l'âme humaine parce qu'il est toujours et partout qualifié positivement, il faudra se borner ici à quelques remarques. La neige, par exemple, élément féminin, yin, comme diraient les hommes du Tao, peut exalter un paysage hivernal jusqu'au miracle en l'enrichissant de lignes et de volumes d'une perfection indicible, le tout baigné dans une lumière d'empyrée. C'est le trésor offert au skieur qui s'aventure loin des pistes balisées au cœur du grand continent blanc, et s'il est habile, le dessin de sa propre piste lui procure un plaisir aussi pur que l'onde sonore d'un pur trait d'archer.

Lacs, torrents ou ruissels, les eaux mouvantes ou fixées par le gel recèlent toutes les joailleries du monde. Et la même neige, portée cette fois à haute altitude, confère aux formidables parois, aux atlas chargés de vieillesse et de poids, l'élan indispensable grâce auquel — symbole retourné à cent pour cent — les colosses de pierre soudain allégés, dynamisés, vont aisément soulever jusqu'au zénith l'espace nuptial de la cime. Elle dessine le faisceau convergent des lignes de force. Et d'une pointe à l'autre se tendent des arcs presque immatériels, des guirlandes de blancheur et d'azur, parfois ourlées de savantes volutes, tenant à la fois de l'épure, de l'écume et de la vague, unissant de manière inattendue les deux univers apparemment opposés de la mer et des cimes. Le dur et le fluide se mêlent encore, se

Ci-dessus : Un habitant d'Hauteluce, dans le Beaufortin, portant le costume de fête.

Ci-contre : Une croix traditionnelle de Maurienne, à Bessans, qui demeure un foyer d'art populaire.

Ci-dessous : Paysage du Queyras à l'automne, la vallée du Cristillan, non loin de Ceillac.

complètent, par les jeux, les incidences perpétuelles de la lumière et des nuées, grâce auxquelles des perspectives toujours mouvantes, toujours changeantes, ne cessent de se parer aux heures propices des nuances les plus exquises ou des effets les plus subtils ; ceux qu'a reflétés la grande peinture chinoise, du XIIe au XVIIIe siècle : en même temps qu'une certaine philosophie de la nature, fort étrangère à la mentalité occidentale, conférant à chaque détail du paysage la valeur d'un signe. Mais hors cette interprétation, il reste des richesses, toujours superbement ignorées, et pour cause, de certaines critiques contemporaines, lesquelles en sont restées à Chateaubriand pour l'esthétique, et pour le reste aux propos sophistiqués rapportés par D. H. Lawrence : « Leur hauteur arrogante (celle des montagnes), je la déteste », ou à ceux, aimablement absurdes, d'Henri Michaux vitupérant « la grandiose ennuyeuse qu'on avait depuis un mois devant soi.(...) Ma colère en son plein épanouissement, en son climax (!), rencontra cette grosse gêneuse de montagne. » Etc. Toutes opinions fort révélatrices. Leurs auteurs ne veulent (et ne peuvent) connaître d'un monde pour eux inaccessible que des ensembles en effet écrasants, réduits au noir et blanc par l'intense lumière, et avisés d'un fond de vallée vers les dix heures du matin ! Autant juger d'un rivage quelconque la gamme elle aussi presque infinie des splendeurs marines.

Cependant, fait nouveau, grâce à des mécaniques perfectionnées, d'ailleurs techniquement remarquables, les portes du grand domaine des Alpes, franchies jusqu'alors par le très petit nombre de visiteurs qui voulaient s'en donner la peine, se sont ouvertes en toutes saisons et à toute altitude à une foule de « clients ». On peut d'abord s'en féliciter puisque ainsi le « Trésor des Hauteurs », si mal connu jusqu'à présent, se trouve tout d'un coup mis à la portée de gens qui, sans les aides artificielles, n'auraient jamais connu cet autre et bénéfique Jardin des plaisirs terrestres. Encore faut-il espérer que, par l'ironie des choses, l'annulation des difficultés et des fatigues n'oblitèrent pas du même coup deux vertus majeures, la curiosité et l'émerveillement. Car il y a ici un rapport certain entre la peine consentie et la qualité, l'intensité des émotions suscitées par le spectacle des grands espaces.

Ceux-ci désormais doivent demeurer, autant que possible, intacts, afin que se trouve préservée en un point privilégié de notre vieille planète cette manne des sens et de l'esprit qu'est la beauté du monde, inappréciable à la sottise et au lucre, valeur non cotée en Bourse, mais bien plus nécessaire pour qui s'efforce de discerner les véritables, profonds besoins des sociétés contemporaines, et les embûches de l'avenir. Des floralies printanières aux cuivres de l'automne, des aubes cristallines au silence des vides, cette beauté sourd encore à tous les étages de l'altitude. Et c'est assurément, en cette fin mouvementée du XXe siècle, le don majeur de nos montagnes à l'homme des villes.

SAMIVEL

LAC LÉMAN
St-Gingolph
Évian-les-Bains
THONON-LES-BAINS
Yvoire
Douvaine
Dranse
Abondance
Châtel
Le Biot
Chablais
Avoriaz
Morzine
Les Gets
2244 Roc d'Enfer
Bellevaux
Bons-en-Chablais
Boëge
Bogève
Annemasse
Reignier
St-Jeoire
Taninges
Samoëns
Sixt-Fer-à-Cheval
Faucigny
BONNEVILLE
Cluses
Scionzier
Arve
La Roche-s-Foron
Mont Salève 1375
ST-JULIEN-EN-GENEVOIS
Cruseilles
Genevois
Thorens-Glières
Annecy-le-Vieux
ANNECY
Meythet
Cran-Gevrier
Seynod
Lac d'Annecy
Veyrier-du-Lac
Menthon-St-Bernard
Thônes
Le Grand-Bornand
St-Jean-de-Sixt
La Clusaz
Bornes
Aravis
Flaine
2752 Pointe Percée
Sallanches
Passy
Chamonix-Mont-Blanc
Argentière
Les Houches
St-Gervais-les-Bains
Megève
2525 Mt Joly
Col de Balme 2204
Col des Montets 1461
3099 Mt Buet
4122 Aiguille Verte
4807 MONT BLANC
Col du Bonhomme 2329
Les Contamines-Montjoie
Les Chapieux
Beaufort
Beaufortin
Bge de Roselend
Flumet
Ugine
ALBERTVILLE
Arly
Faverges
Doussard
Serraval
Duingt
Alby-s-Chéran
Rumilly
Albens
Grésy-s-Aix
Aix-les-Bains
L du Bourget
Le Noyer
Le Châtelard
2217 Pte d'Arcalod
2043 Mt Colombier
Bauges
Cléry-s-Isère
Grésy-s-Isère
St-Pierre-d'Albigny
St-Alban-Leysse
CHAMBÉRY
La Ravoire
Barberaz
Montmélian
Combe de Savoie
Aiguebelle
La Bâthie
Isère
Le Gd Mont 2687
2188 Col du Petit-St-Bernard
Sèez
Bourg-St-Maurice
Montvalezan
Ste-Foy-Tarentaise
Les Arcs
Tarentaise
Aime
La Léchère
Moûtiers
Peisey-Nancroix
La Plagne
3788 Mont Pourri
Bge de Tignes
Tignes
Val d'Isère
2769 Col de l'Iseran
Bonneval-s-Arc
Pointe de la Grande Casse 3852
Pralognan-la-Vanoise
Bozel
Courchevel
Méribel-les-Allues
St-Martin-de-Belleville
Massif de la Vanoise
Val-Thorens
Les Menuires
3684 Mt de la Dent Parrachée
Aig. de Péclet 3562
Lanslebourg-Mt-Cenis
Lanslevillard
Bessans
Col du Mt Cenis 2083
Pte de Charbonnel 3751
Bge
Bramans
Modane
Fourneaux
St-Michel-de-Maurienne
ST-JEAN-DE-MAURIENNE
Maurienne
3508 Aiguille de Scolette
Col de Fréjus
Mt Thabor 3181
Valloire
2645 Col du Galibier
3510 Les Aiguilles d'Arves
Casse Masson 2437
St-Jean-d'Arves
Le Corbier
La Chambre
St-Étienne-de-Cuines
Valmorel
Longchamp
Arc
Chamoux-s-Gelon
Rotherens
La Rochette
Allevard
2805 Pic du Frêne
Col de la Croix de Fer 2068
Chaîne de Belledonne
Gdes Rousses
Le Cheylas
Pontcharra
Le Touvet
St-Pierre-d'Entremont
St-Pierre-de-Chartreuse
Goncelin
Le Curtillard
Froges
Villard-Bonnot
Grande Chartreuse
Domène
Uriage-les-Bains
Chamrousse
Vaujany
Allemond
L'Alpe d'Huez
Le Freney-d'Oisans
Le Perron
Livet-et-Gavet
Vizille
Eybens
Échirolles
St-Martin-d'Hères
Meylan
GRENOBLE
Fontaine
Sassenage
St-Égrève
Voreppe
St-Laurent-du-Pont
Le Pont-de-Claix
Autrans
Lans-en-Vercors
Villard-de-Lans
Pont-en-Royans
Isère

Col de Tende
Mt Saccarel 2200
Tende
Fontan
Saorge
Breil-s.-Roya
Sospel
Menton
Roquebrune-Cap-Martin
Monaco
Villefranche
Beausoleil
L'Escarène
1002 Col de Braus
Cime du Diable
L'Aution 2082
Roquebillière
Lantosque
Levens
Contes
La Trinité
NICE
Vésubie
St-Martin-Vésubie
Tourrette
Isola
Mt St-Sauveur 2711
St-Étienne-de-Tinée
Tinée
Mt Tenibre 3031
Massif de l'Argentera
Mt Mounier 2817
Beuil
Valberg
Guillaumes
Péone
St-Sauveur-s.-Tinée
Villars-s.-Var
Touët-s.-Var
Puget-Théniers
Roquesteron
Carros
Coursegoules
Vence
St-Laurent-du-Var
Cagnes-s.-Mer
Cime du Cheiron 1778
Gréolières
Loup
Col de la Sine
Le Bar-s.-Loup
GRASSE
St-Vallier-de-Thiey
Séranon
Andon
Mgne de Lachens 1715
Mons
Fayence
St-Paul-en-Forêt
Seillans
Callas
Claviers
Bargemon
DRAGUIGNAN
de Canjuers
Grand Plan 1173
Villecroze
Aups
Salernes
Cotignac
Fox-Amphoux
Barjols
Tavernes
La Verdière
Montmeyan
Quinson
Verdon
Gréoux-les-Bains
Vinon-s.-Verdon
Ginasservis
St-Paul-lès-Durance
Manosque
Ste-Tulle
Pertuis
La Tour-d'Aigues
Villelaure
Cucuron
Cadenet
Lauris
Mgne du Lubéron
Bonnieux
La Bégude
APT
Céreste
Reillanne
Forcalquier
Mts de Vaucluse
Plateau de St-Christol
Mgne de Lure 1826
Sisteron
Laragne-Montéglin
Mgne de Chabre
Les Baronnies
Mt Ventoux 1909
Sault
CARPENTRAS
Pernes-les-Fontaines
L'Isle-s.-la-Sorgue
Cavaillon
AVIGNON
Orange
Bollène
Vaison-la-Romaine
NYONS
Buis-les-Baronnies
Dieulefit
Montélimar
Pierrelatte
Crest
VALENCE
Diois
DIE
Col de Rousset 1367
Gd Veymont 2341
Mt Aiguille 2086
Vercors
Col de Cabre
Veynes
Serres
Bochaine
GAP
Pic de Bure 2709
Dévoluy
Col Bayard 1248
Champsaur
Vieux Chaillot 3163
Pelvoux
Barre des Écrins 4102
BRIANÇON
Col de Montgenèvre 1850
Col d'Izoard 2361
Pic de Rochebrune 3324
Queyras
Guillestre
Col de Vars 2109
Col de Larche
Col de la Croix 2298
Col de Longet 2646
Embrun
Lac de Serre-Ponçon
Mt Guillaume 2552
Parpaillon
Grand Bérard 3048
BARCELONNETTE
Ubaye
Col de la Bonette
Col de la Cayolle 2327
Mt Pelat 3051
Col d'Allos 2240
Allos
Colmars
Les 3 Évêchés 2961
Gd Coyer
Mt St-Honorat 2517
Annot
Entrevaux
Col de Maure 1347
Seyne
Le Cheval Blanc 2323
Denjuan 2404
DIGNE
Blayeul 2189
Les Monges 2116
Château-Arnoux
Les Mées
Plateau de Valensole
Valensole
Riez
Moustiers-Ste-Marie
Ste-Croix
L. de Ste-Croix
Gorges du Verdon
CASTELLANE
Bge de Castillon
Montagne de Teillon 1893
Mourre-de-Chanier 1930
Préalpes de Provence
Durance
Rhône
Drôme
Isère

IL ÉTAIT UNE FOIS L'ALPINISME

Le monde de l'alpiniste est fabuleux — qui ne s'y est jamais laissé prendre, une fois au moins, ne serait-ce qu'au détour d'une image : arêtes aériennes lancées à l'assaut du ciel, monts ventrus comme des ancêtres, vallons soyeux et scintillants de neige, antres tapissés de perles d'eau figée ? Un autre monde, certes, celui du féerique, celui des rêves.

Pourtant, jusqu'au milieu du XVIIIe siècle, cet univers mystérieux, hors d'atteinte, n'engendrait qu'horreur et crainte. Dans la tradition populaire, les montagnes étaient le royaume incontesté des diables et des sorcières. Il ne serait venu à l'idée de personne d'aller y promener ses semelles pour le simple plaisir. Plus, on tentait l'impossible pour éviter ces lieux mal famés, peuplés de dragons et d'innombrables autres monstres.

Ces espaces méconnus, si détestés, n'étaient visités que par les cristalliers et les chasseurs de chamois, tout à la quête de leurs prises. Ne disait-on pas que, parfois, ils s'entaillaient la plante des pieds au couteau afin d'augmenter leur adhérence à la roche par la viscosité du sang !

Des fous, assurément, mais qui ne devaient pas garder bien longtemps leur royaume. L'heure des Naturalistes avait sonné et la science multipliait ses adeptes. Ces jeunes enthousiastes, armés d'une foi nouvelle, étaient prêts à n'importe quoi, même à braver les « monts affreux » avec leurs thermomètres, baromètres, cuves à eau bouillante. Ce qu'ils firent, révélant à l'Europe le domaine de la haute montagne.

Du jour au lendemain, les montagnes allaient briller d'une réputation plus flatteuse, qui atteignit son paroxysme avec la victoire du docteur Michel Gabriel Paccard et de Jacques Balmat au mont Blanc, en 1786. L'alpinisme était né, et avec lui une nouvelle passion qui, au fil des ans, devait faire maintes victimes.

Non, l'alpinisme n'est pas un sport, c'est plus que cela. Les « conquérants de l'inutile » le savent bien, qui, une fois ferrés, ne peuvent plus s'empêcher de monter pour redescendre et remonter encore. Que vont-ils chercher là-haut, au bord du vide, au bord du risque ? Chacun donnera une explication différente. Bien présomptueux celui qui chercherait à débrouiller l'écheveau des motivations profondes d'une telle passion ancrée au cœur de l'homme depuis maintenant deux siècles. Toute l'histoire de l'alpinisme est là pour témoigner.

L'alpinisme éclôt dans la vallée de Chamonix, et cela n'est que justice. Le mont Blanc n'est-il pas le plus haut sommet de l'Europe ? Ses neiges éternelles narguent du haut de leurs 4 807 mètres tout être humain vivant à ses pieds, et l'on comprend sans peine qu'un esprit scientifique du siècle des Lumières ait pu rêver d'y transporter ses instruments pour quelques observations. C'est ainsi qu'en 1760 Horace Bénédict de Saussure, professeur de philosophie et de sciences naturelles à Genève, offre un prix à qui trouvera une voie d'accès à ce mont. Des années s'écoulent avant que le défi soit relevé par Paccard et Balmat, tous deux chamoniards, l'un médecin, l'autre chercheur de cristaux. Ils atteignent la cime le 8 août 1786, sans piolets ni crampons.

Très excité par cette réussite, Saussure décide de tenter l'aventure avec

L'arête terminale de la Tour Ronde (3 792 m) par la face nord, dans le massif du Mont-Blanc. Course classique, elle se déroule dans un cadre extraordinaire au-dessus de la vallée Blanche.

Un Japonais à la sortie de la Sentinelle Rouge (4 500 m). Cette voie fait partie, avec la Major et la Poire, du triptyque du versant italien du mont Blanc. Course mixte, rocher et glace, elle doit son nom à la teinte du granite.

tout son encombrant matériel scientifique. L'année suivante, il part avec Balmat et une quinzaine de guides, sans oublier pâtés en pot, gigots, tonnelets de vin blanc, redingotes vertes, guêtres et bâtons ferrés. Si ses observations le déçoivent un peu, par contre le compte rendu fait dans la presse ne laisse personne indifférent et attire dans les Alpes savants, érudits, poètes et voyageurs.

Le mont Blanc règne toujours en roi, drainant hommes et femmes, mais les plus aventureux des nouveaux alpinistes convoitent tous les sommets les plus élevés. Les cimes « tombent » les unes après les autres. A ce jeu de massacre, les Anglais sont les maîtres. La création à Londres en 1857 de l'Alpine Club, dont le but est le développement de l'alpinisme, ne fera qu'attiser davantage cette toute nouvelle passion pour les montagnes. D'autres clubs voient le jour, en Suisse et en Autriche d'abord, puis en Italie et en France (1874). Le milieu alpin s'humanise avec la construction de refuges; l'équipement et la technique

s'améliorent. Aller passer des vacances à Chamonix, Courmayeur, Zermatt ou Grindelwald devient du meilleur goût. Napoléon III et l'impératrice Eugénie ne se laissent-ils pas embarquer sur la Mer de Glace?

Le romantisme de l'époque exalte la confrontation de l'homme avec la montagne, et à ce jeu les Anglais sont encore les meilleurs. Le personnage symbole de ces années héroïques sera sans conteste Edward Whymper. Sa victoire sur le Cervin en 1865 reste une des plus grandes pages de l'histoire de l'alpinisme. Tout destinait cet exploit à entrer dans la légende : l'audace de la conception, la difficulté de la voie, la compétition entre deux cordées — celle de Whymper et celle de Carrel, son ancien guide —, la tragédie de la descente qui précipita dans l'abîme quatre des grimpeurs. Les autres ne durent la vie qu'à la rupture de la corde.

Cette catastrophe ne signa en rien l'arrêt de mort de l'alpinisme, malgré les vives polémiques sur ses dangers. Il n'est pour en témoigner que les ascensions réalisées dans le massif du Mont-Blanc : l'éperon de la Brenva au mont Blanc (1865), le couloir Cordier à l'aiguille Verte (1872) ou encore le Grand Dru, la même année...

Les alpinistes se sont désormais affranchis de tout souci scientifique et grimpent pour grimper. Albert Mummery sera un des premiers à le claironner en 1880 : « Quant à moi, je grimperais encore, même s'il n'y avait plus de paysages à voir. » Les sommets alpins les plus importants ayant été gravis, les « hommes des cimes » vont devoir inventer de nouveaux terrains de conquête.

Une montagne n'affiche qu'un sommet, mais comprend plusieurs faces et arêtes qui sont autant de voies possibles d'ascension. Jusqu'à présent, on avait emprunté les accès les plus faciles, maintenant les alpinistes en quête de nouveaux itinéraires et de nouvelles émotions vont rechercher la difficulté. Le chef de file de cette tendance est Mummery, rendu célèbre par la fameuse fissure qui porte son nom au Grépon et qui était à ce moment-là le passage rocheux le plus dur jamais gravi.

Un âge d'or commence, comme le prouvent les nombreuses « premières » réalisées à l'initiative d'alpinistes presque toujours accompagnés de guides locaux. Entre ces derniers et leurs clients se tisse souvent une solide amitié, comme en témoignent les cordées restées célèbres :

1

2

4

5

LE TEMPS DES PIONNIERS

3

De toute évidence, les pionniers de la haute montagne, si l'on réserve ce terme aux tout premiers alpinistes, ne sont pas issus des vallées de montagne. Les paysans n'avaient guère le loisir de jouer les conquérants de l'inutile. Quant aux cristalliers, leurs balades alpines n'étaient guidées que par la présence des fours à cristaux. Pour révéler le milieu montagnard au monde, il faudra la passion et la curiosité des naturalistes du XVIIIe siècle. Ce sont eux qui, les premiers, ont osé s'y aventurer sous couvert de recherches scientifiques, n'avouant que rarement le plaisir qu'ils y prenaient.

L'escapade des frères Deluc, en 1770, au sommet du Buet, est l'une des toutes premières aventures du genre. Ces savants naturalistes organisaient de véritables caravanes avec de nombreux porteurs chargés de baromètres ou de cuves à eau. Les résultats scientifiques étaient en général assez nuls ; en revanche, ces « voyages » étaient riches d'enseignements sur le milieu naturel montagnard.

Horace Bénédict de Saussure était l'un de ces savants. Habitant Genève, il se passionna très vite pour le mont Blanc, ce qui lui a valu d'être considéré comme le père des pionniers de l'alpinisme. N'est-ce pas lui qui fit publier dans les paroisses de la vallée de Chamonix un avis promettant une récompense à qui atteindrait le premier le sommet du mont Blanc, la plus haute cime des Alpes ? Il désirait ardemment y effectuer des observations. Il dut attendre près de vingt-cinq années pour voir son rêve se réaliser. Durant ce temps, les tentatives furent nombreuses.

Il fallut patienter jusqu'au 8 août 1786 pour que le médecin de Chamonix, Michel Gabriel Paccard, et un cristallier, Jacques Balmat, tentent le diable avec succès en ces hauts lieux. L'affaire ne fut pas de tout repos. Ces innovateurs ne disposaient de rien pour faciliter leur progression dans ces océans de blancheur. Pas même l'aide d'un piolet, d'une corde ou d'une carte.

1. Ascension du mont Blanc par John MacGregor, en 1853 : le départ des Grands-Mulets au clair de lune.
2. Ascension de l'aiguille du Midi par le comte de Bouillé, en 1856.
3. Le bivouac du comte de Bouillé et de ses huit guides, par – 10 °C.
4. Incident aux Grands-Mulets, en 1852.
5. Le sommet du mont Blanc : l'arrivée de MacGregor, en 1853.

Leur victoire, pour symbolique qu'elle fût, montra deux choses. D'abord, que l'on pouvait survivre en haute montagne, ensuite qu'il fallait inventer des techniques pour progresser plus facilement sur ces terrains. Paccard et Balmat ne possédaient que des bâtons. Par la suite, on leur adjoindra crochets et pics de fer pour éviter les glissades. La corde n'était utilisée que pour les passages délicats. Il faut dire que la technique d'assurage n'étant pas au point, elle pouvait parfois, lors de dévissage, être plus dangereuse qu'autre chose. Un autre instrument reste intimement lié à cette période de l'alpinisme : l'échelle. Elle permettait de franchir les larges crevasses ou de surmonter de petits murs rocheux.

Mais les pionniers ne se heurtaient pas seulement à la technique, ils devaient également affronter l'incompréhension de leurs proches et celle, comme le dit le comte de Bouillé, des guides. « Pour réussir, il faut arriver avec la résolution inébranlable de tenter l'ascension et n'écouter ni les représentations des guides ni la peinture quelquefois exagérée de tous les dangers qu'on y court. » Ainsi s'exprime-t-il à l'occasion de sa première à l'aiguille du Midi en 1856.

Dix ans plus tôt, il avait gravi le mont Blanc, montrant combien ce sommet captait encore tous les désirs. Puis, peu à peu, technique et mentalité évoluant, les sommets cédaient les uns après les autres. L'ère héroïque des pionniers et de la découverte tirait à sa fin, laissant place à un nouvel âge de l'alpinisme, dominé par la technique.

Mummery-Burgener, Coolidge-Almer, Güssfeld-Rey, Young-Knubel, pour ne citer que les plus connues.

Cependant, dès le début du XXe siècle apparaissent quelques alpinistes au sens moderne du terme, souvent appelés les « sans guides ». Ils se recrutent parmi des guides, auteurs à part entière de leurs premières, ou parmi des alpinistes indépendants. Les Allemands et les Autrichiens excellent dans cette nouvelle discipline et battent en brèche les Anglais, affichant, il est vrai, un goût excessif du risque. Quand un Hermann von Barth affirme, péremptoire : « Qui grimpe avec moi doit être prêt à mourir », et que l'on connaît la tragédie de l'Eiger, on ne s'étonne plus de voir l'Alpe qualifiée d'« homicide ».

Mais tous ne sont pas aussi généreux de leur vie et, devant les audaces réclamées pour porter plus haut encore l'art de l'escalade, certains recherchent des moyens de protection et de progression mieux adaptés à leurs prouesses.

Au cours du XIXe siècle, l'escalade avait atteint une limite difficile à dépasser sans la mise au point d'une technique de progression assurant une relative sécurité en cas de chute. Trois inventions allaient permettre d'envisager des courses plus audacieuses : le piton, fiche de métal que l'on enfonce au marteau dans des fissures de la roche; le mousqueton, qui relie la corde au piton; les chaussures souples, qui relaient les brodequins à clous utilisés jusqu'alors.

Ces trouvailles sont le fait des Austro-Allemands, qui les ont concoctées dans leurs massifs calcaires, paradis de l'escalade pure. Inutile de préciser que ces nouvelles méthodes ne sont pas acceptées d'emblée par tous. Paul Preuss, génie de l'escalade libre, refuse tout net ces moyens qu'il taxe d'artificiels et qui, pour lui, bafouent l'éthique de la montagne. D'autres, par contre, n'hésitent pas à les utiliser. Tita Piaz, le « diable des Dolomites », fait des longueurs de 37 mètres, véritable révolution pour l'époque, et se sert de pitons. Angelo Dibona et les frères Mayer réussissent une série de courses de grande envergure qui témoignent également en faveur de ces nouveautés efficaces : l'arête de Coste-Rouge à l'Ailefroide (Oisans) ou l'arête est-nord-est de la dent du Requin (massif du Mont-Blanc). Hans Dülfer, quant à lui, donne plutôt dans la prouesse technique.

Ces grimpeurs des Alpes orientales ont ainsi acquis une conscience aiguë de la progression en terrain scabreux. L'idée d'une échelle de difficultés pour hiérarchiser les voies germe alors dans la tête de Willy Welzenbach. Cette échelle est mise au point en 1926 et divisée en six degrés, le

LE MÉTIER DE GUIDE

Le prestige du guide est grand en montagne, mais le plus souvent cette aura n'est pas usurpée. Les guides ont joué un rôle essentiel dans l'histoire de l'alpinisme, comme le montrent quelques noms célèbres : Jacques Balmat, Michel Croz, Jean Charlet, Armand Charlet, Gaston Rébuffat ou René Desmaison.

Si à l'origine le guide ne servait qu'à montrer le chemin, au fil des années il est devenu le spécialiste de la haute montagne à qui l'on réclame non seulement une garantie de succès, mais aussi un confort moral et psychologique pour affronter une course. Ainsi s'adressait Burgener à sa cliente, Mme Mummery : « Allez-y, de là je pourrais retenir une vache. » Tout à fait sécurisant, non?

Sur le plan local, en France, les guides, au nombre de 1 000, sont organisés en compagnies. La plus ancienne est la vénérable compagnie de Chamonix, qui régna sans partage sur la vallée pendant de nombreuses années. Elle fut fondée en 1821, et dès 1823 paraissait un règlement constitutif qui jetait les bases sociales et administratives de ce nouveau métier et en définissait le fonctionnement. L'article 23 instaurait pour les 40 guides et 21 porteurs, recrutés par cooptation, un tour de rôle obligatoire pour permettre à chacun de travailler. Il était également interdit de « faire » le guide dans la vallée si l'on n'était pas de la compagnie. Très vite, les guides étrangers passèrent outre à cette interdiction, et le règlement a dû évoluer sur les instances des clubs et des clients.

Le bouleversement le plus important survenu dans ce métier a été son organisation juridique par la loi de 1948, instaurant des brevets nationaux d'aspirants guides et de guides. Désormais, n'importe qui pouvait prétendre devenir guide, ce qui devait mener à la création de nouvelles compagnies, celle de Chamonix restant fidèle à ses origines quant au recrutement : être né dans la vallée était la condition nécessaire pour en faire partie, à quelques rares exceptions près. Au total, il existe actuellement 13 compagnies de guides.

Le guide chamoniard Jean Charlet (1840-1925).

Course rocheuse : la belle face ouest des Grands Charmoz (3 444 m). Dressés à la verticale, ils offrent des escalades de grande difficulté dans un paysage sauvage d'où l'on découvre l'ensemble des aiguilles de Chamonix.

sixième constituant la limite des possibilités humaines. La voie la plus représentative de cette nouvelle « ère du sixième degré » est sans nul doute la face nord de la Cima Grande di Lavaredo, dans les Dolomites, tracée par Emilio Comici en 1935.

Véritable artiste, Comici ne concevait les voies que difficiles et belles et affirmait que « le grimpeur qui repère et suit jusqu'au sommet la voie la plus élégante et la plus logique, en dédaignant les solutions plus aisées, au mépris du vide et du vertige, réalise une véritable œuvre d'art, un produit de l'esprit, un témoignage de la sensibilité artistique de l'homme, qui restera pour l'éternité sculpté dans la roche tant que les montagnes existeront ». Avec lui, les alpinistes italiens marquent un point sur les Austro-Allemands, enfonçant une sérieuse barrière psychologique.

L'escalade glaciaire subit le même genre d'évolution que l'escalade rocheuse. La mise au point de crampons précis munis de pointes frontales, le raccourcissement du piolet et l'utilisation de la broche à glace (1924) vont permettre de grandes réalisations, dont l'une des plus remarquables est l'ascension de la face nord du Cervin en 1931. Les frères Franz et Toni Schmid, venus de Munich à vélo, attaquent la face le 31 juillet. Ils progressent en cramponnant dans la pente de neige, sans tailler de marches, s'assurant sur pitons. Ils bivouaquent dans le haut de la face et atteignent le sommet le 1er août. Leur rapidité fit l'effet d'une bombe dans les milieux alpins et prouva le bien-fondé des méthodes révolutionnaires austro-allemandes.

La France eut aussi à cette époque quelques très bons glaciéristes, tels les frères de Lépiney, Jacques Lagarde ou Henri de Ségogne, qui prouvèrent leur maestria à l'aiguille du Plan ou aux Droites. Mais en ce domaine la figure légendaire reste celle du guide chamoniard Armand Charlet, dont la technique de cramponnage a marqué plusieurs générations.

Cependant, tout le petit monde alpin n'avait d'yeux que pour ces éperons vierges, ces parois vertigineuses ou ces murailles rébarbatives prises dans les glaces, que recelaient encore les Alpes. Ce sont les grandes faces nord : Eiger, Grandes Jorasses, Drus. Elles allaient bientôt déclencher

d'ardentes compétitions et, malheureusement, faire couler l'encre des journalistes en raison des drames provoqués par leur conquête.

Le premier des « derniers grands problèmes des Alpes » à être résolu fut l'éperon Croz, à la face nord des Grandes Jorasses. Il est tombé aux mains de Munichois, Rudolf Peters et Martin Meier, alors que des Français, des Suisses et des Italiens l'avaient tenté à plusieurs reprises. Il fut même répété aussitôt par Giusto Gervasutti et Renato Chabod, ainsi que par Raymond Lambert et Loulou Boulaz, la plus grande alpiniste suisse.

Une autre belle face nord fera parler d'elle et peut être versée au carnet de courses des Français. C'est celle des Drus. Pierre Allain et Raymond Leininger y unirent leurs connaissances de l'escalade acquises sur les rochers de Fontainebleau.

Cependant, ce fut la conquête de la face nord de l'Eiger qui eut le plus de retentissement : ce fut une tragique épopée. En une fois, l'Ogre de l'Oberland tua quatre personnes dont l'agonie fut suivie à la jumelle de la Petite Scheidegg sans que personne puisse vraiment intervenir. Les sauveteurs virent mourir sous leurs yeux Kurz, dont un mousqueton était coincé dans la corde de rappel. Les autorités suisses songeaient à interdire cette escalade meurtrière, quand, en 1938, après quatre jours de lutte, deux Allemands, Anderl Heckmair et Ludwig Vörg, et deux Autrichiens, Heinrich Harrer et Fritz Kasparek, arrivèrent au sommet, mettant un terme à cette folie collective.

Seul l'éperon Walker, aux Grandes Jorasses, restait vierge. Les Italiens Riccardo Cassin, Gino Esposito et Ugo Tizzoni, sans bien savoir où se dressait le fameux éperon invincible, en feront leur affaire en 1938, clôturant ainsi la bataille pour les grandes faces nord.

Après la guerre, une fois encore, les alpinistes vont avoir à préciser leur jeu. Que leur reste-t-il ? Une seule alternative : l'ouverture de voies dans des parois secondaires ou la répétition des grandes voies forcées durant l'entre-deux-guerres. Ainsi Lionel Terray et Louis Lachenal attaquent l'Eigerwand, Gaston Rébuffat et Édouard Frendo l'éperon Walker. Les Parisiens Lucien Berardini, Adrien Dagory, Marcel Lainé et Guido Magnone ouvrent la fantastique face ouest des Drus en 1952.

Trois ans plus tard, les Drus seront à nouveau le théâtre d'un grand exploit. Le jeune Italien Walter Bonatti, lourdement chargé, se dirige vers le pilier sud-ouest des Drus. Il est seul. Au terme de six jours d'efforts, après cinq bivouacs, il sort au sommet !

On pousse toujours plus loin l'art de l'escalade, aux limites de l'acrobatie, mais le plus souvent à l'aide de pitons à expansion qui nécessitent un forage au tamponnoir. Bonatti et d'autres s'élèvent contre cette pratique : pour lui, « c'est tuer l'âme de l'escalade, qui devient une fin en elle-même, quelque chose d'aride et de brutal, donc sans raison d'être réalisé ». L'ère de la directe et de la directissime s'ouvre. La célèbre maxime de Comici, « ouvrir des voies droites comme la goutte d'eau qui tombe », fait fureur : directe autrichienne à l'Eiger (1961), directe américaine aux Drus (1962), directissime américaine, anglaise et allemande à l'Eiger (1966)...

Les Alpes sont désormais visitées par les Japonais, les Polonais, les Tchèques et les Américains. Ces derniers ont apporté leurs techniques d'escalade mises au point sur les grands murs du Yosemite : pitons en acier spécial, cordes fixes. Ils assurent leur suprématie en ouvrant en 1963 la face sud du Fou, considérée alors comme étant la voie rocheuse la plus difficile du massif du Mont-Blanc.

Puis l'idée même de directissime s'estompe, on recherche la difficulté pour elle-même. Si la roche n'est pas assez rébarbative, on lui préfère une

1965 : Walter Bonatti, au cours d'un bivouac au Cervin. Ce grimpeur italien, né en 1930, est toujours considéré comme l'un des plus grands alpinistes contemporains.

Hivernale : René Desmaison en janvier 1973, lors de l'ascension de la face nord des Grandes Jorasses, en compagnie de Giorgio Bertone. Né en 1930, René Desmaison reste l'un des alpinistes français les plus connus du grand public.

ascension à l'heure où le gel mord la pierre, ou une ascension en solitaire. Toutefois, l'hivernale n'est pas une nouveauté, puisque en 1876 Jean Charlet et sa femme, Isabella Stratton, firent celle du mont Blanc! Cependant, cette pratique devient systématique sur les faces les plus dures.

Le personnage qui résume le mieux l'alpinisme de ce temps est Walter Bonatti. C'est aussi le plus grand. Il cumulera toutes les difficultés en réalisant, en hiver, une première en solitaire dans la face nord du Cervin. C'était en 1965. Chacun s'en souvient. Il avait choisi cette ascension « exemplaire » pour quitter la scène alpine, l'abandonnant volontairement à trente-cinq ans, pensant qu'il n'avait plus rien à y « dire ».

Désormais, toutes les grandes parois sont non seulement ouvertes, mais parcourues en solitaire et en hiver. Le matériel fait encore d'énormes progrès, les vêtements sont devenus chauds et légers, l'entraînement se poursuit intensément dans les écoles d'escalade, rendant le sixième degré courant; les jeunes générations se retrouvent donc dans l'obligation, une fois de plus, d'inventer de nouvelles règles à leur jeu.

C'est ainsi qu'on en vient à considérer la façon dont on parcourt une voie et les moyens employés à cette fin. L'Italien Reinhold Messner, le grand protagoniste de l'alpinisme moderne, pense que « la valeur d'un alpiniste est inversement proportionnelle au poids de ferraille qu'il transporte sur lui ». Sous les influences américaine et anglaise, on abandonne le piton, qui abîme la roche à force d'être planté et retiré, au profit du coinceur, sorte de boulon que l'on coince dans les anfractuosités. On parle de *clean climbing* et l'on discute éthique. La gent alpiniste élabore à nouveau ses règles, non sans remous, au sein d'un petit cercle fermé. Le septième degré est officiellement reconnu en 1979. Il faut dire qu'avec l'essor prodigieux des écoles d'escalade le niveau technique s'est élevé. Non seulement on gravit en « libre » toutes les voies ouvertes précédemment en « artificielle », mais tout récemment le mot « libre » a pris un sens précis et implique qu'on ne se serve d'aucun point d'assurance pour la progression. Interdit désormais de toucher un piton. Qu'on se le dise! Ainsi peut-on parcourir à nouveau toutes les voies. Le massif du Mont-Blanc devient un grand gymnase, où la vitesse est un élément de comparaison dans l'exploit.

Le domaine glaciaire subit la même évolution. Les piolets sont devenus très sophistiqués et la technique frontale de progression est adoptée par tous. Le fin du fin est de gravir des goulottes dégoulinantes de glace pour le seul plaisir de défier la verticale.

La tendance générale en alpinisme est donc à la « sportivisation » et à la spécialisation, qui pourraient aboutir à une séparation de l'alpinisme et de l'escalade. Les « accros » de la « grimpe » doivent pour se maintenir sur l'avant-scène de l'escalade de pointe s'entraîner chaque jour que Dieu fait. Pour ceux qui préfèrent les grands espaces, la neige et la glace, l'Himalaya est désormais le terrain d'élection. Les expéditions dans les chaînes lointaines se sont considérablement développées ces dernières années, déplaçant la « scène alpine » à travers la planète.

Cependant, nul besoin d'aller dans l'Himalaya pour satisfaire une quête personnelle, les petits vallons neigeux ou les cimes affûtées des Alpes peuvent toujours dispenser l'aventure et le plaisir. A chacun sa voie.

CHRISTINE DE COLOMBEL

L'E.N.S.A.

N'importe quel œil, même un tant soit peu distrait, est venu buter sur ces coupoles bétonnées surmontées de tours lancées à l'assaut du ciel chamoniard. Ce complexe futuriste est le domaine de la célèbre École nationale de ski et d'alpinisme, à la renommée internationale.

Née en 1943, cette école a la charge de former les moniteurs de ski et les guides de haute montagne, ainsi que de parfaire les connaissances techniques de certains douaniers, gendarmes et C.R.S. Son histoire est assez complexe, mais 1948 et 1949 seront des années marquantes. Elles lui donneront une assise administrative, et les métiers de guide et de moniteur seront pour la première fois définis et organisés par des textes, sous l'impulsion de Lucien Devies, président de la Fédération française de la montagne.

En 1957, Jean Franco, alpiniste de renom, est nommé directeur, et il n'aura de cesse de renforcer la qualité de l'enseignement et d'ouvrir cette école vers l'extérieur. Après lui, plusieurs directeurs administratifs ont prolongé sa tâche, le dernier étant Marcel Pérès. Désormais, le métier de guide n'est plus réservé aux seuls Chamoniards. L'examen ayant un caractère national, il permet aux gens des villes d'accéder à ces métiers, s'ils obtiennent, évidemment, les brevets de l'E.N.S.A.

MONT BLANC SUPERSTAR : LES 4 000 APPRIVOISÉS

« Cabine nº 24, au départ! » A peine cet ordre a-t-il fusé dans le ciel étonnamment bleu d'une matinée d'avril qu'une houle de corps, un brin électrisés par une attente lassante, me pousse vers les cabiniers du téléférique de l'Aiguille. L'Aiguille, c'est bien sûr l'aiguille du Midi, un des joyaux du massif du Mont-Blanc. A cette époque des hordes de skieurs se font catapulter à plus de 3 000 mètres, sans toujours très bien savoir ce qui les attend, pour ensuite se laisser glisser sur les 16 kilomètres que forment le glacier du Géant et la Mer de Glace. C'est la vallée Blanche la bien-nommée... les jours où les « monchus » — les non-Chamoniards — sont restés chez eux. Dans la benne, tous ces handicapés, plastifiés jusqu'aux genoux, ne peuvent s'empêcher de japper, glousser, pousser des cris. A leur décharge, passer aussi brusquement, en quelques minutes, des pollutions de la vallée de Chamonix à l'univers éblouissant des cimes doit créer un choc auquel il faut bien parer d'une manière ou d'une autre.

Pour moi, il en est tout autrement. Voilà près de cinq mois que j'ai quitté la vallée, et le manque est si fort qu'il me fait oblitérer cette foule. Non pas manque de montagnes, je débarque de l'Himalaya, mais manque de ce jardin féerique avec lequel je tisse des liens depuis des années. Ce fichu massif du Mont-Blanc, je ne m'en lasse jamais.

Les flancs molletonnés de forêts ont disparu et je guette déjà l'arête parfaite de l'éperon Frendo, qui court en bordure de lumière pour buter contre un gros rognon rocheux le plus souvent caparaçonné de glace. Indifférent, cet éperon en face nord, pour les millions de regards tombés du ciel — lui ou un autre! Moi, j'en sens le cristal de neige sous les pieds, le picotement de la chaleur solaire quand on émerge à son faîte, s'extrayant enfin de l'ombre. Magie des faces nord. C'était en... Mais déjà la cabine heurte violemment le béton, interrompant mes rêves. Là, sur l'arête qui tombe mollement de l'Aiguille, des dizaines de petits points noirs s'agrippent, paralysés par la peur que les précipices ouvrent sous leurs pas. Si pour moi il s'agissait d'un voyage initiatique et non d'un retour où je laisse venir à moi les nervures d'une neige et d'un roc que je devine, que je sais, j'enragerais très fort.

L'air enfle les poumons qui se dilatent. Le soleil sur la neige éblouit et brûle. Une balustrade à touristes soutient mes errances. A mes pieds la combe Maudite, piège infernal par mauvais temps, tend ses draperies immaculées et sages; plus loin, la face nord de la Tour Ronde, où j'ai failli me faire lyncher parce que j'étais en jean, en solo et sans montre; à droite, un mont Blanc du Tacul débonnaire est en marche vers le mont Blanc roi; au fond, de profil, les altières Grandes Jorasses et mon cœur se serre : souvenirs d'un ami cher mort en montagne. Et à tous ces gens qui pépient alentour, j'ai envie de susurrer les mots de Roger Frison-Roche : « Il est encore temps de fuir si vous préférez la mer... On ne joue pas impunément avec la montagne, on y vient en sceptique, on admire avec condescendance, ensuite on s'étonne, puis on regimbe contre cet attrait qui triomphe de vous peu à peu et enfin, vaincu, on cède! Désormais on ne peut plus se passer de montagnes. On est pris, on est « fait ». Mais c'est là une autre histoire, bien qu'un peu celle du toit des Alpes.

Le massif du Mont-Blanc, dont la réputation mondiale n'est plus à faire, abrite, sous sa « grande coupole blanche », 7 vallées, 71 glaciers, 400 sommets, le tout regroupé sur 50 kilomètres de long et 15 de large, en son centre. Qui dit mieux? Depuis 1860, ce superbe gâteau fourré de neige à perpétuité est découpé par les hommes, les langues, les frontières et les traditions. France, Italie et Suisse gardent jalousement leur trésor, mais les hommes sont en fait de la même race, burinés par les vents de neige, les orages, les miroitements des glaciers, les travaux communs à tous les montagnards du monde.

La France n'a décidément aucune raison de se plaindre, elle règne sur trois des sept vallées et non des moindres : celle de Chamonix, la prestigieuse, celle de Montjoie, le nom en dit assez long, et la plus secrète, celle des Glaciers. Cette dernière n'est en fait qu'un alpage d'été où le seul hameau des Chapieux vit de l'élevage des vaches tarines. Le col de la Seigne,

Les Drus (3 754 m), l'aiguille Sans-Nom (3 982 m) et l'aiguille Verte (4 121 m). Une grandiose trilogie classique, façonnée dans un beau granite. Un décor immuable à la splendeur intacte, symbole des géants des Alpes.

Les célèbres aiguilles de Chamonix au clair de lune : Blaitière (3 521 m) et le Plan (3 673 m). Des « sublimes horreurs » aux 4 000 banalisés, le tourisme alpin a massivement pris d'assaut les « cathédrales de la Terre ».

ouvert sur l'Italie, permet d'admirer le mont Blanc et sa majestueuse arête de Peuterey. La vallée contiguë, Montjoie, est nettement plus importante. Elle s'étend à l'ombre des dômes de Miage et de l'aiguille de Bionnassay, entre le col du Bonhomme et les méandres de l'Arve. Saint-Gervais se réclame du mont Blanc et possède sa compagnie de guides. C'est sur les pentes du Prarion, à travers les alpages du col de Voza, que s'élève le tramway électrique du mont Blanc. La vallée des Contamines s'est ouverte au tourisme et surtout aux sports d'hiver. Ici, les montagnes sont restées sauvages en dépit de sommets et de glaciers bien sages tel Trélatête.

Qu'en est-il de la troisième vallée, celle de Chamonix ? Elle surpasse toutes les autres en beauté, pittoresque et histoire. Bien que « vendue » dès ses origines au tourisme à la suite des aventures de Wyndham, Pocock ou Saussure, bien que les clarines se soient tues dans les alpages et que, par moments, on se croie plus près du Lourdes ou du Mont-Saint-Michel des bazars que des « glacières » du mont Blanc, envers et contre tout on l'aime. On l'aime pour ses pics, ses pinacles, ses arêtes échevelées. Devant ce spectacle fabuleux, et pour peu que l'on connaisse les paroles magiques qui ouvrent d'autres mondes plus secrets, on lui pardonne tout, ces foules hystériques pendues à ses flancs de roc et de glace, sa vénalité touristique, et même ses troupeaux de Japonais débarqués par cars entiers pour aller faire clic-clac Nikon sur le dos du mont Blanc — c'est compris dans leur tour d'Europe !

En cette tiède journée, les montées Pélissier grimpent sec. Mai est encore croissant, et l'on a toute raison de songer que la Mecque des alpinistes jouit d'un bref repos avant l'invasion saisonnière. A nous la vallée pour un pèlerinage secret. Les arcades du

Au col Moore, au pied de l'éperon de la Brenva. Un univers presque vierge encore, délicieusement aérien, jardin secret de tout amateur d'abîmes, puriste ou profane.

UN TOURISTE ROMANTIQUE

1832. Alexandre Dumas a trente ans. Jeune et célèbre, il fait partie du Tout-Paris romantique à l'heure où cette ville est la capitale intellectuelle et artistique de l'Europe. Romantique, il l'est de par la génération à laquelle il appartient, mais aussi de par le ton intimiste de ses écrits et la sensibilité qu'il manifeste au contact de la nature. A cette époque, la montagne, après avoir ouvert ses portes aux scientifiques, va connaître ses premiers touristes. Elle va devenir le haut lieu de l'exotisme par excellence. Dumas, sur les traces de Chateaubriand, Lamartine ou Hugo, ne résiste pas à cet attrait et gagne les Alpes. Il conte ici sa première rencontre avec le toit de l'Europe, observé du col de Balme, au bout de la vallée de Chamonix.

« Depuis quelque temps, l'air se rafraîchissait; nous montions toujours, et déjà nous étions arrivés à sept mille pieds à peu près, au-dessus du niveau de la mer... Une bise froide passait de temps en temps et glaçait tout à coup sur mon front la sueur que la fatigue y rappelait bientôt. Ce fut avec une véritable joie que j'appris de mon guide que nous allions apercevoir l'auberge du col de Balme... J'étais si pressé de trouver du feu et une chaise que je me précipitai dans l'auberge sans prendre le temps de jeter un regard sur cette fameuse vallée de Chamouny...

« Lorsque le froid et la faim, ces deux grands ennemis du voyageur, furent un peu calmés, la curiosité reprit le dessus. Je me fis conduire les yeux fermés, par mon guide, à l'endroit le plus favorable pour embrasser d'un coup d'œil la double chaîne des Alpes, et bientôt je me trouvai placé sur un point assez élevé pour ne rien perdre de son étendue. Alors j'ouvris les yeux, et, comme si une toile se levait sur une magnifique décoration, je saisis, avec un plaisir mêlé d'effroi de me voir si petit au milieu de si grandes choses, tout l'ensemble de cet immense panorama, dont les dômes neigeux, dominant la riche végétation de la vallée, semblent le palais d'été du dieu de l'hiver.

« En effet, aussi loin que la vue pouvait s'étendre, ce n'étaient que pics décharnés, à chacun desquels pendaient, comme la queue traînante d'un manteau, les scintillantes ondulations d'une mer de glace. C'était à qui s'élancerait le plus près du ciel, de l'aiguille du Tour, de l'aiguille Verte et du pic du Géant; c'était à qui descendrait le plus menaçant dans la vallée, des glaciers d'Argentière, des Bossons ou de Taconnaz. Puis, à l'horizon, qu'il ferme comme s'il était la dernière sommité de cette chaîne que sa masse nous dérobe et qui fuit vers les Pyrénées, dominant pics et aiguilles, couché comme un ours blanc sur les glaçons d'une mer polaire, le frère du Chimborazo et de l'Immaüs, le roi des montagnes de l'Europe, le mont Blanc, cette dernière marche de l'escalier de la terre à l'aide duquel l'homme se rapproche du ciel. Je restai une heure anéanti dans la contemplation de ce tableau, sans m'apercevoir qu'il faisait quatre degrés de froid. »

Impressions de voyage, 1834.

L'aiguille Noire de Peuterey (3 773 m) et les Dames Anglaises. « Une flèche rocheuse d'une fascinante hardiesse de lignes. » (Samivel.) Cette illustre Noire, tant convoitée, a souvent été le théâtre de cruels drames de l'Alpe homicide.

viaduc de Sainte-Marie dessinent déjà l'entrée du sanctuaire. Fébrilement, je tente d'apercevoir les premières glaces croulant du dôme du Goûter. A côté, l'aiguille du même nom déploie sa muraille-contrefort. Puis, sans crier gare, au détour d'un lacet, le paysage s'élargit : l'aiguille du Midi dresse ses 3 842 mètres et annonce que nous sommes dans la vallée de Chamonix. Cette dernière court du col de Voza au col de Balme, dominée par une houle de pics et un amoncellement de glace : c'est une des merveilles de l'Europe.

Le mont Blanc en majesté, vu du sommet de l'aiguille Verte. La cime des cimes n'est plus ce qu'elle était. « Must » absolu, le toit de l'Europe, désormais si couru, a promu l'aventure à la portée de tous.

Une courte halte à Chamonix permet de jouir de cet édifiant paysage. Les terrasses de café ne manquent pas. Ne rêvons plus, Chamonix est devenu une vraie ville aux bras tendus vers Le Brévent, Les Houches ou Les Praz. Nous sommes loin du prieuré isolé en plein champ et près duquel se blottissaient de pauvres masures. En revanche, si on lève les yeux vers le ciel, rien n'a changé. Le compte y est, pas une tour de plus, pas une de moins. Le gros dos du mont Blanc fait toujours une bosse un peu en retrait, pas immédiat à localiser. Ses glaces cascadent jusque dans la plaine. Le glacier des Bossons, en effet, « pousse », comme disent les montagnards pour évoquer sa nouvelle crue, brisant sa surface miroitante en gigantesques crevasses. Il confère à la vallée, avec le glacier de Taconnaz et une multitude d'autres béant sur le vide, son caractère glaciaire. Suivons les crêtes. On enjambe le mont Maudit, on se laisse glisser sur les pentes redondantes du mont Blanc du Tacul et c'est le col du Midi. Viennent ensuite les superbes aiguilles qui dressent avec profusion gendarmes, clochetons, arêtes affûtées entrecoupées de névés cotonneux ourlés de douces corniches. Elles n'ont rien à envier aux dômes qui les supplantent à un jet de pierre. D'ailleurs leur belle protogine rouge fait le bonheur de tous les grimpeurs de la terre. Écoutez-les parler du grain de la face ouest de Blaitière : intrigué, vous voudrez palper vous aussi cette roche qui fait affleurer le plaisir. Quoi de plus beau que l'ensemble Plan, Blaitière, Grépon, Grands Charmoz !

Mais la vallée n'a pas fini de surprendre. Au sortir de la forêt des Bois, à quelques pas du village des Praz, un fantastique obélisque fauve impressionne le ciel : ce sont les Drus. La face ouest du Grand Dru n'est que dalles

LE MONTENVERS D'HIER ET D'AUJOURD'HUI

Le Montenvers ? Ce haut lieu touristique est presque aussi célèbre de par le monde que le mont Blanc lui-même. Pas un Japonais n'accepterait un tour d'Europe dans lequel cet endroit ne serait pas consigné. Prononcer son nom suffit à faire surgir dans chaque imagination, tel un réflexe conditionné, des cimes neigeuses en toile de fond, un fleuve pétrifié, la Mer de Glace, vers lequel cahote un petit train rouge, le fameux petit train qui, avant sa création en 1908, avait engendré tant de haine de la part des Chamoniards propriétaires de mulets. A cette époque, c'est avec leurs bêtes qu'ils menaient les « voyageurs » sur ce belvédère pour admirer les « glacières » de Chamouny. Redoutaient-ils le chômage? Leurs craintes se sont avérées inutiles puisque, aujourd'hui, ce site reçoit 450 000 visiteurs par saison !

Mais qu'est-ce que le Montenvers? Un superbe promontoire à l'extrémité des aiguilles de Chamonix qui permet d'être de plain-pied avec l'univers des cimes. Du bord d'une terrasse, tout en sirotant un coca sous un parasol pour éviter les éblouissants reflets de la glace, on peut admirer le gigantesque obélisque des Drus et le capuchon neigeux de la Verte, ou se heurter à la muraille altière des Grandes Jorasses. Au pied de l'aiguille du Tacul s'ouvre la dépression de la vallée Blanche. Sur la droite, l'Envers des Aiguilles et les Grands Charmoz. Sur le glacier même, des dizaines de petites fourmis, des grimpeurs, se dirigent vers l'un des nombreux refuges d'où ils partiront à l'aube pour une course. Envie de tâter du pied cette glace bleutée ? C'est possible en allant visiter la grotte forée à même la glace, véritable palais où des fées du froid ont sculpté fauteuils, tables et lits.

Paysage grandiose ! Paysage familier pour un alpiniste. Malheureusement, de nos jours, cahutes à cartes postales ou à glaces, plastique et béton, cohues et cris ont tendance à plonger dans l'oubli le passé de ce site découvert dès 1741 par les Anglais Wyndham et Pocock. Leur expédition est sans doute à l'origine de « l'explosion » du tourisme et de l'alpinisme dans la vallée de Chamonix. Sur leurs traces, les « nouveaux touristes » furent nombreux à se faire conduire à l'orée des glaciers du mont Blanc à dos de mulets ou en chaise à porteurs. La vague du romantisme aidant, tous voulaient contempler les montagnes devenues comme par enchantement « sublimes ». Goethe, l'impératrice Joséphine, puis Napoléon III et tant d'autres n'hésitèrent pas à faire le voyage, prenant quelque repos dans le temple de la Nature, en fait une cabane destinée à servir d'abri en cas de mauvais temps. Pas un Chamoniard n'imaginait alors l'avenir du Montenvers, avec ses millions de visiteurs débarqués par le fameux petit train rouge ou amenés par le sentier creusé par le fantasque berger Moutelet.

au-delà de la verticale. Plus haut dans la vallée, des hameaux se sont nichés dans les lieux protégés : Le Lavancher, La Joux, Les Iles, Monroc, Le Tour, Argentière. Ce dernier village se prévaut de deux richesses : l'aiguille Verte, le plus beau 4 000 entièrement en France, coiffé d'une superbe calotte glaciaire, et le téléférique des Grands Montets, qui offre aux skieurs l'un des plus magnifiques champs de neige d'Europe; il donne aussi accès au bassin d'Argentière. Là se dresse la fabuleuse barrière formée par la Verte, les Droites, les Courtes, le Triolet, le mont Dolent, en bordure des trois frontières. Un conseil : se perdre dans cet amphithéâtre au clair de lune pour aviver la magie de la haute altitude. Le village du Tour ponctue la vallée en amont. Ici, les montagnes sont plus calmes : aiguilles du Chardonnet et du Tour. En 1949, le glacier du même nom s'est effondré, découpant sur le ciel de gigantesques falaises de glace. Plus haut encore s'étendent le plateau du Trient et le glacier de Saleinaz, mais là nous sommes en Suisse. Les pentes douces de Charamillon et de Balme y mènent aussi.

Appréhender le massif dans son ensemble, en comprendre l'architecture secrète. La sente qui chemine au pied des aiguilles Rouges le permet, en dévoilant l'inconnu qui règne sur le cœur de la chaîne. Col des Montets — réserve naturelle —, lac Blanc, Flégère : grand flirt avec la Mer de Glace, qui abandonne ses eaux figées et fracturées, Drus, Verte, dans le lointain les Grandes Jorasses. Le sentier entraîne irrésistiblement plus loin, vers le Brévent. Ici, c'est la magie des dômes et des coupoles : le mont Blanc et ses acolytes dans toute leur splendeur. Émouvante reprise de contact absolument nécessaire avant de se glisser une fois de plus dans l'extraordinaire « terrain de jeu » des alpinistes : la vallée Blanche et ses alentours. Mais cette fois-ci, personne entre les montagnes et moi. J'exige le calme, j'exige l'heure où le soleil les prend de biais et où une neige nouvelle fait disparaître les outrages des foules. Sur l'arête immaculée, la neige crisse sous le pas. Les cristaux miroitent subtilement à cette heure tardive, et les montagnes semblent s'abandonner avec confiance à la douce torpeur d'une soirée printanière. Une petite brise fait écumer la neige sur les arêtes de Midi-Plan. Tout est « luxe, calme et volupté ». Les grandes dalles fauves de la face sud de l'aiguille du Midi s'embrasent aux couleurs du couchant. La gifle du vent saisit en traversant le col du Midi. L'envers du mont Blanc du Tacul est hérissé d'aiguilles, de piliers et de couloirs, où un célèbre alpiniste a accroché son nom, Gervasutti. Un peu plus loin sur la droite se profile déjà l'« énorme chicot rougeâtre » du Grand Capucin, dont la face est a promu Bonatti au rang des meilleurs grimpeurs. C'était en 1951. Derrière une barrière dentelée s'élève le gigantesque versant italien du mont Blanc, frangé de l'altière arête de Peuterey. Grandiose. A cette vue, la Tour Ronde semble se rétrécir,

Dans les séracs de la vallée Blanche. « Le plus grand danger peut-être des excursions alpestres : ces précipices... cachés à l'œil par une légère croûte de neige congelée, qui se dérobent sous les pas du voyageur et l'engloutissent. » (V. Hugo.)

et le paysage s'évanouit dans les espaces blancs du col du Géant. La dent du Géant pointe sa roche dans le ciel comme un fer de lance. A ses pieds oscillent, en monts et vaux, les très belles arêtes de Rochefort.

Puis le glacier s'énerve, entrouvre ses entrailles et laisse échapper des glaces d'un froid bleuté. Sur un rognon rocheux s'est ancré le refuge du Requin, paisible témoin de la vie du glacier et de l'hémicycle de Talèfre. Ce dernier est dominé par l'envers des Droites, des Courtes et de la Verte, où Whymper traça son fameux couloir en 1865, déchaînant un tollé chez les guides chamoniards. Il était accompagné d'« étrangers », des guides de l'Oberland ! Un peu en amont, le glacier de Leschaux ouvre une voie royale à l'une des plus belles, sinon la plus belle, des faces nord des Alpes : les Grandes Jorasses. Au loin, le Montenvers, déjà, et son ancien hôtel. Chaviré par le voyage, on s'y arrêterait bien. Aujourd'hui il est désert, cartes postales et souvenirs sont dans des

LES CRISTALLIERS

Chamonix n'a pas oublié ses cristalliers, eux que l'on a coutume de considérer comme les ancêtres des alpinistes, eux qui étaient les seuls, à leur époque, à oser s'aventurer en montagne. Leur métier consistait à rechercher des cristaux pour les vendre à Genève ou à Turin. Aux XVIIe et XVIIIe siècles, le quartz, ou cristal de roche, était très utilisé en joaillerie et lustrerie, et il provenait des massifs granitiques du Mont-Blanc et des Alpes valaisannes.

Cependant, la vie d'un cristallier n'était pas de tout repos, souvent même il devait prendre de grands risques pour ramener dans la vallée de belles prises. C'est que les fours étaient situés dans des endroits difficiles d'accès et demandant une approche scabreuse, comme l'écrit Saussure : « Ces veines blanches [quartz] se distinguent de loin et souvent à grandes hauteurs sur des murs verticaux et inaccessibles. Ils [les cristalliers] cherchent alors, ou à se frayer un chemin direct au travers des rochers, ou à y parvenir de plus haut en se faisant suspendre par des cordes. Arrivés là ils frappent doucement le rocher, et lorsque la pierre rend un son creux, ils tâchent de l'ouvrir à coups de marteau, ou en la minant avec de la poudre. »

Métier dangereux, comme le montre la mort d'un Simond, qui était allé fouiner sous la Mer de Glace, aux rochers des Mottets, là même où plus tard on devait extraire 400 kilos de magnifiques cristaux ! Toutefois, « le chemin habituel des crystalliers » partait de Chamonix, passait au Montenvers et continuait jusqu'au Jardin de Talèfre. Il est difficile de savoir jusqu'où ces vagabonds du cristal sont montés, mais il n'est pas impossible qu'ils aient atteint le col des Cristaux, à 3 601 mètres. Belle performance pour l'époque, où l'équipement était fort rudimentaire.

Puis un sérieux déclin s'est fait sentir. L'accès des fours était-il trop acrobatique ? Les grands gisements extra-européens cassaient-ils le marché ? Les cristaux passaient-ils de mode ? Toujours est-il qu'en quelques années la profession a pratiquement disparu. De nos jours, on note un certain regain, le cristal fleurit à nouveau aux vitrines de Chamonix, où se tient chaque année une Bourse aux minéraux. La production de cette vente vient désormais du monde entier, mais parmi les étals quelques-uns sont tenus par de jeunes guides chamoniards qui, à l'image de leurs pères, reprennent de temps à autre le marteau du cristallier pour leur plus grand plaisir.

La célèbre grotte de l'Arveyron. Les chercheurs de cristal s'y aventuraient au risque de leur vie.

Époustouflant boulevard des loisirs !
Et hyper-super M. Perrichon !
Un peintre du dimanche en mal de paisible éden alpestre, à deux pas d'une foule de kermesse déversée, fournée après fournée, par le petit train du Montenvers.

*Un guide et son client, sur une des dernières arêtes avant le sommet du mont Blanc. L'attrait du toit de l'Europe n'a pas faibli depuis la première ascension, réalisée à la fin du XVIII*e *s.*

Guides et alpinistes au refuge des Cosmiques, ancien laboratoire du C.N.R.S., point de départ classique pour l'ascension du mont Blanc par la voie normale.

boîtes. Le petit train n'a pas encore repris son service estival, déversant jusqu'à 8 000 personnes par jour en belle saison. A peine croyable...

Il faut dire que l'aventure touristique de Chamonix ne date pas d'hier. Elle est aussi vieille que celle de l'alpinisme. Les voyageurs y affluèrent à la suite de la conquête du mont Blanc. L'impératrice Eugénie et Napoléon III ne goûtèrent-ils pas aux tribulations d'un voyage sur la Mer de Glace ? Ensuite, ces messieurs les Anglais, Whymper, Mummery et bien d'autres, entichés de pics, débauchèrent les paysans pour les accompagner dans leurs escapades sur les cimes. Très vite, Chamonix est devenu la capitale de l'alpinisme. Les hôtels ont alors poussé comme des champignons. Sur la place de l'église stationnaient des mulets et leurs maîtres, en attente de clients à mener au Montenvers ou ailleurs. Un nouvel essor allait être donné au tourisme avec la création du joli petit train de la Mer de Glace, en 1908. Les rues de Chamonix ont rapidement « explosé », se remplissant de limousines aux cuivres étincelants, de boutiques de cristaux de roche, de banques... L'avenue de la Gare fut modifiée; on l'habilla d'arcades, tandis qu'un casino faisait son apparition. La Belle Époque frappait Chamonix de plein fouet. Les Jeux olympiques de 1924 allaient renforcer ce succès, ajoutant à la villégiature estivale une station de sports d'hiver.

La vallée se transformait à vue d'œil, mais c'était encore le temps où les alpinistes étaient l'objet d'une respectueuse admiration, car tous « ignoraient les régions où planaient leurs rêves ». La construction du téléférique de l'aiguille du Midi, en 1955, devait battre en brèche cette notion, révélant aux masses l'univers des cimes. La prévision de Samivel dans *l'Opéra de pics* était en marche. Aujourd'hui, elle est réalisée avec 450 000 visiteurs à l'Aiguille contre 200 000 en 1957. Cette progression galopante est un vivant témoignage de ce qu'est devenue la vallée.

Et le Chamoniard, « le vrai, le dur, le coriace, l'âpre au gain, le crystallier, le guide, le fermier, l'alpagiste et même l'hôtelier », qu'est-il devenu ? Après avoir abandonné les champs pour être guide, commerçant ou hôtelier, il a, pour Roger Frison-Roche, presque disparu. La meilleure preuve

n'en est-elle pas que lui-même, taxé d'étranger lors de son stage de guide, est désormais considéré comme un des anciens au même titre que les Ravanel, Couttet ou Simond ? « Chamonix n'appartient plus aux Chamoniards. » Ils n'ont pas su en préserver le caractère montagnard. Plus une vache, plus un petit métier, juste un fabricant de cloches, un tourneur de corne, un sculpteur sur bois...

En revanche, pour faire face aux 80 000 estivants qui, telles des nuées de sauterelles, envahissent la ville, les promoteurs sont légion. Le béton a jailli, voir l'E.N.S.A. ou le C.E.S. et, plus récemment, le complexe de Chamonix-Sud, une forêt d'immeubles près de la gare du téléférique de l'Aiguille. Tous les anciens hôtels de la Belle Époque ont été reconvertis en appartements. Pour faciliter flux et reflux humains, une autoroute, Genève-Chamonix, dotée d'un audacieux viaduc dans la plaine du Fayet, a été construite. Bien avant elle, le tunnel du Mont-Blanc, ouvert en 1965, avait contribué à modifier l'économie et les mœurs de la vallée.

Chamonix défiguré, Chamonix chantier. Un autre dossier est exemplaire de la difficulté qu'il y a à concilier aménagement et protection : c'est celui du téléférique des Grands Montets ouvert en 1964. Il fait aujourd'hui couler beaucoup d'encre et de colère. En effet, ce domaine skiable attire des foules et trois heures de queue pour une seule descente, certes grandiose, ne sont pas rares. Il avait donc été prévu de doubler le tronçon du bas et d'aménager une zone appelée la Pendant. C'était compter sans les amoureux de la nature et la Commission nationale de la protection de la montagne. Juillet 1982, le ministre de l'Environnement donne son feu vert pour ces travaux, mais à certaines conditions. Ces dernières n'étant pas respectées et la Commission ayant attaqué, le ministre revient sur sa décision en août de la même année. Coup de théâtre, impasse, une affaire à suivre...

On pourrait penser que la haute montagne, elle au moins, échappe à toutes ces sordides tractations. Aucun règlement ne semblerait devoir être édicté en ces hauts lieux de « solitude ». Grossière erreur ! De nos jours, de nombreux accidents sont dus à la surfréquentation des sommets, comme le montre celui de la Tour Ronde en 1979. Un jeune Anglais, en « dévissant » dans la voie normale, entraîna dans la mort sept autres grimpeurs qui progressaient sur l'arête. Autre exemple : au refuge du Goûter, c'est la « lutte pour la vie ». Il arrive que 400 personnes envahissent simultanément ce havre. L'alpinisme de masse a tué la « fraternité ». Un mont Blanc « assassiné », dit-on. Et ce n'est que trop vrai. Les remèdes ? Nous laisserons la parole à Alain Faujas du *Monde* : « Évidemment, le mont Blanc ne peut accueillir Sarcelles. Évidemment, les refuges de haute montagne ne peuvent être transformés en hôtels, en hôpitaux ou en vestiaires aseptisés. Mais, entre cette extrémité que personne ne préconise et la « pétaudière » dont nous avons été témoins, n'existe-t-il pas un terrain de recherche où l'intelligence et l'expérience pourraient élaborer des solutions qui épargneraient à la montagne d'être massacrée ou empoisonnée ? »

Après ce cri, qui oserait douter encore des « bienfaits » du tourisme ? Que l'amoureux des cimes ne désespère pas, cependant. Il est des heures où l'univers fantastique de roc et de glace du massif resplendit encore. Ces secrets-là, fort heureusement, ne sont consignés nulle part.

CHRISTINE DE COLOMBEL

L'UNIVERS DES GLACIERS

L'originalité de l'englacement des Alpes françaises n'est à chercher ni dans le nombre ni dans la taille des glaciers, ni dans l'ampleur des volumes de glace accumulés : dans tous ces domaines, ce sont les Alpes centrales, italo-suisses, qui, dans les Alpes, se placent au premier rang : la moitié de la surface englacée de la chaîne alpine se trouve en Suisse avec près de 1 500 kilomètres carrés. Les Alpes occidentales n'en comptent que 600 kilomètres carrés, dont près de 400 en France. La glaciation y est pourtant intéressante, car elle présente un échantillonnage très complet des types glaciaires rencontrés dans l'ensemble de la chaîne. Toutes les situations y sont représentées.

Les Alpes françaises possèdent les glaciers les plus méridionaux et les plus occidentaux des Alpes : les nuances climatiques très sensibles mettent tout particulièrement en évidence le problème de l'origine et de l'existence du fait glaciaire. Ce n'est donc pas un hasard si, historiquement, les glaciers des Alpes ont toujours constitué un terrain d'observations et d'expériences privilégié et si, très tôt, les glaciologues ont entrepris leur recensement, leur contrôle, leur analyse. Cependant, sur le territoire français, les connaissances que nous avons des glaciers alpins sont inégales et incomplètes. Si une trentaine — parmi lesquels les glaciers de la vallée de Chamonix, certains glaciers de Vanoise, du haut Arc, des Grandes-Rousses et de l'Oisans — ont été bien étudiés et assez régulièrement suivis dans leurs variations, les autres restent encore particulièrement mal connus ; or ils représentent un groupe numériquement fort, proche de 700.

Un premier état des surfaces des glaciers d'après la carte de l'état-major au 1/80 000 et les différents cadastres communaux a été publié au début du siècle. La superficie englacée était alors de 35 973 hectares pour la Savoie et de 15 921 hectares pour le Dauphiné et la Provence, soit un total de 51 894 hectares pour les Alpes françaises en 1895. De nos jours, les glaciers des Alpes occidentales sont au nombre de 1 018 et couvrent une superficie totale de 412 kilomètres carrés, soit une surface moyenne par glacier de 40 hectares et une perte de 20 pour 100 de la surface générale englacée en moins d'un siècle.

Les grands glaciers, de superficie supérieure à 1 000 hectares, peu nombreux, appartiennent tous au massif du Mont-Blanc : Mer de Glace, Argentière. S'ils représentent numériquement 0,3 pour 100 seulement du nombre total de glaciers, ils couvrent près de 10 pour 100 de la surface englacée des Alpes françaises, ce qui est beaucoup. Les glaciers dont la surface est comprise entre 200 et 1 000 hectares (6 pour 100 du nombre total) occupent 39,5 pour 100 de la superficie englacée. Il s'agit là d'une remarque de première importance : 7 pour 100 des glaciers représentent à eux seuls la moitié de l'englacement total des Alpes. Les 93 pour 100 de glaciers restant (respectivement 20 pour 100 de glaciers vastes de 50 à 200 hectares et 73 pour 100 de petits appareils dont la superficie est inférieure à 50 hectares) couvrent l'autre moitié.

L'influence de l'exposition se retrouve sur tous les plans, que ce soit à propos de la répartition globale des masses glaciaires, des superficies moyennes par glacier ou de l'altitude des fronts. Si les contrastes entre est et ouest sont peu marqués en moyenne, par contre les versants de secteur nord, nord-est, nord-ouest (où l'on retrouve les plus fortes superficies

Réseau de crevasses transversales. Cet aspect en « marches d'escalier » est dû à une accélération du glacier vers l'aval à cause d'une pente plus forte ou d'une zone d'accumulation.

Crevasses et chutes de séracs sur le glacier de la Brenva (mont Blanc). Grands dangers pour l'alpiniste, elles sont, en altitude, souvent recouvertes de neige et indécelables.

englacées, les plus grands glaciers et ceux qui descendent le plus bas) s'opposent nettement aux versants exposés au sud (surtout le sud-ouest et le sud), les moins fournis. A mi-chemin entre le Pôle et l'équateur (le 45e degré de latitude nord coupe la chaîne au niveau du col du Lautaret), les Alpes sont soumises avec un maximum d'intensité aux phénomènes d'adret et d'ubac : la répercussion de cet état de choses sur la distribution générale des glaciers dans l'espace et en altitude est incontestable.

La carte de distribution des glaciers dans les Alpes fait apparaître en outre une nette opposition entre les Alpes du Nord (du Léman jusqu'au sud du Pelvoux), richement dotées en glaciers (97 pour 100 de leur effectif pour 99 pour 100 de la superficie totale englacée), et la partie montagneuse située au sud-est du cours de la Durance, où la glaciation est réduite à quelques minuscules glaciers (30 glaciers et 441 hectares de glace).

Au nord de la Durance, les caractères particuliers et la répartition géographique des glaciers conduisent à distinguer plusieurs grands ensembles. Les massifs du Giffre, des dents du Midi et des aiguilles Rouges, c'est-à-dire l'ensemble montagneux situé au nord de l'Arve et de l'Eau Noire, portent plusieurs dizaines de petits glaciers (14 hectares en moyenne). Le massif du Mont-Blanc constitue un groupe très homogène avec un impressionnant système de puissants glaciers divergents (superficie moyenne de 182 hectares). Le massif de la Vanoise regroupe plusieurs massifs glaciaires dans sa partie orientale, la surface moyenne des glaciers y est de 69 hectares, comme au Grand Paradis tout proche. Du col de la Galise (Isère supérieure) à la chaîne des Cerces, la chaîne frontière, dont la retombée septentrionale constitue la rive gauche de l'Arc, porte un ensemble glaciaire assez riche au nord du Mont-Cenis. Les glaciers ont une superficie moyenne de 57 hectares. Ce groupe constitue un trait d'union entre le Grand Paradis et les Alpes du Dauphiné. Les montagnes dauphinoises, dont la puissance glaciaire est due surtout à la colossale forteresse que représente le massif des Écrins, forment le deuxième massif glaciaire des Alpes occidentales après celui du Mont-Blanc. Les glaciers dans leur ensemble ne sont pas vastes (moyenne de 40 hectares), mais leur nombre est très grand (334).

Au sud de la Durance, au contraire, la glaciation est limitée et éparse. La montagne alpine à ce niveau renferme le dernier ensemble glaciaire des Alpes occidentales, celui qui possède le moins d'unités : c'est le groupe des Alpes méridionales dont nous avons évoqué plus haut la faiblesse et la grande pauvreté, tant sur le plan du nombre que sur celui des surfaces englacées et des surfaces moyennes par appareil (15 hectares). Le groupe glaciaire le plus méridional des Alpes françaises est celui du Chambeyron (avec l'étonnant glacier rocheux du Marinet), tandis que le glacier le plus méridional est celui de la Blanche, non loin de Barcelonnette.

Vue aérienne de la Mer de Glace. C'est la langue terminale d'un imposant ensemble glaciaire du massif du Mont-Blanc, qui comprend le glacier du Géant et la vallée Blanche, prolongés par les glaciers du Tacul, de Leschaux et de Talèfre.

Les glaciers des Alpes françaises ont connu dans la période récente un maximum d'extension vers le milieu du XIXe siècle. Depuis lors, compte tenu de quelques phases de récurrence, ils n'ont cessé de reculer, libérant des « délaissées » plus ou moins grandes.

L'étude des marges proglaciaires ainsi mises en évidence par le retrait glaciaire a permis de retrouver, outre des formes originales, des troncs d'arbres et autres vestiges végétaux dont la datation par le C 14 donne une image assez révélatrice de l'histoire de la période holocène des 10 000 dernières années. L'histoire du post-Würm ainsi étudiée apparaît organisée autour de trois faits majeurs.

La période d'Alleröd, qui sanctionne la fin de la dernière grande glaciation, a vu dans les Alpes du Nord les fronts glaciaires remonter de près d'un millier de mètres entre 12 000 et 9 000 ans B.P. (avant le présent, conventionnellement 1950 av. J.-C.).

Depuis le Boréal, les glaciers ont oscillé sur un espace relativement restreint, celui des marges proglaciaires actuelles, permettant à cette altitude (de 1 500 à 2 300 mètres) une présence quasi continue des espèces arborées.

Les trois derniers millénaires ont été marqués par deux crues majeures : l'une de courte durée (de 1400 à 1300 av. J.-C.) ; l'autre plus longue (de 1500 à 1850), à laquelle est réservé le nom de « petit âge glaciaire alpin ».

L'analyse de la décrue qui suit ces trois siècles d'« impérialisme glaciaire » (selon l'expression d'Emmanuel Le Roy Ladurie) apparaît donc comme tout particulièrement importante : le siècle de décrue de 1860 à 1960 a connu trois périodes pendant lesquelles les glaciers ont marqué des avancées très nettes. De 1915 à 1930 se situe la première phase responsable de l'avancée de plus de 60 pour 100 des glaciers (tout particulièrement entre 1916 et 1919). Une petite crue a touché 20 à 30 pour 100 des glaciers entre 1939 et 1945, précédant le grand étiage de 1947-1953. Depuis 1955, une nouvelle crue, sensible surtout dans le massif du Mont-Blanc, où 90 pour 100 de l'effectif glaciaire a été touché, affecte seulement 20 à 25 pour 100 des glaciers des Alpes.

Le recul linéaire des glaciers s'est accompagné d'une diminution très sensible des volumes de glace et de l'épaisseur des principaux appareils. Cela a eu pour effet de multiplier les pointements rocheux à l'intérieur des nappes de glace (création des fameux « jardins de glaciers »), ainsi que le nombre des glaciers, l'accroissement numérique étant synonyme de faiblesse plus que de puissance glaciaire. L'étude des variations spatiales des glaciers alpins montre que les glaciers les plus grands ont été ceux dont le front se trouvait à l'altitude la plus basse et que, lors de la décrue, les pourcentages de perte en surface ont été d'autant plus forts que la surface du glacier était faible, le terme de la décrue se matérialisant souvent par une disparition pure et simple.

Il existe entre les fluctuations des glaciers et les variations climatiques un rapport évident et qui a été maintes fois souligné. Les glaciers des Alpes sont extrêmement sensibles aux nuances de l'évolution climatique. L'examen détaillé des paramètres du climat, explicatifs des variations glaciaires, fait apparaître le rôle fondamental des conditions climatiques récentes par rapport à l'année de mesure. Plus encore, ce sont les températures de printemps et du début de l'été précédant la saison d'ablation à la fin de laquelle est mesurée la variation qui sont essentielles.

La variation glaciaire est la résultante de deux effets contraires : d'une part, les apports de glace au niveau du front, d'autre part, l'ablation de cette glace. Ainsi, la crue récente des glaciers des Alpes occidentales s'explique par une chute assez nette de l'altitude de l'isotherme 0 °C, spécialement au printemps, la variation affectant en cette saison la tranche

LA MER DE GLACE, LE GLACIER LE PLUS VISITÉ DU MONDE

Plus d'un million de touristes, en moyenne, viennent annuellement sur les traces de M. Perrichon s'initier, l'espace de quelques heures, aux mystères du glacier. A pied par les sentiers du Lavancher ou suivant le sentier muletier, peu différent dans son tracé de l'antique sentier des cristalliers, en téléférique depuis Chamonix en gagnant l'aiguille du Midi ou depuis Entrêves en montant à la pointe Helbronner, en télécabine en traversant le fantastique décor de la vallée Blanche et du glacier du Géant, en train à crémaillère aussi grâce au fameux petit train du Montenvers : les moyens d'accès sont variés et spectaculaires.

L'histoire de la Mer de Glace, c'est aussi celle de ce petit train. La ligne, longue de 5,35 km, fut construite de 1900 à 1906. Le train allait abaisser le coût de l'excursion à 12 francs en 1908 et, en permettant à tout un public nouveau, non montagnard, de se transporter rapidement au Montenvers (trajet de cinquante minutes à la montée), devait faire très vite de la Mer de Glace le glacier le plus visité du monde. Il l'est resté.

L'électrification du chemin de fer en 1954 a accéléré les cadences (trajet aller en vingt minutes) : près de 12 000 passagers par jour à la mi-août. Par l'autre grande voie d'accès, le téléférique de l'aiguille du Midi, plus de 450 000 passages sont enregistrés annuellement. Pour beaucoup de ces touristes, c'est la seule « course glaciaire » qu'ils effectueront jamais.

Les glaciers de la Vanoise. Au centre, le dôme de Chasseforêt (3 586 m), la plus grande calotte glaciaire française avec ses 30 km²; au fond, le dôme de l'Arpont (3 611 m); à gauche, la dent Parrachée (3 684 m). Au total 80 km² de glaciers.

altitudinale 2 100-2 600 mètres, qui correspond précisément à l'altitude moyenne des fronts des glaciers du Mont-Blanc. Tous les glaciers des autres groupes glaciaires ont leurs fronts à une altitude moyenne beaucoup plus élevée, donc n'ont pu être touchés majoritairement par la fluctuation climatique récente.

Les crues glaciaires peuvent être parfois très spectaculaires ; ainsi dans le passé, au XVIIe siècle, avait-on vu les masses en mouvement culbuter chalets et granges, ravager les cultures. Plus près de nous, puisqu'il s'agit d'un phénomène actuel, le petit téléférique de chantier de la compagnie hydroélectrique travaillant à Argentière est pratiquement bloqué à un certain point de son itinéraire par le boursouflement du glacier. Il ne doit qu'au concours des hommes qui entretiennent artificiellement un passage (fusion à l'eau chaude et destruction à la mine, au pic à glace et au bulldozer) de continuer son trafic inlassable, insensible à la démesure du glacier.

Les glaciers des Alpes, comme tous les grands glaciers du monde, constituent une réserve d'eau à l'état solide tout à fait exceptionnelle, réserve dont l'intérêt économique, voire écologique, apparaît primordial. De plus, l'eau qui résulte de la fusion des glaciers joue à tous les niveaux, avec des intensités variables selon les moments et de façon directe ou indirecte, un rôle considérable dans l'aménagement morphologique de la haute montagne.

Les travaux de captage des torrents sous-glaciaires entrepris par diverses sociétés hydroélectriques (E.D.F., Emosson S.A.) ont rendu possible une connaissance approfondie de l'hydrologie sous-glaciaire, naturellement fondamentale en ce qui concerne l'érosion sous le glacier, mais aussi importante par le fait qu'elle explique grandement les anomalies du régime des torrents émissaires ainsi que leurs épisodes paroxysmaux.

La fusion sous-glaciaire est un phénomène perceptible très en amont des fronts glaciaires. L'écoulement sous-glaciaire des eaux est alimenté principalement par la fusion de la glace mais aussi de la neige, et par les précipitations liquides, la proportion de chacun de ces apports variant en fonction des années et des saisons selon des modalités relativement constantes. La fusion de la glace alimente, à la base du glacier, un ruissellement de type diffus qui peu à peu s'organise en un réseau complexe de chenaux empruntés successivement ou simultanément, abandonnés parfois. Les vitesses du flot sous-glaciaire sont de 15 à 20 mètres par minute, soit des vitesses notablement

JARDINS DE GLACIERS

A la suite de la large décrue qui a touché les glaciers alpins depuis la fin du XIXe siècle, de nombreux espaces ont été libérés par les glaces. Quelquefois des affleurements rocheux sont apparus au cœur même des espaces englacés et là, grâce à de maigres sols et malgré des conditions climatiques particulièrement rigoureuses, une vie végétale s'est installée. Il ne s'agit pas seulement d'une vie végétale primitive, mais bien d'une vie élaborée représentée par des plantes supérieures aux couleurs éblouissantes ; un véritable jardin d'agrément pour le visiteur qui, au terme de longues marches dans un monde minéral et glaciaire apparemment privé de vie, est surpris de découvrir ces lieux privilégiés, sortes d'édens montagnards : les jardins de glaciers.

Ils ne sont pas très nombreux à être ainsi sertis dans leur corolle de glace ; en territoire français, le plus accompli est le jardin de Talèfre, situé dans le cadre majestueux du glacier du même nom, qui fait partie du bassin de la Mer de Glace. Le plus souvent, ces jardins se trouvent en position latérale entre la langue glaciaire et les glaciers latéraux progressivement détachés du corps principal du glacier (Mer de Glace) ou encore sur le front du glacier (Saint-Sorlin, Lombard, Pilatte). Les plantes herbacées bien adaptées au milieu se présentent le plus souvent sous forme de coussinets, de rosettes denses avec un fort développement racinaire comparé à celui de l'appareil aérien, tandis que les plantes ligneuses sont représentées par des arbustes bas, couchés sur le sol.

Parmi les très nombreuses espèces végétales rencontrées, citons le tabouret à feuilles rondes, la campanule du Mont-Cenis, l'androsace pubescente, la renoncule des glaciers, la saxifrage étoilée, la saxifrage à feuilles opposées, l'armérie des Alpes, la benoîte traçante, le silène des rochers, le séneçon blanchâtre, la véronique des Alpes... autant de fleurs aux parfums suaves, aux coloris éclatants qui pigmentent le jardin d'éclairs lumineux.

L'apparition des premières plantes suit de très près la disparition de la glace. Cinq ans après, les premiers végétaux sont capables de coloniser le sol nu ainsi libéré. Vingt-cinq ans après, le taux de recouvrement est proche de 5 pour 100. Un siècle plus tard, ce taux atteint près de 50 pour 100; le paysage est alors complètement transformé : plantes pionnières et plantes de pâturage se juxtaposent en un tapis luxuriant où les saules rampants, arbres nains des altitudes supérieures, peuvent atteindre en fonction de leur âge et de leur situation près de 1 mètre de diamètre.

Saxifrage à feuilles opposées (Saxifraga oppositifolia).

plus faibles (6 à 10 fois moindres) que la vitesse des torrents qui dévalent des pentes de même pourcentage en dehors du domaine englacé. Mais sur de très courts tronçons, à la suite des mises en charge fréquentes, les vitesses instantanées peuvent approcher de 30 mètres par seconde, ce qui confère aux eaux sous-glaciaires chargées de sable une puissance d'érosion très supérieure à celle des écoulements torrentiels ordinaires.

Les épisodes paroxysmaux de l'hydrologie glaciaire, enfin, participent efficacement à l'œuvre d'érosion. Ce sont les crues torrentielles : celles dites « de fusion », qui ne sont en fait guère plus que des phases de hautes eaux, et les crues pluviales consécutives à de grandes averses, plus typiques du phénomène de crue, sinon du fait glaciaire. Les crues torrentielles les plus violentes sont celles qui résultent des débâcles glaciaires. Elles ne participent pas au régime ordinaire du torrent, mais se superposent à lui, parfois en position aberrante. Tout les distingue des crues de type pluvial : débits décuplés, cheminements différents, imprévisibilité presque totale, possibilités de transport et d'érosion incomparablement plus grandes. La production d'une débâcle glaciaire suppose en premier lieu l'existence en bordure, sur ou dans le glacier, d'un stock d'eau et ensuite son évacuation brusque. Il y en a eu de beaux exemples dans les Alpes du Nord. La plus meurtrière a été celle de Tête Rousse, en août 1892, à l'ouest du massif du Mont-Blanc, où, suite à la vidange brutale d'une poche d'eau estimée à 200 000 mètres cubes, toute la vallée en aval fut ravagée. La catastrophe fit 175 victimes dans les populations riveraines et détruisit en partie l'établissement thermal de Saint-Gervais-les-Bains.

Les glaciers sont également un formidable outil d'érosion qui a largement contribué à l'aménagement du paysage haut montagnard. L'érosion glaciaire s'articule autour de trois processus fondamentaux.

Les eaux sous-glaciaires constituent surtout pour les grands glaciers de vallée (Arve, Isère, Arc, Romanche, Durance) un des facteurs principaux de l'érosion, le plus spectaculaire et paradoxalement celui qui a été le plus méconnu jusqu'ici. A l'érosion chimique se superpose une autre érosion, mécanique celle-là, qu'expliquent les basses températures des eaux (0,3 à 0,6 °C), les transports solides (sables) abondants et, consécutives aux mises en charge fréquentes sous le glacier, les fortes vitesses. Les arêtes vives des sables rongent les roches d'autant plus facilement qu'ils sont projetés avec violence, un peu à la façon dont, dans l'industrie, on effectue le décapage au jet de sable. Ce mitraillage intense explique les érosions très vives que l'on relève, ici et là, sur les lits rocheux (Mer de Glace, glacier Blanc), les empreintes du travail par les eaux sous-glaciaires pouvant se regrouper

Glacier d'Argentière, dans le massif du Mont-Blanc : les séracs de Lognan. C'est le plus impressionnant des glaciers de la vallée de Chamonix, car il déploie ses 11 km au pied de la face nord de l'aiguille Verte.

en trois familles de formes : les polis torrentiels, les chenaux et les gorges sous-glaciaires qui constituent souvent de remarquables sites touristiques (gorges de la Diosaz...).

L'abrasion, quant à elle, peut être considérée comme le processus essentiel de l'érosion par le seul déplacement du glacier. L'intensité de l'abrasion dépend de la quantité d'inclusions rocheuses qui, entraînées par le glacier, atteignent le lit et surtout se maintiennent à son contact ; elle varie aussi en fonction du renouvellement du matériel abrasif, c'est-à-dire de la vitesse du glacier ; elle est enfin conditionnée par la nature même des roches encaissantes. Sur les marges latérales, le matériel morainique sous-glaciaire est plus abondant, plus grossier et hétérogène : aussi l'abra-

LABORATOIRE ET SPÉLÉOLOGIE SOUS-GLACIAIRES

Lorsqu'en 1969 les travaux de la société hydro-électrique franco-suisse d'Emosson S. A. aboutirent à ce qui allait être le premier des lieux de captage du torrent sous-glaciaire du glacier d'Argentière, un site particulièrement propice à l'expérimentation scientifique a été découvert. Sous près de 100 mètres d'épaisseur de glace, à plus de 2 kilomètres en amont du front glaciaire actuel, en plein cœur du glacier, était installé, dès 1970, le premier laboratoire véritablement sous-glaciaire existant dans le monde. Jusque-là, rares avaient été les occasions de voir le glacier à sa base, en action ; ici, à Argentière, non seulement il était possible de voir, mais plus encore, les mesures classiques de surface allaient pouvoir être doublées par toute une série d'enregistrements inédits à la base du glacier. Le fait que le glacier très rapide décolle de son lit rocheux et entretienne à l'aval du verrou de Lognan des cavités permanentes allait faciliter les choses. Ici, pas de fusion à l'eau chaude pour se frayer un passage et pénétrer sous le glacier. Non : plutôt de la spéléologie sous-glaciaire pour cheminer dans les cavités de dimensions très variables.

Dans la cavité sous-glaciaire principale, les glaciologues grenoblois du laboratoire de la Montagne alpine allaient commencer rapidement des mesures. Un appareil pouvant enregistrer le mouvement du glacier qui glisse sur son lit était installé peu après. Le « cavitomètre » devait très rapidement devenir le dispositif essentiel du laboratoire. Avec lui, il était possible de mesurer non seulement la vitesse de glissement du glacier sur son lit, mais aussi l'ampleur des décollements de la voûte glaciaire, la température ambiante de la cavité (température de l'air). La conception de l'appareil est simple. Le cavitomètre est constitué par un bras de 3 mètres de long, articulé au sixième de sa longueur sur le pied fixe. Le bras est doté, à l'une de ses extrémités, d'une roue cloutée maintenue au contact de la glace à l'aide d'un lest de 70 kilos placé à l'autre extrémité du bras. Par un forage exécuté dans le rocher, toute une câblerie assure la liaison avec l'enregistreur situé dans le laboratoire proprement dit, aménagé dans une vaste galerie creusée dans le rocher. Les valeurs du glissement du glacier sur son lit rocheux sont, au lieu de mesures, comprises entre 2 et 4 centimètres par heure, moyennes très élevées puisqu'elles correspondent à un déplacement de près de 1 mètre par jour, soit une vitesse parmi les plus fortes relevées sur des glaciers alpins.

Fusion sous-glaciaire à l'eau chaude à la base du glacier.

Le glacier du Tour. Un hélicoptère de la Sécurité civile de Chamonix survole le front du glacier. Celui-ci s'est effondré le 14 août 1949, et il est soumis depuis à une surveillance étroite.

sion, par striation, polissage et raclage, y est-elle maximale. Il en résulte une érosion aboutissant à un élargissement de la vallée, particulièrement à la base des versants, et contribuant à l'édification du fameux profil en U de la vallée glaciaire.

Le défonçage proglaciaire est le troisième processus par lequel le glacier exerce ses effets d'érosion. Il est fondé sur la puissance de transport du glacier qui pousse devant lui les fragments rocheux encombrant son passage. Il s'exerce non seulement avant et après les grandes crues glaciaires, mais aussi à chaque phase de décrue, que celle-ci soit périodique, annuelle, saisonnière ou journalière, car telle est la rythmicité des fluctuations des fronts glaciaires. Lors de chaque période de crue, la glace déloge les blocs fracturés, pousse devant elle les produits de l'érosion et accumule ces moraines, si typiques de l'environnement glaciaire nord-alpin.

Chaque glacier se révèle donc un agent d'érosion très complexe, mais cette œuvre d'usure du relief n'a sa complète efficacité que parce que le glacier est aussi un fantastique agent de déblaiement et de transport ; il est à la fois le pic, la pelle et la brouette. Les glaciers alpins ont transporté sur leur dos ou poussé devant eux des blocs très volumineux : les blocs erratiques. Ces blocs, on les retrouve encore dans l'avant-pays, jalonnant plus ou moins les limites extrêmes atteintes par les glaciers. Ils sont de toutes tailles : de 10 000 à 14 000 mètres cubes pour les plus gros, de 10 à 100 mètres cubes pour les plus fréquemment rencontrés. Le bloc erratique marquant la plus grande extension du glacier des Bois (Mer de Glace) portait le numéro 6 comme monument national français, bloc appartenant à l'État, « afin que l'on ne puisse pas le détruire et qu'il reste comme un point de démarcation de l'extension des glaciers des temps historiques ».

Le cadre morainique juxtapose des moraines latérales, généralement volumineuses, aux moraines frontales qui, sauf cas exceptionnels, se caractérisent essentiellement par la modestie de leur taille. Les moraines latérales sont un des éléments majeurs de la vallée glaciaire alpine, où elles soulignent de façon très systématique les niveaux de la dernière grande crue (milieu du XIXe siècle) des glaciers. Les arcs morainiques frontaux ne constituent jamais, sauf exception (Arsine, Baïlletta), de formations majeures. L'étude de la genèse de ces accumulations permet de mettre en évidence deux grands types de moraines frontales : les bourrelets morainiques de poussée, de 1 à 2 mètres de hauteur (exemple célèbre du plan des Évettes dans la haute Maurienne), et les moraines « d'entassement » plus volumineuses (15-20 mètres), qui témoignent d'un stationnement prolongé du glacier.

Dans le cadre morainique ainsi défini, les « glariers » ou « fonds de glaciers » occupent le cœur des marges proglaciaires. Ils correspondent, selon les conditions topographiques locales, à des formes d'érosion ou, au contraire, à des lieux d'accumulation.

Ces glariers se présentent sous forme de dépôts inorganisés ou de constructions ordonnées perpendiculaires au sens d'écoulement du glacier. Ce sont les glaciers rocheux (glacier du Marinet) et les coulées de blocs, les dépôts de glaces mortes, les moraines déposées et « plans secs », les champs de moraines moulurées (Saint-Sorlin), les plans des eaux d'origine lacustre ou fluvio-glaciaire (plan du Carrelet, Pré de Madame-Carle) dont les nombreux exemples dans les Alpes occidentales permettent d'apprécier toutes les nuances.

Les plans des eaux en particulier introduisent à l'intérieur des hautes vallées montagnardes les éléments essentiels de leur profil en long grâce aux successions de paliers qu'ils engendrent d'amont en aval, mais aussi de leur profil transversal en U, tandis que le moulage du glacier par les dépôts morainiques latéraux, en calibrant les talwegs, assure le caractère le plus universel et le plus typé de la vallée glaciaire.

ROBERT VIVIAN

BEAUFORTIN, TERROIR PASTORAL

La « vraie » montagne, elle existe encore. Il est possible de la découvrir, presque dissimulée, au bout d'une étroite route, longue de 18 kilomètres qui, depuis Albertville, conduit au cœur d'un massif resté à l'écart des grands bouleversements industriels et touristiques qu'ont connus les Alpes depuis le début du XXe siècle : le Beaufortin.

Ici, ni cheminées d'usines crachant leurs fumées dévastatrices pour la faune et la flore alpines, comme dans les vallées de la Maurienne (Savoie) et de la Romanche (Isère), ni « usines à ski » dévoreuses d'espaces vierges, comme dans la vallée de la Tarentaise (Savoie). La troisième grande vallée savoyarde est restée presque dans son état naturel, originel. Certes, les hommes se sont permis d'ajouter au paysage quelques chalets, de nombreuses chapelles et des églises surmontées de leur clocher à bulbe. Les premiers ont fière allure avec leurs toits recouverts de « tuiles de bois » — les ancelles — disposées sur des planches épaisses fixées aux chevrons de la charpente. Placées sur six ou sept épaisseurs, les ancelles, qui mesurent environ 80 centimètres, ne sont fixées par aucun clou ; elles tiennent par leur propre poids, seulement maintenues ici où là par de grosses pierres.

Ces chalets abritent, de bas en haut, les bêtes, les hommes, enfin les foins. Avec la grange, l'étable constitue la partie la plus importante du bâtiment. Les bêtes n'ont pas de litière, elles reposent sur un plancher en bois. Une simple rigole centrale recueille le purin et le conduit dans une fosse située devant la porte.

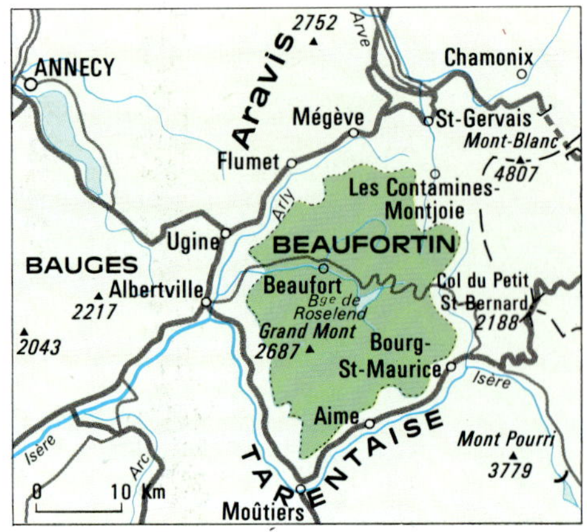

Une « civilisation de la vache » encore bien vivante : les alpages en témoignent, aux grands troupeaux de tarines dont le lait sert à la fabrication du fameux beaufort.

Le hameau de Boudin, près d'Arêches, aux vieux chalets étagés. Le charme discret d'une vallée savoyarde authentique, à la forte identité pastorale.

Au-dessus, l'habitation est le plus souvent rudimentaire. Elle se réduit généralement à deux pièces : le « mâjon » (cuisine) où trône la cheminée, et le « peile » (la chambre), presque toujours très grande, qui, l'hiver, sert à la fois de cuisine et de chambre pour diminuer le volume à chauffer. Quant au mobilier, il comprend un meuble à étagères ou un grand buffet, dans lequel est rassemblée la vaisselle, une table et quelques bancs ou des chaises.

La grange enfin, communiquant avec l'étable par des trappes par lesquelles sont jetés les fourrages dans les crèches. La grange lui est proportionnée. Il est nécessaire de pouvoir stocker suffisamment de fourrage pour nourrir le bétail pendant la mauvaise saison. La grange constitue l'essentiel de la partie visible de l'extérieur du chalet. Les grands bâtiments ont parfois des granges, divisées en plusieurs étages, qui sont utilisées pour séparer les diverses qualités de foin, notamment la première coupe, le regain, du reste.

La nature, généreuse dans le Beaufortin, a de tout temps offert à ses habitants un tapis forestier suffisamment dense qui a permis d'éviter le recours à la chaleur animale dans les habitations, alors que dans les vallées voisines de Tarentaise et de Maurienne hommes et bêtes vivent côte à côte dans les fermes.

« J'allais encore d'un pas tranquille chercher quelque lieu sauvage dans la forêt, quelque lieu désert où rien ne montrant la main des hommes n'annonçât la servitude et la domination, quelque asile où je pusse croire avoir pénétré le premier et où nul tiers importun ne vînt s'interposer entre la nature et moi. C'était là qu'elle semblait déployer à mes yeux une magnificence toujours nouvelle. L'or des genêts et la pourpre des bruyères frappaient mes yeux d'un luxe qui touchait mon cœur ; la majesté des arbres qui me couvraient de leur ombre, la délicatesse des arbustes qui m'environnaient, l'étonnante variété des herbes et des fleurs que je foulais sous mes pieds tenaient mon esprit dans

Un petit ramoneur savoyard au début du siècle. On le rencontrait souvent à Paris, où les romanciers populaires le mirent à la mode. Dans les Alpes, cette dure migration saisonnière, très spécialisée, permettait aux familles de subsister.

une alternative continuelle d'observation et d'admiration... » L'auteur des *Rêveries du promeneur solitaire*, quittant Chambéry, s'est-il rendu dans le Beaufortin pour y écrire ces quelques lignes ? Peut-être. Quelque deux cents ans plus tard, Rousseau éprouverait probablement la même sensation et les mêmes plaisirs en parcourant les routes et les sentiers du Beaufortin. Ici, la haute montagne est à la fois physiquement présente et maintenue à distance. Ni pics, ni cimes aux neiges éternelles, ni sommets escarpés (à l'exception de la Pierra Menta : 2 711 mètres) ne viennent troubler la douceur et l'harmonie du paysage. Et pourtant, le mont Blanc est bien là, majestueux, avec ses 4 807 mètres. Seul le mont Joly, plus modeste mais verdoyant, nous sépare de lui. Agrippées à ses flancs comme à ceux de la vallée d'Hauteluce et du Cormet de Roselend, les tarines affinent le prince des gruyères : le beaufort. Elles y savourent entre 1 500 et 2 500 mètres d'altitude des fleurs rares et délicates, une herbe grasse, elles respirent un air pur, frais et sec.

Les 2 300 têtes qui se répartissent sur les centaines d'hectares de pâturages produisent ici, dit-on, « le meilleur lait du monde ». Mais sans l'habileté et la technicité des hommes et des femmes de cette région, ce lait, si fameux qu'il soit, n'aurait pu seul donner naissance à un mets doté d'un si parfait arôme. Refroidi dès la traite, le lait est ensuite versé dans la cuve de fabrication, sans aucun traitement ni pasteurisation ou écrémage. Ce lait qui contient toute sa matière grasse est ensuite additionné de « présure traditionnelle » mise au point par le fromager. La lente gestation du fromage se fera presque naturellement, la pâte étant seulement brassée et chauffée jusque vers 50 °C. Le fromager soutirera enfin dans une toile la masse fumante pour la mettre sous presse. Le fromage prendra alors sa forme définitive, aidé par un cercle en bois de hêtre et des « foncets ». Quarante-huit heures plus tard, le beaufort, rangé dans les vastes caves de la coopérative fromagère, commencera sa longue période d'affinage. Il sera régulièrement retourné, salé et frotté. La meilleure façon pour reconnaître un beaufort : observer sa pâte, qui doit être uniforme et, à la différence des gruyères traditionnels, ne doit présenter aucun trou.

Le beaufort fait vivre aujourd'hui encore plus du tiers de la population du Beaufortin, accrochée à sa terre et à ses rudes pentes. Jardiniers de la montagne, ces éleveurs fauchent et ramassent l'herbe précieuse — véritable « or vert » pour l'économie locale — jusque dans les ravins et les bords des routes ; ils l'engrangeront ensuite dans les fermes et les chalets où elle assurera l'aliment nécessaire à la production du beaufort... d'hiver.

Si le lait constitue la première force économique du Beaufortin, l'eau représente la seconde richesse de cette région. Une eau recueillie à la fonte des neiges, retenue captive pendant l'été et l'automne, puis travaillée dans de puissantes usines hydro-électriques souterraines. Le Beaufortin pourrait ainsi être comparé à un énorme fromage... à trous cette fois. La montagne est en effet percée de part en part de tunnels, de galeries et de canalisations qui acheminent l'eau dans les barrages, dont le plus vaste est celui de Roselend, achevé en 1962, et qui retient derrière une muraille de béton haute de 150 mètres 187 millions de mètres cubes d'eau.

Source d'une incontestable prospérité, ces barrages ont permis aux communes du Beaufortin d'améliorer leur réseau routier, de s'offrir de puissants engins de déneigement, de se doter d'équipements qu'ils auraient dû, sans cette manne, quémander auprès de l'État ou du département. Mais la réalisation d'équipements hydro-électriques demeure aujourd'hui encore un sujet d'interrogation pour les habitants des quatre communes du Beaufortin : Hauteluce, Beaufort, Queige et Villard. Des centaines d'hectares d'alpages, de pentes herbeuses et de forêts ont été noyés, contraignant des agriculteurs à quitter leurs terres et leur région. Après avoir fait travailler 1 500 personnes pour la construction des ouvrages hydro-électriques, Électricité de France a ensuite quitté le pays en ne laissant derrière elle aucune activité créatrice d'emplois.

Si le barrage de Roselend n'a pas apporté de véritable préjudice au tourisme d'été — les 481 hectares du plan

L'HYDRO-ÉLECTRICITÉ

Dès la fin du XIXe siècle, l'intérêt des industriels savoyards a été attiré par le potentiel énergétique du Doron de Beaufort et de ses affluents. Mais il aura fallu attendre les années 50 pour que soit entreprise la construction du spectaculaire barrage-voûte de Roselend. Avec ses 804 mètres de longueur, celui-ci domine le fond de la gorge du Doron de 150 mètres.

Avec ses deux réservoirs complémentaires, les barrages de la Gittaz et de Saint-Guérin, l'aménagement hydro-électrique de Roselend accumule 213 millions de mètres cubes d'eau, et sa puissance est comparable à une tranche nucléaire. La valorisation de la cuvette de Roselend a nécessité l'apport d'eau venant de massifs montagneux voisins. Ainsi, une adduction souterraine d'environ 30 kilomètres permet de détourner vers Roselend les affluents de la rive droite de l'Isère. Ce sont au total près de 100 kilomètres de galeries, de tunnels, de canalisations, de conduites forcées qui assurent le remplissage des barrages du Beaufortin.

Le barrage de Roselend, comme ceux de Tignes en Savoie (225 millions de mètres cubes) et du Monteynard dans l'Isère (185 millions de mètres cubes), pourrait être assimilé à la « première génération » des barrages alpins conçus par E.D.F. Depuis quelques années, des barrages d'un type nouveau ont été construits. Leur cuvette est remplie pour partie par de l'eau d'origine gravitaire à laquelle vient s'ajouter de l'eau remontée grâce à de puissantes turbines-pompes, alimentées pendant les périodes dites creuses par l'énergie électrique d'origine nucléaire. L'eau ainsi stockée en altitude sera ensuite turbinée pendant les heures de forte consommation d'électricité, c'est-à-dire lorsque le courant double, voire triple son prix. Cette nouvelle technique, dite de transfert d'énergie par pompage, directement liée à la construction des centrales nucléaires, a permis de relancer l'étude de plusieurs projets d'aménagements hydro-électriques dans les Alpes. Ils avaient été abandonnés il y a vingt ou trente ans en raison de leur rentabilité insuffisante. A l'époque, seule avait été prise en compte l'eau recueillie sur les bassins versants des barrages. En 1985, le barrage de Grand-Maison, dans la vallée de l'Eau-d'Olle (Isère), sera mis en service. D'autres sites, comme ceux du Clou (Savoie) et de la haute Romanche (Isère), ont été retenus par Électricité de France pour y stocker de très importantes quantités d'eau.

Le barrage-voûte de Roselend, construit dans les années 50 au cœur du Beaufortin.

d'eau artificiel s'intégrant remarquablement au paysage —, il a en revanche réduit à néant un projet de stations de sports d'hiver. Le plus beau domaine skiable du Beaufortin, découvert par Roger Frison-Roche, un enfant du pays, et par le champion du monde de ski Émile Allais, est définitivement « tombé à l'eau », englouti sous 100 à 200 mètres. Dans sa fougueuse politique d'expansion. Électricité de France envisageait récemment de construire un cinquième barrage dans le Beaufortin, au Plan de la Laie. Il ferait disparaître de vastes alpages, un site remarquable et une flore exceptionnelle. « Veut-on noyer tout le Beaufortin ? » ont demandé les élus locaux, consternés par ce nouveau projet qui ferait de leur région le plus grand réservoir d'eau français et qui transformerait peut-être définitivement cette « petite Suisse » proprette et accueillante — « pays d'amitié », comme le proclament les affiches de l'office du tourisme — en désert humain.

Le Beaufortin est demeuré à l'écart de la « ruée urbanisante » des années 70. A quelques kilomètres seulement d'Hauteluce et de Beaufort, les promoteurs de « l'or blanc » ont conquis une large partie des montagnes qui dominent la vallée de la Tarentaise pour y installer leurs « usines à ski » et leurs « pièges à devises ». Le Beaufortin regretterait-il aujourd'hui d'être resté un jardin naturel, de ne porter aucun des stigmates que le développement des sports d'hiver a suscités ailleurs, et de privilégier les activités liées à l'économie pastorale, encore ponctuée par le seul tintement des clarines et les cris des enfants ?

C'est en pensant d'abord à eux que les habitants du Beaufortin lorgnent aujourd'hui les moindres pentes où pourraient être construites des remontées mécaniques et aménagé un nouveau type de stations tenant compte des hébergements existant déjà dans les villages de la vallée. La station des Saisies, avec sa vingtaine de téléskis et télésièges, ses 50 moniteurs et ses 5 000 lits, a ouvert la voie ici à un « tourisme doux » : le ski de piste et le ski de fond y cohabitent harmonieusement et, surtout, 90 pour 100 des gens qui y vivent et y travaillent sont originaires du Beaufortin.

CLAUDE FRANCILLON

TARENTAISE, LA RUÉE VERS L'OR BLANC

Le drapeau à damier noir et jaune flotte sur la station. Risque d'avalanche. Le Critérium de la première neige, qui est traditionnellement le coup d'envoi de la Coupe du monde de ski alpin, est en panne sous les flocons. M. Michel Barnier, député de la Savoie, en profite pour convoquer les journalistes, venus des quatre coins de l'Europe « couvrir » ces compétitions, dans la salle de presse, au sous-sol de l'office du tourisme de Val-d'Isère. L'occasion est belle en effet pour annoncer que « la ville d'Albertville et la vallée de la Tarentaise sont candidates à l'organisation des Jeux olympiques d'hiver 1992 ». L'enfant du pays, Jean-Claude Killy, triple champion olympique en 1968, apporte sa caution au projet.

« Haute vallée de l'Isère, la Tarentaise s'insère entre les massifs de la Vanoise et du Mont-Blanc. Pénétrant au cœur de la chaîne alpine, elle fut utilisée dès l'Antiquité comme voie de passage entre Savoie et val d'Aoste sur le versant italien. Avec le val d'Arly, voisin, elle ouvre les montagnes de Savoie aux circulations et aux échanges. Entrée dans une ère nouvelle avec le développement des sports d'hiver, la Tarentaise compte désormais parmi les toutes premières régions touristiques des Alpes », vante la plaquette remise à cette occasion. « Liée au thermalisme dès l'époque romaine, puis à la naissance de l'alpinisme au XIXe siècle, l'activité touristique a connu une expansion spectaculaire avec le développement du tourisme hivernal. En trente ans, la Tarentaise est devenue la reine des vallées alpines pour la pratique des sports d'hiver. Alliant l'équipement le plus moderne au respect du charme traditionnel, elle offre une capacité d'accueil de 200 000 lits et une densité d'équipement unique au monde. »

Reine des vallées alpines : on ne peut guère contester ce titre à une

Les Arcs 1800. Les Arcs étagent leur architecture sur trois niveaux, de 1 600 à 2 000 m. Terminée en 1968, cette station intégrée a misé sur le plein rendement de son équipement : un domaine skiable de 15 000 ha et des activités culturelles.

région qui compte désormais « dix téléfériques, trente-cinq télécabines, plus de cent télésièges et trois cents téléskis qui desservent 1 500 kilomètres de pistes balisées et placent la Tarentaise au premier rang du monde pour la qualité et la diversité du ski offert. En outre, dix stations possèdent des stades de slalom, six des stades de descente, une un stade de vitesse, deux des tremplins de saut ». De surcroît la Tarentaise offre « plus de 200 kilomètres de pistes de ski de fond tracées et balisées ».

Voilà bien comment l'amateur de sports d'hiver peut imaginer le royaume du ski : une succession vertigineuse de champs de neige dominés par des sommets majestueux — la Grande Sassière, le mont Pourri, Bellecôte, la Grande Motte, la Grande Casse, le dôme de l'Arpont et l'aiguille de Péclet. Les principautés en sont Val-d'Isère, Tignes, Les Arcs, La Plagne, Courchevel, Méribel, Les Menuires, Val-Thorens, véritable chapelet de stations qu'il est quasiment possible de parcourir sans quitter les skis, grâce au complexe des remontées mécaniques. Le rêve des uns. Le cauchemar des autres, affolés par l'urbanisation galopante de la haute montagne.

Comme tous les royaumes, celui du ski, qui draine le quart de l'activité des sports d'hiver en France, a eu une histoire mouvementée. La ruée vers l'or blanc — cette neige qui attire comme l'aimant 5 000 000 de Français l'hiver — a fait éclater de sévères conflits d'intérêt entre les paysans propriétaires des domaines fonciers, les promoteurs aménageurs des sites, les écologistes défenseurs de la nature. Conflits de l'économie pastorale contre le tourisme, des chamois contre les téléfériques, des alpages contre le béton. Ils font grand tumulte dans les réunions de conseils municipaux aux alentours de Bourg-Saint-Maurice et de Moûtiers dans les années 60 et 70.

La Plagne-Bellecôte. Lancée au début des années 60, La Plagne a choisi une rigoureuse disposition « en front de neige » : face aux pistes, ses immeubles groupent habitat et services.

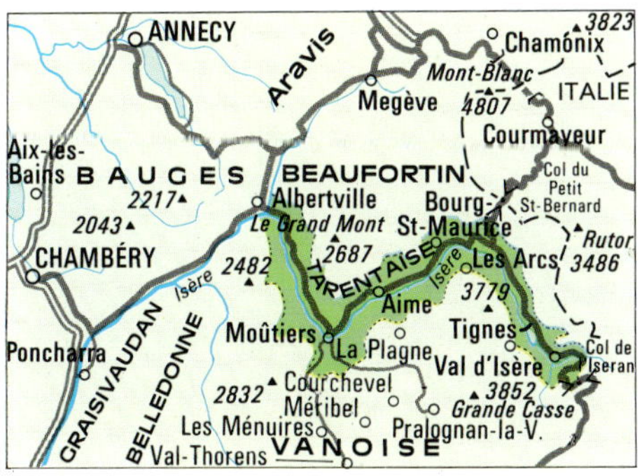

Lorsque en 1929 un petit homme roux, Jacques Mouflier, eut « l'éblouissante révélation d'une verte vallée avec à gauche, au sud et à l'ouest les neiges éternelles » et décida de lancer Val-d'Isère pour faire la pige à l'orgueilleuse Megève — où s'est établie en 1921 la baronne Noémie de Rothschild en rupture de Saint-Moritz — , il ne pouvait pas imaginer le prodigieux mouvement qu'il avait lancé. « C'est l'échec certain », avait prédit le président de la Fédération française de ski, Jean Matter, quand deux ministres du Front populaire en visite officielle, Pierre Cot et Léo Lagrange, s'étaient trouvés bloqués par 4 mètres de neige. Aujourd'hui Val-d'Isère est — avec Chamonix, au pied du mont Blanc — la station des Alpes la plus recherchée pour la qualité de son ski. D'Henri Oreiller à Jean-Claude Killy, en passant par les sœurs Goitschel, on ne compte plus les enfants du pays devenus champions du monde ou champions olympiques. Le petit village d'éleveurs sans électricité et sans téléphone des années 20 s'est mué en une grosse bourgade de plus de 10 000 lits, où l'internationale du ski se donne rendez-vous dans une cohue de bon aloi. Il a constitué, avec Méribel, aménagée à partir de 1933 par l'Anglais Peter Lindsay, la « première génération » d'un ensemble de stations qui devait faire de la Tarentaise le plus vaste jardin des sports d'hiver d'Europe.

Deux autres « générations » allaient suivre, après la guerre de 1939-1945, conçues pour répondre à deux idées parfois contradictoires : primo, le souhait d'ouvrir la montagne et les sports d'hiver à des couches sociales qui n'y avaient pas accès — c'est la démocratisation de la neige ; secundo, la volonté de maintenir dans les alpages une population rurale à laquelle le tourisme devait apporter un substitut au déclin des activités traditionnelles — c'est la rentabilisation de la neige.

La griserie du ski hors piste. Quand on fait ses traces dans les merveilleuses neiges poudreuses d'altitude... sans perdre de vue les risques certains d'avalanches.

A la base, le principe de gestation élaboré dès 1946 est le même : il faut d'abord acquérir la maîtrise foncière des espaces à aménager. La différence entre les deux générations tient essentiellement à la manière dont leur promotion est mise en œuvre. Dans le premier cas, les terrains sont rétrocédés à une multitude de promoteurs : c'est le cas de Courchevel à partir de 1946. Dans le second cas, un promoteur unique prend en charge le développement de la station : c'est le cas de La Plagne, des Arcs et de Val-Thorens, selon un modèle « intégré » imaginé dès 1936 par une compagnie de chemin de fer américaine pour créer, sur le territoire d'un ancien ranch des Rocheuses, Sun Valley. Le « père » de ces deux générations est un Savoyard fortement charpenté qui a fait de brillantes études à Polytechnique et à l'école des Ponts et Chaussées : Maurice Michaud. Il a été surnommé le « dictateur des neiges » par ses détracteurs.

L'homme a été à l'origine de la création de Courchevel et a provoqué la déviation du projet d'inspiration sociale vers un ensemble de grand standing, rival de Megève. Avec l'avènement de la Vᵉ République, il va convaincre les gouvernants que la France possède le plus beau domaine skiable du monde : « Les gisements de neige français sont parmi les meilleurs d'Europe, ils permettent de satisfaire autant les amateurs de sports que les amateurs de soleil, sans craindre de nouveaux concurrents, et doivent donc être considérés comme des richesses nationales à préserver, puis à mettre en valeur dans les meilleures conditions possibles », précisait le rapport général de la commission du tourisme pour le Vᵉ Plan (1966-1970). Thèses reprises par des hommes politiques : Joseph Fontanet, alors président du conseil général de la Savoie, et Albin Chalandon, alors ministre de l'Équipement et du Tourisme. Il s'agit de faire des montagnes françaises un « piège à devises ». La décision fut ainsi prise d'implanter des stations en haute altitude en accordant aux promoteurs des prêts du Fonds de développement économique et social.

Approuvé en conseil interministériel au début de 1971 à l'hôtel Matignon, le « Plan Neige » prévoyait la création de 150 000 lits en montagne pendant cinq ans et plus du double jusqu'en 1980. Une très large part concernait la Tarentaise. Toutefois, cet équipement intensif de la montagne ne se fait pas sans de nombreux conflits où sont tour à tour mis en cause le système d'expropriation des propriétaires fonciers, l'extension du domaine skiable sur le parc national de la Vanoise et les pratiques des promoteurs... Aucun des trois « lieutenants » de Michaud dans la région

Tignes. A 2 100 m, c'est une des stations de ski les plus élevées de France. Ses grands immeubles-barres en font, hiver comme été, une vraie métropole des neiges.

n'a échappé à cette rude vague de contestation qui a eu dans certains cas des prolongements judiciaires : Pierre Schnebelen, à Tignes et à Val-Thorens, a connu les tribulations d'un promoteur trop pressé ; Robert Legoux, à La Plagne, a constitué le plus vaste réseau de remontées mécaniques. L'aventure de Roger Godino aux Arcs, synthèse des heurs et malheurs du développement des sports d'hiver, est la plus exemplaire.

L'affaire commence au début des années 60. Gros village implanté à 800 mètres d'altitude, Bourg-Saint-Maurice est devenu une petite ville à la faveur de la construction du barrage de Tignes. Les travaux achevés, l'économie locale menace de péricliter brutalement. Plus bas dans la vallée, Courchevel, qui commence à connaître le succès, suscite des convoitises. A Bourg, on se prend donc à rêver de l'aménagement du site des Arcs, dans la vallée du même nom, entre l'aiguille Rouge (massif du Mont-Pourri) et l'aiguille Grive.

PEISEY-NANCROIX, STATION-VILLAGE

A droite, la face nord de Bellecôte, avec derrière le complexe de La Plagne ; à gauche, la cime de l'aiguille Grive, avec le réseau des Arcs ; au creux de la vallée du Ponturin, Peisey-Nancroix. Là, le dialogue entre l'homme et la montagne continue. Là, en 1963, le parc national de la Vanoise s'est imposé, réservant ses formes déchiquetées et ses escarpements aux randonneurs et aux amateurs de peaux de phoque.

Depuis toujours, l'élevage est ici la véritable et seule richesse du paysan. On compte encore 800 têtes de bovins, mais les petits propriétaires tendent bien à disparaître au profit de trois ou quatre gros éleveurs ! Alors, ici aussi, le tourisme sauve les meubles. Mais les Peiserots, élevés à la dure, ont decidé de s'en sortir tout seuls. Ils n'ont pas attendu un quelconque promoteur pour se lancer : les frères Collin font même figure de pionniers, qui, à la fin de la dernière guerre, et à la sueur de leur front, implantèrent une sorte de premier télésiège !

Mais le vrai départ est pris en 1963, à Plan-Peisey, une « montagnette » à 1 600 mètres d'altitude, avec la construction de quelques bâtiments dont l'architecture contraste avec celle, traditionnelle, des villages de Peisey et de Nancroix. En 1983, la station-village compte 4 100 lits pour 13 remontées mécaniques.

Les Peiserots n'apprécient pas le comportement conquérant manifesté par les responsables des Arcs. Ainsi ils n'ont pas digéré que les dépliants des voisins englobent leur domaine skiable sur le plan des pistes. Ils l'ont fait savoir. D'autres dépliants ont dû être mis en circulation. Prise en sandwich entre La Plagne et Les Arcs, Peisey-Nancroix occupe une position privilégiée dont elle tire profit. Le retour de mode vers les stations-villages renforce les Peiserots dans leur certitude et se traduit par une réelle et forte reprise d'identité des jeunes qui veulent vivre au pays. Ainsi on parle patois encore un peu partout. Et les traditions tiennent le coup. A tel point que les paysannes ou l'épicière portent toujours la coiffe locale et qu'un groupe folklorique a vu le jour en 1979.

Reste que le rapport de force avec Les Arcs n'est pas toujours facile : le budget de promotion de la station est de 30 000 francs, soit trois mille fois moins que le budget des Arcs pour un chiffre d'affaires de remontées mécaniques dix fois inférieur. La commune de Peisey, pour gagner son pari, continue à investir : un télésiège a été construit pour amener les skieurs de Peisey à Plan-Peisey. On mise aussi sur le ski de fond : 50 kilomètres de pistes ont été tracés au fond de la vallée du Ponturin, dans un site magnifique.

Le tourisme à Peisey, comme ailleurs, crée des emplois, et le dernier recensement enregistre une petite progression : 480 âmes en 1983 contre 450 en 1975. Le curé de Landry monte dire la messe tous les dimanches et constate que ses paroissiens continuent à fréquenter la petite église au clocher effilé (le plus haut de Tarentaise), dont le chœur est un véritable chef-d'œuvre du baroque tarin.

Le monoski roi. Depuis 1980, la planche unique a fait des milliers d'adeptes. Moins de problèmes d'équilibre, une plus grande maniabilité, une vitesse élevée : le mono, c'est une redécouverte des joies de la neige.

La rencontre d'un petit berger devenu moniteur de ski, Robert Blanc, et d'un fils de cordonnier italien passé par Polytechnique, Roger Godino, permet au rêve de se matérialiser en 1968. Aujourd'hui, Les Arcs, ce sont trois stations en une : Arc 1600, le « brouillon » ; 1800, la station sans voitures ; 2000, le faux monastère tibétain. Au total, 30 000 lits, 35 télésièges, deux télécabines, deux téléfériques et une multitude de téléskis. Au total encore, 1 000 emplois directs, 2 000 emplois indirects, 46 millions de francs de recettes en remontées mécaniques. Le prototype de la station intégrée : un aménageur, un employeur. Été comme hiver, Les Arcs fonctionnent grâce à d'énormes efforts d'animation en faveur d'un large éventail d'activités sportives et culturelles, le tout lancé à grand renfort de relations publiques. Pour le ski, le téléférique de l'aiguille Rouge (3 200 m) permet de redescendre, depuis 1981, sur 150 kilomètres de piste, mais surtout d'accéder à un domaine de 15 000 hectares hors piste, permettant toutes les audaces. Une réussite donc, Les Arcs ?

Les paysans, qui sous l'impulsion de l'abbé Borel avaient tenté de s'opposer à l'expropriation de leur terrain « pour 30 malheureux centimes le mètre carré », ont toujours « la station en travers de la gorge ». L'avalanche de « poudreuse » qui coûte la vie à Robert Blanc alors qu'il ouvre les pistes en 1981 apporte de l'eau au moulin des Cassandres qui affirment, depuis l'accident du chalet de l'U.C.P.A. à Val-d'Isère en 1979, que l'exploitation de l'or blanc se fait au détriment des règles de sécurité élémentaires. Leurs alarmes rejoignent celles des écologistes : ceux-ci ont affirmé que le ruisseau de la Ravoire a débordé en 1981, entraînant quelque 300 000 mètres cubes de boue, parce que la montagne a été « dérangée » par la station. Les difficultés financières, enfin, qui assaillent la station depuis 1982, contrecoup du marasme immobilier général et des frais de canalisation de la Ravoire, confortent les détracteurs des Arcs, qu'ils ont surnommés « la station de l'escroquerie évolutive ».

Avec un tel passif pour une seule station, on pourrait penser que les Tarins sont vaccinés contre les rêves de développement des sports d'hiver. On est loin du compte. A Landry, l'ancienne cité minière au confluent du Ponturin et de l'Isère, on attend pour Noël 1984 l'ouverture des Michailles, avec 2 500 lits. Sur les premiers lacets du col du Petit-Saint-Bernard, Séez attend que La Rosière et Montvalezan sortent d'une somnolence décennale pour se raccorder avec La Thuile dans le val d'Aoste. Le barrage du Clou, qui est destiné à recycler l'énergie nucléaire produite en heures creuses, doit permettre à Sainte-Foy de commencer l'aménagement du Ruitor, un des plus beaux et des derniers sites alpins restés vierges, par une première implantation de 8 000 lits à Bon-Conseil. De l'autre côté de l'Isère, un télésiège de 750 mètres de dénivellation doit permettre la liaison avec l'aiguille Rouge et Arc 2000.

Dans tous les cas, les communes souhaitent éviter que la montagne soit « bétonnée ». Les projets envisagent de construire des ensembles qui reproduisent, en l'adaptant, l'habitat traditionnel. Partout, en dépit des conflits entre promoteurs et écologistes, les Tarins attendent que le tourisme des neiges prenne le relais de l'économie rurale traditionnelle singulièrement défaillante.

Les derniers recensements tendent d'ailleurs à prouver qu'au moins un des objectifs des promoteurs du Plan Neige a été atteint : au cours des dix dernières années, la population des villages de la Tarentaise a cessé de diminuer et a retrouvé son niveau du début du siècle. Patron de l'hôtel Bellevue à l'ombre du clocher centenaire, Yvon Mattis, maire de Val-d'Isère de 1977 à 1983, affirme : « Je suis né en montagne en 1940. Jeune, je vivais derrière les vaches et les moutons. C'est le ski qui m'a sorti de là, qui a sauvé la Tarentaise. » Après les polémiques et les passions des années 70, Roger Godino peut assurer aussi en dépit de ses problèmes : « Les Savoyards, les « écolos » ont considéré Michaud comme un bétonneur. Il aurait assassiné les montagnards, détruit la montagne. Je le dis bien fort : un emploi sur deux existe en Tarentaise grâce à la politique de Michaud. Si le Plan Neige n'avait pas été un succès la Tarentaise aurait disparu. »

ALAIN GIRAUDO

VANOISE, SANCTUAIRE DE L'ALPE

C'est le cœur des Grandes Alpes que la France a choisi pour établir son premier parc national, en juillet 1963. A cette création avaient participé, outre l'Administration, divers scientifiques, forestiers et chasseurs, poussés par deux motivations principales : le souhait de voir notre pays rejoindre ainsi ses voisins, la Suisse et l'Italie (chacune pourvue d'un parc alpestre depuis les années 20); le désir de sauver nos derniers bouquetins.

Adossée au massif du Grand-Paradis (où est implanté le parc national italien de ce nom), la Vanoise est un puissant massif inscrit entre la vallée de l'Isère — la Tarentaise —, au nord, et celle de l'Arc — la Maurienne —, au sud. Les effets de versants y accentuent l'influence climatique de la latitude; alors que la Maurienne, avec ses adrets ensoleillés, annonce les Alpes méridionales, la Tarentaise présente un visage plus sévère, aux ubacs froids et brumeux, plus propices à la pratique du ski. Comme le note le géographe Raoul Blanchard, les montagnes à vaches rencontrent ici les Alpes à moutons...

La Vanoise n'a certes pas chez les alpinistes le prestige dont bénéficient le massif du Mont-Blanc ou celui de l'Oisans. Si elle ne présente pas de cimes supérieures à 4 000 mètres, elle peut néanmoins s'enorgueillir d'une centaine de sommets dépassant la cote 3000. Son point culminant est la Grande Casse, à 3 852 mètres, mais le mont Pourri — en Tarentaise également — est sans doute plus connu, qui ne lui concède d'ailleurs que 64 mètres. La dent Parrachée et l'aiguille de Péclet-Polset (3 684 et 3 652 mètres) constituent les cimes les plus hautes de Maurienne.

La géologie de la Vanoise, des plus complexes, a été étudiée notamment par François Ellenberger. D'ouest en

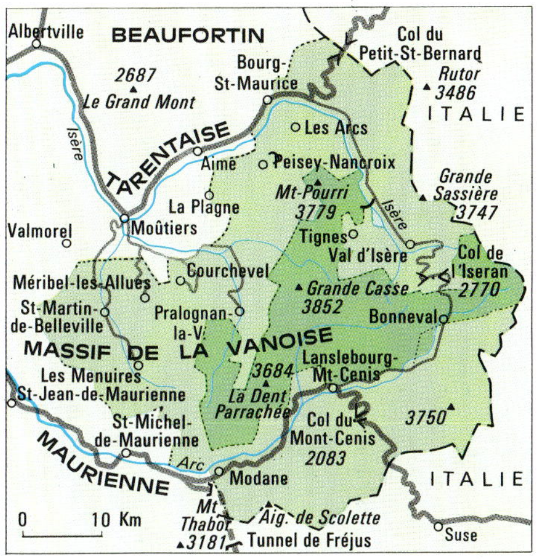

La Grande Casse (3 852 m). Dominant un « bouclier » de 3 000 et un fabuleux « puzzle » géologique, elle déploie sur sa face sud de hautes parois marbrées de neige.

Le doron (torrent) de Pralognan. Il cascade au pied de l'aiguille de la Vanoise (2 796 m). C'est en montant de Pralognan vers le col de la Vanoise, par le G.R. 55, que l'on peut admirer ce très beau paysage de haute vallée glaciaire.

est s'y succèdent, télescopées par le phénomène de charriage, deux zones étroites de grès et de schistes (zone du flysch), de gypse et de calcaire (zone sub-briançonnaise), puis la nappe dite briançonnaise, faite de sédiments houillers, enfin la nappe orientale des schistes lustrés.

Silicicole ou calcicole, la flore y trouve son compte, cette diversité pédologique expliquant en partie sa richesse : un millier d'espèces; pas d'endémiques, toutefois (contrairement à la flore du Mercantour), la Vanoise étant un carrefour d'influences climatiques et biogéographiques diverses — arctiques, continentales, steppiques, voire atlantiques et méditerranéennes.

Malgré la robustesse de son relief, la Vanoise n'est pas très pluvieuse; le mètre de précipitations annuelles n'est que rarement atteint aux cotes moyennes, tandis que les minimums pluviométriques de la Maurienne égalent les records du Briançonnais. Dorons (nom donné ici aux torrents) et glaciers en dôme sont toutefois bien représentés, comme dans la plupart des Grandes Alpes.

Un trait écologique important pour le paysage est la quasi-absence du hêtre, essence hygrophile qui n'est présente que dans la frange ouest du massif, alors qu'elle est commune dans toutes les Préalpes. En Tarentaise, l'épicéa est la principale espèce forestière, la Maurienne étant bien plus diverse : l'étage subalpin y est en effet peuplé par le sapin comme par l'épicéa, le mélèze et le pin arole, sans omettre le pin à crochet — ceux du moins qu'a épargnés la pollution fluorée des usines de la vallée, productrices d'aluminium.

Garde-moniteur, au-dessus du refuge de l'Orgère, en Maurienne. Sur le terrain, 30 gardes-moniteurs sont chargés de la surveillance et de l'animation du parc national.

Mais c'est au-delà de la limite des arbres, vers 2 000 mètres, que le règne végétal présente le plus d'originalité, donc d'attraits. Dans cet étage alpin-nival, la saison favorable à la vie active est bien courte : elle ne dure parfois que quelques semaines, entre la fonte des neiges et les premiers frimas. Vers 2 800 mètres, la température devient à ce point sévère qu'elle permet la permanence de la neige et de la glace, qualifiées, un peu abusivement tout de même, d'éternelles.

D'une manière générale, les végétaux adoptent l'économie en réduisant taille et croissance : les plantes herbacées sont rarement annuelles et préfèrent perpétuer l'espèce par une souche pérenne. Quant aux plantes ligneuses, elles se nanifient à tel point que les saules d'altitude (saule réticulé, saule herbacé, saule à feuilles de serpolet) sont aux bonsaïs japonais ce que ceux-ci sont déjà aux arbres de nos plaines ! Chez tous doit se manifester une véritable rage de vivre, les saxifrages (littéralement : briseurs de roche) arrachant ainsi au substrat l'eau et les sels minéraux nécessaires à leur nutrition. Telle autre plante, comme le silène acaule, se développe en coussinet pour résister aux vents abrasifs car chargés de cristaux de glace; ne croyons pas cependant que l'edelweiss est laineux pour se protéger du froid, mais bien plutôt de l'évapotranspiration estivale, qu'entretient l'ardeur d'un soleil que ne filtre point ici l'atmosphère, comme à plus basse altitude.

Le « réduit alpin » de la Vanoise a été, et reste aujourd'hui, l'objet de bien des convoitises, de bien des assauts, certains couronnés de succès : gagnant les pentes, puis les sommets, l'industrie de la neige a relayé l'industrie tout court, une nuisance s'ajoutant à l'autre !

Débattue dans les années 50, la délimitation du parc de la Vanoise a, dès sa gestation, témoigné d'intérêts contradictoires. La loi de juillet 1960 donne à un parc national la mission essentielle de préserver des milieux naturels de qualité de toute agression susceptible d'en altérer le caractère. Et pourtant, un savant tracé « épousant plus les intérêts locaux que les courbes de niveau », pour reprendre l'ironique formule de Jean Carlier, l'a dès le départ privé de la quasi-totalité des milieux boisés du massif : 422 hectares de forêt ne représentent en effet que 8 pour 1 000 de la surface du parc (52 839 ha). Un autre délicat problème a été celui de la chasse, chacune des vingt communes concernées par le tracé du parc ayant voulu conserver un territoire cynégétique. Enfin, dès les premiers pourparlers avec les élus, les sports d'hiver furent pris en compte, ce que traduit par

Randonnée à la pointe de l'Échelle (3 427 m), en Tarentaise. Quelque 500 km de sentiers balisés, 30 refuges... et un demi-million de visiteurs chaque année! Le « grand jardin » des Français sera-t-il victime de son succès?

exemple l'existence de « réserves naturelles » (à Tignes et à Val-d'Isère) servant plus le ski d'été que la flore...

La collectivité nationale n'apportait pourtant pas que des contraintes dans la corbeille : une notable contrepartie découlait de la constitution simultanée d'un « pré-parc », zone périphérique de 84 309 hectares (où vivent en permanence près de 15 000 personnes), auquel la loi donnait mission d'aménagement et de développement, par « un ensemble de réalisations d'ordre social, économique et culturel, tout en rendant plus efficace la protection de la nature dans le parc ». Mais nul ne pouvait alors prévoir — sauf certains promoteurs, peut-être — les conséquences du boom économique des années 60... ni celles de la crise des années 70.

Ainsi, depuis sa création, l'histoire du parc — certes progressivement admis de la majorité des Savoyards — a été une suite d'escarmouches marquée par deux « affaires » de première grandeur, l'une en Maurienne, l'autre en Tarentaise. Dès 1959, avant donc même la création du parc, une société d'économie mixte, la SODEVAB (Société d'équipement de la vallée des Belleville), envisageait la création de plusieurs stations d'altitude regroupant 20 000 à 30 000 lits (Les Menuires, Val-Thorens...). Malgré l'euphorie du « Plan Neige », de grosses difficultés techniques et financières apparaissaient et allaient conduire les responsables à une idée aussi simple qu'audacieuse : « vendre » un morceau du parc national aux promoteurs de l'or blanc, la demande croissante en ski d'été visant désormais des zones jusqu'alors jugées improductives, les glaciers, dont le parc possède plus de 8 000 hectares.

L'accord de cession de 2 500 hectares dans le vallon de Polset, par le conseil d'administration du parc, à une voix de majorité, allait ouvrir une « bataille de la Vanoise », à laquelle participa largement l'opinion publique, française et internationale. Le dossier de Val-Chavière allait trouver son épilogue deux ans plus tard, le pouvoir ayant prudemment fait machine arrière devant l'ampleur et la vigueur des protestations : une position favorable à l'intégrité du parc fut finalement prise par Georges Pompidou, candidat à la présidence de la République.

CHAMOIS ET BOUQUETINS

1

2

3

4

*1. Harde de bouquetins (*Capra ibex*) avec leurs cabris.*
2. Bouquetin mâle adulte (bouc), aux fortes cornes annelées.
*3. Femelle de chamois (*Rupicapra rupicapra*) et son chevreau de l'année.*
4. Bien protégées par leur pelage d'hiver, les « antilopes des neiges » ne semblent guère redouter les grands froids.

Si l'on excepte le mouflon — introduit, donc localisé — et le chevreuil — qui n'est qu'un montagnard d'occasion —, le chamois et le bouquetin sont les deux ongulés caractéristiques du massif alpestre français. Tous de taille relativement voisine, celle d'une chèvre, leur parenté est assez lâche : le mouflon est un ovin, le bouquetin un caprin, alors que le chamois s'apparente au groupe des antilopes.

On compte à l'heure actuelle 25 000 chamois dans les Alpes françaises, mais avec une couverture géographique fort inégale : les neuf dixièmes sont en effet concentrés dans les réserves de chasse et les parcs nationaux, la Vanoise comptant à elle seule plus de 5 000 têtes (à peine 500 lors de la création du parc). Pour regrettable qu'elle soit au plan génétique et sanitaire, cette situation est néanmoins meilleure qu'elle n'était il y a vingt ans, lorsque nous faisions bien médiocre figure comparés aux Suisses ou aux Autrichiens.

On pourra discuter des véritables affinités écologiques du chamois : pour certains, qui oublient peut-être que nous sommes en période post- ou préglaciaire, le chamois est aussi animal de forêt et pourrait descendre plus bas si l'homme, chasseur ou agriculteur, lui en laissait le loisir. Nous ne nions pas ces faits, mais pensons qu'ils sont plutôt à rapporter à la mauvaise saison, qui, pour faire évidemment partie du cycle biologique annuel de l'animal, n'en constitue pas moins une phase « marginale ». A la belle saison, c'est bien aux alpages, aux pelouses fleuries d'altitude qu'il faut associer l'image du chamois, pour l'élevage des cabris notamment ; l'espèce trouve là la nourriture herbacée et les espaces dégagés, deux éléments essentiels de sa niche écologique : le chamois est une antilope, nous l'avons dit, à qui l'on peut comparer — sous les mêmes latitudes — le pronghorn américain et la saïga asiatique...

Pour le bouquetin, les choses sont à la fois plus nuancées et plus claires. C'est un rochassier, un méridional, adepte des vires rocheuses de l'adret, où la couche de neige n'est jamais bien épaisse. Ce trait de caractère le confine en effet chez nous à l'étage alpin, où il complète plus qu'il ne concurrence le chamois, ne serait-ce que par effet de versants. Et s'il a disparu de sites rocheux de plus basse altitude — ce dont témoignent des documents médiévaux —, c'est certainement en raison d'une placidité et d'une confiance envers l'homme qui faillirent le conduire à sa perte : à la fin du XIXe siècle, seule subsistait au Grand-Paradis une petite harde, dès lors protégée par Victor-Emmanuel II, *il re cacciatore,* le roi-chasseur.

Ce sont pratiquement ces rescapés des chasses royales qui sont à l'origine des quelque 18 000 bouquetins de l'arc alpestre, dont 550 en Vanoise : dix fois le cheptel résiduel lors de la création du parc.

Depuis, la pression d'aménagement touristique ne s'est pas relâchée sur la zone périphérique. Nombreuses sont encore les communes (Sainte-Foy-Tarentaise, La Perrière, Modane...) qu'éblouit le succès de leurs aînées (Courchevel, Méribel, Bourg-Saint-Maurice - Les Arcs, etc.), d'autant que sévit, comme ailleurs, la crise des emplois industriels.

Et pourtant, alors que la Tarentaise — qu'irriguent une seule route et une voie ferrée unique, souvent coupées par des éboulements — détient le record mondial du tourisme hivernal, ne risque-t-on pas de tuer — ou de blesser — la poule aux œufs d'or en décourageant le tourisme estival dit « de nature », et en dénaturant le parc lui-même ? Le développement plus mesuré de la Maurienne, dont la commune de Bonneval est souvent citée en exemple, ne suit-il pas plus prudemment la voie moyenne entre équipement et protection ?

En Tarentaise encore, c'est un grand organisme d'État, Électricité de France, qui a déjà frappé il y a quarante ans, et projette de récidiver. On se souvient sans doute du drame vécu par les Tignards, contraints d'abandonner leur village, noyé — avec quelques espèces végétales rarissimes en prime — par le lac de barrage du Chevril, peu en aval de Val-d'Isère. Aujourd'hui, alors que l'on pouvait penser que l'électricité nucléaire allait permettre de préserver les dernières vallées alpestres, c'est à son manque de souplesse que l'on doit le projet d'une station de pompage-turbinage sur la commune de Sainte-Foy, destinée à valoriser l'électricité excédentaire nocturne et (ou) estivale des centrales de plaine.

Plusieurs centaines d'hectares seraient noyés dans le vallon du Clou, à 2 000 mètres d'altitude, au-dessus du site prestigieux du hameau du Monal; une dizaine d'hectares seraient soustraits au parc proprement dit, sur l'Isère, au site de la Raie. En outre, l'implantation d'une station de sports d'hiver de 10 000 lits, si elle est à même de satisfaire des consciences locales au titre de « mesures compensatoires », n'a évidemment pas la même séduction pour le naturaliste !

Travaux de reconnaissance, enquêtes et décisions s'étaleront sur plusieurs années, mais, quelle que soit l'issue de cette nouvelle affaire de la Vanoise, on voit bien quelle question de fond elle soulève : malgré la jurisprudence de 1971, peut-on vraiment envisager l'amputation d'un parc national, nonobstant l'article premier de la loi de 1960, qui lui reconnaît la mission de préserver un milieu naturel contre « toute intervention artificielle susceptible d'en altérer l'aspect, la composition et l'évolution » ? Ne risque-t-on pas de voir d'autres projets, parés eux aussi de l'intérêt général (la lutte contre le chômage), s'atta-

Le Méan-Martin (3 330 m), en haute Maurienne. Un étrange décor polaire, un paysage typique de Vanoise aux sommets peu accentués, émergeant à peine de la calotte glaciaire, et aux nombreux lacs de fusion.

quer à d'autres parcs, et plus largement encore ? Dans le même temps, d'ailleurs, le parc national des Écrins, cadet de la Vanoise, est visé lui aussi par un projet analogue émanant encore d'E.D.F. ! Un conseil d'administration qui, à plusieurs reprises et à une large majorité, a repoussé le dossier pourrait-il être amené à se déjuger sous des pressions extérieures ?

Faut-il que le « progrès » soit là encore synonyme de destruction, que notre mode de vie, de plus en plus artificialisé, nous coupe chaque jour davantage encore de la nature, d'une nature que nous ne connaîtrons plus un jour peut-être que par cinémathèques et magnétoscopes interposés... pour lesquels ne feront point défaut des kWh sur le « coût » desquels s'interrogeront seuls quelques esprits chagrins et rétrogrades ? Et pourtant...

Et pourtant, face à la banalisation qui submerge les plaines et leurs villes, l'intérêt profond des parcs ne serait-il pas de constituer des témoins, des repères ? Notre santé physique et morale, notre dignité d'espèce gagneraient certainement à mieux connaître et préserver cette vie, animale et végétale, qui lutte contre les éléments dans un monde quasi minéral, et voit avec l'homme s'allonger la liste de ses adversaires.

Bien lourde est donc la tâche de ceux qui, quotidiennement et sur le terrain, ont pour mission de faire vivre le parc, de réaliser cette coexistence, que l'on souhaiterait harmonieuse, de l'homme et de la nature : une trentaine de gardes-moniteurs et de chefs de secteurs — dont bien des

PASSEREAUX D'ALTITUDE

A la belle saison, deux avifaunes se superposent à l'étage alpin : celle des migrateurs (les touristes d'été, en quelque sorte), qui regagneront en hiver des milieux plus cléments ; celle des sédentaires (les autochtones), contraints à ce titre d'user d'adaptations opposables aux rigueurs hivernales.

Le premier groupe est donc plus banal. On y trouve — record d'amplitude altitudinale — le rouge-queue noir, adepte en plaine des toits de nos maisons, qui ne sont pour lui qu'un commode substitut des milieux rocheux d'origine. Dans les pelouses rases, le pipit spioncelle et le traquet motteux poussent des pointes jusqu'à 2 800 m, comme dans les parages du col de l'Iseran. Le merle de roche est présent dans les faciès rocheux et chauds, souvent en adret ; il est plus fréquent dans les Alpes du Sud, et la Maurienne constitue en fait la limite nord de sa répartition principale.

Si le milieu herbacé s'enrichit de hautes herbes, le traquet tarier apparaît, autour des chalets d'alpage, par exemple. Dans la lande à rhododendrons qui sépare étages subalpin et alpin, les buissons cachent le nid du troglodyte ou de l'accenteur mouchet ; mais il faut la lisière boisée de résineux ou la brousse d'aulnes verts pour que figurent ici le venturon ou le sizerin.

Les montagnards authentiques sont bien plus rares, en espèces comme en individus, ce qui témoigne de la difficulté de toute spécialisation extrême. Chez les petits passereaux, les seules espèces tenant ce rôle sont la niverolle et l'accenteur alpin. Ces oiseaux n'élèvent qu'une couvée annuelle en raison de la brièveté de la période favorable.

Les corvidés sont un peu plus communs et bénéficient de leur opportunisme : chocard à bec jaune (connu par les touristes et les alpinistes sous le nom, impropre, de choucas), crave à bec rouge, grand corbeau, dont l'imposante envergure dépasse le mètre. Ces oiseaux, le dernier en particulier, sont actuellement en situation assez prospère, profitant en effet des retombées de la « civilisation des ordures » liée au développement des stations de sports d'hiver. En outre, certains individus pratiquent la transhumance quotidienne et (ou) saisonnière, combinant ainsi les avantages de la plaine et de la montagne.

*Merle de roche (*Monticola saxatilis*).*
*Niverolles (*Montifringilla nivalis*).*

L'AIGLE ROYAL

1

2

3

4

*1. Aigle royal (*Aquila chrysaetos*) immature. Quelque 2 m d'envergure !*
2. Tête d'adulte. L'aigle royal vit environ trente ans.
3. Ce super-prédateur s'attaque surtout aux petits mammifères.
4. Aiglons de 7 ou 8 semaines à l'aire, en haute Maurienne.

Protégé depuis 1964 en France, depuis plus longtemps en Suisse, l'aigle royal n'a plus à se défendre de la réputation de férocité qui lui avait valu, sans doute, sa présence séculaire sur tant de blasons et de drapeaux de par le monde.

Si l'enlèvement de jeunes enfants relève de la légende, celui de cabris, de chamois ou de bouquetins, comme de marmottes ou de lièvres variables, est chose parfaitement véridique et normale. Car l'aigle ne joue là qu'un rôle millénaire de régulateur des populations, parfois doublé de celui d'éboueur, lorsqu'il exploite, au printemps, les cadavres d'animaux surpris par les avalanches.

La biologie de l'espèce est maintenant bien connue, étudiée en Écosse, en Italie (au Grand-Paradis), dans les Alpes du Sud, etc. En Vanoise, l'estimation faite en 1981 par l'attaché scientifique du parc national a permis de recenser 11 couples « territoriaux certains », auxquels s'ajoute un nombre légèrement inférieur de couples « probables » et « possibles », dont 9 ont été étudiés plus en détail. Sur les 40 aires recensées, les trois dixièmes seulement se situent dans le parc proprement dit ; en moyenne, un couple utilise, d'année en année, 4 ou 5 aires différentes (extrêmes : 2 et 7), chiffres proches de celui noté au Grand-Paradis : 5.

L'altitude moyenne des aires est de 2 000 mètres (extrêmes : 1 600 et 2 500 m, ce dernier chiffre, également relevé au Grand-Paradis, constituant le record européen et peut-être mondial de l'espèce). La distance moyenne entre les groupes de nids appartenant au même couple est de 12 kilomètres (extrêmes : 9 et 15 km), ce qui permet d'attribuer au territoire d'un couple d'aigles royaux une surface moyenne de 11 000 hectares. Cette valeur semble d'ailleurs correspondre à la quasi-saturation des ressources alimentaires en milieu alpestre.

Quant à la démographie, elle est sous la dépendance de nombreux paramètres : pour 35 reproductions réussies, 41 aiglons ont été notés à l'envol ; mais il est des années où certains couples ne se reproduisent pas, ou ne mènent pas la couvaison ou l'élevage à leur terme. Dans le meilleur des cas, un couple a produit 11 aiglons en sept années consécutives ; à l'inverse, sur sept années non consécutives, un autre couple n'a eu que 6 aiglons, la réussite tombant à 0,6 aiglon par an, si l'on considère qu'il n'y a pas eu reproduction lors des années où la nidification n'a pas été constatée.

Pour l'ensemble des Alpes françaises, le nombre d'aigles royaux est actuellement estimé à quelque 135 couples — à 10 pour 100 près —, soit près des deux tiers de la population française ; les Alpes du Nord, dont ressortit la Vanoise, comptent pour 60 couples environ. Au moins en Vanoise, les effectifs semblent relativement stables depuis la création du parc national, malgré quelques destructions, illégales, dans la périphérie de celui-ci.

enfants du pays —, sous l'autorité d'inspecteurs, en Maurienne comme en Tarentaise; un attaché scientifique et un attaché culturel, l'administration centrale du parc étant située à Chambéry... peut-être pour ne pas réveiller la traditionnelle rivalité des Tarins et des Mauriennais!

Un comité scientifique, composé d'une vingtaine de spécialistes des sciences de la nature et de l'homme, élabore et conduit un programme de recherches fondamentales et appliquées; par cela, il est à même de conseiller... le conseil d'administration, dont la composition tripartite traduit bien l'équilibre des finalités et des forces en présence : 13 fonctionnaires représentant les divers ministères concernés, 9 élus locaux (maires et conseillers généraux), 16 personnalités représentant, par exemple, la Chambre d'agriculture, le Club alpin français, la Fédération départementale des chasseurs ou le Centre national de la recherche scientifique.

C'est à ce conseil que revient le droit, et le devoir, d'établir le programme de gestion du parc, avec droit de regard sur le pré-parc, conformément aux lois de 1960 et de 1963. C'est à lui qu'il incombe de répartir les crédits mis à sa disposition par les pouvoirs publics, notamment dans les domaines de l'agriculture, de l'urbanisme, de la viabilisation, de l'accueil et de l'éducation touristiques (sentiers, chalets-refuges, etc.).

Mais les difficultés rencontrées, voire les conflits soulevés au sein de ce microcosme, dépassent singulièrement les limites de la Vanoise; ils sont le reflet des contradictions mêmes de notre société, qui dégrade en consommant et feint de croire qu'il existe une recette — la protection de la nature? — pour consommer davantage encore : le parc lui-même n'est-il pas localement victime de son succès, comme en témoigne l'impact — que l'on devine négatif — de dizaines de milliers de randonneurs sur la faune d'altitude (petit tétras et lagopède, par exemple, dont les effectifs régressent, même dans les zones dites protégées).

Le mont Pourri (3 788 m) et le glacier de la Gurraz, vus depuis le hameau du Monal, en haute Tarentaise. Tout en arêtes et en cirques profonds, ce sommet offre nombre de belles courses mixtes, roc et glace.

Jusqu'à présent, préservant l'essentiel des massifs alpestres en y « limitant les dégâts », les parcs nationaux français présentent un bilan plutôt positif. Mais pourront-ils résister longtemps encore à la convoitise qu'inspirent de telles réserves foncières? Enfin, leur ambiguïté même, de plus en plus manifeste, ne débouchera-t-elle pas bientôt sur de nouvelles interrogations, quelque vingt ans après?

PHILIPPE LEBRETON

GRENOBLE, CŒUR BATTANT DES ALPES

Les Jeux olympiques d'hiver de 1968 couronnèrent à la fois les efforts d'un très grand champion, Jean-Claude Killy, triple médaillé olympique, et d'une ville, Grenoble, promue, l'espace d'une dizaine de journées, capitale sportive du monde. Le skieur donna aux montagnes françaises une renommée planétaire. La ville en tire aujourd'hui encore de fructueux dividendes. Et, quinze ans après, l'héritage de ces jeux du stade est présent dans tous les quartiers de la mégalopole alpine.

Grenoble vue de l'extérieur, c'est encore et toujours les « J.O. ». L'image et la fonction lui collent si bien à la peau qu'elle pourrait à nouveau se porter candidate pour les Jeux d'hiver de 1992, associée cette fois à la vallée de la Tarentaise, qui réunit les plus nombreuses et les plus prestigieuses stations des Alpes françaises.

Mais qu'est-ce qui fait donc courir si fort et si haut cette ville entourée de cimes avoisinant les 3 000 mètres alors qu'elle-même n'est installée que 210 mètres... au-dessus de la mer ? Curieuse cité au demeurant que Grenoble, qui ne dispose pas de l'altitude que sa vocation alpine aurait dû lui imposer — c'est même l'une des villes les plus plates de France; qui n'est ni belle ni laide, mais ordinaire; qui ne retient jamais ses visiteurs plus d'une journée, trop pressés de rejoindre ce qui fait son charme et son attrait essentiel : son admirable environnement de montagnes.

« Que la fête commence... » Quand le général de Gaulle déclara ouverts en 1968 les Jeux olympiques de Grenoble, la cité dauphinoise n'avait alors d'yeux que pour ces montagnes où allaient se disputer des épreuves mémorables. Ski alpin à Chamrousse, ski nordique à Autrans, saut à ski à Saint-Nizier-du-Moucherotte, bobsleigh à L'Alpe-d'Huez. Chacun des massifs et chacune des stations qui entourent Grenoble s'étaient mobilisés pour recevoir, sous un épais manteau de neige, les héros de la fête. A Grenoble même, pour les épreuves de hockey sur glace et de patinage de vitesse, le succès fut à la hauteur des espérances qu'avait placées dans ces compétitions la capitale — éphémère — de l'olympisme. La cité alpine fut ces jours-là au faîte de sa gloire. Sept années de préparation, des dizaines de projets réalisés à grands frais : la ville avait alors fière allure pour accueillir cet énorme rassemblement sportif.

Les feux du spectacle éteints, les médaillés repartis ailleurs exploiter les éclats de leur gloire, Grenoble put alors mesurer le grand bond en avant qu'elle venait de réaliser. Elle avait pris un nouveau visage, la pression exercée par les Jeux ayant fait sauter les ultimes blocages qui ralentissaient encore son expansion. Grenoble l'entreprenante disposait désormais d'un fantastique équipement urbain lui permettant d'assouvir son violent appétit de croissance. Les fleurons en étaient, outre le Village olympique et le Stade de glace, la nouvelle gare S.N.C.F., enjolivée d'un stabile de Calder, le nouvel hôpital des Sablons, le nouvel hôtel de ville, tout verre et métal, dû à l'architecte Novarina, et enfin la fameuse Maison de la Culture, « cette cathédrale des temps modernes » aux plans courbes, œuvre de l'architecte Wogenski, inaugurée en 1968 par André Malraux. Que de chemin parcouru depuis la petite ville

La place Grenette, cœur de la ville, au XIXe s. Le grand-père maternel de Stendhal, le docteur Gagnon, y habitait une vieille maison « au coin de la Grande-Rue, en plein midi et ayant devant elle la plus belle place de la ville... » Stendhal y passa son enfance et son adolescence (1783-1799).

de garnison, un peu grise, un peu terne, et « corsetée de remparts », où Henri Beyle, alias Stendhal, vit le jour en 1783 !

« Sur le vaste espace plat préparé par l'Isère et le Drac, rectifié par les hommes, l'agglomération grenobloise grandit à une allure un peu affolante. De mois en mois de nouveaux immeubles dressent des silhouettes que l'on ne connaissait pas ; à peine l'œil les a-t-il adoptés que d'autres poussent à leur tour. Les habitants ne connaissent plus toute leur ville : tant de rues nouvelles sont tracées, baptisées, qu'on doit les chercher sur un plan, quand elles y figurent. » On trouve cette description de ce qu'on appelait en 1968 le « phénomène grenoblois » sous la plume des célèbres géographes Germaine et Paul Veyret. Elle traduit parfaitement les bouleversements intervenus en quelques années dans la ville devenue pour les urbanistes, dès la fin des années 60, une sorte de cité modèle.

« Grenoble, ville-test », selon un observateur attentif, Dominique Dubreuil ; plus ambitieux encore, « Grenoble, le Brasilia français » ; plus modestement enfin, « Grenoble, capitale alpine ». Après avoir été celle du Dauphiné et de la ganterie (1349 à 1869), puis celle de la houille blanche et de l'électricité (1870 à 1940), enfin celle du maquis pendant la Seconde Guerre mondiale, Grenoble pouvait désormais prétendre au titre de « capitale du dynamisme et de l'imagination ».

Favorisée par le boom, qui, on l'a vu, a précédé et suivi les J.O., stimulée par une politique municipale audacieuse et originale conduite par des élus qui surent exploiter pleinement l'héritage olympique, Grenoble a connu jusqu'en 1975 un développement surprenant par sa rapidité et ses dimensions. Un chiffre résume à lui seul la transformation fulgurante de la ville. Si, entre 1945 et 1954, la population grenobloise est passée de 102 000 à 116 000 habitants, de 1954 à 1962, elle a grimpé à 156 000 habitants, soit une croissance de 34,5 pour 100 en huit ans. Grenoble intramuros ayant fait le plein de l'espace disponible, la ville n'a plus pu s'étendre, laissant à d'autres, c'est-à-dire aux communes limitrophes, le soin d'accueillir le flot des nouveaux arrivants. Petites bourgades il y a vingt ans, celles-ci ont grossi parfois démesurément, comme Saint-Martin-d'Hères, Échirolles, Fontaine ou Meylan. Désormais, le « Grand Grenoble » compte 400 000 habitants. Il est entré dès 1975 dans le peloton des douze plus grosses agglomérations de France. Et c'est la seule qui soit située à l'intérieur d'un massif montagneux.

Grenoble à la tombée de la nuit. A l'est se profile la chaîne de Belledonne, qui culmine au Grand Pic à 2 981 m, toile de fond classique du paysage urbain grenoblois.

Son dynamisme, Grenoble le doit tout d'abord à la jeunesse de sa population et à sa diversité. Depuis une trentaine d'années, des hommes et des femmes de toutes les régions de France sont venus s'installer ici, ainsi que des milliers de travailleurs immigrés, d'étudiants ou d'enseignants d'Afrique, d'Amérique, d'Asie et, en premier lieu, d'Europe. Grenoble est ainsi devenue une mosaïque de peuples où domine depuis plus d'un siècle une puissante communauté italienne. Néanmoins elle reste une ville alpine. Car elle a aussi accueilli depuis cinquante ans une grande partie de ceux qui ont quitté leurs villages des hautes terres. Le quart de sa population a une origine montagnarde, ce qui explique l'enracinement très profond de la cité dans son environnement immédiat. Même si beaucoup, aujourd'hui, rêvent de refaire le chemin en sens inverse, attirés cette fois par l'« or blanc » des stations de sports d'hiver.

Grenoble, ses hommes et ses entreprises ont largement contribué à la

L'INSTITUT DE GÉOGRAPHIE ALPINE

Créé en 1907 par le grand géographe Raoul Blanchard (1877-1965), qui consacra l'essentiel de ses travaux — 310 volumes — à l'étude des Alpes, l'Institut de géographie alpine, rattaché depuis quelques années à l'université scientifique et médicale (Grenoble I), fut pendant très longtemps le fleuron de l'université grenobloise. Sous l'impulsion des professeurs Paul et Germaine Veyret, l'I.G.A. devait prendre possession en 1961 de la colline du Rabot qui domine toute la cité dauphinoise. Certains avaient envisagé de réaliser sur les pentes de cette petite montagne un véritable campus universitaire. Un peu trop téméraire, l'idée fut abandonnée. Seuls l'Institut de géographie alpine et l'Institut Dolomieu (géologie et minéralogie) sont restés accrochés à ce site ; les autres disciplines scientifiques enseignées à l'université de Grenoble se sont installées sur... terrain plat, à Saint-Martin-d'Hères. En plus de sa mission d'enseignement, l'I.G.A. a toujours fait une large place à la recherche (il comprend aujourd'hui une quarantaine de chercheurs permanents). Celle-ci est orientée sur l'étude des montagnes et sur les problèmes liés à l'aménagement et aux contraintes inhérentes au milieu montagnard. Le Laboratoire de la montagne alpine, créé en 1982 et associé au C.N.R.S., observe ainsi et analyse les mouvements et la « vie intérieure » des glaciers. D'autres équipes de l'Institut se sont penchées récemment sur l'avenir de « l'enfant montagnard » et ses chances — très faibles selon les chercheurs — de vivre et travailler au pays. Mais l'Institut de géographie alpine, de plus en plus intégré dans la vie économique des Alpes françaises, ne limite pas ses investigations à l'Europe. Pour mieux comprendre l'évolution de la civilisation montagnarde, il a élargi son champ de recherches aux autres continents. Enfin, il édite la célèbre *Revue de géographie alpine*.

naissance et au développement de cette activité touristique et économique des Alpes. Les industriels grenoblois avaient déjà été à l'origine de l'équipement de la montagne en installant, pendant toute la première moitié du XXe siècle, des barrages, des centrales hydro-électriques et des lignes à haute tension. Aujourd'hui, d'autres ont pris le relais, qui hérissent la montagne de pylônes supportant les perches des téléskis et les câbles des téléfériques. Skis, bâtons, chaussures et anoraks sont également fabriqués à Grenoble ou dans les villes proches. La plus grande cité alpine peut légitimement se prévaloir du titre de capitale française des sports d'hiver. Le Salon international des sports d'hiver (S.I.G.), qui se tient chaque année au mois de mars à Grenoble, témoigne largement de cette vocation alpine de Grenoble, et de son rôle d'impulsion sur le marché de la neige. Mais Grenoble est en outre le « cerveau » des Alpes et de la monta-

L'Isère et le Vieux Grenoble. Le contraste est saisissant entre les maisons du quartier Saint-Laurent, rive droite, et les trois tours modernes de l'Ile Verte. Le téléférique du fort de la Bastille permet une vue panoramique du Grand Grenoble.

gne française en général. Géologie, glaciologie, botanique, hydrologie, géographie sont autant de disciplines étudiées ici à travers le prisme alpin. Plusieurs centres de recherches, notamment ceux qui dépendent du ministère de l'Agriculture (le Centre national du machinisme agricole, du génie rural et des eaux et forêts), mènent des études dans tous les secteurs d'activité touchant à la montagne. Quant à l'École nationale supérieure d'hydraulique et à l'École nationale supérieure d'électrochimie et d'électrométallurgie, elles jouent toujours un rôle déterminant dans la formation des ingénieurs chargés d'exploiter l'énergie d'origine hydraulique dans toute la France.

Si la cité dauphinoise exerce un rôle économique incontestable sur son environnement alpin, elle éprouve toutefois certaines difficultés pour s'imposer en tant que capitale des Alpes. Les départements de la Savoie et de la Haute-Savoie, par exemple, contestent son rôle de leader. Ils ont récemment décidé de s'associer pour former le « pays Savoie », préfiguration d'une région Savoie dans laquelle ni Grenoble ni les montagnes du Dauphiné n'auraient leur place. Privée d'un arrière-pays important et d'un territoire alpin suffisant, « sacrifiée, selon G. et P. Veyret, par un regroupement administratif qui méconnaît la puissante individualité des Alpes du Nord [...], Grenoble ne joue pas un rôle administratif, commercial ou culturel en rapport avec son récent développement ».

La ville aurait-elle alors une vocation plus nationale que régionale? Grenoble « ville laboratoire », Grenoble « ville modèle »... Rarement une ville aura connu aussi souvent le devant de la scène nationale, voire internationale. Les « visiteurs » se rendent toujours à Grenoble pour étudier les innovations technologiques et urbanistiques. Le Centre d'études nucléaires (le célèbre C.E.N.G., créé en 1956 par le Commissariat à l'énergie atomique, avec ses 2 500 chercheurs), le Laboratoire d'électronique et de technologie de l'informatique, les industries de pointe de l'agglomération, installées notamment dans la Z.I.R.S.T. (zone pour l'innovation et les réalisations scientifiques et techniques), créée en 1971 sur le territoire de Meylan, concourent depuis de nombreuses années au renom de la cité, qui place aujourd'hui tous ses espoirs dans la micro-informatique, les circuits intégrés et les semi-conducteurs, ces « puces » de l'avenir. Second pôle micro-électronique français après Paris, Grenoble se tourne résolument vers les technologies de pointe, en étroite collaboration avec son université forte de quelque 30 000 étudiants et avec sa centaine de laboratoires publics et privés. Cette symbiose université-industrie assure brillamment la vocation de «tête chercheuse» de la première cité scientifique et technique de province.

Le mythe grenoblois se serait brisé au milieu des années 70, affirment certains. Le dynamisme grenoblois, dit-on encore, s'essoufflerait, atteint à son tour par la crise économique. Après avoir, pendant près de vingt ans, sans cesse innové, inventé et expérimenté — notamment des formules nouvelles de vie collective, ce qui fit le bonheur de maints sociologues en mal de copie —, Grenoble a démontré qu'elle était la ville française où tout était possible... même l'impossible d'hier devenu réalité aujourd'hui.

Pour les années 80, la ville, qui a maintes fois fait la preuve de sa capacité à mener à bien les grands projets qu'elle s'était fixés, ne semble nullement disposée à renoncer à deux atouts majeurs : son pouvoir d'imagination et sa capacité d'adaptation, tous les deux portés par un dynamisme qui trouve très certainement sa source dans l'acharnement d'une population profondément marquée par un environnement difficile mais exceptionnel : les Alpes.

CLAUDE FRANCILLON

La Villeneuve, nouvelle cité de 50 000 habitants aux confins de Grenoble et d'Échirolles. Le quartier de l'Arlequin, commencé en 1969, fait partie d'un vaste projet d'urbanisme social, parfois contesté. Grenoble a connu depuis les années 60 une mutation urbaine spectaculaire.

CITADELLE DU VIDE, LE VERCORS

Nulle part ailleurs il n'existe autant de correspondances entre la forme et le destin. Ainsi le massif du Vercors laisse confluer dans une sorte de dramatique fatalisme la géologie, l'histoire, le climat et la culture. En raccourci brutal, tout semble être, ici, fils et fruit de la vague de fond qui souleva la masse cristalline des Alpes et laissa s'échouer ces étranges îles sédimentaires que sont les Préalpes calcaires.

Partons vers le pays dans lequel le temps se rythme en millénaires. Nous sommes à l'aube des grands bouleversements, les explosions occupent des milliers d'années, les soulèvements d'échines cristallines, comme le dos d'un monstre qui jaillirait d'un marais, durent un million d'années. Des mers fécondent le terrain brut, des coraux accumulent leurs squelettes, parfois les couches atteignent des centaines de mètres d'épaisseur. Dans les manuels de géologie, on apprenait bien sûr le crétacé, mais quelle difficulté d'imaginer, devant des paysages de falaises, de forêts, de prairies, le bruit des vagues, la fureur des tempêtes. La dalle de calcaire urgonien qui constitue le socle du Vercors est ici plus épaisse que dans les autres Préalpes. Cette chape de 300 à 400 mètres d'épaisseur s'est trouvée

Dans le cirque de Choranche. Les falaises sont travaillées par les eaux de pluie et les cascades, créant dans le « tuf » calcaire un dédale de fissures et de grottes qui fait de cette région un haut lieu de la spéléologie.

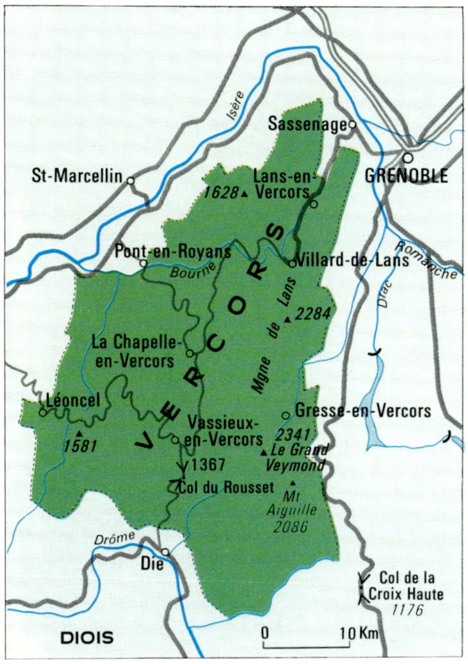

coincée entre les Alpes naissantes et l'avant-pays lors de la remontée du cristallin; elle s'est pliée. Le Vercors explique à cœur ouvert cette orogénie. Le nord, plissé en longues rides régulières, est plus étroit que le sud, aux larges « platitudes ». Plaque soulevée vers l'est, c'est dans cette direction que le massif offre ses falaises les plus abruptes. On assiste donc à la valse des anticlinaux, que limitent les synclinaux orientés du nord au sud. Lourd, le Vercors a subi presque tranquillement les folles poussées : les plis s'atténuent vers l'ouest, et la barrière des rochers de l'Épenet ne concurrence pas les abîmes, de Glandasse aux Trois Pucelles...

L'eau s'est ensuite emparée du relief, l'eau sous toutes ses formes, qu'elle soit de glace, de torrent ou de lac. Dans ce calcaire, chargée de gaz carbonique, l'eau a multiplié les phénomènes karstiques. Ils se poursuivent aujourd'hui, et voilà notre radeau devenir celui de la Méduse et n'être qu'une immense « dent » dont la carie se creuse sans trêve. Il n'y a qu'à regarder ces lapiaz et ces gorges quasi diaboliques qui scient les plateaux urgoniens. Instantanément, le Vercors donne la lecture de l'excavation, du gouffre, de la grotte, du puits. On imagine aisément les peuplades paléolithiques envahissant les grottes de ce dédale de fissures pour s'abriter des pluies, des neiges, et oublier des terreurs indicibles dans ces matrices de pierre. Des outils de silex témoignent de cette lointaine occupation, plus proche quand on se penche sur les anciens ateliers de taille de silex néolithiques de Vassieux. Avaient-ils déjà perçu, ces ancêtres, que le pays offrait cette sorte de sécurité que donnent les citadelles ?

La longue gestation préhistorique nous amène du nomadisme des chasseurs aux enclos des premiers paysans. La complexité des « remues » d'hommes dans les siècles passés interdit ces opinions tranchées sur l'origine des premiers résidents; il y a du bâtardisme dans l'air et, si des troupes du Midi semblent avoir pénétré notre forteresse, il est certain qu'elle fut, elle aussi, une petite Babel des races. Pline le Jeune, l'historien colon, nous dit que cohabitent Allobroges du Nord et Vertacominores du Sud. Est-ce ce dernier peuple qui donne son nom au Vercors ?

Au Moyen Age, cette longue et secrète respiration de l'histoire, les religieux viennent chercher Dieu, la paix et l'isolement au cœur des montagnes. Ils bâtissent, défrichent, et l'empreinte de leur foi marque encore les terres de Bouvante, Léoncel, Pont-en-Royans et Valcroissant. Les murailles de calcaire ne sont pourtant

Le mont Aiguille (2 086 m), une des « Sept Merveilles du Dauphiné ». C'est une fantastique forteresse de calcaire urgonien au curieux sommet tabulaire. Il fut conquis pour la première fois en 1492 par un capitaine de Charles VIII, Antoine de Ville.

Sur les hauts plateaux du Vercors méridional, entre Font-d'Urle et Vassieux. Vers 1 500 m, les alpages restent fort étendus. Des troupeaux de chevaux y passent la belle saison en semi-liberté, ainsi que de nombreux moutons transhumants montés de Provence.

pas des remparts contre la convoitise et l'agressivité. Les comtes de Sassenage, seigneurs du Nord, et les évêques sudistes de Die livrent bataille. L'enjeu, en ce XVIe siècle, est évidemment d'extirper le protestantisme, dont les adeptes, si nombreux dans le Trièves, avaient pu trouver refuge dans le Vercors. Le Nord va l'emporter, et, comme une ultime et dérisoire reconnaissance, le fromage des environs de Villard se nomme bleu de Sassenage. Les victoires ont la peau dure !

Cependant, c'est au cœur du XXe siècle que le Vercors devient un véritable bateau ivre, lorsque la Résistance vit un martyre dans cette forteresse qui a pris toutes les allures d'un piège. La carie de la pierre semble entraîner les hommes, et la fin de la guerre laisse un pays à l'image de ses lapiaz : aride, brûlé, désertique, vide d'hommes et de villages. Seuls restent les désirs, et le Vercors actuel, vivant, comme renaissant, manifeste cette quasi-invincibilité d'une vie à tous les échelons.

Rien n'est aussi symbolique que ce soit le Vercors qui ait été choisi comme un lieu possible de réintroduction d'un seigneur de la forêt : le lynx. Tout comme les îles qui préservent leur faune, l'isolent, le pays fut longtemps la terre des derniers grands hôtes sauvages. On pouvait encore apercevoir le loup il y a juste cent ans. Deux loups noirs furent abattus en 1883 à Villard-de-Lans... Depuis, plus rien. Le cri du loup *(adagio ma non troppo !)* ne retentira plus dans la forêt de Lente, à moins que les écologistes ne conçoivent le merveilleux projet de réintroduire notre carnivore splendide.

Le radeau du Vercors aurait bien vocation à bercer des rêves d'enfance. Le compagnon des bois, l'ours, y a bénéficié d'un sursis. Si « l'homme

Pont-en-Royans, à la sortie des célèbres gorges de la Bourne. Cette pittoresque bourgade, aux hautes maisons anciennes surplombant le torrent, offre une halte bienvenue après les longs défilés du Vercors.

LA PREMIÈRE DES « PREMIÈRES » AU MONT AIGUILLE

1492 : Christophe Colomb découvre l'Amérique. Le 26 juin de cette année capitale, au cœur du Dauphiné, Antoine de Ville, seigneur de Dompjulien et capitaine des armées de France, parvient au sommet du mont Aiguille, dit encore, localement, *Mons Inascensibilis* (le Mont Inaccessible). Aujourd'hui, au pied de la voie normale, une plaque du Club alpin français commémore cette curieuse aventure.

A l'origine du projet, rien de moins qu'une lubie royale ! Charles VIII vient d'arriver en Dauphiné. Il s'y est rendu pour préparer la guerre en Italie. Charles a pu admirer de loin cette extraordinaire forteresse naturelle qu'est le mont Aiguille. Les gens du coin, eux, accusent cette montagne de mille maux : il semble que cette « île aérienne » abrite plus de démons que de fées. De toute façon, c'est l'inconnu.

Charles VIII a sans doute, sous le coup d'une mégalomanie bien royale, voulu prouver qu'on ne la lui faisait pas ! Il allait montrer une fois de plus qu'« à l'inaccessible aucun roi n'est tenu ». Comme c'était la mode chez les grands, il envoya un de ses lieutenants, chambellan de surcroît, accomplir l'exploit pour sa très grande gloire !

Voilà donc notre militaire d'Antoine en mission spéciale. Antoine de Ville devait être un baroudeur sans peur — sans reproche, l'histoire n'en dit mot. Il réunit une solide cordée (avant la lettre), peut-être une dizaine de personnes, dont un prédicateur, un maître en échelle, un tailleur de pierre, un charpentier. Huit hommes atteindront le sommet, ce qui n'est pas mal pour la première collective. Au total, une vingtaine de personnes se retrouveront là-haut dans une seconde vague.

Comment le sieur de Ville a-t-il réussi l'ascension du Mont Inaccessible ? Le problème de l'itinéraire n'est pas simple, car le mont Aiguille, assez fragile, a dû subir quelques modifications de paysage. Aussi n'est-il pas certain que la voie normale actuelle soit le chemin emprunté par de Ville et son équipe. Antoine de Ville affirme dans son procès-verbal avoir utilisé de « subtils engins ». Comme il avait emmené des maîtres de l'échafaudage, on sait qu'il utilisa des échelles, et peut-être, ce qui va de soi pour un soldat, mais qui est ingénieux quand même, des arbalètes afin de lancer des grappins et des cordes. Ce qui est assez surprenant, c'est que la troupe des escaladeurs resta au moins trois jours là-haut et fit même dire une messe ! Content de lui, Antoine affirma que ce sommet était le plus joli endroit qu'il avait jamais vu. Il est aussi raconté qu'en attendant les huissiers de Grenoble les vainqueurs construisirent une petite maison ! On comprend que Rabelais, plus tard, ait repris pour Pantagruel une pareille aventure et qu'il ait osé placer le paradis terrestre sur le mont Aiguille.

Mais écoutons quelques extraits du certificat du prêtre François Bosco, qui fut l'aumônier de ces premiers alpinistes : « Lesquels susdits présents ont mangé, bu et dormi sur ladite montagne et aussitôt qu'elle fut gravie, ledit seigneur de Dompjulien l'a baptisée ou fait baptiser et nommer, en lui imposant le nom d'Aiguille fort, alors qu'elle s'appelait auparavant Aiguille ou Mont Inaccessible... Item sur ladite montagne il y a un grand pré et il faudrait pour le faucher quarante hommes et plus. Il y a en outre une garenne de chamois qui n'ont pu en sortir et un grand nombre de passereaux sauvages de trois sortes de couleur, savoir de couleur rouge, rose et grise... Pour le gravir, il y a une demi-lieue d'échelles et pour le reste une lieue. Et il est terrible à voir et plus terrible encore à monter et à descendre... »

De nos jours, une quinzaine de voies parcourent les faces du mont Aiguille. Des alpinistes comme René Desmaison ou Yannick Seigneur y ont ouvert des itinéraires. Et depuis de Ville il est une chose qui se perpétue, c'est le plaisir intense d'habiter, ne serait-ce qu'un instant, la prairie de cette île du vent !

1

2

4

5

L'ENVERS DU VERCORS

3

1. *Porche de la grotte de Bournillon.*
2. *La rivière souterraine de Bournillon, explorée sur plus de 3 000 m.*
3. *Le spéléologue, protégé par une combinaison, remonte la rivière.*
4. *Avec un équipement de plongée, le spéléonaute descend dans un siphon.*
5. *Grotte de Choranche, dite de Couffin à cause des fistuleuses, très fines stalactites qui peuvent mesurer jusqu'à 2 m de long.*

Sculpté en profondeur par le cheminement souterrain des eaux, le massif calcaire du Vercors offre une extraordinaire variété de grottes et de gouffres — plus de 1 500 —, qui en font un véritable paradis pour les spéléologues. La Chapelle-en-Vercors accueille d'ailleurs maintenant chaque année, dans le cadre de la Maison du parc et de la spéléologie, un festival international du film consacré à cette discipline qui fait de plus en plus d'adeptes.

Parmi ces gouffres, où parfois rivières souterraines et cascades bouillonnent et se fracassent dans un étonnant décor lunaire de concrétions aux formes fantastiques, le plus connu est certainement le gouffre Berger, sur le plateau du Sornin. Découvert en 1953, il fut le théâtre de la première descente à − 1 000 mètres dans l'histoire de la spéléologie, et détint pendant longtemps le record mondial de profondeur avec − 1 198 mètres. En communication avec les nappes d'eau qui alimentent la ville de Sassenage, près de Grenoble, il présente un échantillonnage des merveilles qui attirent les spéléologues dans les profondeurs de la terre, telles les stalagmites de 10 mètres de haut de la célèbre salle des Treize, la Rivière sans Étoile, la rivière − 1 000, les siphons, dont certains demeurent inexplorés, ou la cascade de l'Ouragan avec ses 45 mètres de chute.

Si le gouffre Berger — où disparurent dans les années 70 deux jeunes spéléologues amateurs emportés par une crue soudaine — n'est guère accessible aux néophytes, de même que le gouffre de la Fromagère ou la grotte de Gournier, il existe dans le Vercors quantité de sites qui constituent d'excellents terrains d'initiation à la spéléologie, ou même de simples buts de promenade. Ainsi, pour les spéléologues amateurs, le classique labyrinthe du Trou qui Souffle, la grotte Favot, ou, pour les promeneurs, les Cuves de Sassenage, les magnifiques grottes de Choranche (grotte de Couffin), celle, non moins admirable, de la Luire, le scialet (ou gouffre) de la Draye Blanche, la grotte du Brudour, au beau milieu de la forêt de Lente, le porche de la grotte de Bournillon, dont les eaux connaissent de temps à autre des crues spectaculaires, ou la Glacière d'Autrans, une de ces cavités dans le fond desquelles la neige accumulée, comprimée, se transforme peu à peu en glace, si bien que les cafetiers de Grenoble venaient autrefois s'y fournir en pains de glace.

Avec un peu de chance, on observe dans telle ou telle de ces grottes des chauves-souris, dont les populations semblent d'ailleurs en régression et qui constituent l'élément le plus spectaculaire de la faune cavernicole, depuis la disparition, dans les années 30, des ours, dont on retrouve encore ici ou là des traces, ossements ou griffades sur les parois. Quant aux chamois, s'il leur arrive de fréquenter l'entrée des grottes, ils ne s'aventurent jamais profondément sous terre. Dans tout le règne animal, il n'y a guère que les insectes — dont la diversité dans les grottes du Vercors fait le bonheur des entomologistes grenoblois et lyonnais — qui partagent avec l'homme le goût de s'aventurer dans les entrailles de la terre.

L'exploration scientifique des réseaux souterrains de ce massif de quelque 1 000 km² se poursuit toujours et de nombreux spéléos de toute la France y participent, sous la houlette du Comité départemental de spéléologie de l'Isère.

Grimpeurs sur les arêtes de la falaise du Gerbier, l'une des plus importantes du Vercors méridional. Dans cette région, on peut grimper tôt ou tard en saison, les courses sont difficiles et les marches d'approche réduites.

qu'a vu l'homme qu'a vu l'ours » a aperçu le dernier plantigrade en 1937, les grandes battues de 1877 ont pratiquement décimé une espèce qui entrait en concurrence (souvent mythique) avec les agriculteurs. Avec la disparition de l'ours dans toutes les Alpes, c'est la forêt qui meurt. Le lynx serait le premier élément du renouveau du lien sacré de l'homme et de sa patrie. Sinon, en attendant de frissonner, vous pouvez admirer la robe du cerf sika dans l'enclos de l'hôtel de Lente, et plus certainement quelques chamois du côté du mont Aiguille ou des gorges de la Bourne...

J'ai toujours en moi la joie d'apercevoir de telles bêtes. Aucune rencontre ne sort de ma mémoire et, tel un chasseur, j'ai accumulé des sortes de trophées idéaux : tel brocard en velours aperçu à la lisière des épicéas, tel chamois qui dévalait les pierriers du pas de l'Aiguille, vers le col de l'Aupet, alors que je commençais à grimper les premiers mètres du pilier sud-est du mont Aiguille. Le Vercors est un lieu idéal pour ces rencontres toujours magiques avec les animaux. La structure du parc naturel favorise en outre cette approche écologique. Le parc naturel régional date du 16 octobre 1970 et, sur une superficie de 135 000 hectares, n'englobe pas moins de cinquante communes. Ce parc, dans son intention officielle, se veut « témoin de la nature ruralisée ». Une sorte de compromis qui évite les tensions causées par la création des parcs nationaux. L'espace rural et l'espace sauvage tentent leur difficile cohabitation et concrétisent cette élémentaire solidarité entre la ville et la campagne.

Le Vercors possède une originalité qu'aucun autre massif préalpin ne lui dispute. Mais décrivons le navire : 950 kilomètres carrés, 63 kilomètres de long et 40 de large, avec une altitude moyenne de 1 200 mètres. Son plus haut sommet, juste à côté du mont Aiguille, est le Grand Veymont, massif et peu élégant (2 341 m). On est loin des formes plus alpines du massif voisin du Dévoluy. Le Vercors est cependant traversé par le 45e degré de latitude nord, qui forme frontière entre le nord et le sud : ainsi dans une traversée vers le Midi voit-on se succéder un tempérament alpin et un tempérament provençal annoncé par la lavande et le pin à crochet. La limite climatique passe théoriquement par le col de Rousset.

S'il est une traversée à effectuer, c'est bien celle qui serpente dans les plateaux sud-ouest et qui sa s'échouer juste sous le mont Aiguille. Que de beautés diverses à contempler en suivant cette piste qui, de Léoncel, du plateau d'Ambel, de Font-d'Urle, de Vassieux, des balcons de Glandasse, de la plaine de la Queyrie, du Font des Bachassons, du col de l'Aupet, débarque à la Richardière ! On aura en quatre ou cinq jours engrangé tout le patrimoine floristique et paysager que peut offrir le plateau. Chênes pubescents des basses collines, hêtres, sapins de l'ubac, mélèzes des versants du soleil, buis méditerranéens, et le mélange particulier des érables, frênes, ormes, sorbiers, cornouillers, si habiles à créer, dès l'automne, les vitraux les plus audacieux qui soient.

Le nord n'est pas le sud et, fort de ce sophisme, il n'est pas toujours certain qu'il soit facile au néophyte de distinguer des plantes hygrophytes (adaptées à l'humidité) et des plantes xérophytes (adaptées à la sécheresse). Pourtant, quelle aventure de distinguer dans l'apparent chaos de la végétation le nard et la linaigrette des azalées et des primevères ! Le Vercors vaut mille musées, peut-être parce qu'il en appelle à tous les sens, toutes les expériences. Le meilleur guide pour tout visiteur ? Qu'il ouvre ses oreilles, ses yeux, ses mains, son cœur ! Alors, à lui le hululement de la chouette de Tengmalm et la vision des duels de tétras. Et bonheur s'il aperçoit le plumage rougi du tichodrome !

Le Vercors n'est pas seulement le territoire d'une faune en voie de régénération ; des hommes et des femmes peuplent le pays pour le meilleur et parfois le pire... Le gros de la population se trouve dans la région dite des Quatre Montagnes. Il s'agit des villages de Lans, Villard, Autrans et

Méaudre. Ils ont bénéficié de l'impulsion des Jeux olympiques d'hiver de 1968, mais le succès est chose fragile. Le super-tremplin olympique de Saint-Nizier sombre lentement dans l'oubli, faute de moyens pour l'entretenir. Quant à son téléférique et à l'hôtel de l'Hermitage auquel il accédait, il n'y a plus que ruines, les pouvoirs publics ayant décrété que l'engin ne correspondait plus aux normes de sécurité. A Saint-Nizier, Autrans et même Corrençon, il règne souvent une ambiance de cité-dortoir. La moitié des habitations d'Autrans sont des résidences secondaires, et Corrençon, qui compte parfois 4 000 touristes, vit avec 200 personnes la plupart du temps. Quant au sud, dépourvu de grands centres, tout y gravite autour de La Chapelle-en-Vercors et son tourisme. Le parc tente de résoudre les disparités entre le nord et le sud, mais il sera difficile au sud de combler son retard en matière d'équipements de ski, d'autant que l'enneigement y est plus inégal.

Le tourisme hivernal, avec le boom du ski de fond, se prête particulièrement à ces régions. On compte quelque 600 000 journées de ski de fond à Autrans en 1981, et la célèbre course de la Foulée blanche a réuni près de 10 000 coureurs en 1983. Cet afflux de fondeurs ne fait pourtant pas systématiquement prospérer les stations, et les communes cherchent comment récupérer une participation financière des usagers. Dans certaines stations, un système de vignettes (pas encore obligatoires) finance l'entretien des pistes. Plus difficile est la pratique du ski alpin : l'altitude est faible, et il faut parfois recourir à l'enneigement artificiel, comme à Villard, station dotée du plus vaste outil de neige artificielle européen : un milliard de centimes pour allonger la saison d'un mois environ.

En fait, il est à parier que le développement du Vercors sera plus sensible dans des solutions originales, telles que la création de l'Association pour la formation des ruraux aux activités du tourisme (l'A.F.R.A.T.), qui favorise la polyactivité des agriculteurs. Les ruraux ont de meilleures chances de s'en sortir quand ils exercent des activités diversifiées — paysan et accompagnateur de moyenne montagne par exemple. L'agriculture subsiste certes sur le plateau, mais chaque année cinq fermes environ disparaissent. Le lait est la principale production du Vercors nord, alors que des moutons paissent sur les plateaux du sud. L'artisanat n'est guère développé. Autrefois, le bois était une des richesses du massif : on fabriquait des rames de galère avec les frênes, et plus tard des poteaux en bois de sapin, des barreaux d'échelle... Vers le tunnel du Mortier, on voit encore les traces du toboggan qui descendait les troncs jusqu'à l'Isère.

Je voulais garder pour la fin le rocher, et ces abîmes qui sont en fait le véritable centre du Vercors. Partout il affleure, partout ils le cernent, et le mont Aiguille en est comme le microcosme. Montez sur son sommet par la voie normale, et vous arriverez sur l'île la plus étonnante qui soit : tout entourée de vide, léchée de nuages, elle dore un champ de fleurs extraordinairement colorées. Ce ne sont que gentianes au bleu profond et aconits au jaune inquiétant — j'y ai même déjà trouvé de quoi faire une bonne poêlée de morilles...

Dans les années 60, le Vercors était le grand centre de l'escalade calcaire. La verticalité de ses parois presque dolomitiques attirait une population en mal de vertige. Des itinéraires directs étaient ouverts dans toutes les faces, et l'usage de l'artificiel ne rebutait personne. Le terrain de jeu fascinait les meilleurs de l'époque, et ceux dont on apprend la réussite dans l'Himalaya ou les Andes sont passés par la haute école de l'urgonien du Vercors. Aujourd'hui, les alpinistes se sont tournés vers l'escalade libre (n'utiliser que les mains et les pieds pour progresser) et ont donc choisi les calcaires les plus compacts et les plus solides (genre Verdon). Il n'en reste pas moins que les rochers de Presles, vers Pont-en-Royans, sont devenus en trois ans un des plus grands centres de l'escalade libre en France. On compte des dizaines de voies aux noms étranges comme Uxgloa, Phil flip, le Légume justicier, Devil's hook, dans les degrés extrêmes de difficulté...

Bien évidemment, les autres sites d'escalade continuent d'attirer fidèles et innovateurs. Glandasse et les rochers d'Archiane (le jardin du Roi) figurent à mon avis parmi les plus belles parois calcaires de France. Le site d'Archiane est particulièrement digne d'intérêt, tous ceux qui l'ont fréquenté savent la fascination qu'il exerce, surtout si on a la chance d'avoir dormi « à la belle » au milieu des lavandes, face aux aiguilles de roche au faux air de cathédrales...

Magnifiques aussi les structures d'orgues des rochers du Parquet, et les ventres gris du Gerbier. Le Vercors des grimpeurs réjouit la vue autant que le geste, et l'unique menhir géant qu'est le mont Aiguille ne pouvait connaître d'autre destinée que d'avoir « inventé » l'alpinisme en 1492! D'ailleurs, les fées ou les démons attendaient les conquérants. L'histoire ne dit pas quelle boîte de Pandore ils ont entrouverte. Disons qu'ils ont abordé le navire à l'endroit de l'impossible et que de ce jour le Vercors perdait de l'invincibilité. De forteresse il devenait îlot, il lui faudra encore des pleurs pour devenir l'île aux trésors que je sais aujourd'hui.

JEAN-MICHEL ASSELIN

OISANS, UN RÊVE DE PIERRE

Oisans-Écrins... Ces deux noms accolés sont évocateurs. L'Oisans roule comme l'eau d'un torrent. Les Écrins accrochent les cieux de leurs pics acérés. Au cœur de la région du Dauphiné, le massif de l'Oisans est situé entre trois grandes vallées : la Romanche au nord, le Drac à l'ouest, la Durance au sud et à l'est. Unique dans les Alpes françaises, ce massif est bien celui des extrêmes. De la plaine de Bourg-d'Oisans, à 700 mètres d'altitude, au sommet de la barre des Écrins à 4 102 mètres, près de 3 500 mètres de dénivelée.

Oisans-Écrins... Imaginons, vue de l'espace, une immense étoile de cristaux de neige, dont chaque branche symbolise les six vallées du massif. Chacune de ces vallées a son originalité. Sortie d'une palette géante, une couleur, une teinte dominante nimbe chacune d'entre elles. Au nord, la vallée du Vénéon, torrent tumultueux roulant dans une gorge encaissée, traverse le pays d'Oisans : le noir et le blanc, ombre de l'ubac, lumière de l'adret et, plus haut, éblouissement des glaciers. A l'ouest, le Valbonnais et le torrent de Bonne, enchâssé dans de grands versants boisés : vert bronze des sapins, ponctué au printemps du vert clair des hêtres. Plus au sud mais parallèle, orienté plein ouest, voici le Valgaudemar, au contraste saisissant entre les versants : rouille de ses adrets et vert sombre de ses sapinières et de ses aulnaies. Sous les influences de la chaleur du Midi, le Champsaur, source du Drac — des deux Dracs, Drac blanc, Drac noir, grondants comme des dragons, d'où l'origine de leur toponyme (du latin *dracus :* dragon) —, le Champsaur et son bocage formant une marqueterie dans le fond de la vallée, relayé en altitude par ses pelouses écorchées et ses éboulis ponctués de lacs. Le Champsaur : ocre tacheté d'émeraude. Au sud et à l'est, dans la lumière d'un ciel transparent, le val

EDWARD WHYMPER : L'ÉPOPÉE DES ÉCRINS

En 1860, Edward Whymper, jeune dessinateur britannique pressenti par un éditeur londonien pour illustrer un ouvrage de l'Alpine Club, découvre les Alpes dans le Dauphiné. De cette rencontre va naître une vocation impérieuse, à l'origine d'une carrière alpine parmi les plus brillantes et les plus dramatiques du siècle dernier.

C'est en 1864 que Whymper, alpiniste désormais confirmé, s'attaque à la barre des Écrins (4 102 m), point culminant des Alpes du Dauphiné dans le massif du Pelvoux. Deux de ses compatriotes, Horace Walker et Adolphus Moore, participent à cette expédition, aux côtés du guide chamoniard Michel Croz et du guide suisse Christian Almer.

« Je ne saurais donner qu'une très faible idée de la vue que l'on découvre au sommet des Écrins. Un panorama qui embrasse un espace presque aussi vaste que l'Angleterre entière », écrit Whymper dans son célèbre ouvrage *Escalades dans les Alpes,* un best-seller de la littérature alpine, illustré par l'auteur. Les vainqueurs de la barre des Écrins ne s'abîmèrent pas longtemps dans la contemplation de ce spectacle. En alpiniste averti, Whymper savait en effet que la descente pouvait être plus redoutable encore que l'ascension : « D'un côté s'enfonçait l'immense précipice qui fait face au Pelvoux, et qui est presque à pic ; de l'autre descendait une pente dépassant 50 degrés [...] Arrivés à un certain point, nous crûmes que nous serions obligés de remonter au sommet pour redescendre par l'autre arête. » Whymper et ses compagnons se tirèrent néanmoins sans encombre de cette mauvaise passe. Il ne devait pas toujours en être ainsi. En juillet 1865, après avoir vaincu le Cervin lors de sa huitième tentative, Whymper vit quatre de ses compagnons de cordée périr lors de la descente. « Un moment de négligence, écrira-t-il, peut détruire le bonheur de toute une vie. »

Projeté au premier plan de l'actualité et désormais poursuivi par la calomnie, Whymper se lancera encore dans des expéditions lointaines — Groenland, cordillère des Andes — avant de revenir à Chamonix en 1911 pour s'y éteindre solitaire à l'hôtel Couttet.

Descente de l'arête occidentale de la barre des Écrins par Edward Whymper, en 1864.

de Durance et la Vallouise. Toute une gamme de verts : vert gris des pins sylvestres, vert tendre des mélèzes au printemps, paille des pelouses à l'automne. Enfin, bordant le massif à l'est par la large ouverture de la vallée de la Guisane, feu du mélèze à l'automne et pureté cristalline du ciel : l'or et l'azur du Briançonnais.

Après les dernières glaciations, il y a plus de 10 000 ans, devant le front des glaciers et des moraines, le réchauffement du climat marque le signal de la lente reconquête, parfois entrecoupée de lourdes défaites, de la végétation. Partie des vallées, l'avant-garde est constituée par des pelouses qui grimpent hardiment au flanc des montagnes, grignotant en taches la roche et engendrant peu à peu le sol, entrelacs d'humus et de racines. Derrière ces pelouses, le front des arbustes, constitué d'airelles, de bruyères, de rhododendrons, de genévriers nains, d'aulnes verts, s'avance suivant les versants. Rhododendrons et aulnes verts préférant la tête à l'ombre et les pieds au frais. Genévriers et bruyères sur les adrets.

Ces landes annoncent les forêts : des pins à crochets pionniers et des pins cembros, ou aroles, s'y insinuent déjà. Enfin, une forêt plus dense s'installe sur la base des flancs des montagnes, en couronnes successives. Le mélèze pionnier, ou dans les vallons frais l'épicéa et, plus bas, la cohorte des sapins, hêtres et noisetiers sur les versants soumis aux vents d'ouest. Les pins sylvestres et les chênes blancs sur les versants plus secs. Cette lente progression vers les sommets est parfois stoppée par un éboulement de la montagne minée par l'érosion, une avalanche, un incendie déclenché par la foudre ou par l'homme. Inlassablement la végétation tente de gagner du terrain. Elle

Le lac du Lauzon, à 2 200 m, dans le Valgaudemar. Il est fermé par un magnifique cirque glaciaire où culmine le Sirac (3 440 m), dernier grand sommet des Écrins méridionaux.

1

2

3

10 heures du matin, il fait chaud, en ce beau jour de mai. Nous redescendons d'une virée dans le massif du Taillefer et traversons un couloir au-dessus de la forêt. Mon compagnon s'engage. Soudain, comme une paire de ciseaux découpe un rideau, le passage des spatules des skis provoque un déchirement du manteau neigeux. Une plaque immense part sous ses pieds, bientôt il disparaît au milieu de grosses boules pour réapparaître. Enfin, il s'arrête sur un pin à crochets tandis que l'avalanche déclenchée déboule vers un couloir étroit entrecoupé de barres. Arbre providentiel ! Nous en sommes quittes pour la peur. Mais trop nombreux sont les skieurs insouciants, partis pour une joyeuse randonnée qui se termine par un drame.

De même que la neige est un matériau vivant qui se transforme sous les ardents rayons du soleil, l'avalanche est un phénomène naturel qui ne peut être complètement maîtrisé ; les causes de déclenchement sont à rechercher essentiellement dans l'évolution du manteau neigeux, l'avalanche « partant » lorsqu'il y a rupture d'équilibre. On peut classer les avalanches en trois grandes catégories :

1. Avalanche de poudreuse ou de neige pulvérulente à grande vitesse.
2. Secouristes déposés par hélicoptère, avec leurs sondes. En dix ans, en France : 345 accidents, 1 113 personnes emportées, 283 morts.
3. Recherche des victimes ensevelies à l'aide de bâtons-sondes et de pelles à neige.

— Les avalanches de neige fraîche, qui se produisent généralement en hiver quand la neige, tombée en abondance, n'est ni stabilisée ni transformée. Ses cristaux à six branches (ou dendrites) perdent leur capacité d'ancrage au sol, s'entraînent l'un l'autre, et provoquent les avalanches dites de poudreuse par neige sèche. Leur déclenchement est foudroyant, leur vitesse, supérieure à 100 kilomètres à l'heure, peut atteindre 400 kilomètres à l'heure.

— Les avalanches de plaque : le vent souffle sur une neige récemment tombée, dont les grains — fins et en gobelets — viennent se déposer, à l'abri, sur une autre neige non transformée et moins compacte, qui va lentement évoluer sans pour autant deve-

S.O.S. AVALANCHES

4

5

6

7

4. Skieurs hors piste évoluant au-dessus d'une avalanche de plaque.
5. Ouvrages paravalanches appelés « râteliers » ou « ponts de neige ».
6. « Ménage de corniche » en haute montagne.
7. Le hameau abandonné du Bouchier (Hautes-Alpes), écrasé sous une avalanche de pierres consécutive à un glissement de terrain.

nir un support solide. Il suffit alors d'une surcharge (neige ou skieur) ou d'un réchauffement pour qu'elle parte en avalanche.

— Les avalanches de fonte, qui apparaissent au printemps ou au cours d'un redoux. La neige, alors composée de grains arrondis, se transforme en accroissant sa teneur en eau, et se met en mouvement selon un phénomène de « reptation » qui, de quelques centimètres par jour, peut évoluer en avalanche si le radoucissement est brutal.

Ces scénarios ne sont toutefois pas inéluctables. Sous l'égide du Centre d'études de la neige de la Météorologie nationale, quelque quatre-vingts postes de mesures et d'observations nivo-météorologiques ont été mis en place (une cinquantaine dans les Alpes, vingt-cinq dans les Pyrénées, deux en Corse, un dans le Massif central) afin d'établir un relevé cartographique des zones sensibles aux grosses avalanches et de diffuser un bulletin régulier.

Plusieurs méthodes sont employées pour lutter contre les risques d'avalanche : la prévention par le déclenchement artificiel, qui permet le maximum de garanties de sécurité puisque l'opération est entièrement contrôlée ; la défense passive, qui consiste à placer des obstacles artificiels (éperon, galerie, toit-tremplin...), ou à donner au manteau neigeux des appuis artificiels (filets, râteliers).

En cas d'accident, de nouveaux matériels de détection facilitent la localisation des victimes, même si le chien reste le moyen le plus efficace, puisque c'est lui qui retrouve environ les deux tiers des personnes ensevelies. La responsabilité individuelle reste grande dans le déclenchement d'une avalanche. Pour le skieur hors piste, la moindre petite coulée peut avoir des conséquences fatales ; son itinéraire de randonnée doit être soigneusement préparé en fonction des dernières données de la météo.

Besse-en-Oisans (Isère), 162 habitants, village de montagne à 1 550 m. Ses ruelles étroites sont bordées de maisons de pierres aux toits couverts de lauzes. Ces rudes constructions sont caractéristiques de l'Oisans.

colonise le sol suivant un axe horizontal pour préparer le terrain et assurer ensuite une occupation de l'espace vers la lumière, source de toute vie. Parfois aussi un refroidissement soudain du climat provoque l'avancée des glaciers durant plusieurs dizaines d'années, mais dès que le temps se radoucit, arrive la reconquête. De nos jours, on peut estimer que près de 3 000 plantes à fleurs vivent dans le massif de l'Oisans et des Écrins, certaines de ces plantes recherchant ou supportant un sol neutre ou calcaire, d'autres s'adaptant sur des sols acides ou siliceux.

Pareil à cette lutte incessante, comme l'attestent les arbres pionniers aux formes tourmentées par les éléments, l'homme montagnard a, au cours des siècles, façonné son milieu de vie. Comme Sisyphe, il lutte contre

LES COLPORTEURS

Les mélèzes rougeoient sous la dernière caresse du soleil automnal, l'hiver est proche. Jean Barthélemy a chargé son baluchon en osier et s'éloigne sans se retourner. Sa femme, tenant le dernier de leurs cinq enfants dans les bras, lui fait un signe, avant de le voir disparaître derrière un muret de pierres sèches. Il est parti pour plusieurs mois.

Il fait beau. Ses yeux clairs brillent sous le large béret qui protège si bien de la pluie ou du soleil de l'été. L'« armoire » qu'il porte ne lui paraît pas trop lourde malgré ses 50 kilos. Elle renferme toute sa récolte de « simples », plantes précieusement séchées et rangées dans de petits tiroirs. Ses premiers clients sont au bourg, puis à la ville, à Grenoble, peut-être jusqu'à Lyon si le temps le permet.

Il reviendra avec des produits de la ville et peut-être quelques pièces d'or, pour acheter des tissus, de quoi habiller sa progéniture. Chemin faisant, il rencontre Joseph, celui-ci est chargé d'étoffes. Joseph lui parle de sa famille, de son cousin Alphonse parti depuis deux ans aux lointaines Amériques. Aucune nouvelle de lui. Qu'est-il devenu? Est-il mort de faim ou de froid? A-t-il fait fortune?

En 1880, ils sont huit cents dans le pays d'Oisans à parcourir les routes. Depuis plusieurs générations, c'est une tradition ici. Il faut vivre. Certains se spécialisent dans les tissus, fils, boutons. Les « balles » du colporteur approchent parfois les quatre-vingts kilos. Les lunetiers partent moins longtemps et ils sont moins chargés.

Des colporteurs un peu charlatans se rencontrent parfois. Jean Barthélemy se rappelle d'un ancien Jacques parti il y a six ans aux Amériques vendre la « rose verte » : rose verte aux pouvoirs merveilleux, oignons passés aux flammes. Pour vendre ces racines de la rose verte, il portait avec lui un exemplaire d'une plante séchée et teintée, présentée aux clients sous verre.

Jean Barthélemy espère faire fortune, ou tout au moins revenir avec assez d'argent ou d'or afin d'acheter une nouvelle mule pour tirer l'araire. L'année prochaine, son fils aîné l'accompagnera dans un nouveau périple si la récolte des « simples » est bonne. Dans le lointain, l'angélus lui annonce que la ville est proche...

Colporteur des Hautes-Alpes au début du siècle : un second métier.

la pierre, remontant chaque printemps ce que la montagne redescendra l'hiver suivant.

Oisans-Écrins... Peuples pasteurs venus de la nuit des temps. Ils ont marqué les lieux de noms dont l'origine se noie dans un lointain passé. Alp... Alpes... Pel... Queyr... Quaïr... Depuis le Néolithique, l'homme a occupé ces hautes vallées, refuge naturel des minorités chassées des plaines, voies de passage pour les peuples chasseurs puis pasteurs. A l'époque gallo-romaine, le peuplement devient plus régulier : les Ligures, puis les

GUIDES DE L'OISANS

C'est vers 1830 que les premiers alpinistes, auparavant sollicités assez exclusivement par le massif du Mont-Blanc, commencent à s'intéresser au massif de l'Oisans. Tout d'abord, ce sont des guides étrangers — suisses ou chamoniards — qui conduisent les expéditions, jusqu'à ce qu'un montagnard de Saint-Christophe-en-Oisans relève le défi. La vocation de Pierre Gaspard est tardive : il a la quarantaine en 1873, lorsque, passant sans transition d'une existence pastorale au métier de guide, il prend la corde et le piolet pour conduire ses premiers touristes à l'assaut des sommets. Bientôt il entraîne son fils Pierre et son gendre Jean-Baptiste Rodier dans ses ascensions, et c'est en leur compagnie que, le 16 août 1877, ayant déjoué avec une remarquable habileté les difficultés de certains passages, Gaspard parvient au sommet du Grand Pic de la Meije (3 983 m), d'où il peut s'écrier avec une légitime fierté : « Ce ne sont pas les guides étrangers qui arriveront les premiers ! » Inscrit en 1875 en tête de liste officielle des guides par la Société des touristes du Dauphiné, Pierre Gaspard est le fondateur d'une véritable dynastie de guides de l'Oisans : outre six de ses quatorze enfants, il forme ses gendres, dont l'un, Henri Turc, sera lui-même à l'origine d'une lignée de remarquables montagnards. En 1882, lorsque le C.A.F. lui attribue sa Grande Médaille de l'année, le « père Gaspard » entre bien vivant dans la légende, et son influence s'exercera au moins jusqu'à la fondation de l'École nationale d'alpinisme, par laquelle sont formés les guides; aujourd'hui, l'Oisans en compte plus de cent.

Dans les années 1900, la famille Saunier, du Châtelard de Maronne. Trois générations réunies pour le portrait de famille. Les hommes d'Oisans ne pouvaient guère alors rester au « pays ».

1

2

3

4

1. Anémone soufrée (Pulsatilla sulfurea).
2. Lis martagon (Lilium martagon).
3. Gentiane printanière (Gentiana verna).
4. Edelweiss (Leontopodium alpinum).

Dans la seconde moitié du XVIIIe siècle, au cœur des Alpes du Dauphiné, un homme arpente les flancs d'une montagne. Soudain, il s'arrête, interdit. Devant lui s'épanouit une plante délicate. De la base des feuilles disposées en rosette s'élèvent de fines tiges à l'extrémité desquelles s'épanouissent de minuscules fleurs roses. Cette plante lui est inconnue. Il la décrit sur un carnet, la dessine, puis en prélève un échantillon. Cet homme passionné de botanique est l'abbé Chaix, curé d'un petit village des Hautes-Alpes. Il vient de découvrir une nouvelle espèce d'androsace. Ainsi, au cours des XVIIIe et XIXe siècles, la plupart des plantes de nos régions ont été découvertes, répertoriées, classées par ordres, familles, genres et espèces.

Si parmi les 4 500 espèces qui composent notre flore beaucoup sont encore relativement communes, nombreuses sont celles qui, par leur localisation ou le morcellement de leur aire de répartition, se trouvent menacées par les différentes interventions humaines. La mécanisation de l'agriculture et l'utilisation massive des engrais et pesticides de synthèse ont fortement contribué à diminuer le nombre des espèces sauvages compagnes des cultures. A cette transformation progressive est venue s'ajouter la destruction directe des milieux naturels, comme l'assèchement de nombreuses zones humides. Enfin, le développement du tourisme a entraîné depuis la fin de la Seconde Guerre mondiale une fréquentation accrue aux

LA FLORE PROTÉGÉE

5

6

7

8

5. Lis orangé (Lilium croceum).
6. Anémone printanière (Pulsatilla vernalis).
7. Chardon bleu des Alpes (Eryngium alpinum).
8. Sabot-de-Vénus (Cypripedium calceolus).

dépens de la flore et de la végétation, s'accompagnant de cueillettes parfois massives de plantes remarquables. Cette tendance au ramassage abusif est heureusement en régression.

Face à cette menace, la création de plusieurs parcs nationaux ou de réserves naturelles a contribué à la protection des plantes sauvages. Mais des carences subsistaient, et de nombreuses espèces échappaient à toute forme de protection. La loi du 10 juillet 1976 dite loi de Protection de la nature, longtemps réclamée par les associations de protection de la nature, prévoit de prendre des arrêtés ministériels pour protéger des espèces menacées de la faune ou de la flore. Il faudra attendre le 20 janvier 1982 pour qu'une liste de 361 espèces soit officiellement dressée sur le territoire national. Ces textes stipulent en outre qu'il est interdit de détruire, colporter, vendre, acheter aucune de ces espèces. Un arrêté complémentaire fixe une liste de 31 espèces dont la cueillette et le prélèvement sont soumis à autorisation ministérielle ; cette dernière liste concerne des plantes pouvant être utilisées dans l'industrie pharmaceutique.

Parmi les 361 espèces désignées dans la liste figurent des plantes rares ou très localisées : ainsi, pour nos montagnes, l'ancolie des Alpes, les androsaces, la campanule des Alpes, le daphné strié, la rhapoutique des Alpes, le sabot-de-Vénus... Il n'est pas toujours aisé de reconnaître les espèces protégées. Dans le doute il est préférable de s'abstenir de toute cueillette.

Au Chazelet, face à la Meije (3 983 m). Seul à pouvoir emprunter les chemins les plus difficiles, le mulet, ou bardot de l'Oisans, reste le « principal outil de travail ». Dans certains villages, la pauvreté obligeait naguère plusieurs familles à n'avoir qu'un mulet collectif.

Allobroges, peuple celte, enfin les Burgondes et les Ostrogoths, se succèdent dans les vallées, sans oublier les incursions des Sarrasins au VIIIe siècle. Dès l'Antiquité, les agriculteurs s'installent dans ces hautes vallées, comme en Valgaudemar ou en Vallouise, ou sur les versants ensoleillés, comme à La Grave ou à Saint-Christophe-en-Oisans. Cette constance se retrouve encore actuellement avec l'opposition des versants : le versant nord est réservé aux forêts, source de bois, et le versant sud aux cultures et aux pâturages. Un réseau de canaux creusés et entretenus irrigue les parcelles. Des terrasses sont constituées pour retenir la terre ; cette permanence de l'action de l'homme cultivateur est encore visible de nos jours près de La Grave.

Mais le Maître au cours des siècles reste le climat et ses sautes d'humeur. Que surviennent des hivers rudes et prolongés comme en 1315, 1330 ou 1640, qu'une chute de neige précoce pourrisse la récolte comme en 1767 en Briançonnais, et le spectre de la famine apparaît. Les populations affaiblies deviennent facilement victimes d'épidémies, de la peste noire ou du choléra. Les survivants fuient vers les « Bons Pays ». Les fluctuations de populations vont se succéder. Allix estime qu'en 1339 il y a 1 900 âmes à La Grave, 1 080 à Villar-d'Arène, c'est-à-dire autant qu'en 1910. Le phénomène d'émigration va se poursuivre au cours des siècles. Il sera mis en évidence par une génération mieux connue d'émigrants : les colporteurs.

L'homme a éliminé ses concurrents potentiels par le poison et le fusil : les grands prédateurs, l'ours en 1870, le loup vers 1880, le lynx en 1920. Même le bouquetin a été exterminé dès 1890. La disparition de cette grande faune correspond à une utilisation exceptionnelle du milieu montagnard par l'homme entre 1830 et 1870. Par contre, la diversité du paysage entretenu par les cultivateurs dans ces montagnes a permis l'installation d'une petite faune riche et variée. De nos jours, l'abandon des cultures entraîne une fermeture progressive des milieux naturels : prairies envahies par des landes qui, dans un premier temps, entraînent un réel appauvrissement de la faune par l'uniformisation de l'espace naturel.

Malgré tout, on constate des différences notables d'une région à l'autre. Ainsi, en 1950, 70 pour 100 des habitants vivent de l'agriculture en Oisans, alors que 30 pour 100 seulement appartiennent à cette catégorie sociale dans le Champsaur. L'exode humain depuis 1914, et surtout depuis 1945, s'est accéléré vers les grandes agglomérations urbaines. On peut constater que, comme dans le reste de la France, les populations rurales et urbaines de l'Isère et des Hautes-Alpes se sont complètement inversées entre 1946 et 1968. A l'agriculture déclinante se substitue une nouvelle colonisation humaine : le tourisme. L'utilisation de l'espace montagnard pour l'organisation des loisirs a entraîné une altération visible et définitive de certains sites par une urbanisation mal conçue et aujourd'hui unanimement condamnée. Mais, plus insidieusement, la fréquentation humaine cause un dérangement quasi permanent, perturbant la vie de nombreuses espèces.

MICHEL BOUVIER

LES QUEYRASSINS : VIVRE AU PAYS

La route quitte la vallée lumineuse de la Durance, traverse la petite ville de Guillestre, s'engage dans une gorge profonde où gronde un torrent. Ce torrent, c'est le Guil, et son bassin forme le Queyras, pays fermé dont les 600 kilomètres carrés viennent s'encoigner dans le territoire italien qui l'entoure de trois côtés. Le Guil est issu d'un petit lac tout bleu qui reflète les cimes du mont Viso. Il dévale de la chaîne frontalière, roule devant les villages de Ristolas et d'Abriès, puis se dirige vers l'ouest, traverse Aiguilles, le chef-lieu de canton, et reçoit à Ville-Vieille les eaux de l'Aigue venues de Molines et de Saint-Véran.

Et voici qu'apparaît, dominant la vallée, l'imposante citadelle de Château-Queyras, qui, pendant des siècles, a eu pour fonction de barrer la route aux armées d'invasion surgies des montagnes piémontaises. Elle

Le cycle de l'herbe. Le filet, ou trousse, permet de confectionner une énorme botte qui peut atteindre 100 kg. Les prés de fauche continuent d'assurer le foin quotidien au bétail durant le long hiver.

joua fort honnêtement son rôle tout au long de l'histoire puisqu'elle ne succomba qu'une seule fois, en 1587, à l'assaut du connétable de Lesdiguières : pour la soumettre, celui-ci avait amené, par les cols voisins, des pièces d'artillerie qui, installées sur les hauteurs, réduisirent la garnison.

Le torrent se fraie alors un passage dans le rocher de l'Ange Gardien et s'engage entre des falaises austères, dans un paysage idéal de gravure romantique où se conjuguent les « précipices affreux » et les « sommets aigus couronnés de brumes » de la littérature de l'époque avec, sur quelque surplomb, un minuscule chasseur de chamois au chapeau orné d'un blaireau. Il parvient à la Maison du Roy, ainsi appelée parce que Louis XIII y aurait séjourné en 1629 avec Richelieu à l'occasion de la guerre de succession du duché de Mantoue. C'est là que le torrent du Cristillan se jette dans le Guil. Il vient, ou plutôt il tombe de la plaine de Ceillac, étalée en altitude à la convergence de ses deux vallées. Puis le Guil s'enfonce dans une gorge sonore, où il cabriole encore avant d'aller se joindre à la large Durance, au pied d'une autre forteresse, Mont-Dauphin.

Le Queyras est un beau pays primitif, souriant et intact que ce torrent traverse sur une trentaine de kilomètres. C'est le royaume des forêts de mélèzes et de pins, des prairies et des alpages, des torrents et des cascades. Le roc y jaillit du pacage, sans l'intermédiaire maussade des pierriers et des cailloux. A son faîte, il est couronné de névés. Le Queyras, c'est l'Engadine française ou, du moins, ce qu'on aime à imaginer qu'est restée l'Engadine. C'est aussi, par la moyenne de son altitude, le plus haut pays habité de l'Europe : 1 600 mètres pour les huit communes qui le constituent. Il culmine à l'église de Saint-Véran, « le village le plus élevé où on cuit le pain », située à 2 040 mètres.

Les Queyrassins sont des gens à la fois rudes de corps et fins d'esprit. Ce sont des montagnards méridionaux. Des montagnards, ils ont la vaillance, la patience, l'opiniâtreté d'hommes sans cesse confrontés aux rigueurs et à l'hostilité du milieu naturel. Mais ils ont aussi la malice, la curiosité et l'aisance d'expression des hommes du Sud. D'instinct ils sont individualistes, comme tous les paysans, mais leur isolement a longtemps renforcé leur indépendance, qui est aussi un héritage de leur histoire.

Pendant des siècles, en effet, tandis que la France vivait sous l'autorité royale, le Queyras était déjà une petite république. C'était un des « escartons » issus de la Charte signée par le dauphin Humbert II le 29 mai 1343, par laquelle le pauvre seigneur « aux mains vides », qui se débattait dans d'inextricables difficultés financières, renonça pratiquement à son droit de suzeraineté. Les représentants des communautés briançonnaises mirent cette situation à profit pour se faire reconnaître, contre le versement de 1 200 florins d'or et d'une rente annuelle de 4 000 ducats, une indépendance presque complète puisque le dauphin leur déléguait toute liberté de s'administrer eux-mêmes : il ne gardait qu'une souveraineté purement formelle et théorique, limitée à la répression des délits de « lèse-majesté, rapt, adultère et violence ». Plutôt qu'à la noblesse, cette charge bénéficiait avant tout aux « francs bourgeois » qui exercèrent, dès lors, un pouvoir véritablement démocratique.

Cinq communautés se créèrent ainsi sous le nom « d'escartons », sur les deux versants des Alpes : l'escarton de la Doire, dont la capitale était Oulx, celui du Chison, avec Fenestrelle, et celui de la haute Varaïta, avec Château-Dauphin, étaient situés en territoire aujourd'hui italien. Les deux autres étaient dans le territoire demeuré français : l'escarton de Briançon, s'étendant sur les vallées de la Guisane, de la haute Durance et de la Vallouise, et l'escarton du Queyras.

Chalets d'alpage à Brunissard (1 773 m), au-dessus d'Arvieux. L'exploitation pastorale a longtemps été intensive dans la montagne queyrassine. Aujourd'hui, les hameaux d'altitude se tournent de plus en plus vers un tourisme familial.

Le souci démocratique, avant la lettre, était tel que l'Administration de l'escarton du Queyras exigeait l'unanimité dans les décisions prises en commun. Actes et archives étaient serrés dans une armoire pourvue d'autant de serrures que de communes et qui ne pouvait être ouverte qu'en présence des chefs de communauté possesseurs de chaque clé correspondante.

Le plus étrange est que ces privilèges, exceptionnels en ce XIVe siècle qui ne connaissait que le pouvoir royal ou seigneurial, aient pu persister pendant plus de cinq siècles au cours desquels les rois de France, héritiers des anciens dauphins, les renouvelèrent régulièrement. Et le paradoxe, ressenti avec amertume par la population de ces républiques anticipées, est que cette liberté fut supprimée par la République française jacobine « une et indivisible », en vertu des principes de l'abolition des privilèges votée dans l'enthousiasme et l'improvisation au cours de la fameuse nuit du 4-Août.

Un tel passé n'a pu que renforcer, dans les esprits et dans les cœurs, l'instinct d'autonomie des montagnards, insouciants vis-à-vis des règlements administratifs et souvent rétifs à l'égard des autorités. Un exemple convaincant en a été fourni par le père Fournier, maire légendaire de la commune de Ceillac qu'il dirigea pendant un demi-siècle en monarque absolu. Il y faisait littéralement la loi, rédigeant les contrats de mariage et les testaments, rendant entre ses administrés une justice arbitrale qui allait de la punition à l'amende honorable à la sortie de la messe dominicale, pour les fautes légères, jusqu'au bannissement hors de la frontière en cas de délit grave, afin de soustraire le coupable aux rigueurs de la justice. Quant aux fonctionnaires, il ne les tolérait pas sur le territoire de la commune. Il fit même reconduire le préfet du département hors de ses limites par le garde champêtre. Le père Fournier prêta successivement et négligemment serment, dans les mêmes termes, à la République, au Directoire, au Consulat, à l'Empire, aux rois Louis XVIII, Charles X et Louis-Philippe, sans cesser de n'en faire qu'à sa tête, avec le seul souci de ce qu'il estimait être l'intérêt de ses administrés.

Cet esprit d'indépendance est d'autant plus affirmé que, pendant des siècles, la population a été contrainte de vivre sur elle-même. Durant cinq mois de l'année, elle était isolée par la neige, qui la coupait du reste du monde. On s'y préparait

SAINT-VÉRAN

Altitude : 2 040 mètres. Population : 275 âmes. C'est la commune la plus élevée d'Europe, l'habitat permanent le plus haut perché. « Saint-Véran est la plus haute montagne où il se mange du pain », affirme le dicton. Autre version plus poétique : c'est « la plus haute terre d'Europe où les coqs picorent les étoiles ». Unique en son genre, ce vieux village alpin s'étire tout en longueur au flanc d'un bel adret de la haute vallée de l'Aigue Blanche. Il est divisé en cinq quartiers (Les Forannes, Le Châtelet, La Ville, Pierre-Belle, Le Villard) et deux hameaux (Le Raux et La Chalp). Site classé, il offre un superbe ensemble architectural du XVIIIe siècle, fort bien conservé — en dépit des incendies, si fréquents par le passé. Ses chalets typiques, aux immenses greniers à foin et aux grands balcons à claire-voie, s'étagent parmi les alpages.

Longtemps isolés dans leur bout du monde, les Saint-Véranais ont développé au fil des siècles, dans des conditions particulièrement rudes, « une véritable civilisation du bois, de l'herbe et du seigle, du mouton et de la vache », qui représente une des plus remarquables réussites de l'adaptation aux contraintes de la haute montagne. Leurs pacages et prés de fauche couvrent encore une étendue exceptionnelle. L'herbe, ici, a toujours été « aussi précieuse que l'or ».

Cette micro-société pastorale, avec ses archaïsmes, a bel et bien fondu comme neige au soleil. Saint-Véran a enregistré un fort dépeuplement depuis le début du siècle : 821 habitants en 1936, 220 en 1968. Il a connu un sérieux déclin de l'élevage. L'économie fermée traditionnelle, soudain « éclatée », a périclité. Cependant, à l'instar du pays queyrassin et de son renouveau, Saint-Véran a su retrouver une appréciable activité rurale, artisanale notamment. Et il a fini par s'ouvrir au siècle : un développement « raisonné » par le tourisme et par les sports d'hiver y est à l'ordre du jour depuis deux décennies. La mutation est un fait patent : hôtels et résidences ont poussé comme des champignons, les parkings ont fleuri un peu partout... Ce village-musée des Alpes du Sud reçoit aujourd'hui quelque 100 000 visiteurs chaque été. Tourisme de passage, certes, plus que de séjour. N'empêche que 275 hommes et femmes, selon le recensement de 1982, continuent de vivre sur la terre de leurs ancêtres. Et ils entendent bien ne pas y perdre leur identité.

Le travail du bois à Saint-Véran. Héritage de l'art des bergers, habiles à manier le couteau, cet art populaire est né des loisirs forcés du long hiver. Le décor géométrique (la célèbre rose) est tracé au compas sur les meubles et les objets usuels.

pendant l'automne en cuisant à l'avance pour toute la saison, le pain dans le four banal. Après les premières chutes, on tentait de retarder l'isolement en piétinant la couche légère et en l'écrasant sous des rouleaux de pierre traînés par des mules. Puis, un matin, on se réveillait avec la neige bouchant toutes les issues. Il fallait les dégager à la pelle, creuser des passages entre maisons voisines ; et dès lors on était contraint de vivre entre soi, privé de tout apport extérieur.

La famille descendait s'installer dans la salle unique du sous-sol voûté, avec les animaux domestiques qui la faisaient bénéficier de leur chaleur, mais aussi de leur odeur parfois nauséabonde. On se tenait près de la lucarne ouverte au ras de la chaussée afin de profiter de la maigre lumière du jour et d'économiser la chandelle. Le soir, les femmes ravaudaient les vêtements et les chaussettes, tandis que les hommes taillaient, à la pointe d'un couteau de poche, dans le bois tendre du pin cembro, de petits objets ingénieux : vide-poches, boîtes à sel, escabeaux, chaises et berceaux pour les enfants.

La nourriture était sommaire. On cassait, au marteau, le pain rassis pour le tremper dans la soupe. On mangeait des pommes de terre auxquelles le gel avait souvent donné un goût sucré et sirupeux. Le dimanche, on ouvrait une terrine de marmotte conservée dans sa graisse, et on réservait, pour les jours de fête, une gigue de chamois gardée dans la marinade. Le médecin ne pouvait monter que rarement et on se cotisait entre plusieurs familles pour le faire venir. Les morts ne pouvaient être enterrés, le sol étant profondément gelé — la température atteignant parfois moins 30 degrés. On les entourait d'un drap et on les étendait sur le toit, sous une couche de neige, en attendant que le dégel permette de piocher la terre.

Cette situation s'est prolongée en fait jusqu'au lendemain de la dernière guerre. Et il fallut le traumatisme d'une catastrophe naturelle pour provoquer une évolution. En juin 1957, une pluie diluvienne vint s'abattre sur la neige des hauteurs fondant sous le soleil d'été. Un énorme fleuve d'eaux sales mêlées de boue, de rochers, d'arbres arrachés, de débris de toutes sortes, se précipita hors du lit des torrents, détruisant des hameaux entiers, recouvrant, comme à Ceillac, le centre du village jusqu'à la hauteur du premier étage, noyant, dans les caves voûtées, les moutons et les vaches. Il semblait qu'une telle catastrophe dût être la ruine définitive de ce pays, isolé à la périphérie du territoire national, vivant dans les conditions archaïques d'une agriculture primitive et d'un élevage difficile.

Mais, après un moment de découragement, et grâce à des équipes de volontaires dévoués, la population entreprit de reconquérir les villages mutilés ou ensevelis. A l'aide de la pelle, de la pioche et de la brouette, on ramena les torrents dans leur lit. On nettoya les champs couverts de pierrailles et de déchets ; on dégagea les maisons bloquées et on vida les caves et les étables de milliers de mètres cubes de boue séchée. Pendant ce temps, l'Administration traçait dans la vallée du Guil, pour remplacer le vieux chemin disparu, une route plus large et plus commode, desservant les voies secondaires reliant les villages de la vallée.

Toutefois, chacun se rendait compte que la monoactivité agricole, largement saisonnière, ne suffisait plus à assurer à la population un mode de vie compatible avec les exigences du monde contemporain. Cette population vieillissait dangereusement. Les jeunes filles s'efforçaient de trouver dans l'enseignement ou dans l'Administration des postes un emploi qui les condamnait à l'exil mais leur garantissait, si modeste fût-elle, une retraite à la fin de leur vie. Les jeunes gens étaient contraints d'aller chercher à Lyon, à Marseille, à Grenoble le travail salarié leur permettant d'y fonder un foyer avec des femmes du milieu urbain, s'éloignant ainsi définitivement du pays natal. Ceux qui demeuraient au village étaient condamnés au célibat. On ne célébrait plus que de très rares mariages. Le pays était voué au déclin démographique, prélude à l'abandon et à la ruine du patrimoine ancestral.

La réaction vint des jeunes gens qui avaient servi en Algérie et constaté l'effort d'aménagement qu'on y avait accompli, alors que la montagne métropolitaine demeurait méconnue et délaissée. En 1964, ils décidèrent de tenter la rénovation du Queyras en complétant les trop maigres revenus de l'agriculture et de l'élevage par une nouvelle activité, devenue possible du fait de l'expansion des loisirs de la population urbaine et de l'engouement pour les vacances. Il fallait, à cette fin, procéder aux aménagements et aux équipements nécessaires, afin de transformer les villages paysans en stations de tourisme d'hiver et d'été. Mais, pour que le succès d'une telle entreprise fût efficace, il fallait qu'elle puisse être profitable à la population elle-même et non à la spéculation extérieure.

On entreprit donc l'aménagement du Queyras par l'effort de ses seuls habitants, en excluant le recours à des interventions et à des apports financiers étrangers. Les huit villages s'unirent dans un Syndicat intercommunal qui, en quelques années, implanta une cinquantaine d'engins de remontée mécanique gérés en

Transhumance au hameau du Raux. Hier encore, migration massive, la montée des troupeaux de Provence était une véritable épopée : quinze jours de marche lente le long des drailles ou carraires. Aujourd'hui ce mouvement saisonnier s'effectue en camion.

commun, qui ont connu un succès croissant et une situation financière de plus en plus prospère.

En même temps, les propriétaires de terrain sans valeur agricole, ou de dimensions trop restreintes pour être constructibles, se groupaient pour y bâtir en commun des gîtes destinés à accueillir les touristes, et des villages de vacances collectives. En quelques années, c'est près de dix mille lits qui ont été ainsi créés et qui sont gérés par les propriétaires eux-mêmes et à leur profit. D'autre part, toutes les créations de commerces et de services et tous les emplois nouveaux furent réservés, par priorité, à la population autochtone.

Le Queyras, après le précédent de Bonneval-sur-Arc, a été à l'origine de ces « stations villages » créées et administrées par les municipalités avec le concours de l'ensemble de la population, et dont l'exemple a été heureusement contagieux en France et à l'étranger. Ce développement économique modéré et prudent, demeuré au niveau des besoins locaux, était indispensable pour sauver le pays de la ruine et de l'abandon. Il était cependant nécessaire de concilier cette évolution avec la sauvegarde du milieu naturel et humain, afin que l'œuvre économique n'ait pas pour conséquence affligeante la destruction de ce qu'elle se proposait précisément de sauver. A cette fin a été créé le parc naturel régional du Queyras, qui englobe en totalité son territoire et qui est administré par les représentants de la région, du département et des communes concernées.

Le parc s'est d'abord occupé des problèmes d'assainissement. Un plan décennal a été mis en œuvre pour la restauration des éléments du patrimoine traditionnel. Progressivement sont rénovés les églises et les chapelles anciennes, les vieux ponts, les moulins, les fontaines. Des manifestations culturelles, concerts et expositions, et des musées locaux sont organisés dans les plus accueillants de ces bâtiments sauvés de la dégradation. Le cahier des charges annexé à la charte du parc définit les disciplines architecturales auxquelles est subordonné l'octroi des permis de construire, sous le contrôle du directeur du parc assisté par l'architecte en chef des Bâtiments de France. Ce cahier des charges limite la hauteur des constructions, impose les toits à deux pentes, règle les dimensions des ouvertures, proscrit les couleurs agressives. Il ne s'agit pas de s'efforcer vainement à une copie de l'habitat ancien, qui risquerait de n'en être que la caricature, mais seulement d'éviter une discordance choquante entre les constructions d'autrefois et celles d'aujourd'hui, et de rechercher, au contraire, les conditions de leur complémentarité et de leur harmonie. La direction du parc s'emploie également à concilier les implantations sportives avec le paysage. Les remonte-pentes sont aussi discrets qu'il est possible, et les blockhaus de béton que sont trop souvent les gares de départ ont été proscrits.

Ainsi, sous l'impulsion de sa jeunesse, le Queyras s'est sauvé lui-même. Il est devenu une région active et vivante, tout en demeurant ce beau pays des eaux, des herbes et des bois qui lui confèrent une place privilégiée dans l'ensemble de la montagne alpine.

PHILIPPE LAMOUR

MERCANTOUR : AU ROYAUME DES BÊTES

Au nord du département des Alpes-Maritimes, empiétant sur celui des Alpes-de-Haute-Provence et constituant une frontière naturelle avec l'Italie, s'étend sur près de 120 kilomètres le massif du Mercantour, au sens le plus large du terme. Son altitude moyenne est de 2 900 mètres et plusieurs sommets dépassent 3 000 mètres, bien qu'ils ne soient le plus souvent distants de la mer que d'une centaine de kilomètres à vol d'oiseau, parfois même de 30 kilomètres, comme au Grand Capelet (2 934 m). Aussi son relief est-il très accusé, souvent abrupt, avec des pentes rocheuses et dénudées.

Cette succession de sommets peut être divisée du nord-ouest au sud-est en trois ensembles principaux et deux satellites : le massif de la haute Tinée, avec la cime de la Bonette et le mont Tenibre; le massif de l'Argentera-Mercantour; le massif du Gélas-Clapier; enfin, l'ensemble s'étendant entre le mont Pelat et le mont Mounier, à l'ouest et au sud de la Tinée, et, tout à fait à l'autre extrémité, à l'est de la Roya, le massif du Marguareis, qui fait déjà partie des Alpes ligures.

LA VALLÉE DES MERVEILLES

Le terme de « Merveilles » est souvent cause de confusion dans l'esprit des visiteurs qui croient trouver en ces lieux des paysages ou des phénomènes naturels exceptionnels, alors qu'il doit être pris dans son sens italien : *meraviglie,* prodiges. Comment qualifier autrement ce rassemblement de 36 000 gravures rupestres, témoignage d'une civilisation disparue?

Une gravure rupestre du Bego : le « Sorcier ».

Sur le canton de Tende, au pied du mont Bego qui culmine à 2 873 mètres, ces gravures semblent dispersées un peu au hasard, mais elles sont particulièrement denses dans deux secteurs. Tout d'abord, la région de Fontanalbe, où l'on rencontre des roches gravées à partir du lac Vert, à une altitude de 2 183 mètres, et jusqu'en dessous des rochers de Sainte-Marie, à quelque 2 500 mètres. Ensuite, la région des Merveilles, comprenant les environs du lac Long des Merveilles, à 2 130 mètres, au bord duquel se trouve le refuge du Club alpin; puis, au sud-ouest de ce lac, le val d'Enfer, dont le point culminant est la cime du Diable (2 687 m); enfin, au nord-est du même lac, le vallon des Merveilles proprement dit. Un bon itinéraire de découverte consiste à partir du refuge du Club alpin, à remonter la vallée jusqu'au lac des Merveilles et au rocher de l'Autel, puis à longer les monts des Merveilles jusqu'au Pas de l'Arpette.

Inventoriées et étudiées dès la fin du siècle dernier par le botaniste anglais Clarence Bicknell, puis, plus récemment, par l'Italien Carlo Conti et le Français Henry de Lumley, ces représentations — dont plusieurs milliers ont déjà été détériorées par des vandales malveillants ou inconscients — n'ont pas fini de livrer leurs secrets. Elles font partie d'un ensemble de près de 100 000 gravures qui s'étend des Alpes du Sud jusqu'en Autriche (Totesgebirge), en passant par l'Italie (val Camonica, lac de Côme, vallée d'Aoste...) et la Suisse (Grisons et Valais).

Elles datent de la fin du Néolithique et surtout de l'âge du Bronze, c'est-à-dire de 2500 à 1500 av. J.-C. Elles ont été gravées par percussion, soit directe, soit au moyen d'une autre pierre servant de burin, aussi bien sur des parois verticales que sur des dalles horizontales de schistes vert-de-gris ou ocrés, polis et rabotés par le retrait des derniers glaciers quaternaires, il y a moins de 15 000 ans.

A l'exception d'un abri temporaire sous roche, le Gias del Ciari, aucun vestige d'habitation permanente n'a été découvert autour du mont Bego. Il est donc certain — et la rigueur du climat l'explique parfaitement — que les auteurs de ces gravures ne s'y rassemblaient qu'à la belle saison, et très probablement pour célébrer un culte animiste destiné à se concilier les Esprits de ce Bego de tout temps redouté pour ses orages éclatant en couronne autour de sa cime.

Ces hommes y ont gravé, comme des ex-voto, des objets usuels et essentiels : poignards, haches, hallebardes, faux, araires attelés de bœufs, enclos, mais surtout une grande quantité de têtes cornues et de créatures corniformes. Or on connaît l'importance et la valeur sacrée du taureau dans toutes les cultures méditerranéennes. Les représentations de personnages sont moins nombreuses mais variées, et certaines offrent un intérêt exceptionnel, comme celles dites du « Chef de tribu », du « Sorcier », du « Christ » ou de la « Danseuse ».

Le massif de la haute Tinée s'élève à 3 037 mètres au mont Tenibre, mais n'atteint que 2 860 mètres sur le versant occidental de la vallée avec la cime de la Bonette que contourne la célèbre route du col de Restefond, qui détient, avec ses 2 802 mètres, le record d'Europe d'altitude. Au sud de ce col s'étend la région de Sestrières et de Jalorgues, aux sommets de teinte gris foncé, rongés par l'érosion, essentiellement constitués de roches gréseuses et de schistes ou de marnes, aux pentes nues et éboulées très favorables aux avalanches.

L'ensemble du Mercantour proprement dit, qui culmine en Italie avec la Cima Sud Argentera (3 297 m), ainsi que celui du Gélas-Clapier sont principalement formés de roches métamorphiques, de gneiss érodés par les glaciers du quaternaire et de granite, surtout dans leur partie italienne. Les amas rocheux de la région des Merveilles, avec leur gneiss à mica blanc ou noir, sont certainement parmi les plus spectaculaires. Les torrents qui en descendent, Boréon, Madone de Fenestre, Gordolasque et autres de moindre importance, sont tous d'une pureté exceptionnelle. Sous les pierriers des environs de la Madone de Fenestre, à une profondeur de 50 mètres, subsistent même des glaciers souterrains, vestiges des grandes glaciations du quaternaire.

Toute la chaîne s'étendant à l'ouest de la Tinée, du mont Pelat (3 051 m) au mont Mounier (2 817 m), forme une haute barrière de terrains sédimentaires où une érosion intense a creusé des cuvettes, comme celle de Sanguinière, et des cirques, dont le plus connu est celui du lac d'Allos.

Enfin, le massif oriental du Marguareis, presque entièrement constitué de karst et de calcaire dolomitique, diffère des précédents par sa structure géologique et son peuplement botanique. Il est truffé de gouffres qui font le bonheur des spéléologues et recèlent de nombreux névés et glaciers.

Lac Vert de Fontanalbe, au nord-est du mont Bego. A 2 183 m, ce petit lac glaciaire est serti dans des bois de mélèzes, arbres rois entre 1 500 et 2 500 m. Le val de Fontanalbe est un des purs joyaux du Mercantour.

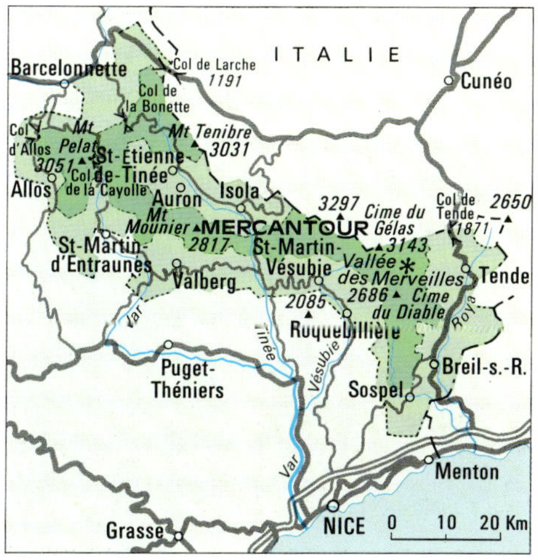

1. *La marmotte consacre beaucoup de temps à sa toilette.*
2. *Sieste au soleil : la marmotte vit sur les versants bien exposés.*
3. *Cette tête de gros rongeur est bien celle d'un écureuil.*

La marmotte des Alpes fait partie de l'ordre des rongeurs et de la famille des sciuridés. C'est donc un écureuil, de mœurs terrestres et fouisseuses, adapté aux espaces ouverts, comme les sousliks des plaines russes, les chiens de prairie américains et les diverses espèces de marmottes peuplant les zones steppiques de l'Ancien et du Nouveau Monde. Répandue dans toute la chaîne alpine, elle recherche surtout les altitudes comprises entre 1 500 et 2 800 mètres et les alpages orientés au sud ou au sud-est, parsemés d'éboulis.

La marmotte est, après le castor, le plus gros de nos rongeurs. Elle atteint une longueur totale de 60 à 70 centimètres, dont 15 à 20 centimètres pour la queue, et un poids de 4 à 8 kilos à la fin de l'été lorsqu'elle a accumulé le maximum de graisse. De mœurs sociables, mais pas vraiment grégaires, les marmottes vivent en groupes familiaux, souvent très rapprochés et formant de petites colonies qui atteignent une vingtaine d'individus. Elles creusent des terriers pouvant dépasser 10 mètres de longueur, avec des places de repos garnies d'une litière de foin et parfois des ramifications comportant des sorties de secours. Certains terriers, habités par des familles différentes, communiquent entre eux et forment souvent de véritables réseaux souterrains.

La femelle ne donne naissance, après une gestation d'environ trente-cinq jours, qu'à deux ou trois jeunes, une seule fois par an, au printemps, parfois même un an sur deux seulement. L'espèce ne risque donc pas de proliférer, ayant de surcroît à lutter contre des facteurs climatiques rigoureux, un certain nombre d'ennemis naturels dont le principal est l'aigle, sans oublier l'homme et ses chiens qui la pourchassent depuis des millénaires.

Les marmottes sont presque exclusivement diurnes et actives surtout le matin et en fin d'après-midi. Elles aiment la chaleur et le soleil, sauf aux heures les plus chaudes de la journée où elles s'abritent dans leur terrier ou à l'ombre d'un rocher. Elles redoutent la pluie et ne se montrent guère par mauvais temps, sauf si la faim les pousse hors de leur refuge.

Leur vue, leur ouïe et leur odorat sont excellents. Dressées sur leur train arrière, elles détectent de loin tout mouvement suspect et disparaissent sous terre après avoir alerté leurs congénères par des

4

5

6

4. A la fin de l'été, les marmottes, rebondies, doublent leur poids.
5. Les jeunes passent tout leur temps à jouer.
6. Marmotte en alerte.

cris ou sifflements stridents. Dans les zones où elles ne sont pas chassées, elles deviennent cependant très familières et peuvent se laisser approcher et photographier pour la plus grande joie des promeneurs. Elles sont d'un tempérament fort joueur et passent des heures à se poursuivre, se bousculer, se rouler dans l'herbe ou à se toiletter réciproquement.

Essentiellement végétarienne, bien qu'elle croque à l'occasion des sauterelles ou des scarabées, la marmotte apprécie les fétuques, les pâturins, les trèfles et autres légumineuses alpines. Lorsqu'elle a fini son repas, elle s'allonge au soleil pour digérer, à proximité de son terrier, souvent sur une pierre plate ou une dalle rocheuse. Elle ne boit pratiquement jamais, trouvant dans son alimentation toute l'eau nécessaire.

C'est surtout en automne, en prévision du sommeil hivernal, qu'elle apporte de grandes quantités de foin dans des terriers spécialement creusés et aménagés à cet effet et qu'elle va le plus souvent partager avec plusieurs marmottes du voisinage. Le sommeil est déclenché par la baisse de la température ambiante et il est d'autant plus profond que celle-ci est basse, sans toutefois atteindre 0 degré à l'intérieur du terrier, auquel cas l'animal se réveille. En dessous de 10 degrés environ la léthargie est totale, la respiration et le rythme cardiaque sont extrêmement ralentis, et la température du corps reste de 2 à 3 degrés supérieure à celle du terrier. Au cours de l'hiver, la marmotte se réveille plusieurs fois, va déposer ses excréments et son urine dans une chambre spéciale à proximité du nid, mais ne s'alimente absolument pas malgré la quantité de foin dont elle dispose.

Cette période de léthargie dure le plus souvent de la fin octobre à la fin avril-début mai et, au cours de ces mois, la marmotte perd plus de la moitié de son poids, essentiellement par déshydratation des tissus et consommation de ses réserves graisseuses. Cette graisse était autrefois recherchée des montagnards qui lui attribuaient de grandes vertus médicinales, notamment dans le traitement des rhumatismes. De nos jours, le déterrage des marmottes en hiver est en principe interdit, mais sa chasse demeure malheureusement autorisée en automne dans plusieurs départements.

Les Cayres de Cougourde (2 921 m) à l'automne. Ces roches cristallines dénudées sont caractéristiques du massif du Mercantour. La face ouest, au-dessus du Boréon, présente un à-pic vertigineux de 500 m.

Leur orifice est souvent situé à des altitudes de plus de 2 000 mètres et même à 2 525 mètres pour le gouffre Gaché, découvert en 1954 et exploré jusqu'à une profondeur de − 558 m en 1962 !

Zone de transition entre les Alpes et la région méditerranéenne, le Mercantour présente une variété de sites et de milieux naturels qu'aucune de nos chaînes de montagnes ne rassemble sur une surface aussi restreinte. En moins de 70 kilomètres on passe de la zone de l'olivier typiquement méditerranéenne aux tourbières et toundras arctiques peuplées de bouleaux nains et de genévriers rampants, en franchissant tous les stades de la forêt méridionale sclérophylle, la zone des forêts à feuilles caduques et celle des conifères au feuillage persistant. Les promeneurs les moins avertis sont frappés par cette diversité de milieux et surtout par la profusion de fleurs de toutes sortes peuplant les sous-bois clairs et les prairies alpines. C'est ainsi, pour ne citer que les plus spectaculaires, que quatre espèces de lis cohabitent au Mercantour : lis turban, lis orangé, lis blanc et lis martagon.

Entre 1 200 et 1 900 mètres, les versants exposés au nord sont ceinturés d'une forêt dense et sombre d'épicéas et de sapins, tandis que sur les versants méridionaux, les plus nombreux, elle est beaucoup plus claire et surtout formée de mélèzes, de pins aroles ou de pins mugho, de feuillus de toutes sortes tels que bouleaux, sorbiers des oiseleurs, alisiers, cytises aux grappes de fleurs dorées, saules, aulnes et érables. Le sous-bois est couvert de myrtilles, de framboisiers sauvages et, par endroits, d'étendues de rhododendrons aux fleurs d'un rouge éclatant.

Créé en 1979, le parc national du Mercantour s'étend sur 68 500 hectares, depuis les Alpes de haute Provence jusqu'à la vallée de la Roya, jouxtant dans sa plus grande partie le parc provincial italien de Valdieri et constituant ainsi un ensemble international protégé de près de 120 000 hectares dans les Alpes du Sud. La zone du Marguareis, prévue dans le projet d'origine, mais séparée du noyau principal par la vallée très peuplée de la Roya, n'a pas été intégrée dans le parc national, mais fait actuellement l'objet d'une instance de classement en réserve naturelle.

Un simple chiffre suffit pour donner une idée de la diversité floristique du Mercantour : sur quelque 4 500 espèces végétales recensées pour toute la France, 2 686 y ont été dénombrées à ce jour ! Et parmi elles, toute une série d'espèces dites endémiques, c'est-à-dire ne se retrouvant nulle part ailleurs : violettes, silènes, potentilles, primevères et saxifrages dont la célèbre et rare *Saxifraga florulenta*, devenue l'emblème du parc national.

Les facteurs qui ont contribué à la richesse de la flore ont de la même façon permis à une faune variée de peupler au cours des âges la région du Mercantour. En plus des espèces qui y ont trouvé refuge à l'époque des grandes glaciations, sa situation au carrefour des grands courants fauniques lui a permis d'être colonisée aussi bien par des éléments méditerranéens que par d'autres venus d'Europe du Nord et de Sibérie, d'Asie ou du Proche-Orient. Il en résulte que l'on a jusqu'à présent recensé dans le Mercantour près de 1 500 espèces animales vertébrées et invertébrées.

Les insectes sont évidemment les mieux représentés. A l'époque de la floraison, dans les alpages, on voit des milliers de papillons voletant de tous côtés et butinant parfois à plusieurs ensemble sur une même fleur. Les plus communs sont les zygènes bleu métallisé et ponctués de rouge qui font preuve dans le Mercantour d'une étonnante gradation de teintes, qui vont des plus claires à l'ouest, dans la haute Tinée, aux plus foncées à l'est, dans le Marguareis. D'autres sont au contraire extrêmement rares, comme le phœbus, ou petit apollon, et l'érèbe scipio, également recherché des collectionneurs.

Tous les oiseaux de haute montagne de l'arc alpin peuplent le Mercantour, à l'exception du gypaète barbu et du grand tétras exterminés depuis des décennies. L'aigle royal a fort heureusement réussi à se maintenir, et ses effectifs, estimés à une dizaine de couples sur l'ensemble du Mercantour et sa zone périphérique, ont déjà bénéficié de la surveillance efficace exercée par le personnel du parc et de l'accroissement, consécutivement à cette protection, de ses

Tétras-lyre (Lyrurus tetrix) *dans les branches d'un mélèze. Ce petit coq de bruyère niche à terre. En voie de disparition, il fait partie des espèces protégées.*

Au pied du mont Bego (2 873 m), le chapelet des lacs de la vallée des Merveilles. L'érosion glaciaire a créé ici un paysage minéral d'une grande beauté sauvage. Éboulis et rochers forment 45 pour 100 du parc.

proies habituelles dont la majeure partie est constituée par les marmottes, auxquelles s'ajoutent des renards, des lièvres, des rats et, plus rarement, de jeunes chamois. Parmi les rapaces diurnes, citons aussi les buses, les faucons crécerelles et, nettement plus rares, les faucons pèlerins. Parmi les nocturnes, le grand duc a également réussi à se maintenir en effectifs clairsemés, mais il faut surtout signaler la magnifique chouette de Tengmalm, familière de la taïga sibérienne et dont la présence en ces lieux peut être considérée comme un reliquat de la période glaciaire.

Le petit coq de bruyère ou tétras-lyre et le lagopède des Alpes ou perdrix des neiges sont également des vestiges de cette période. Gibiers convoités, ces deux espèces ont failli disparaître du Mercantour et devraient, elles aussi, bénéficier de la création du parc national. Les deux dernières stations du tétras-lyre sont en effet les forêts du plateau des Adus, dans le Boréon, et du vallon de Sestrières, dans la Tinée, tous deux visés par des projets de stations de ski, dont la réalisation se serait évidemment traduite par l'anéantissement de ces deux îlots de peuplement. Les recensements de tétras-lyres effectués au printemps 1983 semblent d'ailleurs indiquer un net accroissement : une centaine d'oiseaux contre une trentaine à peine trois ans auparavant.

Le lagopède des Alpes a fort heureusement mieux résisté à l'impact de la chasse et surtout à la modification des milieux naturels, car il n'est pas inféodé à la forêt comme le petit coq de bruyère. En revanche, la perdrix bartavelle, espèce voisine de la perdrix rouge, est devenue très rare dans tout le département des Alpes-Maritimes et ne survit qu'en effectif très réduit dans le parc national. Cette espèce oriento-méditerranéenne aime les zones sèches et caillouteuses, les versants ensoleillés où elle recherche les insectes et les graines.

Parmi les espèces montagnardes de plus petite taille, il est possible d'observer au Mercantour des martinets

L'HOMOCHROMIE

1

2

3

4

5

L'homochromie est la faculté que possèdent certains êtres vivants de revêtir les couleurs du milieu qui les entoure et de se confondre avec lui. Elle diffère du mimétisme, qui consiste à copier par l'aspect et souvent à imiter par le comportement d'autres animaux, plantes ou objets : insectes prenant l'apparence de feuilles, de fleurs ou de branches; insectes ou reptiles inoffensifs copiant des espèces dangereuses.

Si l'homochromie permanente semble pouvoir s'expliquer assez facilement par l'évolution et la sélection adaptative dans un milieu stable, l'homochromie saisonnière est beaucoup plus étonnante. Elle s'observe notamment sur certaines espèces du Grand Nord — renard polaire, chouette harfang, lagopède, lièvre variable, hermine, ces trois dernières se retrouvant dans nos Alpes — qui sont fauves ou brunes en été et blanches en hiver. Phénomène d'autant plus remarquable et difficilement explicable d'un point de vue évolutif que les mécanismes physiologiques déclenchant ce changement de pelage ou de plumage interviennent longtemps avant que le milieu n'ait lui-même changé ! Autrement dit, l'organisme de ces animaux possède une sorte de faculté de prévision de ce que sera ce milieu à un moment donné.

1. *Lagopède des Alpes* (Lagopus mutus) *avec son plumage estival.*
2. *Lagopède en hiver : une blancheur immaculée.*
3. *Hermine* (Mustela erminea) *: son pelage devient blanc en hiver.*
4. *Hermine en pelage d'été.*
5. *Le lièvre variable* (Lepus timidus), *blanc comme neige.*

En réalité, ce ne sont ni la présence de la neige ni même le froid qui provoquent cette variation des couleurs, mais la lumière et plus exactement le photopériodisme, c'est-à-dire l'alternance des périodes d'éclairement (jour) et d'obscurité (nuit). Ces rythmes d'éclairement, captés par l'œil et transmis par l'hypophyse, déclenchent une série de phénomènes hormonaux complexes aboutissant à la mue du plumage ou du pelage. C'est ainsi que l'augmentation de la durée journalière d'éclairement, telle qu'elle se produit au printemps, provoque, environ deux mois après, la chute du pelage d'hiver. Inversement, la diminution progressive de cette durée journalière d'éclairement stimule la croissance de ce pelage hivernal.

Ce phénomène de mue saisonnière s'observe chez pratiquement tous les mammifères et oiseaux des pays tempérés, mais ne s'accompagne généralement pas de changement de couleur.

La forêt de Turini, dans l'arrière-pays niçois. Ses 3 500 ha s'étendent entre les vallées de la Vésubie et de la Bévéra. A 25 km de la mer, elle présente déjà une végétation septentrionale : érables, épicéas et sapins...

alpins, de magnifiques merles de roches, au plumage bleuté sur le dessus, orange vif en dessous, et des merles bleus, aux teintes moins éclatantes, qui atteignent ici la limite nord de leur habitat en France. Autre merle relativement répandu au Mercantour et beaucoup plus rare ailleurs, le merle à plastron se reconnaît au grand croissant blanc qui barre sur la poitrine son plumage entièrement noir. Le « merle d'eau », de son vrai nom cincle plongeur, est fréquent le long de la plupart des torrents d'altitude de notre pays. Au Mercantour, on peut l'observer un peu partout, dans la Gordolasque, au Boréon, sautillant de pierre en pierre et plongeant brusquement pour courir au fond de l'eau à la recherche de vers et de larves aquatiques.

Le long des parois à pic, aux altitudes de 2 000 mètres et plus, se rencontre le tichodrome échelette, explorant les fissures de son long bec arqué et entrouvrant ses ailes rouge violacé en un vol saccadé qui lui a valu le surnom de papillon des Alpes. Des cassenoix mouchetés et des bandes de petits oiseaux granivores parcourent ces forêts de conifères : becs-croisés des sapins qui, malgré leur nom, semblent éprouver une attirance particulière pour les mélèzes, pinsons, bouvreuils, serins cini, chardonnerets, tarins des aulnes et venturons montagnards. Dans toutes les zones boisées ou découvertes, on peut également voir de petites bandes de mésanges de plusieurs espèces et toute une série de passereaux insectivores : accenteurs alpins, fauvettes, troglodytes, traquets des prés, traquets motteux, pipits spioncelles, pipits des arbres et, au bord des cours d'eau, bergeronnettes grises et bergeronnettes des ruisseaux.

Quel que soit son émerveillement devant le foisonnement multicolore des papillons ou la majesté de l'aigle royal, le visiteur sera déçu s'il ne voit pas de mammifères. De ce point de vue le Mercantour est privilégié puisqu'il est le seul de nos parcs nationaux à posséder les trois grands de nos montagnes : chamois, bouquetin et mouflon. Au départ, c'est d'ailleurs pour sauver ces espèces pratiquement anéanties par une chasse et un braconnage inconsidérés que la réserve du Mercantour, embryon du parc actuel, a été créée en 1950.

Au lendemain de la dernière guerre, il ne restait plus que quelques dizaines de chamois. A l'heure actuelle, grâce aux mesures de protection, ils sont près de 2 000 dans la zone centrale du parc, et 650 à 850 sont tués chaque année par les chasseurs de la périphérie. Les bouquetins étaient réduits à quelques unités en provenance de la réserve italienne limitrophe de Valdieri, où ils avaient été réintroduits entre 1920 et 1930 en provenance du parc du Grand-Paradis. A partir des années 60, ils colonisent régulièrement le versant français et leurs effectifs, bien que très variables suivant les années, se situent pour le Mercantour aux environs de 150 têtes. Le dernier arrivé est le mouflon de Corse dont une dizaine de spécimens ont été acclimatés avec

Chamois dans le vallon de Salèses. Quelque 2 000 antilopes des neiges peuplent aujourd'hui le parc national. La grande faune du Mercantour, étonnamment riche et variée, attire une multitude de scientifiques.

succès en 1959 dans la vallée du Boréon, où l'habitat semble parfaitement leur convenir puisque dix ans plus tard ils étaient près de 200 et actuellement trois fois plus! C'est surtout dans la vallée du Boréon et dans le vallon de Salèses, autrement dit le long de la chaîne du Mercantour entre le col de Fremamorte, à l'ouest, et la cime de l'Agnelière, à l'est, que l'on aura la possibilité d'observer ces trois espèces. Le bouquetin est le moins méfiant, les grands mâles se laissant approcher à quelques mètres, tandis que les chamois, bien qu'habitués aux visiteurs, préfèrent laisser une distance de quelques dizaines de mètres, alors que les mouflons restent prudemment à 100 ou 150 mètres.

Dans les secteurs où les trois espèces cohabitent et qui varient suivant la période de l'année, on ne note entre elles aucune intolérance ou animosité. En revanche, lorsque les densités de ces animaux augmentent, on observe obligatoirement une certaine compétition spatiale et alimentaire puisqu'ils consomment à peu de chose près les mêmes végétaux. En fait, cette compétition est insignifiante entre bouquetins et mouflons, qui ne se rencontrent qu'occasionnellement en juillet-août, lorsque les premiers descendent dans les zones les plus basses de leur habitat et que les seconds atteignent au contraire les plus hautes. Elle est également faible entre bouquetins et chamois, car restreinte au printemps et au début de l'été, période où la végétation est abondante et en croissance constante. En revanche, cette compétition est plus importante entre chamois et mouflons, surtout en hiver où les deux espèces exploitent les mêmes secteurs à un moment où leurs ressources alimentaires ne sont pas renouvelables.

Parmi les moyens et petits mammifères, le plus commun est sans contredit la marmotte, dont les sifflements d'alarme accompagnent les randonneurs tout au long des sentiers. En certains endroits, et notamment au refuge et à la vacherie de Fontanalbe, elles sont d'une familiarité étonnante et se laissent photographier sans difficulté. Le lièvre variable est par ailleurs relativement peu abondant et ne s'observe que par intermittence. Comme le lagopède des Alpes et l'hermine, commune au Mercantour où elle fait la chasse aux campagnols des neiges, ce représentant des toundras arctiques revêt à l'approche de l'hiver un pelage entièrement blanc, à l'exception de l'extrémité des oreilles qui reste noire. Ses pattes larges et abondamment velues lui permettent de progresser sur la neige comme avec des raquettes.

Avec ses paysages grandioses, la richesse et la diversité de sa flore et de sa faune, le Mercantour se situe parmi les milieux naturels les plus remarquables d'Europe. Premier à figurer, dès 1961, sur la liste de nos parcs nationaux, il ne fut pourtant créé que près de vingt ans après. Ce retard dans un projet qui à l'origine ne posait pas de problème particulier n'a fait qu'éveiller et attiser les conflits régionaux, et surtout a permis à la station de sports d'hiver Isola 2000 de s'établir au cœur du parc, incitant les promoteurs à échafauder d'autres programmes, notamment aux Adus (Azur 2000) et à Sestrières, faisant peser une menace permanente sur des zones naturelles qui sont parmi les plus intéressantes du Mercantour.

PIERRE PFEFFER, ROGER SETTIMO

LA CORSE

En Méditerranée, aucune île n'est tombée d'aussi haut dans la mer. Ou n'a surgi aussi spontanément des flots : avec une telle vigueur, une telle sauvagerie, une telle jeunesse. La Corse, en sa géologie lyrique, unit la mer au ciel. Ce qui ne pouvait aller sans accidents de relief. Des accidents spectaculaires d'où elle devait sortir plus belle. Neige sur ses sommets, écume sur ses bords : la Corse, sur fond bleu, se profile entre deux blancs ourlets. La Sicile avec l'Etna (3 295 m) exhibe sans doute un plus haut sommet. Mais un volcan n'est, après tout, qu'une excroissance. Anomalie, il se transforme, au mieux, en attraction. A cette sicilienne et contestable exception près, la Corse bat de très loin les records d'altitude. Sardaigne, Crète ou Chypre : aucune de ces grandes îles n'atteint pareilles cimes. Le Monte Cinto se ceint, comme son nom l'indique, de neige ou de nuages à 2 700 mètres et quelque de hauteur. Performance qui, isolée, ne serait pas déterminante. Mais voici que du nord au sud et sur leur verticale lancée de 2 000 mètres ou beaucoup plus, le Rotondo, qui pour un peu rattraperait le Cinto, le Monte d'Oro, le Renoso, la Paglia Orba, l'Incudine (qui signifie l'« Enclume »), le Kyrie Eleison et le Christe Eleison, cagoules rocheuses de pénitents, pics accolés, comme le sont les mots « Seigneur » et « Christ », font de la Corse, définition archiconnue, une « montagne dans la mer ».

2 000, 1 500 ou même 1 000 mètres, comme on dit, « au-dessus de la mer ». L'expression, abstraite dans les Alpes ou dans les Pyrénées, doit être ici prise à la lettre. Car ici, la mer est juste au-dessous. C'est même, à sa façon, en son immensité et ses miroitements, la seule grande plaine qui se puisse voir en Corse. La ligne droite, en ce relief, ne sert qu'une seule fois : de Bastia à Porto-Vecchio, sur la côte orientale, mince bande de terre, à peu près rectiligne, que rongent les étangs de la mer Tyrrhénienne et les pressantes avancées d'une montagne qui pèse toujours de tout son poids. Les routes corses, par force, ne sauraient être planes. De détour en détour, elles montent ou elles descendent. Les organisateurs des rallyes automobiles y trouvent leur bonheur. Les voyageurs moins pressés aussi. Il faut toujours compter avec le temps plutôt qu'en kilomètres. Les virages donnent à cette île, de proportions, somme toute, modestes, des dimensions parfois démesurées. La Corse est si plissée qu'elle est infiniment plus grande qu'il n'y paraît...

Mà lu trenu di Bastia e fattu per i signori. *Avec son endurance de petit âne, le petit train de Bastia (que l'on prononce, en langue originale, « Bastilla », de même que le u se prononce « ou », à la latine) n'est plus comme au début du siècle, époque où les muletiers, dans une chanson rageuse et sarcastique, le désignaient à la vindicte populaire, seulement fait pour les « messieurs ». Quand l'hiver bloque le col de Vizzavona, il permet plus aisément que la voiture de gagner Ajaccio. Un train à prendre au moins une fois. De nord-est en sud-ouest, de la mer à la mer, traversant l'île en diagonale, s'insinuant de manière hasardeuse dans des tunnels étroits, un peu comme se glisse un fil dans le trou d'une aiguille, puis émergeant en plein soleil, il perce le cœur des monts qui est le cœur de l'île.*

Ci-dessus : Bergeries de montagne, encore utilisées de mai à octobre, pendant l'estive.

Ci-contre : La haute vallée de la Restonica, aux flancs abrupts, située au sud de Corte.

Ci-dessous : Traditionnellement, *les femmes cardaient la laine de chèvre avant de la filer.*

Citronniers, orangers, agaves, aloès, figuiers de Barbarie, qu'il délaisse au départ pour les revoir à l'arrivée. Mais entre-temps, de palier en palier, il se sera hissé jusqu'aux forêts de conifères. Il va, entre les hauts sommets du Monte d'Oro et du Rotondo, tourner dans un cirque rose et minéral dont il finit, à force de lacis, et presque à court de souffle, par découvrir l'issue. Entre la Ligurie des lauriers roses et la Sardaigne des palmiers nains, et alors qu'Ajaccio (qu'on regarde une carte) est à la latitude de Rome, surgissent des pans de Dolomites, de Vorarlberg ou d'Oberland bernois. Mais tout cela dans la lumière d'une île qui est là où elle est : en Méditerranée.

A quelques kilomètres à vol d'oiseau de golfes où la chaleur s'amasse, la Corse s'offre le luxe (lacs de Melo, de Capitello) d'avoir des lacs glaciaires ! Montagnes où peuvent mourir de froid des alpinistes ; côte orientale où il arrive que le soleil terrasse des campeurs ; pics aussi blancs que des sorbets tandis qu'au pied de leurs parois s'enflent les clémentines ; entre ces deux extrêmes l'île a la variété et, pour un peu, l'ampleur d'un continent.

« Montagne dans la mer », elle superpose ses mondes. Le maquis, évidemment, d'abord. Le maquis, que les bandits, ses hôtes, appelaient le « palais vert » (Palazzu Verde)*, ne recèle plus, depuis belle lurette, de hors-la-loi. Mais il sécrète, à doses parfois trop fortes et obsédantes, ses parfums dont Guy de Maupassant et Paul Claudel assurent qu'ils se diluent au large sur la mer et qu'on peut les flairer(?), quand, du pont d'un navire, on aperçoit l'île exhaussée... « Ah! la Corse! Je la reconnaîtrais, les yeux fermés, rien qu'à l'odeur » : effluves nostalgiques, senteurs tenaces qui poursuivaient Napoléon, à Sainte-Hélène. Car tout Corse ayant dans son enfance respiré ce mélange savant et entêtant de cistes, d'asphodèles, de myrtes, de lentisques, d'arbouses et de cytises, le garde au fond de ses muqueuses. Parfum indélébile, essence intime, âme d'une île. Scintille un peu plus haut le vif argent des oliviers géants, d'autant plus grands qu'ils croissent à l'abandon. Puis, sur un sol que ses escarpements rendaient presque partout impropre à la culture du blé, apparaît « l'arbre à pain », qui est ici le châtaignier. Il a, durant des siècles, été un arbre nourricier. On s'est, sous forme de polenta, de tourtes, de beignets, de galettes, nourri de la farine de ses fruits. Il a donné son nom à l'une des régions les plus corses de Corse, la Castagniccia. A des milliers et milliers d'exemplaires, cisaillant l'air de ses feuilles dentelées, jonchant la terre de ses bogues, il forme des forêts où errent en liberté, plus ou moins métissés, dit-on, de sangliers, de petits porcs tout minces et noirs à qui il arrivait — quand les touristes n'encombraient pas encore les plages — de s'avancer, de roche en roche, au milieu de la mer, les récifs étant près l'un de l'autre. Ainsi faisaient également les chèvres. Les barques des pêcheurs glissaient entre les porcelets et les cabris qui, juchés sur leur socle, voyaient, sans s'émouvoir, venir à eux les vaguelettes.*

Vallées ombreuses, sources, cours d'eau, sous-bois épais : la Méditerranée du temps des Grecs et des Romains avait dû être verte. Elle n'aurait pas, sinon, connu autant de nymphes. Verte, la Corse l'est restée. Et même ruisselante. Si le rouget longe ses côtes, la truite se cambre (encore un peu...) dans ses torrents. Dans ses montagnes, elle a des réservoirs d'eau vive et fraîche. Les autres îles, pour la plupart, ont perdu leurs forêts. Rongés par le soleil, leurs bois de chênes verts sont rabougris. La Corse, malgré les incendies, les coupes sombres, l'érosion, garde ses frondaisons. Forêts de Vizzavona, de l'Ospedale, d'Aïtone, de Valdo-Niello. Virgile, « sous le couvert des hêtres » (sub tegmine fagi), retrouverait l'ombre propice qu'il quêterait en vain en Italie centrale. Car si l'on prend encore un peu plus de hauteur, les hêtres constituent, foin d'exotisme, d'agrestes oasis. La mousse tout autour demeure spongieuse, elle est en bonne santé. Champignon éclatant sans être vénéneux, l'oronge y trouve son terreau. Vivaces, élancées, prolixes, s'épanchent les fougères. C'est le règne de l'eau qui sourd ou coule. Sources, filets et cascatelles. La Corse est un pays antique où — si ses mœurs austères le permettaient — Pan pourrait, sous la verdure, poursuivre les dryades. Et l'on s'élève encore ! Aux arbres à feuilles caduques succèdent maintenant les arbres au feuillage persistant. Le pin laricio, fût mince et droit, étalant au sommet sa coiffe d'aiguilles vertes, comme un pin parasol que le vent aurait ébouriffé, semble se mesurer, sur sa lancée, avec les pics qui le surplombent. Ce sont alors d'autres forêts, que ne cache plus l'arbre. L'air des cimes et un soleil tout proche les pénètrent.

Puis tout finit en Corse comme tout commence : par la roche. « Ce rocher », disait encore Napoléon. Lorsqu'on la voit, altière et blanche, l'hiver, de Castel Sardo, en Sardaigne, la Corse est un iceberg en Méditerranée. L'été, tout émergée et dressée vers le ciel, avec un peu de neige pour rehausser le bleu profond, elle a les arêtes droites, les faces lisses et la pointe fine d'une pyramide énorme que l'on aurait, en pleine lumière, posée sur l'eau.

La Corse est un splendide cataclysme. Elle se hérisse d'aiguilles faites pour les mouflons, frères sauvages des chèvres qui, capturés et arrachés à leurs pentes natales, escaladent à présent (artificielle réplique de l'une des calanche de Piana) un piton cimenté, au zoo de Vincennes. Une explosion a dû secouer de fond en comble la Tyrrhénide, continent englouti. Dans cette déflagration géologique la Corse a tout pris ! Ses précipices sont des blessures à vif ; ses gorges, des entailles. C'est dans la mer que la montagne se rue. Elle plonge dans les flots, parfois d'un seul tenant, en une irrésistible retombée majestueuse où il arrive que la douceur subsiste sous la grandeur. Le plus souvent, c'est en éclats, en blocs, certains taillés, d'autres sculptés par le hasard (qui fait si bien les choses), qu'elle s'abîme, dans un chaos, vers les grands fonds marins. Elle accumule les fantaisies en maintenant en équilibre des rochers qui semblent prêts à s'écrouler à tout instant mais restent en suspens depuis des millénaires.

Haute, et hautaine, âpre roc compact, la Corse, sur la mer, oppose son refus. La montagne, autant que l'insularité, explique son histoire. En la bloquant à double tour, elle l'a rendue deux fois plus île. Les peuples qui ont voulu la conquérir ont dû prendre d'assaut un château fort. Les gorges étaient pour eux des coupe-gorges. Scala di

Ci-dessus : Bustanico village de Castagniccia, région autrefois prospère.

Ci-contre : Couvent de San Francesco, à Moltifao. L'intérieur de l'église est en ruines.

Ci-dessous : Procession de la Saint-Théophile, dans les rues de Corte.

Santa Regina, Lancone, Inzecca ou Spelunca : le col de Roncevaux, à côté d'elles, a des allures de boulevard. La Corse avait des moyens de défense. Ils ont rendu pénible sa conquête et malaisée son assimilation. Ils lui ont même permis au dix-huitième siècle, entre Génois chassés et Français repoussés, d'accéder (durant quinze ans) à cette indépendance que la nature semblait lui conférer. Elle est la seule des îles méditerranéennes à s'être libérée, par les armes.

Pour capitale, elle s'était, en bonne logique, donné Corte, localité centrale et acropole montagnarde : au cœur des cimes exaltées. La montagne aura donc été, tout au long d'une histoire rebelle et contrariée, la sauvegarde, le refuge et le rempart d'une île qui, non contente d'avoir avec la mer un fossé autour d'elle, avait su faire de ses pics autant de donjons.

De ce refus et de ce quant-à-soi témoignent les villages. Ils se sont tous juchés aussi haut qu'ils pouvaient. Ceux qui surplombent les rivages ont — terme aujourd'hui bien galvaudé — leur « marine » (a marina). Calcatoggio a ainsi, à ses pieds, Sagone, Rogliano, Macinaggio, et Brando, Erbalunga. Versant est, dans l'« En-deçà des monts » (Di qua dai monti) des Italiens, les villages, aux toits d'ardoise bleu-vert comme la mer par temps maussade, ont, grâce à leurs demeures, au campanile de leur église, plus d'élégance que les bourgs de granit de l'« Au-delà des monts » (Di là dai monti), dont les maisons, avec leurs meurtrières en guise de fenêtres, ont des allures de citadelles. Mais, en leur rudesse ou leur raffinement, tous les hameaux sont fiers. S'ils se sont toujours surélevés, c'est qu'avec la mer, en vagues successives, venaient et refluaient les Barbaresques. Ils sont restés, depuis, sur le qui-vive. Si le cap Corse, fine presqu'île dans la mer, a donné des marins, la montagne allait donner plus aisément naissance à des bergers qu'à des agriculteurs. Le Corse ne se sera guère, sur place, montré industrieux. Mais, homme libre, il a accompagné des chèvres libres... Les conques, entre les monts, étaient recluses. Chaque pieve (vallée, paroisse) était une île à l'intérieur de l'île. Les « clans » s'y sont constitués de manière naturelle. Avec ses grandes qualités et ses défauts — qui ne sont pas moins grands — allait, en vase clos, se développer une mentalité particulière.

Toute île est trop étroite. La montagne rétrécissait encore l'espace vital des Corses qui n'ont cessé, génération après génération, d'abandonner une île n'offrant — ce qui ne nourrit pas son homme — que sa beauté. Mais chez tous ceux qui sont partis vers Juvisy ou Caracas, hier vers Naples ou vers Tunis, plus tard vers Saigon ou vers Marseille, à l'espoir se mêlait la douleur des ruptures. Restait, ensevelie par l'horizon, mais non point par l'oubli, cette île où les sommets, en touchant l'eau, s'étirent en caps — et c'est la roche qui l'emporte — et où la Méditerranée — ce sont les flots qui alors gagnent — creuse de profonds golfes qu'elle incurve à son gré. La Corse est le produit de l'amoureux combat que, sans arrêt, se livrent deux adversaires, deux partenaires, de force égale : la montagne et la mer.

EUGÈNE MANNONI

CAP CORSE
Centuri
Rogliano
Morsiglia
Tomino
Pino
Mte Liccidi 823
Meria
Luri
Barrettali
Cagnano
Marine de Porticciolo
Canari
Pietracorbara
Ogliastro
Sisco
Olcani
1307 Stello
Marine de Sisco
Nonza
Brando
Erbalunga
Pta di Curza
GOLFE DE ST-FLORENT
Ste-Maria-di-Lota
San-Martino-di-Lota
Patrimonio
BASTIA
Pta di l'Acciola
Mte Itana 475
Anse de Paraiola
Désert des Agriates
St-Florent
Furiani
NEBBIO
Oletta
Biguglia
Etg de Biguglia
Pta di Spano
Golfe de Calvi
L'Ile-Rousse
Corbara
Monticello
Sto-Pietro-di-Tenda
955
Algajola
St-Antonino
Belgodère
Urtaca
1535 Mte Asto
Novella
Pte de la Revellata
Lumio
Lavatoggio
Costa
Murato
1117 Cima di Taffoni
Borgo
CASINCA
Mariana-Plage
CALVI
Muro
Speloncato
Pietralba
Campitello
Lucciana
Golo
Zilia
1680 S. Parteo
Olmi-Capella
Lento
Volpajola
Capo a u Cavallo
Calenzana
Castifao
Vescovato
848
Figarella
1231
Moltifao
Canavaggia
Olmo
Mte Grosso 1938
1310 Mte Terello
CASTAGNICCIA
Capo di a Morsetta
Casabianca
Venzolasca
1389 Capo di Vegno
Cirque de Bonifato
Asco
Asco
Ponte Leccia
Golo
Porri
G. de Galéria
La Porta
Fium Alto
1955 Capo a u Ceppo
Cima a i Mori 2180
Morosaglia
G. di Focolara
Galéria
Fango
Pruno
Talasani
Mte S. Petrone 1767
855
2710 Monte Cinto
2586 Capo a u Perdato
Lano
Nocario
Sta-Lucia-di-Moriani
Pta Palazzo
Castirla
Rusio
Piedicroce
San-Nicolao
1028 Capo Manganello
Capo a u Celu
Corscia
Golo
Soveria
Carticasi
Felce
Cervione
Pta Rossa
2525 Paglia Orba
Calacuccia
Bustanico
1724 Pta de Caldane
G. de Girolata
Osani
Partinello
Albertacce
Casamaccioli
Ortale
Prunete
GOLFE DE PORTO
Serriera
1464 Col de Vergio
Gorges de la Restonica
CORTE
Sermano
Novale
Alesani
Porto
Mte Tozzo 2007
Casanova
Erbajolo
Pianello
Moïta
Linguizzetta
Evisa
2453 Mte Cardo
Zalana
Capo Rosso
Piana
Ota
Tox
Marignana
Cimatella 2099
Venaco
Altiani
Pietraserena
Mte Rao 727
1331
Renno
2622 Mte Rotondo
Tavignano
Pancheraccia
Letia
Soccia
Fiume Grosso
Pta d'Orchino
Balogna
Vivario
Vezzani
PLAINE D'ALERIA
1131
Vico
Poggiolo
Murzo
2389 Mte d'Oro
1565 Pta Muro
Antisanti
Cargèse
Pastricciola
Pta di Cargèse
Arbori
Rosazia
C. de Vizzavona 1161
Vizzavona
Etg de Diane
Sagone
Liamone
Azzana
Cruzzini
Ghisoni
Aghione
Fiumorbo
Lopigna
Bocognano
Aléria
GOLFE DE SAGONE
Casaglione
Pta di l'Oriente 2112
1535
Vero
Tavera
Poggio-di-Nazza
Sari d'Orcino
Mte Renoso 2352
Col de Verde 1289
Etg d'Urbino
Calcatoggio
881
Carbuccia
Ucciani
Appietto
Peri
1541 Pta Tirolello
Bastelica
1950 Mte Giovanni
2042 Pta di a Capella
Prunelli-di-Fiumorbo
Ghisonaccia
G. de Lava
Alata
Gravone
Afa
Tolla
Palneca
San-Gavino-di-Fiumorbo
C. di Feno
Villanova
888 Mte Aragnasco
Pta di Mantellucciu
Tasso
Ciamannace
AJACCIO
Prunelli
Taravo
Chisa
Ventiseri
Bastelicaccia
Cauro
Guitera
Cozzano
Travo
Pta de la Parata
Frasseto
Corrano
Zicavo
Solaro
Iles Sanguinaires
GOLFE D'AJACCIO
Porticcio
Grosseto-Prugna
Sta-Maria-Siché
1849 Mte Malo
1124 Pta Mozza
Solenzara
Pte de Sette Nare
1060
1721
Olivese
Solenzara
Sari-di-Porto-Vecchio
Zigliara
Mte Incudine 2128
Pietrosella
Arguista-Moriccio
Pta di a Castagna
Pila-Canale
Taravo
Col de Bavella 1243
978
Petreto-Bicchisano
Aullène
Coti-Chiavari
636
Quenza
1461 Pta Quercitella
C. di Muro
Casalabriva
1398
Zonza
Sollacaro
Serra-di-Scopamène
Conca
C. Néro
Porto-Pollo
Olmeto
Fozzano
Zoza
Levie
Mte Calva 1378
Pinarello
G. DE VALINCO
Olmiccia
Carbini
Lecci
Propriano
Fiumicicoli
Pta di Campomoro
Rizzanese
Granace
1315 Pta di Vacca Morta
L'Ospedale
Pta S. Cipriano
Belvédère-Campomoro
SARTÈNE
Foce
Porto-Vecchio
G. de Porto-Vecchio
Mone de Cagna
Pta d'Ovace 1339
Giuncheto
Ortolo
Stabiacco
Iles Cerbicale
Pta di Senetosa
Sotta
Monacia-d'Aullène
C. de Zivia
Pianottoli-Caldarello
Chera
Figari
317
G. de Sta-Manza
Pta de Capicciola
Col d'Arbia
Bonifacio

CASTAGNICCIA

Par-dessus la houle des branches, la multitude des villages gris s'étirent sur les crêtes. Accrochées à la roche et comme écloses d'elle, ce sont des demeures hautaines, bâties autant pour s'abriter que pour se défendre : c'est vraiment la terre des forteresses et des révoltes. Celle des arbres aussi, qui sont plus que des arbres. Car la Castagniccia est forêt singulière : jadis, ce sont des hommes qui l'ont plantée ; c'étaient alors des châtaigniers guère plus gros que des bras d'enfants, les arbres enfants d'une forêt sage, bien alignés sur leurs versants d'où étaient chassés arbousiers et bruyères. Les arrosant, les taillant, les greffant, dressant des murettes à leur pied pour retenir la terre, entrelaçant des branchages autour de leur tronc pour les protéger des bêtes, des hommes patients les entouraient de soins vigilants. Puis les années passèrent, les hommes moururent, remplacés par d'autres et d'autres encore. Les châtaigniers, eux, étaient devenus des géants. Désormais, c'étaient eux qui protégeaient les hommes. Car leur pouvoir était de les préserver de la famine et de les soutenir contre soudards et oppresseurs.

Aux premiers jours de novembre, la rouille des châtaigniers gagne la terre. Le vent a changé de musique. Par moments, il se jette sur les feuilles, s'y roule, s'y enfonce et soudain les soulève par volées innombrables, et c'est comme si elles voulaient regagner les arbres. Puis, aussi soudainement, il disparaît. Et seules froissent le silence les châtaignes qui traversent les feuilles et heurtent le sol dans un martèlement délicieusement funèbre. Parfois, on aperçoit le dos arrondi d'un homme ou d'une femme qui remplit un panier, solitaire.

Autrefois, c'était bien différent, quand les villages étaient encore pleins de vie. Car la vie alors, dès octobre, se répandait dans la châtaigneraie. C'étaient les cloches qui annonçaient le début de la récolte :

Le cœur vert et frais de la Corse, près de Morosaglia, patrie de Pascal Paoli (1725-1807). La châtaigneraie couvre tout entre 500 et 900 m, à l'exception de quelques terrasses encore cultivées.

A l'automne, on ramasse les châtaignes tombées au sol. D'une main, on tient la sporta, *panier tressé ; de l'autre, la* ruspula, *pour fouiller le tapis de feuilles mortes. Une cinquantaine de villages en ont longtemps vécu.*

« Demain, c'est le *furestu* ! annonçaient-elles d'un village à l'autre, rentrez vos bêtes ou menez-les à la montagne. » « *Furestu ! Dumane, é furestu* ! » reprenaient à tue-tête les enfants dans les ruelles. Les villageois quittaient alors leurs maisons avec en main une corde, un licou, un sac de croûtons ou de graines, selon l'animal à retrouver, et la forêt se remplissait d'appels.

Le lendemain, alignés à deux ou trois pas l'un de l'autre, les ramasseurs, lentement, gravissaient les versants. Avec la *ruspula,* une fourche crochue comme une main d'avare, ils fouillaient bogues et feuilles et remplissaient la *sporta,* le panier tressé avec des lamelles de châtaignier. De ces corps courbés vers la terre, les mains devenaient étrangères, avec leur agilité à saisir et virevolter dans cet incessant ballet digital au-dessus du panier et parmi les piquants acérés. La fatigue de la cueillette, on la combattait par la gaieté, et à travers les arbres passaient des essaims de voix rugueuses mêlées à des rires de jeunes filles. Parfois, une chanson s'élevait, reprise par d'autres voix, quelquefois aussi par les échos et par le vent... Quand la *sporta* était pleine, on allait verser les châtaignes dans les sacs affalés contre une murette. Et quand les sacs à leur tour étaient remplis, on les hissait sur l'âne, qui prenait le chemin du séchoir.

Les châtaigniers régissaient jusqu'à l'architecture des maisons, car, pendant de nombreux jours, le séchage exigeait une présence régulière pour entretenir le feu et remuer les châtaignes. Seuls les propriétaires assez aisés pour employer des ouvriers à ce travail faisaient construire des séchoirs à l'écart de leurs demeures. Les autres les aménageaient dans les greniers, au-dessus de la salle commune, là où, au milieu de la pièce, le *fucone* jamais ne s'éteignait et où, seulement séparée de la récolte par une claie en lattes de châtaignier, la maisonnée pouvait en surveiller le séchage tout en vaquant aux tâches quotidiennes et, la nuit venue, continuer d'alimenter le foyer au cours de la veillée.

Une fois séchées puis débarrassées de leur peau, les châtaignes étaient livrées à la meule et devenaient farine. Farine destinée à un pain peu ordinaire qui, *nicci* ou *pullenda, castagnacci* ou *fritelle*, selon la façon dont on le préparait, changeait de goût et d'apparence et, parfois, pouvait être un repas à lui seul. Mais surtout, depuis des temps lointains, ce pain venu des arbres permettait à tout un peuple de survivre et, retranché dans ses montagnes, de résister aux invasions et aux tyrannies. Et le sort de ce peuple était lié au sort de ces arbres, et quand le peuple commença à disparaître, les arbres commencèrent à mourir.

Ce déclin arriva sur la pointe des pieds avec notre siècle. Peu à peu, les

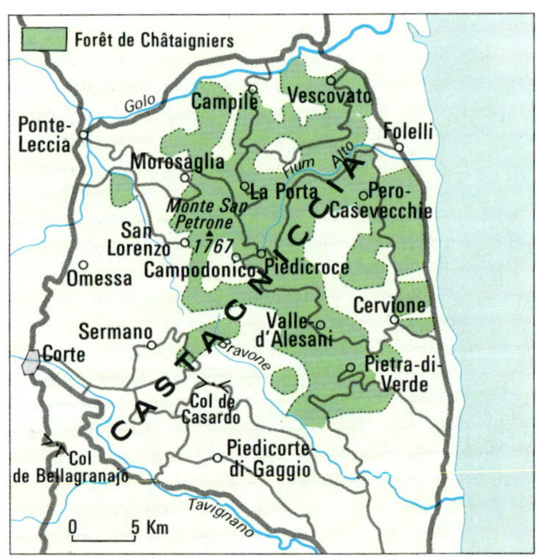

esprits s'imprégnèrent de la légende habilement distillée d'une population inculte et paresseuse habitant une terre déshéritée et pour laquelle, hors de la France, il n'était point de salut. C'est ainsi que tant d'hommes capables de faire surgir du roc des maisons à vertige et des églises aux allures de cathédrales, de couvrir les montagnes de forêts comme d'autres sèment du blé, de régression en déchéance, prirent le chemin de l'exil. C'est ainsi que furent délaissés les premiers châtaigniers.

Puis 1914 arriva, et la Corse se retrouva d'un seul coup vidée de tout ce qu'elle comptait d'hommes jeunes et vigoureux. En Castagniccia comme dans le reste de l'île, il restait seulement les femmes, les enfants et les vieux. Et, comme à chaque retour des années noires, pour les soutenir, il y avait des châtaigniers par milliers. Depuis toujours monnaie d'échange et nourriture, une fois de plus ils permirent à beaucoup d'entre eux de manger à peu près à leur faim. Châtaignes d'Orezza contre huile de Balagne, farine contre laine ou miel, une fois de plus, ils rappelaient combien précieux étaient leurs fruits.

Mais pour continuer de les entretenir, il fallait bien plus de bras. Des bras plus robustes à mesure que le

Le fucone, *foyer ouvert alimenté en permanence, au milieu de la salle commune. La chaleur du feu monte à travers le plancher à claire-voie du grenier sur lequel sèchent les châtaignes.*

A l'intérieur du secatoghiu. *Le séchage des châtaignes est long avant qu'on puisse les convertir en farine, qui sert de base à plusieurs plats.*

temps passait, car il fallait se remettre à élaguer les arbres, abattre, débiter et remplacer par d'autres ceux qu'éteignait la vieillesse ou que foudroyait le ciel. Il fallait encore tenir le maquis à distance, qui, semblant lui aussi préférer la ruse à la force brutale, insidieusement, inlassablement, éparpillait ses asphodèles et, à travers les fleurs de ses genêts, de ses cistes et de ses bruyères, déployait ses guirlandes de lierre et de ronces. Quelquefois, à l'éclat des feuillages roux sous le soleil, succédaient des flamboiements plus redoutables.

La guerre s'acheva. Les survivants revinrent. Les plus chanceux traînant après eux des cauchemars indélébiles ; les autres, que le plomb et l'acier avaient transpercés, mordus, déchirés ; ceux dont la guerre, même finie,

Piedicroce, au cœur même de la Castagniccia. Perché sur une crête, ce bourg aux sévères maisons de schiste voit chaque année quelques volets de plus demeurer fermés.

Dans une clairière de la forêt, une charbonnière en activité. L'agencement des bûches permet une combustion lente et incomplète du bois.

continuait de s'emparer chaque jour, jusqu'à ce que soit atteint le nombre de quarante mille morts. Ceux d'entre eux qui, au bout de ces quatre années, se retrouvèrent en Castagniccia, entrevirent-ils le formidable mimétisme qui commençait à se produire ? Dans la châtaigneraie inégalement entretenue se détachaient les arbres abandonnés, des troupeaux de châtaigniers déjà cernés par des meutes d'arbousiers ou empêtrés dans les filets du lierre ; des arbres balafrés, malades, aux branches brisées sous le poids des ouragans et des neiges, avec des moignons filandreux par où la pourriture s'infiltrait. Et ces rescapés qui s'en revenaient épuisés, mutilés, accablés de mauvais rêves, retrouvaient des arbres qui leur ressemblaient !

Abandonnés à leur sort — jusqu'à la prochaine guerre — les hommes n'étaient plus assez nombreux ni assez forts pour secourir les châtaigniers. Cette guerre, qui avait si bien contribué à la désertification de l'île, avait été gagnée par d'autres : en Corse, il n'y avait que des hommes et des arbres vaincus.

Aujourd'hui, la plupart de ces hommes sont morts, et sur des versants entiers sont figées des armées de squelettes. Pourtant, guettés par l'encre, le chancre et l'incendie, il est des milliers de châtaigniers encore vivants qui, s'ils étaient sauvés, un jour, redeviendraient arbres de vie. Des richesses de la Corse ils referaient partie. Pour cela, des hommes nouveaux se sont mis à l'ouvrage. Ils élaguent, soignent les blessures, font reculer maladies et maquis, et c'est comme si les châtaigniers à leur tour devenaient des arbres nouveaux. Individuel ou collectif, le travail se poursuit, et le résultat obtenu réveille les consciences, force la décision de suivre l'exemple et de prendre en main le destin de sa terre. Et comme c'est par le seul accomplissement de cette œuvre que la montagne peut revivre, il n'est pas possible d'échouer.

JEAN-CLAUDE ROGLIANO

LA MÉMOIRE VIVE DU NIOLU

Autrefois, au temps d'avant la route, pour qui entrait dans le Niolu, l'angoisse était fidèle compagne. Elle attendait le voyageur à la Scala di Santa Regina et il ne pouvait lui fausser compagnie qu'en retournant sur ses pas. Taillé en marches dans la montagne, le redoutable sentier muletier côtoie bien des abîmes. En maints endroits, au moindre faux pas, pour l'homme et pour la bête, c'était le saut vers le roc aux mille crocs, ou vers l'étreinte des remous et les mille baisers glacés de l'écume.

Sur le chemin d'aujourd'hui, on est sûr d'arriver, mais le malaise demeure et telle une sangsue se colle à vous : au fond du défilé où gronde le Golu, le long des murailles ténébreuses qui, de part et d'autre de la route, semblent prêtes à refermer leurs mâchoires, il sourd comme des menaces ou des souvenirs de mort. Entre les failles des parois, aussi déchiquetées et gigantesques, apparaissent d'autres parois et d'autres failles encore. Puis soudain, tout devient lumineux. Les murailles ont reculé, très loin, pour devenir cette dentelle de monts qui entourent le plateau du Niolu : le Cintu, le plus haut de l'île, la Paglia Orba, avec son profil de faux suspendue, le cortège des Cinque Frati, comme figés dans leur marche vers le ciel, le Capu Tavunatu, percé — par le diable, dit-on — d'un trou énorme dans lequel il est un jour de l'année où l'on peut surprendre le soleil.

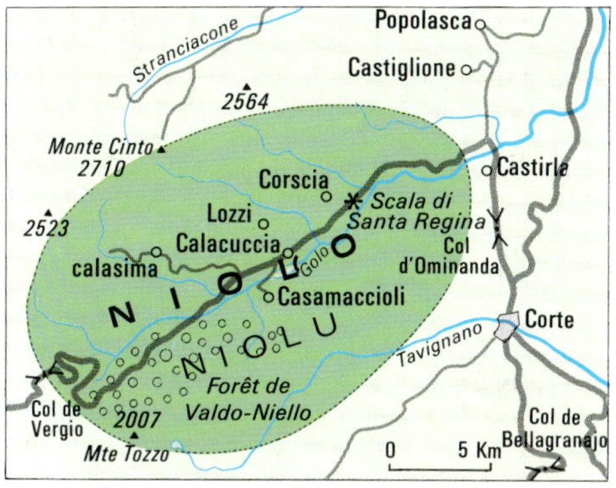

Au rythme de la transhumance. Pluriséculaire, celle-ci s'est aujourd'hui grandement ralentie, même si le Niolu a conservé son particularisme.

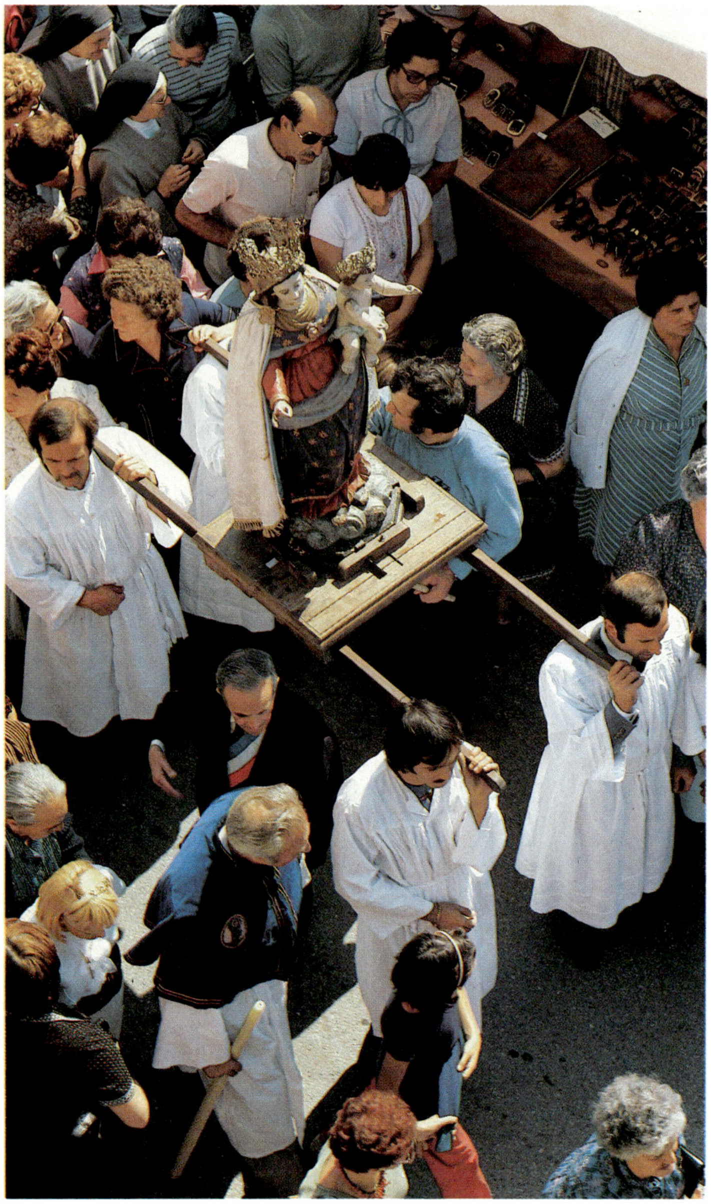
1

2

3

Dans le monastère dévasté, « la Vierge à l'étoile » avait échappé au pillage. Les Barbaresques déferlaient sur la contrée. Les moines se hâtèrent de charger la statue sur un mulet. Demeurèrent-ils face aux pillards pour permettre à la bête de s'éloigner ou laissèrent-ils au Ciel le soin de désigner quel asile accueillerait Santa Maria della Stella? Livré à lui-même, le mulet erra longtemps à travers la montagne et nombreux furent ceux qui, au-dessus des cistes et des bruyères, virent passer une dame rayonnante. C'est à Casamaccioli qu'il s'arrêta. Ainsi dit la légende, et depuis, l'église où *a Santa* a pris place est un lieu de pèlerinages. Le 8 septembre de chaque année, les fidèles y affluent de toutes parts. Précédant la transhumance vers la *piaghja,* à la fois profane et religieuse, la fête dure cinq jours. C'est *a fiera di a Santa,* où le passé, le présent, le superbe et le dérisoire s'entremêlent l'espace d'une brève liesse.

Il y a peu de temps encore, c'était surtout une foire à bestiaux renommée. A la lisière du village, succédant aux maisons, s'étiraient les baraques et les enclos gorgés d'odeurs de crottin et de foin. Alignés le long des barrières, des chevaux, des mulets, des ânes attendaient de nouveaux maîtres. Excités par le va-et-vient de la foule, des taurillons secouaient les arbres auxquels ils étaient attachés par les cornes. Sous le regard apparemment indifférent des maquignons, des paysans passaient d'une bête à l'autre. Des doigts experts troussaient des babines, tâtaient des encolures ou des croupes. A l'âpreté des discussions avares de mots, entrecoupées de silences méditatifs, s'opposait la tonitruance des rituels de protestations que ponctuaient des gestes de moulins à vent. C'était encore l'époque du troc : tel berger du Rotondu arrivait avec un superbe bélier et repartait flanqué d'une truie, dont la hure massive et embroussaillée de soies noires ne laissait aucun doute sur les relations que devaient entretenir ses ancêtres avec les sangliers; tel muletier de l'Asco poussait trois chevrettes vers les étals où il tenterait de les échanger contre un bât venu d'Orezza. Sur ces étals, on trouvait aussi des formes à fromage de jonc tressé, de grands seaux à lait, des chaudrons de cuivre, des rouleaux de corde en poil de chèvre ou de velours côtelé servant à confectionner les costumes et que les femmes venaient palper avec circonspection.

LA FÊTE DE LA SANTA

4

5

6

1. *La statue miraculeuse de la Vierge portée en procession.*
2. *Les maquignons sont au rendez-vous sur le champ de foire.*
3. *Les bergers poètes improvisent et s'affrontent en joutes oratoires.*
4. *Les joueurs de* mora.
5. *A l'ombre des baraques, on s'adonne aux jeux de hasard.*
6. *Sacré et profane se mêlent toujours à la fête de la Santa.*

Aujourd'hui, la musique des stands et la voix des haut-parleurs couvrent les vociférations des joueurs de *mora,* et l'on n'entend plus les meuglements et les bêlements des quelques animaux qu'on amène à la foire du Niolu. La foule se presse toujours entre les rangées d'étals à l'aspect moins austère sur lesquels tissage ou poterie, confiserie ou pacotille estampillée à l'effigie de l'Empereur remplacent les objets d'usage rigoureusement utilitaire. Il y a toujours du monde dans les baraques des joueurs aux traits impassibles, pour assister ou participer aux parties de roulette ou de cartes.

C'est toujours *a fiera di a Santa,* mais les motivations ont changé. Aux discussions hautes en couleur des maquignons ont succédé les polémiques avec pour unique sujet le renouveau de la Corse. Pour tout un peuple séparé par la distance ou l'exil, *a Santa* demeure le lieu géométrique des retrouvailles, mais aussi celui des bilans, des débats et des revendications. L'échange des objets ou des bêtes fait place à celui des idées. C'est peut-être pour ça que, de plus en plus conscients de ce qu'ils représentent pour cette Corse qui renaît, dans les buvettes de branchages, de plus en plus de monde entoure les chanteurs de *paghjelle* ou ceux qui se livrent aux joutes oratoires du *chiam'e rispondi,* s'affrontant des heures entières sans faillir d'un pied ni d'une rime.

Parfois, une repartie plus savoureuse que les autres déchaîne des applaudissements ou des rires. Parfois, une voix avinée grasseye, vite étranglée par les regards courroucés de l'auditoire ou par les adversaires qui, le temps d'une courte alliance, se détournent de leur sujet pour faire subir au perturbateur les assauts de leurs rimes. Seule peut les interrompre la procession qui, après la messe, porte la statue de *a Santa :* il y a trois siècles, les Corses se sont donné la Vierge pour seule souveraine, et c'est toujours la reine qui passe.

Au centre du haut plateau, le vaste lac de retenue des eaux du Golu, non loin de Calacuccia, la capitale du Niolu. En toile de fond, le rempart du Cinto. Entre 850 et 1100 m, une « petite Suisse » à peine désenclavée.

LE PEUPLE CORSE CHANTE

Avec ses trois voix qui se poursuivent, s'épousent, s'entremêlent, venue du fond des âges, la *paghjella* déferle avec ses bruits de vent et de fleuve. Jusqu'aux années 70, ceux qui ne pouvaient se résigner à la contenir au plus profond d'eux-mêmes et à subir les guimauves à la mode la chantaient à la sauvette, comme honteux de posséder une forme de chant unique au monde. Puis le peuple corse se souvint qu'il avait une âme, et c'est par le chant qu'il se mit à la redécouvrir.

Car de cette civilisation de la mémoire pas tout à fait anéantie, le chant est un élément majeur, et l'inconscient collectif en est encore imprégné. Alors qu'ailleurs, depuis bien longtemps, il n'est plus que spectacle, en Corse, il y a peu de temps encore, il était une fonction, le prolongement de l'homme dans les tâches quotidiennes, les joies, les deuils, les croyances et la lutte. Dans certains cas, il semble l'être toujours. La *tribbiera* rythmait la marche des bœufs, lors du battage du blé; dans les *nanne* chantées au-dessus des berceaux étaient contenues toutes les choses graves de la vie, comme si l'enfant devait les apprendre avant même de savoir parler; autour des cercueils, les femmes improvisaient le *voceru,* oraison funèbre du trépassé et exhortation à la vengeance à l'occasion.

Aujourd'hui comme hier, le chant s'empare de l'événement, se nourrit des brusques réveils de l'histoire. Voici bientôt trois siècles, les accents de la *Palatina* jetaient les patriotes à l'assaut de la citadelle de Bastia, où se terraient l'occupant de l'époque et les sempiternels notables. Depuis la Consulte du 30 janvier 1735, à la fois cantique et chant guerrier, le *Salve Regina,* l'hymne national des Corses, s'accorde aussi bien à la voix des orgues qu'au tonnerre de la poudre. Quand de nos jours, à la vérité s'oppose la censure, au droit la force, venus de tous les points de l'île, des hommes de tous âges et de toutes conditions se groupent pour chanter. Et leurs chansons dénoncent, mobilisent, gardent la mémoire en éveil. Certains d'entre eux, devenus célèbres, continuent de chanter autant sur les places des plus humbles villages que dans les salles les plus prestigieuses d'Europe. Merveilleuses et singulières, des voix d'airain et de cuivre brisent la gangue de l'aliénation et des idées reçues. Et le chant redevient le miroir du peuple qui, à travers lui, redécouvre sa culture, son histoire, son identité. Redécouvre qu'il est un peuple.

Les villages s'étirent le long des chemins, dispersent leurs maisons à flanc de coteaux. Ici, nul besoin pour eux de les serrer sur le fil des arêtes : longtemps, cette contrée-là fut la plus inaccessible des Corses, avec ses hivers qui la coupaient du reste de l'île, ses montagnes en guise de remparts, et ses précipices qui transformaient si bien les incursions étrangères en désastres. Pour subsister, les Niolins avaient les châtaigniers, les arbres fruitiers, les céréales et bien sûr les troupeaux. Aujourd'hui encore, le Niolu est le pays des bergers, même si, comme tout le reste de la montagne corse, depuis la guerre de 14-18, la désertification ne l'a pas épargné.

Bien au-dessus des villages, parmi d'autres cabanes en pierre abandonnées, de la fumée glisse d'entre les lauzes d'un toit. Accrochés aux sept rameaux du tronc d'arbre sec planté à quelques pas de l'entrée, luisent les grands seaux à lait. Plus loin, l'enclos à brebis est encore vide. C'est la bergerie de Marc'Andri. En contrebas s'écoule une rumeur de bêlements. Le troupeau n'a pas achevé l'*investida* : quand elles auront bouclé le parcours circulaire qu'elles ont été dressées à suivre, les brebis seront arrivées devant l'entrée de l'enclos, et Marc'Andri les fera entrer pour la traite. Quand il apparaît dans l'encadrement de la porte, on sait qu'on a soudain basculé dans un autre temps. Pourtant, c'est à peine s'il a dépassé la soixantaine, et le hâle de son visage hachuré d'une barbe de trois jours aurait tendance à le rajeunir. Il n'est même pas habillé de velours comme le sont encore beaucoup de vieux bergers.

Il a fini le travail qui consiste, une fois les fromages frais égouttés, à les retirer des formes, les saler et les disposer dans le *casgile,* où il devra les retourner tous les deux jours. En attendant le retour du troupeau, il va pouvoir se consacrer un moment à ses hôtes. Ceux-là, amis ou inconnus, sont tous ceux qui passent aux abords de la bergerie. Sur une table soutenue d'un côté par deux piquets en châtaignier enfoncés dans le sol, et arrimée de l'autre à un énorme rocher dont les anfractuosités servent d'étagères aux ustensiles les plus divers, Marc'Andri dispose le fromage vieux, le vin et un pain fessu. Ceux qui sont là aujourd'hui parlent sa langue et comme lui sont de la montagne : aucun mot de français n'est prononcé. La voix de Marc'Andri s'accorde à la rocaille, au maquis racorni, à ce versant dont la limpidité du ciel n'atténue pas l'âpreté. Il parle de transhumance, de grands troupeaux en marche, de forêts entières qui brûlent; il parle d'abandon de la terre, de déchéance, d'espoir fragile...

Dès les premiers mots, on se rend compte que ce temps où il nous entraîne, ce n'est pas forcément le passé. C'est peut-être même autre chose que le temps : cette civilisation venue de l'autre côté de la mer, qui efface tout ce qui n'est pas elle, n'est pas arrivée à l'atteindre; lui et les siens vivaient trop éloignés de ses relais de télévision, de ses écoles; ils vivaient trop haut. Tout ce qu'il sait, tout ce qu'il est, vient de ceux qui étaient là avant lui. Rien que de ceux-là. Et les choses qu'il dit, même les plus banales, sont comme à la fois neuves et immémoriales.

Ce matin, en partant à la recherche d'une bête égarée, il a découvert un cheval mort. Il revit sa rencontre et, avec lui, ceux qui l'écoutent voient les yeux cavés de la bête fixés sur eux, la carcasse éventrée, dans laquelle les corbeaux s'engouffrent, et qui, sous les coups d'ailes et de becs, donne l'illusion de respirer encore... Et en l'écoutant, on mesure la distance qui sépare deux civilisations : quand le poète écrivait *Une charogne*, au fil des pages qu'il noircissait, raturait, déchirait, heure après heure, c'était l'éclosion du chef-d'œuvre; cette charogne qu'il a lui aussi découverte « au détour d'un sentier », Marc'Andri, suivant une rime précise, une versification parfaite, lui qui est illettré, la chante avec la même magie du verbe, avec la même musique. Mais pour lui, point de ratures, ni de pages, ni de temps qui passe : le poème, nous le découvrons en même temps que lui, à mesure que les rimes éclosent dans sa pensée!

La montagne corse et surtout le Niolu, dont les habitants, par son inaccessibilité, demeurèrent plus longtemps maîtres de leur culture et seuls responsables d'y intégrer ou non les éléments des cultures étrangères qui leur parvenaient, sont encore le territoire de quelques « hommes-livres » capables, comme Marc'Andri, d'accomplir des improvisations quasi magiques de poèmes, de réciter par cœur de bout en bout *la Divina Commedia*, *l'Orlando Furioso*, ou de raconter, avec les mêmes mots et la même intonation que leurs ancêtres, la victoire de Borgu sur les Français, ou la défaite de Ponte Novu.

Considérés par certains et selon certains critères comme des ignorants, ces hommes et ces femmes appartiennent à une civilisation de la mémoire, dont le produit essentiel, aujourd'hui, même mutilé, réduit, dénigré, demeure une langue étonnante. Au contraire d'autres langues fabriquées par une élite pour une élite, la langue corse est construite par le peuple pour le peuple; au fil des siècles, chaque élément de cette langue a été forgé, modelé pour être compris et utilisé par tous; et comme elle n'est pas une langue écrite, tout son contenu s'est inscrit dans la mémoire collective. Dans les pays où la civilisation de l'écrit est elle-même supplantée par celle de l'audiovisuel, l'ouvrier ou le paysan dispose de quelques centaines de mots qu'il utilise avec plus ou moins de bonheur, et avec une syntaxe plus ou moins rigoureuse. Dans sa langue, le paysan de la montagne corse, même illettré — et surtout illettré — utilise un nombre de mots quelquefois impressionnant, et emploie la concordance des temps aussi bien que le notable.

Pourra-t-on longtemps parler de ces Corses-là au présent? Dans la montagne dépeuplée, conduisant les derniers troupeaux ou traversant des villages quasi fantômes, on commence à peine à se rendre compte qui ils sont vraiment. Avec leurs habits grossiers, leurs voix rudes, leurs manières bourrues, eux-mêmes ne savent pas qu'ils sont les survivants d'une civilisation fantastique et qu'ils témoignent de ce que fut tout un peuple du temps où il était à leur image.

JEAN-CLAUDE ROGLIANO

LA PLUS HAUTE DES CORSES

Il faut reprendre la célèbre formule de Ratzel (1899) : « La Corse est une montagne dans la mer. » Mais pour la corriger aussitôt : « La Corse a *des* montagnes dans la mer. » Rien de simple, en effet, dans cette île, à commencer par son image : à la Corse schisteuse et alpine du nord-est s'oppose la Corse cristalline et hercynienne de l'ouest et du sud. Entre les deux, une dépression centrale d'origine complexe. La Corse cristalline, la plus haute de toutes les Corses, procède de la légende : elle est, comme les Maures de Provence, un vestige de la fameuse Tyrrhénide, continent disparu de l'ère primaire, qui aurait, pendant quelques centaines de millions d'années, occupé la plus grande partie de la Méditerranée.

Corse haute et Corse profonde, la montagne, si désolée, si solitaire qu'elle puisse paraître, définit la Corse bien plus que la mer : mieux, définit la Corse contre la mer. Celle-ci, mouvement perpétuel, omniprésence aussi obsédante, n'a jamais signifié pour les hommes de ce pays que trouble, violence, inquiétude : l'élément des aventuriers, des colons, des barbares. La montagne promet aux Corses leur éternité, du moins leur durable présence, les rassure sur leur identité : elle a de tout temps accueilli les pasteurs, les hors-la-loi, les patriotes. Elle est, en deçà du mythe ou de l'histoire, lourde et puissante réalité : plus de la moitié de la superficie du sol se situe au-dessus de 400 mètres d'altitude. Près de 20 pour 100, au-dessus de 1 000 mètres. Cent cinquante sommets dépassent 2 000 mètres. Et, à 25 kilomètres à vol d'oiseau du golfe de Porto, le Monte Cinto culmine à 2 710 mètres.

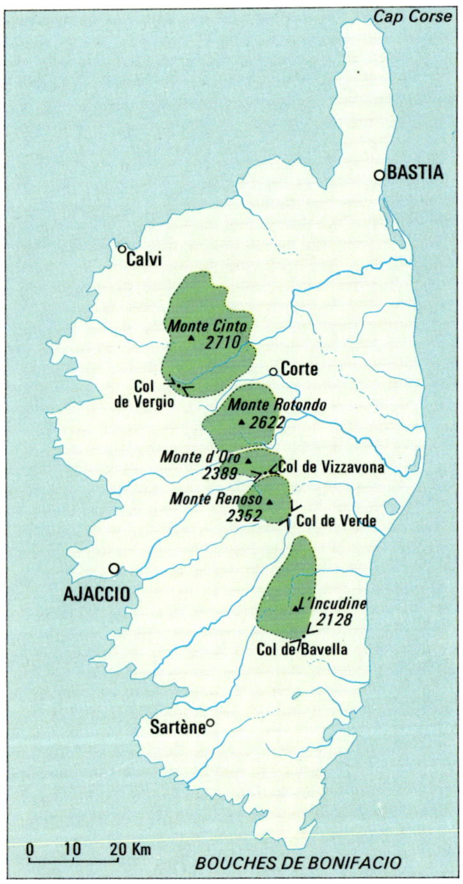

Presque partout, sur la côte ouest, la dénivellation est impressionnante, la verticalité du paysage s'impose. Violemment, les cours d'eau s'encaissent en de brefs défilés. Partout, dans le massif hercynien, règne la dissymétrie : la Corse n'est pas un pays de plateaux mais de versants abrupts, de crêtes aiguës, de gorges étroites. Formes et contenus s'opposent à ce point qu'on serait tenté de parler de baroquisme naturel pour éviter d'entrer dans les savantes controverses qu'entretiennent les géographes autour d'un relief si tourmenté. Nous sommes, ici, confrontés à l'un des plus somptueux musées minéraux du monde. Rouge de Piana, violet du Cinto, vert du Cap, défilé de l'Inzecca, boules monstrueuses de l'Ospedale, aiguilles de Bavella, sans oublier les fameux *taffoni*, énormes bulles de granite, évidées par l'érosion éolienne et par un phénomène périglaciaire : l'humidité du jour devenant glace la nuit fait éclater le roc et de la masse dégage la forme vide.

Le granite fondamental de la Corse hercynienne n'est jamais d'une homogénéité parfaite : du granite classique au porphyroïde, mica, feldspath et quartz s'y combinent à l'infini ; il se colore bizarrement de vert sur la bordure orientale où le mica se transforme en chlorite. Partout des roches cristallines diverses l'ont pénétré par vagues. Une érosion en pleine activité, l'abondance des eaux courantes et la raideur des pentes sculptent les rochers à grands coups. De sombres roches basiques peuvent soudain truffer le granite, depuis la simple tache jusqu'au massif entier... La science des pierres repose en Corse, plus qu'ailleurs, sur de ténébreux secrets : qui s'aviserait que le Cinto fut le produit d'une activité volcanique intense à la fin du primaire ? C'est sous la forme de coulées de rhyolite rouge que la lave s'est épanchée. Bien des phénomènes ne peuvent, en Corse, se dater que par analogie. Des énigmes demeurent : au nord-est, entre le Cap et la Balagne, le Tenda, la plus triste des montagnes corses, presque entièrement granitique, fait-elle partie du massif hercynien ou n'est-elle qu'un noyau de granite inséré dans la masse des schistes lustrés de la Corse alpine, moins haute et moins ancienne ?

Mais laissons cette Corse alpine pour l'ancien massif cristallin qui, du Cinto au nord, va lentement s'abaissant vers le sud, par le Rotondo (2 622 m), le Monte d'Oro (2 389 m), le Renoso (2 352 m), l'Incudine (2 126 m), Bavella (1 596 m) et enfin la montagne de Cagna (1 215 m), la dernière avant Bonifacio.

C'est une vraie barrière que cette arête faîtière. Quatre routes seulement la traversent à des altitudes élevées, au niveau de cols enneigés sur de longs mois : col de Vergio (1 464 m), col de Vizzavona (1 161 m), col de Verde (1 233 m), col de Bavella (1 243 m). Du temps de la Corse italienne, cette barrière a même séparé deux pays bien distincts : « *la banda*

Les neiges du Monte Cinto (2 710 m). L'enchantement d'une vision himalayenne, entre Asco et Niolo. Pourtant, c'est un très vieux volcan de rhyolites rouges qui forme le toit de la Corse.

Le cirque glaciaire de la Solitude, formé par le Monte Falo et le Cinto. C'est ce haut massif de la Corse cristalline ou hercynienne qui a attiré, par la qualité de son rocher, les premiers grimpeurs en Corse.

di dentro » (dite par les Français « l'En-deçà des monts »), « *la banda di fuori* » (« l'Au-delà des monts ») — le premier, le plus peuplé, le plus ouvert à l'influence italienne, le second plus corse sans doute car plus inaccessible. Dès le XIVe siècle d'ailleurs, l'opposition des deux Corses se marque plus nettement encore sur le plan politique, l'En-deçà devenant « *terra del communo* », l'Au-delà, « *terra dei signori* » : une manière de démocratie contre une manière de féodalité. Ce qui demeure, pour un regard qui ne se méprend pas au cœur de l'été à la magique transparence des montagnes bleues, c'est la terrible séparation des cantons et des villages. « Que de royaumes inconnus nous ignorent ! »

Loin d'être le bloc rigide qu'elle peut sembler par ailleurs, la Corse hercynienne constitue un univers très différencié; ce qu'on ne dira jamais assez est que cette haute montagne connaît en son ensemble un climat du type alpin. La Corse, disait un faux M. Perrichon, est un pays chaud où il fait très froid. Moraines et névés fournissent à tout instant en haute montagne, dans le massif du Cinto en particulier, les preuves d'une importante glaciation. Une neige très abondante de plusieurs mètres recouvre de la mi-octobre à la mi-avril des hauts sommets quasi inaccessibles. L'été y connaît aussi ses rigueurs, avec de terribles orages. C'est souvent la foudre qui met un terme à la longue existence de ces gros pins laricios qui font l'orgueil de la Corse.

Pourtant, un peu d'attention donne à lire dans ces paysages difficiles à rampes fortes et vallées étroites, l'histoire d'une très ancienne pénétration humaine, d'un apport passionné d'aménagement, fût-ce à l'état d'esquisse, dans les régions les plus accidentées, au Niolo par exemple : non, ce n'est pas le lit desséché d'un torrent, ce sont les marches irrégulières d'un chemin subsistant au flanc de la haute vallée de Tavignano, encore inaccessible aux modes actuels de circulation. Même pénétrée, l'épaisseur de la montagne n'est cependant pas abolie : Asco ne fut reliée à l'extérieur qu'en 1937 et Calasima bien plus tard encore, en 1960. La dure compétition du Tour de Corse automobile a du moins contribué à mieux faire connaître cette obsédante succession de courbes et de contre-courbes que constitue ici la route de montagne.

Ce cloisonnement extrême a développé pendant longtemps un mode de vie autarcique (Asco formait une vraie

LE MOUFLON

Ovis ammon musimon : gloire de la faune corse, véritable symbole de l'île, mystérieux et quasi insaisissable, le mouflon, longtemps traqué par les chasseurs, semble aujourd'hui sauvé et fait l'objet d'une protection sévère dans le cadre du parc naturel.

Cet ongulé sauvage est une des sept sous-espèces d'un groupe des plus anciens du Vieux Monde. On le retrouve en Sardaigne. Son poil est court et non laineux. Ses cornes puissantes et cannelées, longues de 75 centimètres, se recourbent vers l'arrière. Sa livrée d'hiver, brune, présente chez le mâle adulte une tache dorsale blanche.

Si le mouflon est l'animal de la haute montagne corse par excellence, c'est surtout parce qu'il y a trouvé son dernier refuge : il est très farouche et son espace vital ne dépasse pas 1 à 2 kilomètres de rayon. La neige l'oblige à chercher refuge dans les adrets ensoleillés. Les grottes, les *taffoni* lui servent d'abri. Il vit la plupart du temps en groupes (peut-on encore parler de troupeaux ?). Il a peu d'ennemis naturels, mais les incendies devenus si nombreux menacent dangereusement l'espèce.

petite république sous l'autorité d'un sage : « *U saviu d'Ascu* ») et les vieux usages se sont mieux conservés dans les communes de haute montagne, comme à Rusio où survit encore aujourd'hui une superbe polyphonie remontant à l'époque médiévale.

Pendant des siècles, la montagne a constitué un milieu accueillant pour les habitants du littoral chassés par l'insécurité : un refuge civique, mais aussi un réservoir d'humidité, avec des forêts et des pâturages — malgré tant d'incendies, la forêt corse surprend par son épaisseur, plus jurassienne qu'alpine. Toute région au-dessus de 700 mètres reçoit un minimum de 1 000 millimètres de pluie. C'est pourquoi jusqu'au début du XXe siècle, et les villes mises à part, la montagne, en dépit de la limitation des conditions d'accueil dues à ses impératifs climatiques, groupe les plus fortes densités de populations. C'est à la montagne cristalline que revient le rôle de moteur dans le mouvement des migrations semi-nomades plage-montagne qui ramenait chaque été les bergers et leurs familles vers les pacages de l'étage subalpin, cependant que les neiges de l'automne précoce les renvoyaient vers les maigres plaines côtières.

Cette transhumance fut d'ailleurs autant agricole que pastorale, comme on le devine à travers ce lacis de murettes aux points les plus extrêmes des terres cultivables. « En haut » venaient le seigle, les pommes de terre, les châtaignes, le lin ; « en bas » le blé, le maïs et l'olivier. Le vide côtier se trouva souvent annexé par les villages les plus proches, toujours haut perchés ; et les plus conquérants furent les bergers du Niolo ou du Taravo. Peut-être la régularité des échanges avec la côte a-t-elle amorcé, en ruinant la tendance autarcique, le mortel déclin de la montagne. Mais tous les Corses, au fond de leur mémoire, ont conservé le souvenir de l'infinie supériorité des jardins de montagne sur ceux de la « plaine ».

Avec la disparition du vieux système économique, la montagne s'est ainsi réduite à un naturel décevant, voire répulsif. Ses vertus, d'économiques, se sont faites morales et symboliques. Les chiffres parlent durement. En 1911, 73 000 habitants, soit 26 pour 100 des insulaires, se regroupaient entre 600 et 1 100 mètres, sur 24 pour 100 de la superficie. Aujourd'hui, on n'en compte pas 10 pour 100. Le haut pays a perdu 70 pour 100 de ses habitants.

De la montagne d'hier, que reste-t-il ? Un décor, tel ce groupe de maisons de Baccajo, dans la haute

Lac de Pozzolo : l'un des sept lacs du Monte Rotondo (2 622 m), au centre de l'île. Ce sommet, de difficulté moyenne malgré les névés, est un but attrayant pour le randonneur ou l'alpiniste qui ne recherche pas forcément la difficulté.

vallée de Tavignano (commune de Casamaccioli) à 1 600 mètres, frustes constructions de pierre : une pièce unique, un feu allumé près de la muraille afin que la fumée s'échappe par la porte; des parcs pour la traite; des caves-saloirs. Trois bergers y vivent en été, dont les familles habitent Casamaccioli; un chevrier avec une centaine de chèvres, deux bergers avec trois cents brebis. On peut y voir le *paghjolu* (chaudron de cuivre où cuit le lait), la *cocchia* (louche en bois), la *fatoghia* (moule d'osier pour les fromages). Mais pour combien de temps encore?

La montagne cristalline n'est pas une montagne facile. Plus les roches sont dures, plus les processus d'altération sont lents, plus les pentes sont raides et la végétation clairsemée. On trouve à altitude assez basse des paysages subpolaires. Les neiges sont abondantes, précoces et tardives. Enfin, le vent, mistral, tramontane ou *libecciu,* balaie constamment caps et sommets. Au cours de l'été, il fait froid au col de Vergio. Les voies d'approche des sommets sont parfois longues et harassantes parmi les éboulis. Et cependant, que de merveilles dans cette traversée du nord au sud. Découvrons-les rapidement : le Cinto d'abord, puis le massif du Rotondo, celui du Monte d'Oro, le groupe du Renoso, l'Incudine, Bavella et les monts du Sud.

Plusieurs vallées mènent au Cinto, premier sommet de l'île : ainsi le cirque de Bonifato, près de Calvi, avec ses murailles de porphyre rouge et ses

FLORE D'ALTITUDE

Les Grecs avaient baptisé la Corse Cyrnos, « la boisée », pour la distinguer des autres îles de la Méditerranée. Les arbres magnifiques de ses forêts (hêtres, chênes verts et surtout pins laricios) ont longtemps été exploités pour la navigation à voile. Aïtone, Valdo-Niello, Bavella surprennent par leurs ombres épaisses, leurs pelouses, leurs fleurs éclatantes. Dans la forêt de laricios, le cyclamen étalé, le cyclamen napolitain, l'hellébore voisinent avec la fougère et le thé d'Europe. On trouve aussi dans les hêtraies l'ancolie, la benoîte de village, l'ail des ours ou le raisin de renard. La garrigue montagnarde se pare de l'anthyllis ou de l'astragale, de la carline à grosse tête, de genévriers — le thurifère d'Asco est célèbre pour la « manne » blanche qu'il dépose et dont se nourrissent les abeilles, qui en tirent un miel très particulier. Dans la haute montagne règnent les aulnaies. Les myrtilles y sont abondantes. Les pelouses de haute altitude se parent d'espèces endémiques nombreuses, comme l'armérie rose à tête multiple. Dans les *pozzine,* tourbières installées sur l'emplacement des anciens lacs glaciaires, dominent les carex, la pâquerette de Bernard, les potentilles à fleurs jaunes et le bellium des neiges. Sur les sommets, parmi les sévères éboulis, rougeoie l'oxyria à deux pistils. C'est ici qu'on peut trouver le calament corse et le chrysanthème laineux.

Immortelle des frimas (Helichrysum frigidum).

LA HAUTE ROUTE

1

2

3

Traverser la Corse skis aux pieds, en musardant sur son échine, est un des plus beaux raids que l'on puisse faire. C'est avant tout une aventure insolite et sauvage. Insolite d'avoir les pieds enfouis dans la neige et de pouvoir, par temps clair, contempler les miroitements de la mer dans le lointain. Sauvage de par l'éloignement de tout village et les éléments parfois déchaînés sans mesure. La nature y est aussi primitive et belle. En quelques mots, la montagne corse ne ressemble à aucune autre, avec ses arbres noueux, ses vallées étroites et profondes, ses neiges fantaisistes.

Cette randonnée, à effectuer à l'heure où le gel mord la pierre, c'est-à-dire en février ou mars, suit en grande partie le G.R. 20 qui chemine sur la ligne de crête de l'île. Elle peut donc s'attaquer par le nord ou par le sud. Mais débarquer à Bastia avec ses planches, prendre un petit train enclin à verser dans les tournants ou stoppant dans des soubresauts monumentaux pour laisser passer un troupeau de chèvres, puis gagner les bergeries de Manica, près d'Asco, l'unique station de ski, c'est déjà être sous le charme de cette terre.

Quant à la montagne elle-même, elle ne cesse de réserver des surprises, alternant entre de molles ondulations et des gouffres creusés par des barres rocheuses. La rudesse d'un climat fantasque peut, en un court instant, transformer un avenant paysage en la plus sordide des souricières. Alors attention ! il faut rester sur ses gardes. Hormis cela, les noms révèlent déjà toute la poétique des lieux : grotte des Anges, col de Vergio, lacs de Capitello et de Melo, bergeries de Vaccaghia, refuge de Pietra-Piana... A cela s'ajoutent les aigrettes scintillantes de glace qui alourdissent les dos voûtés par le vent des vieux pins, les luttes épuisantes dans le maquis, les adorables petits cochons noirs domestiqués, et tant d'autres choses encore. A chacun de découvrir sa Corse des montagnes.

A tout candidat à cette incomparable haute route, il faut cependant rappeler qu'elle est difficile : de par les pentes raides à aborder, l'accès parfois scabreux des fonds de vallées, l'hébergement précaire et compliqué à trouver, et un enneigement très particulier. Si l'on est conscient de cela, il est impossible d'être déçu.

1. Fin d'une journée de randonnée au Monte Renoso (2 352 m).
2. Au col San Petro, la Corse à ski par la Haute Route.
3. Bivouac hivernal dans les neiges du Monte Renoso.

Les célèbres aiguilles de Bavella, appelées aussi tours ou cornes d'Asinao. A quelque 1 600 m, ces murailles de granulite, striées de failles et fortement burinées par l'érosion, émergent des pins laricios déformés par le vent.

élégantes aiguilles jaillissant d'une forêt épaisse. De Bonifato, on peut gagner les vallées voisines de Tartagine, d'Asco et de Fango. A la station du Haut-Asco s'ouvre la vallée du Stranciacone, où plusieurs moraines encore visibles s'égaient de pins laricios et maritimes dont le vert vif tranche violemment sur la roche violette. De-ci, de-là, quelques traces humaines renvoient à des temps révolus : ici était une ancienne scierie; là travaillaient des goudronniers...

Au bout de la vallée, des crêtes aiguës dominent un *bassu* (taillis épais d'aulnes odorants) d'où résonnent les sonnailles de quelque troupeau. Le Cinto est encore loin qu'on croit tout proche. Il faut gravir des pentes sévères que rythme heureusement une série de cascades; enfin sur le soir, le sommet s'obtient comme une victoire, austère et nu, dans l'étrange teinte parme de ses rhyolites, à peine pigmentées du jaune des lichens. L'érosion glaciaire a joué ici un rôle extraordinaire : falaises et failles géantes renvoient à de grandioses cataclysmes. Du toit de la Corse, par temps dégagé, un panorama immense réunit à l'est l'Italie, au nord les Alpes... D'ici, toutes les découvertes sont possibles : Capo al Dente, le Monte Padro, le chaînon de l'Innominata ou celui du Ceppo, la grande chaîne transversale, et au sud la Grande Barrière avec la Paglia Orba au profil dissymétrique si fort, peut-être la plus belle montagne de l'île (2 525 m) ou le Tafonato (2 325 m) — ou montagne percée — dont on peut voir depuis le Fango l'étonnante trouée lumineuse...

En plein centre de l'île, le massif du Rotondo est entièrement situé à l'est de la grande ligne de partage des eaux. Massif au relief vigoureux, il offre des dénivellations importantes. Une myriade de petits lacs le constellent dont chacun possède un charme particulier. Son étage alpin renferme beaucoup plus de richesses naturelles que le Cinto. A partir du célèbre pont du Vecchio (dessiné par Eiffel avant sa fameuse tour) entre Vivario et Venaco, on atteint le vallon de Querceto, où un énorme empilement de poudingues chevauchant les granites se lance à l'assaut du Rotondo : ce sont des ciments verdâtres, constellés de superbes galets de quartz noir.

Après les bergeries de Ghialello, une longue marche dans une forêt de laricios conduit à un torrent riche en truites. Soudain, perdue au cœur des montagnes, apparaît la vallée du Manganello, et la forêt s'interrompt brusquement. Une garrigue ponctuée de genévriers couvre le fond méridional du mont. Une flore alpine des plus variées, des gentianes aux chrysanthèmes laineux, anime miraculeusement la rocaille. Tout à coup, derrière nous, apparaît le lac du Rotondo, et, au-dessus, le sommet, fort attaqué par l'érosion. La mer se découvre des deux côtés : ici, les golfes de Sagone et d'Ajaccio, là-bas les eaux grises des étangs de Diana et d'Urbino. Une série de sommets dépassant tous 2 300 mètres (Pietra Nera, Punta Felicina) reprennent en écho le mont. Plus loin vers le sud se profilent, telles des ombres géantes, le Renoso et plus loin encore l'Incudine. C'est autour du Rotondo que s'observent le mieux sans doute les traces laissées par la glaciation dans le paysage : de petits névés permettent d'imaginer, en plein

LE PARC NATUREL RÉGIONAL

En dépit de son insularité, la nature corse n'est pas plus en sécurité que celle de toute autre région. Des espèces rares (aigle royal, gypaète barbu) sont en voie de disparition. Deux mille espèces de plantes à fleurs, à peu près la moitié de la flore française pour une superficie de moins de 2 pour 100 du territoire, telle est la richesse de l'île, menacée par le feu et la stérilisation des terres qu'il entraîne. C'est pour lutter contre ce danger et aussi contre celui d'un excessif développement touristique qu'a été créé en 1972 le parc naturel régional. Il couvre 150 000 hectares, soit le cinquième de l'île. Il englobe tous les massifs centraux et s'achève au nord sur la mer entre Porto et Galéria. Son personnel s'applique à la mise en réserve intégrale, au nourrissage hivernal des mouflons ou des gypaètes. Mais n'y a-t-il pas quelque paradoxe à célébrer les beautés de la montagne, à inviter les touristes à la parcourir et à protéger rigoureusement les milieux naturels ? La plus belle réalisation du parc est le G.R. 20, sentier de randonnée qui permet de connaître la Corse du nord au sud, et depuis ses plus hauts sommets.

Un des derniers gypaètes barbus du massif du Cinto.

été même, le vaste cirque alimentant le glacier quaternaire.

Un petit chaînon transversal croise à angle droit la grande arête du partage des eaux : le Monte d'Oro, déjà connu de Pline, qui l'appelle *Mons Auxieus*, et son sommet jumeau, le Migliarello. Cinq sommets secondaires leur font couronne. Le maquis y prend vite le pas sur la forêt. Par ailleurs, peu de montagnes corses sont aussi animées de rivières et de torrents. Rien d'étonnant à ce qu'il ait été un des premiers fréquentés par les chasseurs et les bergers.

Le Monte Renoso, lui, n'est que le point culminant de la longue crête plus accidentée qui joint les cols de Vizzavona et de Verde : massif, couvert d'éboulis. On y accède depuis Bastelica, et il conviendrait de parvenir à son sommet aux premières heures du jour pour jouir d'un panorama superbe dégagé des brumes matinales — vers le nord, l'horizon n'est barré que par le Cinto, au sud, la vue s'étend sur l'île entière.

Un regard, en passant, sur les monts du Fiumorbo, avec ces étranges Christe (1 260 m) et Kyrie Eleison (1 535 m) qui évoquent sans doute un épisode de l'extermination, au XIVe siècle, de la secte des Giovannali, brûlés au pied de cette montagne. Et voici déjà les monts du Sud. Ici on peut tout juste parler de haute montagne; il ne s'agit plus de la plus haute mais peut-être de la plus belle des Corses de montagne. On va à l'Incudine par la forêt de l'Ospedale et par le col de Bavella, où l'air chaud du Midi s'exalte de l'odeur violente de l'herbe-à-barons et du thym-aux-chats. On atteint les bergeries de l'Asinao, et une végétation dense s'installe à partir d'un torrent : une chênaie d'altitude se borde d'aulnes près de l'eau. Puis les frênes, les pins et plus haut une pelouse rare, émaillée en été de bruyères pâles; lui succède une forêt de bouleaux et de pins que surmontent les fameuses aiguilles de granulite rose.

A partir des bergeries, vers le col des Forgerons (Incudine signifie enclume), le paysage change brusquement. Les crêtes se découpent en un amphithéâtre de roches abruptes; des traces glaciaires évidentes rappellent que l'Incudine est l'ultime borne vers le sud des glaciers quaternaires. Le climat est rude en hiver, mais le visiteur de l'été n'oubliera pas le bivouac facile au milieu d'une contrée sauvage comme au matin du monde : pays humide aux multiples ruisseaux, bordés du vert irréel des *pozzine* (tourbières) où fleurit l'aconit, où pousse seul le hêtre, où d'innombrables porcs errent en liberté.

Au sud de l'Incudine, de part et d'autre du col de Bavella, la grande ligne de partage des eaux se rapproche de la plaine orientale : ce sont les derniers sommets importants de l'île. Le col de Bavella, avec le rouge de ses aiguilles, le vert de ses laricios, le bleu de la mer toute proche, divise le massif en deux parties dissemblables : les tours d'Asinao, au nombre de sept, et, au sud, l'arête principale et le chaînon de Burone. Signalons l'insolite blancheur du Fornello (1 849 m) dont le calcaire tranche sur les rouges et gris sombres des roches voisines. C'est un pays vert et paisible qu'on n'attendait pas en Corse, aux clairières à fougères des plus romantiques. Plus bas encore, après les parois abruptes de Bavella, d'autres étonnements attendent le voyageur avec le mont Velaco, la tour des Suisses, la cheminée du Regard — les noms disent assez la théâtralité du paysage. Enfin, la Punta di Bonifacio (1 276 m), isolée, dominant une région des plus sauvages, clôt la série des hautes montagnes.

BERNARD RAFFALLI

LES FORÊTS MEURENT AUSSI

L'orage est parti vers le sud. De plus en plus lointaines, des rumeurs poursuivent les nuages comme une meute. A grands coups de langue, le vent lape la brume qui couvrait la forêt. Avec ses ors, ses cuivres et sa rouille, l'automne, qui, jour après jour, coulait vers les vallées, a fini de s'installer.

La pluie avait surpris les chasseurs. Mais les chiens avaient débusqué le sanglier et la chasse s'était poursuivie comme si, en même temps qu'ils déchaînaient les abois, les rabatteurs donnaient de la voix au tonnerre. Le sanglier a fini sa course au pied du Pentone, fauché en plein élan par le « percussion » de Natale. La forêt, de tous les hommes qui sont là, c'est Natale qui la connaît le mieux : muletier pendant près de soixante années, pour transporter les lauzes des carrières, les piquets de châtaignier, le liège ou les bûches, il a passé tout ce temps à la parcourir, d'Aïtone à Vizzavona, de Valdu-Niellu à Tartagine, de l'Ospedale à Bavella.

Une tignasse à travers laquelle pointent les stylets du regard, la broussaille d'une barbe dont on s'étonne de n'y voir surgir de défenses, un pas auquel même les jeunes s'essoufflent à accorder le leur... Le temps lui-même semble peu pressé de se frotter à sa carcasse. « Autrefois, répète-t-il souvent, toute la Corse était une forêt. Je n'ai pas connu ce temps-là, mais je me souviens de certains endroits où les arbres semblaient sortir de la mer. »

Ce temps qu'il n'a pas connu avait précédé l'époque où, pour construire les mâts des navires, ceux qui s'étaient emparés de la Corse firent leur butin privilégié des pins vertigineux qui la peuplaient. Des milliers d'entre eux furent arrachés à leurs montagnes pour courir ainsi les mers. Pour cet usage et pour bien d'autres, sous le Premier Empire, le pillage s'étendit à des forêts entières.

Bien avant les Français, pour se procurer des produits alimentaires exportables, Gênes, déjà, poussait à la destruction des forêts au profit des cultures, favorisant par des primes, des permis de port d'armes et des remises de peine, l'extension des céréales et la plantation de figuiers, de châtaigniers, de mûriers, d'oliviers et de vignes qui furent désignés sous le terme d'« arbres des cinq espèces ». Mais cette régression de la forêt naturelle avait au moins l'avantage d'entraîner, dans les espaces déboisés, l'apparition d'essences tout aussi nobles et dont les Corses, une fois débarrassés des envahisseurs, allaient tirer l'entier bénéfice.

Aujourd'hui, cette forêt n'en finit pas de rétrécir. A part quelques étendues qui s'entêtent à défier incendiaires et promoteurs, c'est seulement à partir de six à sept cents mètres d'altitude qu'on la retrouve luxuriante, avec ses essences étagées dans un ordre immuable : tout d'abord, le pin d'Alep, le châtaignier et le chêne, qui cohabitent parfois; à partir de mille

En forêt de Vizzavona. Une des plus variées de l'île, elle s'étend sur quelque 1 500 ha au pied du Monte d'Oro et offre la fraîcheur de ses hêtraies et de ses eaux vives.

La forêt d'Aïtone, au-dessus d'Evisa, à quelques kilomètres du golfe de Porto. Les hautes colonnes des pins laricios, ces géants de la forêt insulaire, qui en composent la plus grande partie et peuvent s'élever jusqu'à 50 m, créent des futaies mystérieuses.

mètres, ce sont les dômes et les colonnes du pin *lariciu*, futaies superbes aux allures de cités fantastiques. Plus haut, se serrent les hêtres, les premiers à s'imprégner de l'automne, les derniers peut-être qui résisteront à la destruction des hommes. Au-delà, il n'y a plus qu'une végétation arbustive impénétrable qui rampe, s'accroche, compensant sa petite taille par l'agressivité de ses piquants et son énergie à tirer la vie du roc où elle se cramponne. C'est de là que surgissent arêtes, pitons et aiguilles, dont les noms ressemblent aux légendes qui courent encore dans la forêt. Malebêtes que terrassent saints ou bergers, âmes errantes qui hantent lacs et torrents, défilés d'où s'élèvent de singuliers éclats de forge... Quand c'est Natale qui les raconte, allez donc savoir si ce sont vraiment des légendes !

MAL'CONCILIO

Cramponné sur l'arête où s'étire le village, c'est Mal'Concilio, le châtaignier géant au tronc creux. Couvert de boursouflures et de rides, avec ses branches tendues comme autant de doigts tors au-dessus du sentier, on croit à un arbre de songe. Pourtant, à quelques pas des dernières maisons de Carchetu, il est là, bien réel, tel un repère, un témoignage ou un aveu. Les créatures de l'autre côté de la nuit ne semblent pas avoir tout à fait déserté ce versant et l'on imagine sans peine, s'en revenant de la fontaine, les jeunes filles d'un autre temps qui se hâtent peureusement en passant sous ses branches.

A Carchetu, il y a peu de temps encore, le drame faisait partie du quotidien, et chaque porche, chaque ruelle, chaque arbre, semble en être aujourd'hui encore imprégné. Depuis des siècles, le plus vieux de ces arbres se nourrit de cette terre qui recouvre tant de sommeils troublés. C'est pourquoi, sur le versant de Mal'Concilio, les bruits des villages viennent aussi de plus loin. Ils attisent des souvenirs de veillées, d'ombres de fusils qui se lèvent, d'incantations formulées en secret et de peurs merveilleuses. Et germent les bribes de croyances qui allaient être à jamais perdues, enfouies comme des graines au fond de l'inconscient atavique.

Sur le tronc tourmenté, crevassé, passe l'ombre légère de Lésia ; d'étranges bruits de pas martèlent notre mémoire, et c'est le début du voyage ou d'une récréation.

C'est peut-être pour ça que, arbre de la vie et de la mort, arbre du bien et du mal, arbre de la nuit mais aussi arbre des yeux qui s'ouvrent, aujourd'hui, tant d'hommes et de femmes s'identifient à lui, projettent à travers lui la vision qu'ils ont de leur terre et découvrent les racines formidables qui l'empoignent.

Paysage forestier près de Zicavo, au sud du col de Verde (1 289 m). Alors que les feuillus prennent leur somptuosité automnale, le bétail profite des derniers jours d'alpage avant de redescendre vers les plaines.

Au fond de la vallée, le torrent gorgé de boue enfle sa voix. Dans la clairière où ils se sont retrouvés, les chasseurs ont allumé un grand feu pour se sécher. Du pain, du jambon, des bouteilles sont tirés des musettes. Couché sur le ventre, la hure appuyée sur la branche qu'on a taillée pour le transporter jusqu'au village, le sanglier paraît vivre encore. Il semble même écouter lui aussi. « C'est par ici que ça a commencé. » Natale désigne l'avancée des hêtres qui se frayent un passage à travers l'aulnaie et s'arrêtent au bord de la falaise. « Ça ne pouvait être qu'eux : il faisait un temps comme aujourd'hui. Et en plus, la nuit était tombée... » Le vieux muletier parle de sa rencontre avec les *lagramanti*. Le ton qu'il prend quand il raconte cela n'a jamais permis de déceler s'il a fini par croire à un vieux cauchemar ou s'il est un merveilleux conteur.

Les *lagramanti*, ce sont les Esprits des Brouillards. Les jours accablés de brume, les nuits vides d'étoiles et de lune, ils courent par les forêts et leurs cris sont autant de préludes au malheur : plaintes ou soupirs qui intriguent le voyageur et l'attirent vers le marécage, rires de crécelle ou hurlements qui déchaînent l'épouvante et le jettent, droit devant lui, contre des arbres tout en griffes ou vers le torrent tout en écume et furie...

« J'avais une mule avec moi. Je l'avais descendue de la coupe parce qu'elle s'était mise à boiter. Arrivés aux Fuiccioli... » La bouche de Natale s'ouvre comme si l'air lui manquait, ses yeux s'élargissent : « C'était comme si on étranglait une femme ! Un cri qui n'en finissait pas ! Je n'ai pas pu retenir la mule. Elle m'a presque arraché la main et elle est partie comme s'il y avait des clous rougis sous le bât. Ribellu, un chien qui n'avait peur de rien... vous vous souvenez : pour suivre le sanglier, lui, il n'avait pas besoin de compagnie ! Eh bien ! il s'était jeté dans mes jambes et tremblait comme c'est pas possible. Les cris se rapprochaient. Aucun chrétien ne peut en pousser de pareils. On a beau se dire qu'on n'y voit rien, qu'on va se casser la tête : on ne pense qu'à fuir. Mais quand j'essayais de faire un pas, le chien se collait encore plus à mes jambes et j'avais du mal à rester debout. Il ne cherchait même pas à éviter mes coups de pied. Et puis la lune s'est levée tout d'un coup et le cri a cessé. Il y avait de la brume qui se déchirait et courait partout comme si elle avait mille vents aux trousses. Et pourtant, je vous le jure, aucun brin d'herbe, aucune feuille ne bougeait. Le chien s'était calmé et j'ai pu repartir. La mule, je l'ai retrouvée six jours après, juste là... » Il désigne le pied de la falaise haute comme trois clochers. « C'est parce qu'il y avait les corbeaux... » Natale scrute chaque visage comme pour savourer l'effet obtenu, puis il ajoute : « Si j'avais pas eu le chien dans mes jambes... » Les autres hochent la tête, mesurent du regard la hauteur de l'à-pic, s'ébrouent comme pour travestir quelque frisson.

La mort en marche : le terrible fléau du feu. Les résineux sont les plus sensibles à ces incendies qui ravagent périodiquement la forêt corse. De grands lambeaux du couvert végétal disparaissent ainsi chaque été.

Mais la forêt, ce n'est pas seulement un décor où dérivent croyances et fantasmes. Des temps les plus reculés à nos jours, bien des drames s'y sont déroulés, bien des chasses d'où les bêtes étaient exclues. Pour les aventuriers comme pour ceux qui luttaient pour défendre leur terre ou leurs idées, les grottes, les halliers, les torrents, les falaises signifiaient alors refus et refuge : la forêt pouvait être autant repaire de bandits qu'asile ou sanctuaire d'hommes considérés comme tels, tant que leur cause n'avait pas triomphé. Ceux-là avaient pour alliés bergers, bûcherons et muletiers, tous ces hommes qui font partie de la forêt autant que les arbres.

Ainsi, certaines nuits de 1943, sur des plateaux cernés d'aulnes ou de chênes, quand, les grelots de ses mulets bourrés de fougère, Natale scrutait le ciel qui grondait, c'était non pas pour suivre la progression de quelque orage, mais celle d'avions qui venaient vers lui pour laisser éclore de soudaines corolles. Ces nuits-là, par des sentiers qu'arbousiers et bruyères recouvraient comme des vagues, ce n'étaient pas des piquets ou des lauzes que transportaient ses mulets rendus quasi irréels par le silence des grelots. En ce temps-là, une bête de mort avait pris le pouvoir chez les hommes et l'on s'était mis à l'affronter de tous les points de la Terre. Et perdu au fond de son bout de montagne et de ciel, Natale, lui aussi, la combattait.

Aujourd'hui, à ceux qui croient ce temps définitivement révolu, Natale rappelle la légende de l'Orcu. Il y a bien longtemps régnait un monstre sanguinaire qui exigeait un tribut quotidien d'hommes et de femmes, choisis parmi les plus jeunes et les plus beaux. Il y avait aussi l'idiot du village qui, frêle et dérisoire, gambadait dans les ruelles, en taillant des bouts de bois avec son couteau. Semant l'hilarité sur son passage, de gambades en pirouettes, il allait jusqu'à la forêt où le monstre l'acceptait pour bouffon. Un jour, un immense cri d'allégresse déferla sur la contrée : « L'Orcu est terrassé ! ». Dans son antre, le monstre gisait avec un pieu bien effilé enfoncé dans le cœur. On courut à la recherche de l'idiot pour le porter en triomphe, le combler de présents. On le trouva toujours gambadant, affûtant un nouveau bâton, plus dérisoire que jamais. On s'étonna; on lui demanda pourquoi, à présent qu'il avait triomphé du monstre... Alors, le visage soudain débarrassé de son masque béat, sur un ton qu'on ne lui connaissait pas, l'idiot répondit : « J'affûte d'autres pieux pour les planter dans le cœur des monstres à venir. »

JEAN-CLAUDE ROGLIANO

LES GENS DE LÀ-HAUT

De l'autre côté de la mer, la postière a regagné son guichet, le secrétaire d'État son cabinet, le surveillant sa prison : dès la mi-septembre, déserté par le peuple de l'été, chaque village de la montagne corse se met à redevenir le bout du monde. Village au bois dormant où seule une poignée d'habitants témoigne que la vie ne s'est pas tout à fait retirée.

L'après-midi, c'est sur la place du Surbellu que, dans celui-ci, il en apparaît quelques traces. En cet endroit, à l'abri des premières bises d'automne, les murs gardent longtemps la chaleur du soleil, et il y a une murette où les retraités viennent s'asseoir. Ils y demeureront jusqu'au moment où le soleil basculera de l'autre côté des Caldane.

A considérer leurs propos, seul le passé paraît vraiment compter pour ces vieux villageois. Passé collectif dont, tel un groupe d'initiés, ils connaissent les clefs et les chemins, reliés au présent par le fil de gestes sempiternels. Oignons d'argent terni que l'on tire de gilets de velours, pipes qu'on enfonce dans des goussets en peau de chat pour les bourrer d'un tabac dont l'odeur n'a plus cours...

Un visage tout en nez, tout en regard, tout en malice, qui se termine par une pipe aux allures de saxophone : c'est Carlu Maria, un ancien

Asco, dans la vallée d'Asco, au débouché des gorges. Ce village de moyenne montagne (620 m) étage ses maisons austères sur des pentes dénudées, au pied du Capu Selolla.

Haute solitude. La Corse est la moins peuplée des grandes îles de la Méditerranée occidentale : les nouveaux arrivants ne sont plus que les retraités qui retournent au pays.

charretier qui a bourlingué sur tous les chemins de l'île. Par moments, il cueille au passage des phrases dont il se sert comme autant de passerelles jetées sur autrefois. On parle des élections qui approchent. Alors lui : « En 34, lorsque Manfredi s'était présenté, c'était serré. On avait même fait voter *zia* Catalina qui n'avait plus sa tête. On l'avait descendue à l'école dans un fauteuil. Mais comme le sol était boueux, ils avaient fini par glisser. La vieille n'avait rien eu... » Et dans un rire en tempête, il ajoute : « Mais Mustaccione, lui, s'était cassé la jambe, et lui aussi est allé voter en fauteuil. » On commente l'achat du camion d'occasion que vient d'acquérir Ange-Marie. Alors Carlu Maria parle des premiers camions qui avaient succédé aux chariots et qu'il fallait mener à bon port sur des chemins piégés de verglas et d'ornières, de feux qu'on allumait sous les moteurs pour les dégeler, des doigts gourds et crevassés qui se colletaient avec manettes et leviers... A l'époque, la qualité de la vie, pour lui, c'était faire manger les siens à leur faim.

Maintenant, tout cela est loin. Un âne pour transporter le bois ou les châtaignes, quelques poules, un bout de potager... Dans le confort relatif de sa maison, chaque minute de flânerie ou de sommeil est savourée comme un luxe. Peut-être bien que pour lui, bien mussé au creux de ses souvenirs, ce village quasi désert est encore peuplé de crissements d'essieux, de carillons d'enclumes et de rires d'enfants. Et peut-être bien qu'il s'en contente.

Tadalone, lui, les coudes collés aux genoux, feuillette un journal. Quand il relève la tête, on voit d'abord, sous la visière de la casquette, deux énormes pommettes qui rétrécissent encore ses yeux bridés, vestiges de l'incursion brutale de quelque peuplade lointaine. Il y a seulement dix ans, il chaussait tout le village. Parfois, il lit tout haut, ponctuant sa lecture de grognements et de commentaires impitoyables. Il est question de messieurs importants, fraîchement débarqués, et d'élus locaux qui parlent de renouveau de la montagne et de décisions capitales. « Jusqu'à présent, la montagne, c'est eux qui l'ont tuée, gronde-t-il. On n'en serait pas là s'ils n'avaient pas fait partir les jeunes ! »

« Quand j'ai dû accompagner Dolinda à Marseille, pour son opération, poursuit-il, je suis allé rendre visite à son neveu, le fils de Clutilda. Ça fait douze ans qu'il est parti. Ici, il a une maison de six pièces, avec un jardin qui peut le nourrir d'un bout à l'autre de l'année, sans parler des noisetiers et de la vigne. C'est sûr que ça n'enrichit pas ! Mais laisser tout ça pour vendre des tickets dans une espèce de cage et habiter dans deux pièces où il ne peut pas faire quatre pas dans un sens et quatre pas dans l'autre... Il appelle ça la sécurité ! Ah ! il peut revenir, aux vacances, avec la voiture astiquée ! S'il était resté, la vie aurait peut-être été plus dure, mais pas de la même façon, et parce que ça aurait été sur sa terre, ça aurait été une vie d'homme ! »

Parmi les maisons fermées pour onze mois, il y a aussi des pans de mur dentelés, avec des fenêtres vides et

LA SIGNADORA

Des rides pour visage, un regard d'acier bleu. Droite et sèche dans sa robe noire, c'est *zia* Luciana. De tous les villageois elle sait le jour de la naissance : presque tous, elle les a aidés à venir au monde. Elle soigne les mauvaises blessures, connaît les herbes qui guérissent, les talismans... Mais surtout, c'est la *signadora.* Celle qui chasse le mauvais œil et les esprits malfaisants.

Une nuit d'un très lointain Noël, la seule de l'année où les forces du Mal sont en déroute, sa grand-mère l'avait retenue auprès d'elle pour lui transmettre le Pouvoir. C'était peut-être une nuit de neige avec, dans les ruelles, des cris de joie qui chevauchaient la bise et, sur la place de l'église, un feu gigantesque qui jetait sur les vieux murs des aubes d'or.

Depuis, elle pratique l'*incantesimu* suivant le rituel immuable : tandis qu'au-dessus de l'assiette remplie d'eau sa main gauche trace les signes de croix, égrène les gouttes d'huile, ses lèvres murmurent la prière magique. Et depuis des années, on vient lui demander d'éloigner des humains et des bêtes les maux donnés par les vivants et par les morts.

Le mauvais œil, les vivants l'attirent sans le savoir. Il suffit parfois de dire d'un enfant qu'il est beau, d'un cheval qu'il est racé, en oubliant d'ajouter : «... que Dieu le bénisse ». L'*imbuscada,* elle, est tendue par les morts, et il en est de redoutables.

Dans les formes des gouttes d'huile qui surnagent dans l'eau, *zia* Luciana interprète l'irrationnel, cerne le mal, en découvre les causes et le moyen de le faire disparaître.

Certains parlent de surnaturel, d'autres de psychothérapie. C'est au prochain Noël que sa petite-fille recevra l'initiation. Elle profitera des vacances pour venir de Paris... où elle termine Sciences Po.

LA BALANCE ET LE FUSIL

« Tu paries que d'ici, je casse un bras de la mère ? » A une soixantaine de pas, une vieille femme traverse la place, un fagot de bruyères sur la tête. Devant les villageois incrédules, l'homme a levé son fusil. Une détonation, suivie d'un hurlement... C'était il y a près de quatre-vingts ans. De l'homme, on a retenu le surnom : « U Sarvadicu » — « le Sauvage ». Avec beaucoup d'autres qui pillaient, rançonnaient, massacraient, ne respectant ni femmes ni enfants, il fait partie de la foule des « bandits d'honneur » revus et humanisés par les auteurs de romances et d'ouvrages littéraires. Entre une réalité sinistre et un mythe outrancier, a-t-il quand même existé, existe-t-il encore, des hommes auxquels le terme de « bandits d'honneur » pourrait à peu près convenir ?

« Un bon fusil est un bon juge. » Vieux de près d'un demi-millénaire, ce proverbe corse pourrait bien être un début de réponse. A présent que les Corses sont en train de redécouvrir leur propre histoire, ce qui apparaît de la justice durant les siècles d'occupation génoise ne permet pas de douter que la plaidoirie la plus élaborée et la sentence la plus équitable, pour un Corse, ne pouvaient être prononcées que par la bouche de son tromblon. La « Sérénissime » ne s'était quand même pas emparée de l'île pour y faire régner la justice ! La « mise en valeur agricole de la Corse » au profit de Gênes permettait difficilement qu'on se préoccupât d'autre chose.

Des juges génois, il y en eut, certes : ils étaient envoyés en Corse comme la plupart des fonctionnaires auxquels un séjour loin de chez eux était indispensable pour leur permettre de se refaire une honorabilité et, bien entendu, un pécule. Et c'est à l'occasion de chaque affaire criminelle qu'avec la collaboration conjuguée des familles de l'assassin et de la victime — le verdict favorisant le plus offrant — ce pécule tendait considérablement à s'arrondir. En cas de conflit, mieux valait donc s'en remettre à une justice plus personnelle, et dont l'instrument était justement le bon vieux fusil familial qui lavait si bien les affronts, vengeait la mort du père et, le cas échéant, servait à marier la sœur aînée dont le promis manifestait quelque velléité de rupture.

Jusqu'à peu de temps encore, et particulièrement dans la montagne, chaque lopin de terre, chaque arbre, chaque animal était pour le Corse un élément vital dont le dommage, la destruction ou la perte, à cause de la rudesse de la vie, prenait des proportions catastrophiques. L'eau d'arrosage détournée en période de sécheresse, la chèvre fugueuse qui décortiquait de jeunes cerisiers ou celle qu'un chien égorgeait pouvaient être autant de préludes de tragédies qui n'en finissaient pas. Mais combien d'autres furent-elles évitées par la valeur dissuasive du fusil parce que chacun possédait le sien pour défendre son bien, sa dignité et son droit ! Et aujourd'hui même, accroché près de la porte de bien des maisons, ne semble-t-il pas dire : « Les temps sont moins durs, je ne sers plus qu'à tuer sangliers ou palombes. Mais gardez-vous de manquer de respect à mes maîtres... »

Ainsi, peut-on affirmer qu'en Corse le fusil soit exclusivement instrument de mort ? Ne serait-il pas surtout le garde-fou d'une société qui s'est forgé ses propres règles en opposition à une justice qu'elle ne reconnaît pas, qu'elle ne peut reconnaître parce qu'elle appartient à une vision du monde, à une morale et à des lois venues d'ailleurs ? Une justice dont les tenants, parce qu'ils sont les plus forts, font habilement passer pour des bandits ceux qui la dénient. Ce fut l'argument utilisé par le pouvoir génois contre les Corses qui finirent tout de même par en venir à bout.

Les bandits d'honneur, les vrais, c'étaient peut-être ces Corses-là. Mais s'exclure de la loi de Gênes, c'était aussi s'exclure d'une vie de tous les jours déjà rude : s'ajoutant aux difficultés de vivre, les difficultés de survivre firent perdre de vue à beaucoup d'entre eux la cause qu'ils défendaient. Et conscient ou non, ce refus de s'intégrer au système dominant, souvent, finit par dégénérer et, souvent, la cause cessa d'être juste ; pour certains, elle ne devint même qu'un prétexte utilisé à de moins nobles fins. Malheur aux purs qui comptaient aussi sur ceux-là pour libérer la Corse : c'est peut-être pour ça que la domination génoise a duré cinq siècles.

Antoine Bellacoscia (1817-1912), roi des bandits corses.

des portes ouvertes sur rien, architecture sinistrement verticale qui se dresse, hérissée de poutres brisées qui vous désignent, comme autant de reproches ou de menaces.

« Regardez ce que lui et ses semblables ont laissé devenir ces maisons. Vous vous rappelez comment elles étaient... Avant ! » Dans ce mot passe toute l'amertume de ne plus reconnaître ce village qu'il n'a jamais quitté, de ne plus s'y reconnaître.

Pourtant, depuis quelque temps, il est un endroit où quelque chose a l'air de changer. C'est au Pughjale, là où trois peupliers tendent le cou par-dessus les toits : Ange-Marie est revenu. Et Ange-Marie, ce n'est pas un retraité comme les autres. Sa retraite, lui, il l'a prise à quarante ans. Adjudant à Béziers, il quitte Béziers et l'armée. Pas pour un bureau dans l'administration ou le privé. Mais pour ce que beaucoup de Corses considèrent encore comme l'aventure ou l'utopie : vivre sur sa terre, sans nul doute à tous Terre promise, mais à longue échéance et pour la plupart d'entre eux dans l'acception du terme le plus irréversible.

Dans la famille, ils étaient tous bûcherons. A dix-huit ans, lui, il était parti. Mais désormais, la forêt, il ne la quittera plus. Il connaît par avance les obstacles et les risques, et déjà une bonne partie de ses économies est passée dans l'achat du camion, des tronçonneuses, de tout le matériel nécessaire à l'exploitation des coupes. Ghjuan Camellu, le dernier muletier du village, travaillera avec lui, le temps d'apprendre le métier aux trois

Les femmes corses ont eu longtemps l'habitude de vivre entre elles. Dès octobre, les hommes partaient sur le littoral avec les troupeaux et ne remontaient qu'à la fin mai.

Les traditionnels muletiers, le long des murets de pierre sèche. Essentiel à l'économie montagnarde, le mulet est le seul animal de bât qui puisse porter des charges n'importe où.

Le facteur de Murzo, non loin de Vico, se rendant à Muna à travers la montagne de la Sposata pour la relève du courrier. Une image d'hier qui reflète bien les difficultés de communication dans la montagne corse et qui, aujourd'hui, a pratiquement disparu.

jeunes, qui, sans le retour d'Ange-Marie, faute de travail, n'auraient pas tardé à partir.

Livrée à elle-même depuis des années, avec ses chênes et ses hêtres qui se bousculent, s'entremêlent, s'étouffent, la forêt patauge dans la bruyère et les ronces. Des hordes d'aulnes l'ont envahie, forcée. Tout en gagnant leur vie, ils la régénéreront.

Ange-Marie a précédé sa femme et ses trois enfants dont la venue permet le maintien de l'école, que l'effectif insuffisant menaçait de fermeture. Fermeture qui aurait entraîné celle de l'épicerie : sans école pour ses garçons, Antoine, lui aussi, aurait gagné la ville.

Le retour de la famille, Ange-Marie l'a prévu pour le mois suivant : la maison paternelle a souffert d'un long abandon, et une restauration sérieuse est nécessaire. Peintre, électricien, plombier, il doit passer par tous les corps de métier. Mais depuis samedi dernier, difficultés et fatigues se sont mises à paraître moins lourdes : dans l'épicerie-buvette d'Antoine, comme on lui demandait où en étaient ses travaux, Ange-Marie avait parlé du plancher pourri du premier étage. Il fallait tout refaire, et dans le ton de la réponse a dû passer la lassitude de l'homme seul devant la dureté de la tâche. Alors quelqu'un a lâché : « Eh ben! avant samedi, avec ton camion, tu vas prendre le ciment, les poutrelles, tout ce qu'il faut. Pour le reste, on verra... »

Le temps de se souvenir qu'il ne fallait ni s'étonner ni remercier... Autour de ce comptoir, une vingtaine de jeunes hommes dont la plupart « montent » au village juste pour finir la semaine, sans même se concerter du regard, ensemble, ont reçu tout d'un coup le message immémorial, même si certains d'entre eux ont oublié le mot : c'est l'*operata*, sésame corse de l'entraide et de la fraternité, qui a franchi les siècles, l'acculturation, le dépeuplement et la mort.

Car l'*operata* vient de très loin. Elle remonte bien avant cette époque où, par la grâce du Roy Louis le quinzième, une grande nation s'emparait de la Corse pour apporter la civilisation à une peuplade barbare... et découvrait chez les barbares une république démocratique alors qu'elle en était encore à la monarchie de droit

LE BERGER DES MORTS

Quand il descend sur la montagne corse, l'hiver enfle le fracas des torrents, creuse les vallées, effile les crêtes, tisse le surnaturel au bord de chaque nuit. Et renaissent les croyances ballottées d'un siècle à l'autre au fil de la mémoire collective. Selon la plus répandue, chaque être humain possède son double sous la forme d'un animal, et la mort de cet animal précède la sienne. Cette double mort, un villageois la prend en charge. On l'appelle le *mazzeru*.

C'est la nuit, pendant son sommeil, qu'il se dédouble et s'en va dans la forêt s'embusquer près d'un torrent. Il tue la première bête qui paraît. Quand il s'en approche et la retourne, à la place de la tête, ce sont les traits d'un habitant du village qu'il découvre : un homme ou une femme pour qui le glas sonnera bientôt. Le *mazzeru* n'est pas responsable de cette mort dont, la nuit achevée, il gardera seulement le souvenir d'un rêve. Il ne peut non plus interrompre le cours du destin et il doit assumer son rôle jusqu'au bout : précédant de quelques jours le réel, la *cunfraterna,* composée des morts du village, va commencer l'enterrement fantôme ; mais pour les conduire vers l'âme qu'ils vont emporter, ces morts qui enterrent les morts ont besoin d'un guide. Un guide parmi les vivants. Et après sa chasse nocturne, le *mazzeru* sait où il faut aller.

C'est ainsi que, chasseur d'âmes à l'envol de son rêve, il devient le Berger des Morts, et, menant le cortège des ombres, il les aide à traverser le torrent dont, le temps du voyage, les eaux charrient les Enfers... A la fois terrible et rassurant, il témoigne qu'en Corse les morts n'ont pas encore déserté la mémoire commune. Bons ou mauvais, ils surgissent parfois du tréfonds de l'inconscient avec assez de force pour que certains, aujourd'hui encore, assurent percevoir leur présence : la mort est si familière à ce peuple sur lequel, depuis des temps immémoriaux, déferle le cortège de razzias, d'invasions, de massacres et d'exils. Et parce que son évocation, indissociablement, se rattache à toutes celles qui, au fond de chacun de nous, réveillent les mêmes rêves, les mêmes souvenirs de vents chargés de neige, de chasses fantastiques, de veillées pétillant d'étincelles, d'aïeules égrenant des mots magiques, le Berger des Morts participe d'un formidable hymne à la vie.

Mais surtout, parce qu'il est un vivant qui retourne aux vivants, parce qu'il revient de l'autre rive de la nuit, il représente aussi notre mémoire ; celle qu'on ne peut emprisonner, ni déguiser, ni faire mourir. Mémoire de la Terre du Commun ; mémoire d'une constitution corse qui servit de modèle à la constitution américaine... Et parce qu'il est mémoire, le *mazzeru* pourrait bien être l'inconscient d'un peuple qui cesserait de justifier sa léthargie par ce passé qui commence le 8 mai 1769 : à Ponte-Novu, cinquante mille soldats français finissent par venir à bout des douze mille Corses qui défendaient leur pays et une certaine idée de la liberté ; « les canons Gribeauval ont fait merveille » et les eaux du Golu charrient leurs cadavres ; et ainsi, en ce joli mois de mai 1769, c'est par un torrent rouge de leur sang que les milices de Pascal Paoli entrent dans l'histoire.

De ce passé exorcisé, seul demeurerait ce qui importe vraiment : une jeune nation tellement en avance sur son temps que, selon Rousseau, elle s'apprêtait « à étonner le monde ». Symboles d'un peuple qui devrait être le seul capable de faire la part de ses réalités et de ses mirages, les *mazzeri* n'ont pas fini de courir les torrents.

divin; plus haut même que le quatorzième siècle, au temps de la Terre du Commun où, plus d'un demi-millénaire avant la Sécurité sociale, le médecin soignait riches et pauvres pour deux boisseaux de blé par famille et par an, et où les femmes, en tout cas celles qui étaient considérées comme chefs de famille, siégeaient à l'assemblée communale et avaient le droit de vote tandis que, partout ailleurs en Europe, on ne concevait pas qu'elles puissent avoir une âme.

Oui, l'*operata* se perd dans la nuit des temps. Mais il a suffi de peu de chose pour que, dans un village à demi fantôme, sa mémoire séculaire se dérouille. Il y a trente ans, cent ans, dix siècles, pour le vieillard dont les bras ne pouvaient plus soulever la cognée, c'était tout le village qui, une journée durant, empilait devant sa porte le bois pour tout un hiver; pour les enfants dont le père était mort, on récoltait olives ou châtaignes tant qu'ils ne pouvaient le faire d'eux-mêmes; pour un toit brûlé, le village entier partait en forêt tailler les poutres...

Aujourd'hui, c'est une famille qui revient et un homme qui va redonner vie à une maison... Et d'un seul coup se déclenchent les antiques réflexes qu'on pouvait croire à jamais perdus, et le geste de vie d'un seul redevient geste collectif.

Et le dimanche suivant, dès l'aube, ils sont là, ceux qui demeurent au village et aussi le mécanicien, l'avocat, l'employé à la voirie et les quelques autres qui en semaine travaillent à Bastia. Sur le sentier, quelques retardataires se pressent, une pelle ou un étai sur l'épaule. Le camion n'ayant pu décharger les matériaux au pied de la maison, on a « réquisitionné » les ânes, et Ghjuan Camellu a amené ses quatre mulets.

Le va-et-vient des bêtes martèle la rocaille et des rires, des appels et de vieux jurons longtemps oubliés traversent le bourdonnement de métal des grelots.

Un peu à l'écart, sur une table, Ange-Marie a disposé un jambon, des fromages et une bonbonne pansue.

La veille, il a retiré les coffrages et accroché une poulie à la fenêtre du premier étage. On hisse poutrelles et hourdis et, de la fenêtre, des mains se tendent, les saisissent, les tirent vers l'intérieur. Dans une pièce, le ferraillage est déjà fixé et il n'y a plus qu'à couler le béton. Sur un énorme tas de sable et de gravier a commencé le ballet des pelles qui tranchent les sacs de ciment, mélangent, emplissent des seaux que des mains emportent et qui s'envolent vers la poulie... La poulie qui s'affole et lance des roulades de merle effrayé. Ce soir, tout sera fini. Une fatigue heureuse coule son plomb dans les reins.

Tout là-haut, bien au-dessus du village, à la lisière des hêtres, il y a une chapelle bâtie en pierres de taille et dont les inscriptions énigmatiques gravées sur certaines d'entre elles témoignent qu'elles furent arrachées au temple de quelque religion perdue. On dit qu'à des siècles d'ici, en revenant de la montagne, des bergers ébahis l'avaient découverte un matin, là où la veille s'étalait encore l'or des genêts, construite en une nuit par les villageois. Aujourd'hui, on se prend à rêver que ce n'est peut-être pas une légende...

JEAN-CLAUDE ROGLIANO

Le pain à la farine de blé a remplacé celui fait avec la farine de châtaigne. Cette dernière entre cependant dans la composition de préparations encore très appréciées.

LES PYRÉNÉES

Quand on se déplace en haute montagne, à l'altitude où toute végétation a disparu et où, seul, le rocher règne, on rencontre quelquefois un assemblage de trois grosses pierres placé à un endroit où il peut être aperçu de loin. Il s'agit d'un « cairn » destiné à jalonner un itinéraire, à l'intention d'on ne sait quels mystérieux voyageurs. Le mot celtique désignant ce repère, comme le nombre invariable, et sans doute symbolique, à l'origine, des pierres dont il est constitué, s'accorde avec l'intemporalité qu'on respire à proximité des cimes et avec le caractère extra-terrestre du monde désert et nu qui s'étend autour de celles-ci.

Le cairn qu'on dépasse se trouve peut-être là depuis des siècles, résistant aux ouragans les plus forts et respecté presque religieusement par les montagnards, mais il se peut aussi qu'il ait été mis en place la veille par des contrebandiers soucieux de retrouver leur chemin, à leur retour. Il n'importe : se dressant, comme une espèce de fanal sans feu, au-dessus de l'immense étendue chaotique, creusée de gouffres, hérissée de blocs de pierre aigus, d'où toute vie semble absente, il rappelle l'existence de l'homme, là où la neige ne garde pas longtemps la trace de ses pas. Il serait cependant faux de ne voir dans cet homme sans visage qu'un être isolé, fugitif ou perdu, exposé aux éléments hostiles. Ici, l'homme peut sentir la vie affluer vers lui (c'est l'alpiniste que j'ai été qui parle) et se trouver relié plus encore au monde de ses semblables que quand il y était plongé.

Ce n'est pas seulement parce qu'il le domine dans sa plus grande étendue; c'est aussi parce que, de la position qu'il occupe, il a l'impression de le redécouvrir, de le laisser venir à soi, de le reposséder, en épousant mentalement cet infléchissement vertigineux qui se creuse à ses pieds, cette courbe qui, à travers le bleuté des lointains, ramène sous son regard le damier des champs, la terre fertile, les couleurs des saisons, ignorées à cette altitude, où il neige au mois d'août. Tout ici, sous l'apparente aridité, est promesse. L'eau froide et dure qui sort du glacier voisin et bondit sur la pente, c'est un gave futur; encore quelques cascades, quelques chutes où elle semblera se vaporiser, et elle va trouver son printemps, même si l'on est dans une autre saison : elle va naître à la nature, découvrir son destin de ruisseau, courir entre des rives herbues, charrier des feuilles mortes.

La grosse pierre grise, descellée par le dernier dégel, que votre pied fait rouler le long de la pente et qui, même si elle s'arrête pour le moment, descendra, à la faveur du ruissellement, lors de la fonte des neiges, jusqu'au pied du versant, va comme s'y éveiller au contact de la terre vivante, se couvrir de mousse, se colorer de lichens, abriter des insectes, leurs larves... On est ici à l'endroit où les éléments mêmes, encore dans leur pureté originelle, vont basculer dans la vie; l'air garde, à cette hauteur, comme un surcroît d'immatérialité, mais, ses courants s'infléchissant, à l'invite des pentes ou à l'appel des gouffres, en bas, bise ou brise, il va devenir haleine.

Je suis souvent resté immobile de longs moments dans la montagne, à cette altitude, me sentant à la fois hors du temps, hors du monde des hommes, et plus proche de l'histoire, plus proche de la

Ci-dessus : *Anes et mulets sur les chemins de la vallée d'Ossau, réminiscence du passé.*

Ci-contre : *Cascade dans la vallée boisée du Rioumajou, au sud de Saint-Lary, en Bigorre.*

Ci-dessous : *Élevage dans la verte vallée de Campan. Les granges y ont encore des pignons à redents.*

terre, des arbres, de la nature foisonnante, de la multitude de mes semblables qu'en nul autre endroit. Ici, la montagne garde son unité sur d'énormes distances; seule peut varier sensiblement, à mesure qu'on se déplace, la nature du rocher, mais guère sa couleur, et, conduits ici les yeux bandés, nous ne pourrions savoir si nous nous trouvons au-dessus du Pays basque ou en haute Cerdagne. Notre bandeau tombé, le ciel même ne nous renseignerait pas : un peu plus de nuées ici, là, un soleil plus vif, qu'on peut attribuer simplement aux sautes du temps. Il n'y a que la hauteur des sommets et surtout l'épaisseur de l'ombre qu'ils étendent alentour, bien au-delà de celle qu'en fait ils projettent, qui créent par endroits un climat moral particulier et parfois oppressant.

Mais il suffit de monter le plus haut possible pour y échapper. L'alpinisme a rendu populaire l'expression « vaincre la montagne ». Pourquoi ce langage héroïque? La montagne n'est pas vaincue, une fois qu'on l'a escaladée, et bien qu'elle se soit montrée dangereuse, au cours de l'ascension : là-haut, l'accord s'est établi. L'homme s'y sent affranchi du temps qui, ailleurs, l'emprisonne; il éprouve le sentiment d'avoir remonté à contre-courant un peu de l'histoire de la Terre, un peu de la Création.

La Création, sous sa forme la plus accomplie, la plus riante, on la trouve à mi-pente, là où, l'élan de la descente la faisant surgir tout d'un coup, à nos yeux, la montagne verdit soudain, barre ses horizons de sapins ou de hêtres, se vallonne, avec, de loin en loin, des fermes au-dessus desquelles un épervier ou quelquefois un gypaète tourne sans fin. On a toujours considéré — la littérature du passé en témoigne — que la paix, la douceur de vivre se sont réfugiées dans ces paysages bornés par les contreforts des monts, comme si, dans ces replis, la nature gagnait en intimité, se faisant plus proche de nous, plus distincte, de la même façon que, répercutés par les pentes, le bruit du ruisseau ou les chants des oiseaux s'y perçoivent mieux.

L'idée de don, de bénédiction, née de l'apparition des premières prairies succédant aux versants arides, hausse d'un ton, idéalise le vert des herbages, renforce l'ombre accueillante des mélèzes, met des trésors d'hospitalité dans la moindre cabane aux murs de pierres sèches et des trésors de sagesse dans la placidité des vaches qui paissent alentour, bref, fait de la moindre combe, du côté de Peyresourde ou du Couserans, une de ces vallées qui, dans la Bible, « s'entrouvrent sous l'Éternel ». Vue des plus subjectives, les habitants de ces lieux à la terre plutôt avare, aux rudes hivers, et alors d'une solitude à pleurer, vous le diront, avec cet accent d'en dessous de la Garonne qui met de la cordialité jusque dans les lamentations. En vérité, notre conception de la montagne est dominée par un profond besoin de miracle, par notre croyance indéracinable en un progrès constant des forces de la vie. Les plantes qui escaladent les pentes, l'œillet sauvage, les lychnis, les campanules, la gentiane bleue, nous apparaissent comme une victoire de la nature sur le roc, alors qu'elles n'en traduisent que l'ultime résistance et ne trouvent leur délicatesse que dans leur exténuation.

Cette image renforcée et même sublimée de la nature qu'offre la moyenne montagne, au pied des grands escarpements, et qui n'est pas seulement un effet du contraste, mais aussi une des conséquences des caractères physiques des lieux, est plus sensible dans les Pyrénées que dans les autres reliefs de France parce que cette chaîne, assez abrupte sur son versant nord, borne d'un coup une succession de paysages modérés. Avec son climat doux, ce ciel blanc qui rend ses étés à la fois étouffants et étrangement mélancoliques, avec sa fertilité, ses vergers, ses landes, où le pin apparaît désindividualisé par sa rectitude et la similitude à l'infini de ses voisins, avec ses champs de maïs et ses vignes qui quadrillent à perte de vue ses ondulations, la Gascogne prépare à merveille le choc de la montagne. Au travail patient du paysan traceur de sillons se substitue brutalement l'image de celui des Titans de la fable cosmogonique.

Mais, une fois encore, le prodige n'est pas seulement dans les cimes, dans l'amoncellement gigantesque des blocs rocheux soulevés par les plissements primitifs ; il est, un peu plus bas, dans cette nature semi-sauvage, plus verte, plus touffue que nulle part ailleurs, où l'homme n'est présent que par ses troupeaux, moutons ou bovins, comme s'il en était encore au stade pastoral et ne se permettait d'introduire dans le monde vierge que ceux de ses habitants originels qu'il est parvenu à domestiquer. Dans les régions d'élevage, l'homme, dont les fonctions sont pourtant, ici, dominatrices, semble toujours un peu effacé, « relégué ».

Parce qu'elle subit pendant des mois l'épreuve de la neige, revigorante, car on sait que beaucoup de semences gagnent à être longtemps soumises au froid, la végétation montagnarde apparaît entièrement neuve, à chaque printemps ; c'est mieux qu'une résurrection : un véritable début de la vie, comme encore sans aucun précédent dans le monde, des millions de fleurs des champs qui semblent inventées, comme dans Botticelli... Le prodige est aussi dans la profusion d'eaux vives qui n'appartient qu'aux Pyrénées. Ici, l'eau cesse d'être un élément soumis au jeu des lois de l'univers et englobé dans une masse indifférenciée, comme l'air. Elle a son propre mouvement, elle se fraie sur la terre un chemin bien à elle ; elle a, chaque fois, selon les obstacles qu'elle doit franchir ou contourner et qui la font bruire, une voix qui ne ressemble à celle d'aucun autre cours d'eau.

Elle possède des vertus particulières, qu'elle doit aux terres d'où elle sourd, par exemple, du côté de Luchon, aux vieux volcans enfouis qui la chargent des soufres de l'Enfer, devenus bénéfiques ; elle met un éclat mobile, un scintillement mystérieux, aperçu de loin, à travers les feuillages qui s'inclinent sur elle ; elle charrie des paillettes d'or (pas beaucoup, il est vrai), quand elle s'appelle l'Ariège, et qu'on peut encore la franchir à gué ; elle gronde et exerce une dangereuse fascination, au fond d'une faille étroite et profonde, quand elle commence à s'appeler l'Aude, et, à l'autre bout de la chaîne de montagnes, au Pays basque, où elle prend un nom de famille, celui de nive, elle bruit contre les culées d'un pont romain dont on se dit qu'il perdrait beaucoup à dominer une eau dormante.

Ci-dessus : Prés vallonnés et verdoyants de la basse Soule, au Pays basque.

Ci-contre : Vignobles à l'automne, dans le Fenouillèdes, au sud des Corbières.

Ci-dessous : La brèche de Roland (2 804 m), dans le cirque de Gavarnie, enneigée même l'été.

Les seules eaux dites dormantes qu'on trouve ici, ce sont les lacs, très nombreux et presque tous situés à une assez grande altitude. Mais, en fait, jamais eaux n'ont moins dormi ; les vents qui circulent autour des cimes toutes proches les rident, les animent, en dehors de la saison où le gel les fait s'effacer dans le paysage enneigé, et des mouvements plus secrets les parcourent jusque dans leurs profondeurs. Il en est un qu'on appelle la seiche et qui, par certaines journées d'été, fait baisser puis se surélever le niveau des lacs, sans cause apparente, peut-être seulement par l'effet des variations de la pression atmosphérique. Mais, au milieu de ces sites portant encore les marques de la Genèse, comment ne verrait-on pas dans de tels phénomènes les grands soupirs muets des éléments qui rythment encore le fragile repos de notre monde?

Plus bas, où s'ouvrent des cavernes profondes, des gouffres au fond desquels des rivières prolongent dans la nuit leur cours souvent encore inexploré, on perçoit quelquefois, sortant de ces cavités ou de ces abîmes, des souffles dont on ne peut deviner l'origine et où l'on croit, à certains endroits, reconnaître l'odeur de la mer, dont pourtant plusieurs dizaines de kilomètres nous séparent. C'est à croire que, dans ces montagnes, le processus de la formation de la Terre n'est pas tout à fait achevé et maintient une animation mystérieuse à l'intérieur du sol. Les géologues ne nous disent-ils pas, aujourd'hui, que la présence, ici et là, de granite sur les sommets atteste des révolutions récentes de la masse?

De son pied à sa cime, la montagne est vivante, mais, à chacun de ses différents étagements, elle ne vit pas le même temps ; entre l'éternité des sommets et les saisons du bas, s'établit une chronologie confuse où histoire et légende se mêlent et où le rêve trouve facilement à se nourrir. C'est surtout par les journées au ciel troublé, où les pics déchirent, comme les dents d'un métier à carder, la nuée venue de l'Atlantique ou, plus rarement, de la Méditerranée et où, d'un bout à l'autre de la chaîne, on voit courir de longues écharpes de nuages assombrissant les vallées, que reviennent à notre esprit les souvenirs que ces montagnes nous gardent, aussi vrais et en partie aussi imaginaires que la seiche des lacs, le souffle des gouffres, le langage des gaves ou la présence des ours bruns.

Voici Théodoric, le Wisigoth, Roland à Roncevaux, les cavaliers arabes d'Abdérame franchissant les cols, mais aussi la fée Urgande, dite « la déconnue », et d'abord Pyréné, la fille de Bébryx, roi d'Ibérie. Séduite par Héraclès — liberté merveilleuse de la fable ! — puis bannie, elle fut dévorée par les bêtes sauvages de ces montagnes auxquelles on a donné son nom. Cependant, oubliant un instant ce cortège d'ombres, nous continuerons à nous demander quel être humain, encore proche de nous ou entré lui aussi dans un passé où le temps n'a plus de mesure, a bien pu placer sur le rocher que nous apercevons là-bas ce cairn, ces trois pierres énigmatiques dans le vent des hauteurs.

PIERRE GASCAR

BAYONNE
Adour
Hastingues
Sorde-l'Abbaye
Puyoô-Bellocq-Ramous
Gave de Pau
Urt
Bardos
Mouguerre
Briscous
Bidache
Villefranque
Orthez
Maslacq
St-Jean-de-Luz
Ustaritz
Hasparren
Labastide-Clairence
Escos
Salies-de-Béarn
Bergouey
Sauveterre-de-Béarn
Lacq
Lagor
Artix
Urrugne
Hendaye
St-Pée-s.-Nivelle
Ascain
Cambo-les-Bains
St-Esteben
Luxe-Sumberraute
St-Palais
Montfort
Rivehaute
Mourenx
Pardies
Espelette
Louhossoa
Armendarits
Bugnein
Monein
Lescar
PAU
La Rhune
900
Sare
P A Y S
Dancharia
Collines
Iholdy
Domezain-Berraute
Navarrenx
Lons
Billère
Jurançon
Bizanos
Gelos
Soumoulou
Bidarray
B A S Q U E
Basques
Espès-Undurein
Lucq-de-Béarn
Gan
Bordes
TARBES
Aureilhan
Séméac
Cabanac
Nive
Larceveau-Arros-Cibits
Mauléon-Licharre
Chéraute
Estialescq
Lasseube
St-Étienne-de-Baïgorry
Ibarre
Barcus
OLORON-Ste-Marie
B É A R N
Bénéjacq
Ger
Laloubère
Bordes
Galan
Plateau de Lannemezan
Vallée des Aldudes
St-Jean-Pied-de-Port
Ordiarp
Saison
Roquiague
Agnos
Nay-Bourdettes
Pontacq
Soues
Tournay
Mendive
Ossun
Odos
B i g o r r e
532
Estérençuby
Hauskoa
1268
Menditte
Aramits
Rébénacq
Coarraze
Aldudes
Arnéguy
Aussurucq
Tardets-Sorholus
Asasp-Arros
Arudy
Lestelle-Bétharram
St-Pé-de-Bigorre
Montgaillard
Lannemezan
Lécussan
Montréjeau
Urepel
1478
Arette
Lourdes
Pouzac
Capvern
La Barthe-de-Neste
Pic des Escaliers
Escot
Bielle
Louvie-Juzon
Agos-Vidalos
BAGNÈRES-de-Bigorre
Gerde
Esparros
Larrau
Ste-Engrâce
2050
Pic du Moulle de Jaut
Arbéost
ARGELÈS-GAZOST
Campan
Ste-Marie-de-Campan
2021
Pic d'Orhy
Vallée d'Aspe
Bedous
Accous
Laruns
1708
Col d'Aubisque
Aucun
Gave de Pau
Pierrefitte-Nestalas
2872
Pic du Midi de Bigorre
Col d'Aspin
1489
Aspin-Aure
Sarrancolin
1849
2504
Pic d'Anie
Les Eaux Chaudes
Gourette
Cette-Aygun
Etsaut
Arrens
Marsous
Estaing
Pic de Ger
2612
Soum du Moun Né
2724
Cauterets
La Mongie
Col du Tourmalet
2115
Arreau
Bordères-Louron
Gabas
Urdos
Barèges
Luz-St-Sauveur
2884
Pic du Midi d'Ossau
3146
Pic de Balaïtous
Pont d'Espagne
MASSIF DE NÉOUVIELLE
3091
St-Lary-Soulan
Vielle-Aure
Col du Somport
1631
Col du Pourtalet
1794
Gèdre
Pic Long
3192
Fabian
Aragnouet
Neste d'Aure
Col de Peyresourde
1569
3298
Pic de Vignemale
Gavarnie
Cirque de Gavarnie

CARCASSONNE
NARBONNE
Mgne d'Alaric
600
Martres-Tolosane
Cazères
Garonne
Boussens
Petites Pyrénées
631
St-Martory
Montsaunès
Salies-du-Salat
Fabas
Ste-Croix-Volestre
Les Bordes-s.-Arize
Pailhès
PAMIERS
Latour-du-Crieu
Mirepoix
Montesquieu-Avantès
Le Mas-d'Azil
Plantaurel
Verniolle
La Bastide-de-Bousignac
Moulin-Neuf
LIMOUX
Rouffiac-d'Aude
Pradelles-en-Val
Fabrezan
Ferrals-les-Corbières
St-André-de-Roquelongue
Lagrasse
St-Hilaire
Greffeil
St-Laurent-de-la-Cabrerisse
CORBIÈRES
Étg de Bages et de Sigean
Étang de l'Ayrolle
Gruissan
Portel
Sigean
Port-la-Nouvelle
Lapalme
Étg de Lapalme
Caumont
Aspet
Prat-et-Bonrepos
St-Lizier
ST-GIRONS
Arbas
Rimont
Cadarcel
La Bastide-de-Sérou
St-Jean-de-Verges
Varilhes
Ventenac
FOIX
La Bézole
St-Benoit
Magrie
Missègre
Bouisse
Alet-les-Bains
Termes
Villerouge-Termenès
Durban-Corbières
Mouthoumet
Chalabre
Ste-Colombe-s.-l'Hers
l'Herm
Antugnac
Arques
Couiza
Fourtou
Auriac
Leucate
1069
Portet-d'Aspet
Col de Portet d'Aspet
Moulis
Castillon-en-Couserans
Rivèrenert
Burret
Massif de l'Arize
Montgaillard
Lavelanet
Puivert
Espéraza
Fenouillèdes
942
Mt Tauch
708
Mgne de Périllou
Tuchan
Étang de Leucate ou de Salses
St-Lary
Soulan
Biert
Col de Port
1249
1716
St-Paul-de-Jarrat
Villeneuve-d'Olmes
Belesta
Nébias
Bugarach
1230
Soulatgé
Padern
Vingrau
Couserans
Sentenac-d'Oust
Oust
Massat
Saurat
Montségur
Belvis
Quillan
St-Just-et-le-Bézu
Pic de Bugarach
Sentein
Seix
Ustou
Aulus-les-Bains
2199
Pic des Trois Seigneurs
Tarascon-s.-Ariège
Pic de St-Barthélemy
2348
Belcaire
Espezel
Axat
Caudiès-de-Fenouillèdes
St-Paul-de-Fenouillet
Salses
Le Barcarès
Pic de Maubermé
2880
Pic de l'Homme
2722
Mt Valier
2838
Bielle
Vicdessos
Couflens
Salau
Guzet-Neige
Capoulet-et-Junac
Les Cabannes
Pic de Soularac
2368
Prades
Campagna-de-Sault
Maury
Rivesaltes
Latour-de-France
Estagel
St-Laurent-de-la-Salanque
Baixas
Sournia
PERPIGNAN
Luzenac
Caussou
Ascou
Mijanès
Escouloubre
Marc
2476
Pic d'Endron
Mt Rouch
2858
3078
Pic de Montcalm
Ax-les-Thermes
Orgeix
Capcir
Quérigut
Col de Jau
1513
Mosset
Millas
Ille-s.-Têt
Toulouges
Canet
Cabestany
Étg de Canet et de St-Nazaire
Pic d'Estats
3145
Pic de Siguer
2405
Pic de Serrère
2912
Mérens-les-Vals
2810
Pic Péric
2469
Madrès
Molitg-les-Bains
PRADES
Têt
ROUSSILLON
Vinça
Thuir
Bages
Castelnou
Trouillas
Elne
L'Hospitalet-près-l'Andorre
Formiguères
Villefranche-de-Conflent
Conflent
Pic Carlit
2921
Les Angles
Col de Puymorens
1915
Port d'Envalira
2409
Font-Romeu-Odeillo-Via
Mont-Louis
Olette
Vernet-les-Bains
les Aspres
Le Boulou
St-André
Argelès-s.-Mer
Collioure
Port-Vendres
Banyuls-s.-Mer
1577
Col de la Perche
Fontpédrouse
Py
2784
Pic du Canigou
Amélie-les-Bains
CÉRET
Albères
Tech
Llivia
Saillagouse-Llo
Corsavy
Arles-s.-Tech
Le Perthus
Col du Perthus
Pic Neulos
1256
Cerbère
Cap Cerbère
Vallespir
Bourg-Madame
2910
Puigmal d'Err
La Preste
Prats-de-Mollo-La Preste
Col d'Ares
1513

LES CHEMINS DE LA MONTAGNE BASQUE

Il a écrit sur sa belle demeure : «Gauen gostuz». Je traduis de manière imagée : «Gagné à la sueur de la nuit». Il parle très mal le français, doit comprendre l'espagnol mais ne le parle pas ; sa langue usuelle est le basque. Ce contrebandier est malin comme un renard, il affiche son état, il a été surveillé par des légions de douaniers, rarement pris sur le fait, et toujours pour des broutilles. Dans ce pays de montagne où les grands sommets n'existent pas (le pic d'Anie, bien qu'il soit un haut lieu révéré par les Basques, est en territoire béarnais), mais où l'on se perd facilement en raison de la complexité du relief, fort peu d'étrangers voyageaient autrefois — on nomme évidemment étranger celui qui ne comprend pas l'eskuara (ou euskera), la langue du pays.

Aujourd'hui encore, peu de gens connaissent bien les hautes terres basques. Il y a ceux qui arrêtent les Pyrénées au pic du Midi d'Ossau et imaginent qu'à l'ouest règne une montagne basse, débonnaire, dégringolant petit à petit vers l'Océan, Larroun (la Rhune) formant son dernier relief, doublé par l'étrave du Jaizkibel. Il y a ceux aussi qui, fréquentant la côte basque et les nostalgies du Biarritz du Second Empire, où se retrouvaient les grands des cours européennes, oublient qu'il existe dans l'arrière-pays une montagne et des hommes. Cette époque impériale a lancé en même temps que la côte basque la mode des eaux thermales en Pyrénées centrales — mode qui a créé entre Biarritz et Luchon un grand vide, un no man's land où vivaient Basques, ours et autres Pyrénéens.

Dernier avatar : le Pays basque fut remis à la mode vers 1920-1930, époque où toutes les étrangetés étaient prisées ; on amalgama alors des réalités très anciennes, comme la langue, bien antérieure aux langues dérivées du latin, et des phénomènes plus récents, voire artificiels, comme le fandango ou l'architecture néo-basque. Ces diverses raisons ont fait que le Pays basque est souvent connu de manière superficielle et que la montagne basque est en général ignorée. Le réseau de routes et de pistes ouvert ces dix dernières années n'arrange pas les choses, car c'est une incitation pour les

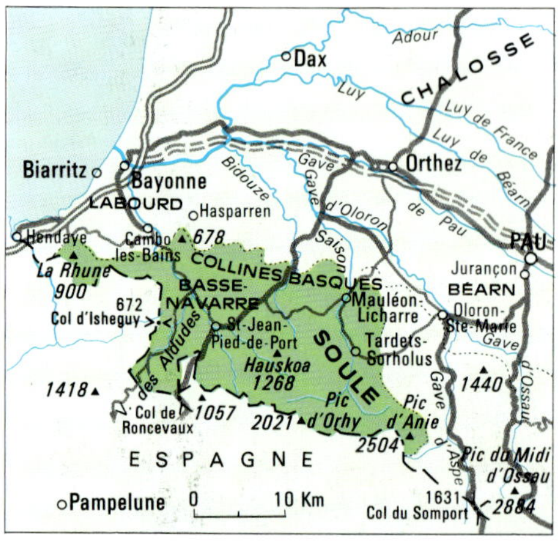

En haute Soule. Pour transporter le foin, on utilise encore des corbeilles confectionnées avec les tiges de bois souples du noisetier.

gens pressés à passer rapidement, à ne voir que des paysages et à oublier hommes, animaux sauvages et monde végétal.

Qui sait situer Otxogorri, le massif des Arbailles, le haut Esterenguibel, Uhaitxar (écrit de manière absurde Éhujarré sur les cartes) ? Qui connaît les vieux sentiers de la transhumance ? Comment donner une idée de ce pays en s'arrêtant à la frontière, alors que la frontière n'existe pas pour les autochtones, ou bien existe trop, entrave intolérable au libre parcours ? Il y a toujours manière de tourner une difficulté. Les mauvaises langues prétendent que les gens de Sainte-Engrâce envoient leurs bêtes vers le port d'Ourdayté pour qu'elles soient saillies par les taureaux « navarrais » et non par le biais officiel de l'insémination artificielle !

Pour connaître cette montagne, il suffit pourtant de peu de chose : aimer la marche, posséder une bonne carte, ne pas avoir peur du mauvais temps. La montagne basque paraît débonnaire vue de loin ; c'est une illusion trompeuse. Les gens de Larrau conservent dans leur mémoire ces manœuvres printanières de l'armée espagnole se transformant en déroute. Il y eut de nombreux morts parmi les soldats perdus dans la tempête au pied du pic d'Orhy, du côté du col d'Erroïmendi, en des lieux qui, par beau temps, semblent idylliques.

La connaissance de ces hautes terres — où se côtoient étendues pastorales immenses, gouffres et cañons (Kakouetta, Holçarté, etc.), éboulis, cimes et pics, villages riants, gaves roulant des eaux laiteuses à la débâcle, nives traversant le pays du grès rose — doit beaucoup à quelques chercheurs souvent étrangers au pays. José Miguel de Barandiaran, prêtre préhistorien et ethnographe réfugié sur le versant nord à la suite de la guerre d'Espagne, a recueilli une masse considérable de faits. Son apport à la connaissance de la mythologie reste décisif. Pour la préhistoire et la protohistoire, il faut souligner les études de Saint-Périer (fouilles d'Isturitz et d'Oxocelhaya, de l'abri d'Olha, à Cambo), de Pierre Boucher (sur la haute Soule, et particulièrement le massif des Arbailles, haut lieu des montagnes basques), de Georges Laplace, de Jacques Blot sur les cromlechs, dolmens et menhirs.

En ce qui concerne l'histoire naturelle, les choses sont un peu différentes. Jusqu'à une date récente, les Pyrénées basques étaient surtout

Dans le massif des Arbailles, un cayolar près d'Ahusquy. La vie pastorale n'a pas déserté ces hauteurs d'estive où paissent les brebis de race manech à la longue toison.

connues par quelques spécialistes de certains groupes de végétaux ou d'animaux. Ainsi, nombre de collecteurs de plantes rares ou de carabes venaient piller des sites célèbres par leur richesse. Cette manie de la collection fit beaucoup de ravages dans le véritable conservatoire biologique qu'est cette région. Elle le demeure encore à plusieurs niveaux. D'abord, par certaines espèces végétales — je pense à une grande soldanelle et à quelques fougères présentes dans le fond des ravins ou sur le tronc des arbres moussus et que l'on retrouve dans les forêts tropicales africaines ou sud-américaines. Ensuite, par certaines communautés animales. On trouve ainsi des vestiges de ce qui fut un peuplement végétal dit laurifolié, montrant beaucoup d'arbousier en arbre. Ce type de végétation, très répandu en Europe à la fin de l'ère tertiaire, existe encore, par exemple aux îles Canaries ; il peut être bien observé dans la vallée des Nives, entre Urepel

LES MEILLEURS BERGERS DU MONDE

Les Basques ont surtout gagné cette réputation en Amérique du Nord, où l'émigration de leurs bergers fut très forte au XIXe siècle et au début du XXe. Ils y ont plus d'une fois fait souche. Aujourd'hui, on cite volontiers à titre d'exemple Paul Laxalt, gouverneur du Nevada et très proche collaborateur du président des États-Unis, dont le père naquit à Saint-Étienne-de-Baïgorry. Beaucoup passent quelques années là-bas, font fortune et reviennent au pays ; on les y appelle *amerikanoak* (les Américains). A quoi tient cette réputation d'excellence professionnelle ? Au fait de pouvoir supporter très longtemps la solitude des pâturages, à l'amour des animaux domestiques ?

Les Basques seront sûrement les derniers bergers pyrénéens à faire du fromage et à transmettre secrets et coups de main à leurs descendants. On pourra, au début de l'été, assister à la fabrication du fromage dans les cabanes. Mais on ne pourra voir, hélas, utiliser les anciens instruments en bois : moule, éclisse, *kaiku* (vase à traire) ; ils ont été remplacés par des éléments de même forme, mais en métal. Voici « une opération d'amassage et de tassage du caillé en un bloc, par des mouvements circulaires rappelant ceux du potier. Ces mouvements d'une grande délicatesse doivent éviter l'effritement du caillé, la formation de plis et de cavités. La chaleur de la main semble jouer un rôle certain dans la réussite de cette opération manuelle de modelage » (J.-M. Pétotéguy). La phase d'expulsion du petit lait encore emprisonné dans la pâte exige une grande habitude. Il faut ensuite saler le fromage et le retourner périodiquement afin de faciliter le séchage. Chaque berger a sa manière de faire, et tous les fromages sont différents. Ceci est bien entendu un défaut grave dès qu'il s'agit de commercialisation. Mais dans ce système artisanal d'une autre époque, l'important était ailleurs.

Dans les cabanes, particulièrement en haute Soule, le travail est différent chaque jour. Il y a six jours de travail et un jour de repos nommé *Hor-üzkia,* c'est-à-dire cul de chien ! Le responsable est *Etxekandere* (soit : maîtresse de maison) : il fabrique le fromage. *Neskato* (servante) aide à faire le fromage. *Axurzain* garde les agneaux. *Antxuzain* garde les moutons et les brebis non laitières. *Artzain muthil* (valet du berger) aide à la garde d'ensemble du troupeau et au ramassage des bêtes en fin de journée, puis procède à la traite. *Artzain nausi* (maître du troupeau) est le responsable de la traite. On notera le caractère extrêmement démocratique de la rotation de la répartition des tâches, et l'on comprend que l'on utilisait très souvent dans le passé l'expression de démocraties pastorales à propos de la vie et du travail dans ces montagnes.

Pâturages de la vallée des Aldudes. De Saint-Étienne-de-Baïgorry à Urepel, en Pays Quint, cette haute vallée basque est un territoire espagnol : il a été donné en bail perpétuel à ses habitants, qui ont le statut de ressortissants français à l'étranger.

et Bidarray. C'est ici aussi que la communauté des grands rapaces pyrénéens est le plus vivante. Toute cette richesse biologique est néanmoins résiduelle, car l'actuelle intervention de l'homme est sans commune mesure avec celle des agriculteurs-éleveurs des temps anciens.

Il est difficile de séparer, comme on le fait parfois, les aspects biologique et ethnographique dans les montagnes basques. Ici plus que partout ailleurs dans les Pyrénées, sans doute, tout est lié, et si l'on essaie de comprendre les paysages ou les rythmes de vie animaux, ou encore la présence ou l'absence de tel ou tel animal ou végétal, on s'expose à rassembler des explications qui n'en sont pas. Voici quelques jalons qui permettront au voyageur de mieux « lire » ce qu'il voit au fil des chemins. Il y a certes un mode de vie agro-pastoral, qui a beaucoup changé dans les vingt dernières années, en particulier à cause de nouveaux moyens techniques (mécanisation, engrais, etc.); mais l'esprit qui anime paysans et bergers demeure identique. Certains animaux ont profité de l'action de l'homme, spécialement les grands rapaces charognards; d'autres, comme l'ours, ont presque disparu. C'est une loi générale : l'homme élimine ce qui le gêne, tolère ce qui lui est utile. Mais il ne peut tout contrôler : les pullulations de renards ou de sangliers par exemple.

Les Basques, comme les autres Pyrénéens, n'aiment pas beaucoup les arbres. L'arbre est un matériau ou un combustible, rarement une richesse utilisée autrement. Les parties dénudées de nos montagnes peuvent étonner certains voyageurs. J'ai conduit il y a quelques années en haute Soule des anthropologues japonais réalisant un film sur cette région. Pourquoi les Japonais s'intéressent-ils aux Basques, à leur ethnographie et à leur langue? C'est qu'ils ont, eux aussi, leurs Basques : ce sont les Aïnous, peuple de langue particulière, représentant une couche de peuplement très ancienne de certaines îles nippones. Comparer l'isolat basque et l'isolat aïnou est un des thèmes de recherche mis en œuvre dans ce pays lointain. Pour mes hôtes japonais, voir des sommets dénudés fut à la fois anormal et blasphématoire. Chez eux, en effet, les sommets boisés des collines sont le lieu de résidence des dieux et des esprits; il est donc nécessaire de préserver les arbres. Les bergers basques ont dû leur paraître bien impies! L'autre raison, plus « écologique », c'est que la forêt est le meilleur moyen de fixer les pentes et de lutter contre l'érosion. Mais pour les bergers, l'arbre est un ennemi dans la mesure où il peut recoloniser les pâturages. Le berger sait que les broussailles sont un stade préparatoire à la venue de la forêt. C'est pourquoi chaque année, au printemps, mais aussi à l'automne, de grands feux sont allumés par beau temps. Cette pratique est assez catastrophique, car elle favorise l'érosion; elle est, de plus, peu efficace, les ajoncs étant très résistants à l'action du feu. Mettre le feu est plutôt un rite, venu du fond des âges.

A côté de ce mode de vie agro-pastoral, il y a toujours eu une exploitation de la forêt par le pouvoir central et une autre par les mines. Les beaux fûts de sapin étaient destinés à la marine royale, et l'on note, dans les Pyrénées, beaucoup de « chemins de la Mâture » taillés dans le roc et permettant l'évacuation de ces fûts, ensuite transportés par flottage. A une époque plus récente, les arbres de la forêt d'Irati furent utilisés comme bois d'œuvre. Il n'y a jamais eu, en tout cas, de véritable prise en charge de la forêt par les communautés basques (ou

Les foins en haute Soule. Les traîneaux sont parfois utilisés dans les prés de fauche pentus. Le foin est ensuite facilement engrangé dans le fenil au rez-de-chaussée de la ferme.

pyrénéennes), et l'histoire regorge de frondes populaires contre les centralismes successifs qui se traduisirent par des cravatages ou abattages d'arbres.

Ce furent presque toujours des spécialistes allemands qui se chargèrent de l'exploitation des mines. La tradition — et des textes anciens — situe des mines d'or romaines au pied du Corramendi, en amont de la vallée du Laxia, à Itxassou. Des indices aurifères y ont été effectivement retrouvés il y a quelques décennies. Le traitement du minerai exigeait d'énormes quantités de bois.

Ces deux types d'exploitation de la montagne ont été constamment juxtaposés. L'important pour notre propos est que la montagne basque ait été régulièrement fréquentée par des gens y exerçant leur métier et très peu parcourue par des « promeneurs ».

C'est à coup sûr l'utilisation pastorale de la montagne qui constitue l'originalité des pays basques, parce qu'elle repose sur un travail communautaire. Les pâturages sont indivis, l'ensemble appartenant aux divers villages qui constituent la communauté valléenne. L'unité d'exploitation est la cabane, ou *cayolar*. Un certain nombre de maisons (c'est-à-dire de bergers) sont propriétaires de parts dans le *cayolar*. En gros, chaque part correspond au *txotx,* soit soixante ovins. Un *cayolar* peut donc regrouper plusieurs centaines de brebis. Les tâches sont diverses : maniement et surveillance du troupeau, traite du lait, confection des fromages. Le système repose sur la répartition et la rotation de ces tâches, chaque berger ayant chaque jour de la semaine une activité différente ; tel qu'il a été pratiqué pendant des siècles, il ne survit actuellement qu'à l'état de vestige. Et ceci pour deux raisons. La première, c'est qu'en beaucoup d'estives les brebis montent taries. Une nourriture riche modifie en effet le cycle sexuel des bêtes et avance la mise bas. Ceci vaut pour les montagnes les plus élevées, non pour les moyennes altitudes telles les Arbailles, où les troupeaux montent le 1er mai. La seconde raison est que presque toutes les cabanes sont désormais desservies par des routes ou des pistes. Comme il y a moins de travail qu'autrefois — puisqu'on fait très peu de fromage dans les *cayolars,* ou pas du tout —, il y a moins de bergers, et les tours de rôle s'espacent. Un berger peut même redescendre au piémont pour faire les foins et remonter le soir. S'il existe presque autant d'ovins qu'avant, la présence humaine est beaucoup plus restreinte. Dans des grands pâturages comme ceux du revers du pic Errozaté, en été, on trouve paradoxalement bien plus de « touristes » que de bergers !

Une autre originalité de la montagne basque, moins pacifique celle-là,

LA PIERRE-SAINT-MARTIN

Les gouffres de la Pierre-Saint-Martin s'ouvrent dans un des sites karstiques les plus remarquables d'Europe. On désigne sous le nom de karst des massifs calcaires caractérisés par leur porosité : l'absorption de l'eau en profondeur entraîne la formation de gouffres, de résurgences et de tout un réseau hydrographique souterrain. Culminant au pic d'Anie (2 507 m), le karst de la Pierre-Saint-Martin se trouve au point de rencontre de trois régions distinctes : la Navarre, le Béarn et la haute Soule. Au pied du massif s'étend la partie boisée — le braca —, plantée de hêtres, de sapins et de pins à crochets, souvent noyés dans un épais brouillard. Puis, progressivement, la forêt fait place à la roche nue qui, au sommet, règne sans partage sur les « arres », du basque *harria*, qui signifie « la pierre ». On y lit clairement l'action abrasive des glaciers et, dans les fines ciselures du sol, celle de l'érosion chimique due à l'eau de fonte des neiges, riche en gaz carbonique.

Quant au gouffre de la Pierre-Saint-Martin, l'un des plus profonds du monde puisqu'il atteint – 1 332 mètres, c'est un ensemble très complexe, découvert en 1950 et étudié depuis par des spéléologues de toutes nationalités. Le « clou » de ce vaste réseau souterrain — auquel on accède par une série de puits verticaux d'une exceptionnelle profondeur, le puits Lépineux, qui s'ouvre non loin de la vieille borne frontière dite la Pierre-Saint-Martin, détenant le record du monde avec 334 mètres —, c'est la salle de la Verna, longue de 230 mètres, large de 180 mètres, sur une hauteur de 150 mètres, que l'on envisage aujourd'hui de relier par un petit chemin de fer au cañon de Sainte-Engrâce. En attendant ces hypothétiques aménagements touristiques, une descente dans l'un des gouffres de la Pierre-Saint-Martin suppose une maîtrise de la technique spéléologique et un matériel spécifique qui devraient en éloigner les promeneurs, même les plus sportifs.

Lapiaz dans le massif d'Anie.

SAINTE-ENGRÂCE

1

2

3

4

1. L'église romane, jadis sur le chemin de Saint-Jacques-de-Compostelle.
2. Les traditionnels traîneaux à foin, tirés par des bœufs.
3. Stèles discoïdales du cimetière.
4. La foire aux chevaux, vendus pour la selle ou pour la boucherie.

La haute Soule est dominée par les massifs d'Irati, des Arbailles et de la Pierre-Saint-Martin, dont le relief accidenté et la couverture végétale très dense à basse altitude — parfois même d'une luxuriance presque tropicale — forment un obstacle difficile à franchir, dans la mesure où elle n'est pas traversée par des routes forestières, d'ailleurs sujettes à controverse. C'est l'une des régions les plus enclavées, les plus retirées et les plus pittoresques de la montagne basque : jusqu'à une époque récente, on y rencontrait des ours bruns, certes en petit nombre, mais assez hardis pour susciter l'inquiétude et la colère des bergers.

Entourée de montagnes boisées, profondément entaillées par des gorges dont les plus remarquables sont sans doute celles de Kakouetta, Sainte-Engrâce présente toutes les caractéristiques du village souletin. L'habitat y est dispersé au sein d'un vaste terroir, autour d'un noyau principal : le bourg, défini par la présence de l'église — celle de Sainte-Engrâce, bâtie au XIe siècle, était jadis un relais pour les pèlerins de Compostelle —, du cimetière, de la mairie et du fronton. Marqué par l'activité pastorale, qui durant des siècles (et si l'on excepte la contrebande...) constitua la principale activité de ses habitants, le village est relié aux estives par de vieilles pistes de transhumance, encore empruntées aujourd'hui par les bergers. En revanche, on n'utilise plus guère les traîneaux, les paniers à foin, les corbeilles à fumier ou les chars rustiques aux roues basses. Aujourd'hui, les villages de la montagne ne peuvent plus faire face à la concurrence des riches terres du piémont basque ou béarnais ; si la tradition, l'attachement au terroir demeurent très forts, le pastoralisme est en déclin. Oubliés par les pouvoirs publics, envahis en saison par les touristes en quête de pittoresque basque, et abandonnés le reste du temps à leur marasme économique, ces villages sont peut-être aujourd'hui plus isolés qu'ils ne l'étaient avant l'ouverture des routes supposées les « désenclaver ».

La montagne basque, près du col d'Orgambideska. Le climat océanique favorise une végétation luxuriante qui présente nombre de landes à fougères : celles-ci sont encore utilisées pour la litière des bêtes.

peut s'observer à l'automne lors du passage des palombes migratrices. Les cols basques sont situés sur un des grands itinéraires européens de migration vers l'Afrique. Pour accroître leurs revenus, les syndicats de vallée (assemblées gestionnaires des terres indivises) louent des cols à des chasseurs fortunés (voire très fortunés, certains cols se louant plusieurs dizaines de milliers de francs). Cette pratique a quelque peu troublé la paix de la montagne et la sérénité des villages. Il faut assister au « spectacle » automnal, lorsque passent les migrateurs. De part et d'autre du col d'Erroïmendi et du port de Larrau, sur plusieurs kilomètres de crête, c'est un tir nourri jaillissant de centaines de fusils. Il est quasiment impossible de se promener à ce moment-là sans se faire injurier, voire expulser. Ce n'est pas tant le prélèvement de migrateurs qui est en cause (il est en fait peu important) que l'accaparement de la montagne par une minorité. Les autochtones le supportent très mal et réagissent de diverses manières. La commune de Larrau, qui héberge l'essentiel des terres indivises, souhaite ainsi récupérer « ses » terres, estimant que l'usage qu'en fait le syndicat de Soule n'est pas conforme à ses intérêts. La guerre cynégétique se double donc d'une guerre juridique. Je puis vous le dire : l'automne est toujours très chaud au-dessus de Larrau ! Où est donc le temps révolu de la paix des « démocraties » pastorales sur lesquelles ont disserté tant d'historiens ?

Dès que les troupeaux ont quitté la montagne, dès que les chasseurs sont partis, s'ouvre un domaine immense où l'on peut errer des journées entières sans voir personne. La tradition veut que les *cayolars* restent toujours ouverts et qu'il y ait toujours un peu de bois sec prêt pour réchauffer le voyageur hivernal. Mais le vandalisme consécutif à l'ouverture des routes et des pistes dans la montagne a fait que la plupart des cabanes sont désormais fermées. Seules restent ouvertes les moins accessibles. Leur hospitalité est d'autant plus chaude. Je songe à cette cabane au-dessus de l'abîme des cañons que nous atteignîmes un jour au retour d'une grande balade dans les hautes terres. Toit de bardeaux, source à proximité, batflanc accueillant, niches dans les murs. Et surtout le foyer : le plus simple qui soit, avec trois cailloux supportant la marmite. Les montagnes basques sont probablement une des dernières terres d'Europe où l'on sent en permanence à la fois l'univers sauvage de la vie et la trace de l'homme, non de l'homme meurtrier, mais de celui qui peine et vit du sel de la terre. Ce jour-là, nous vîmes aigle royal, vautour fauve, gypaète, et de nombreuses traces de sanglier.

Il reste encore par ici, surtout à Sainte-Engrâce ou à Esterençuby, quelques agiles braconniers connaissant la montagne mieux que quiconque. On m'a raconté à Larrau que les piégeurs allaient autrefois (à pied, bien entendu) jusqu'au plus profond d'Irati pour traquer la martre. L'un de ces animaux, de grande taille, étant resté coincé dans les hautes branches d'un sapin, deux hommes revinrent au village chercher une cognée, puis

Chasse à la palombe. Un rabatteur, perché sur sa tourelle-observatoire, lance de faux éperviers en bois pour attirer les palombes migratrices.

repartirent là-bas (huit heures de marche!), abattirent l'arbre et revinrent avec la peau de la martre. Qui ferait cela aujourd'hui ? Les anciens étaient de grands marcheurs; ils n'hésitaient pas à cheminer très longtemps pour assister à des marchés ou à des foires réputées, par plaisir. Le soir, ils remontaient dans la neige, vers le village puis leur maison.

Il faut imaginer ces longues marches pour mieux réaliser l'isolement dans lequel ils se trouvaient. Il faut aussi se rendre compte que trois générations et des commensaux vivaient sous un même toit pour comprendre la taille des maisons. Cela devait supposer des tensions psychologiques énormes, malgré l'autorité d'*etxekojauna*, le maître de maison. Cela permettait aussi naturellement la transmission par les grands-parents aux enfants de toutes les subtilités de la vieille langue. Si celle-ci recule même au creux des montagnes, c'est en partie en raison de l'éclatement des familles, lié aux nombreuses contraintes de la vie moderne.

On peut marcher très longtemps en silence à travers ces hautes terres, on peut aussi y vivre au rythme des troupeaux et deviser avec les bergers. Et interroger ces hommes rudes sur les noms de lieux. On réalisera que le moindre recoin de montagne porte un nom, ce qui correspond bien sûr à un système de repérage, au même titre que les marques portées parfois sur les arbres ou les rochers et permettant de se retrouver en cas de brouillard. J'aime bien cheminer dans la toponymie basque, surtout celle liée à la vie sauvage; elle évoque directement les croyances ancestrales et la mythologie. La toponymie la plus riche se découvre dans les plus hautes montagnes : haute Soule et haut pays de Cize. Le dialecte souletin est en effet celui qui, logiquement, renferme le vocabulaire lié à la montagne le plus étendu. C'est là que l'on peut faire des recherches toponymiques approfondies, sans aller jusqu'à écrire comme Menendez Pidal et B. E. Lasa que le protobasque fut parlé dans les cavernes basques au paléolithique. Il est curieux de noter que les mots les plus courts — une syllabe souvent — apparaissent comme étant les plus anciens; ils désignent des animaux, des végétaux ou des choses simples : eau (*ur*), froid (*hotz*), feu (*su*), ours (*artz*), loup (*otxo*)... Certaines phrases composées avec de tels mots surdéclinés offrent en peu de lettres un contenu très important.

Au pied d'Otxogorrigagné — la « montagne du Loup Rouge » — s'ouvre un pays de cañons et de forêts difficile à parcourir. C'est un pays dont les grottes sont habitées par des lutins, les fameux petits *laminak* de la mythologie basque, qui constituent comme l'aréopage lilliputien et souterrain des *Basa Jaunak*, ou hommes des bois. J'ai rencontré nombre de gens de la montagne — toujours d'un certain âge — qui croient absolument à ces êtres et qui disent les avoir vus ou entendus. Prétendez donc qu'ils n'existent pas, vous passerez pour nier l'évidence! Dans ces coins reculés, les êtres maléfiques sont partout, et il faut prendre de multiples précautions avant d'entreprendre un acte important, car autrement il pourrait arriver malheur au bétail ou à une personne de la maison.

CLAUDE DENDALETCHE

HAUT BÉARN : UNE NATURE EN PÉRIL

Le Béarn montagnard est composé de trois vallées fort différentes : Barétous, qui s'ouvre sur la région frontière de La Pierre-Saint-Martin et la vallée navarraise de Roncal; Aspe, avec son ancienne capitale Accous, séparée de Jaca l'Aragonaise par le *Summus portus* (Somport), et Ossau. Certaines parties de ces montagnes sont très fréquentées : Ansabère et le cirque de Lescun, le massif de l'Ossau, avec Aneü et Bious-Artigues. D'autres sont délaissées par la grande foule. C'est là que l'on découvrira le cœur de ces hautes terres.

Pour comprendre les paysages de la haute et de la moyenne montagne, il faut remonter aux temps glaciaires. La haute plaine du Soussoueou (quel nom curieux à la phonétique si peu pyrénéenne!) résulte du comblement alluvial d'un ancien lac glaciaire. La tourbière piquetée de bouleaux et de pins à crochets de Bious-Artigues représente un type de paysage que l'on trouve actuellement en beaucoup plus ample en Norvège. Nombre de paysages, ainsi que la faune et la flore inféodées, sont de véritables reliques. Que l'on regarde la moindre roche et on la verra bourrée de fossiles. D'immenses étendues calcaires des montagnes béarnaises formaient, aux temps de l'ère secondaire, des récifs coralliens de mers chaudes équivalentes à celles que l'on rencontre au-

LESCUN ET AYDIUS, VILLAGES DE MONTAGNE

Villages aspois qui s'ignorent. L'un, adossé à une soulane, face à un des cirques de montagne les plus prestigieux des Pyrénées, est devenu l'objet de toutes les convoitises des aménageurs. Il y a pourtant peu de constructions étrangères à l'activité agro-pastorale à Lescun, et le camping y était interdit jusqu'à ces dernières années. Volonté de préserver un site, une manière de vivre et de travailler? Certains projets d'aménagement touristique récents risquent de rendre caduque cette question. Autour du village aux ardoises, voici, bien ordonnées, les auréoles agraires, forestières et pastorales, taillées dans le bocage de frênes puis dans la hêtraie-sapinière. Un grand mouvement saisonnier d'avancée et de recul des troupeaux envahit les granges. Tandis que les troupeaux gagnent l'estive, on entasse le foin pour le retour. Le rythme des troupeaux a modelé le paysage, comme il continue de fixer l'activité des hommes.

Aydius, tout au fond de sa vallée, est un village bien plus secret, plus petit, où la proportion des autochtones parmi les habitants est extrêmement réduite. Les résidences secondaires et les marginaux le rapprochent davantage de certains villages ariégeois. Aydius, c'est le village des chèvres aux rues pentues, porte de montagnes encore sauvages peuplées par la grande faune.

Les terroirs de Lescun et d'Aydius sont de plus en plus quadrillés par des pistes d'évacuation forestière. Ces communes empruntent beaucoup d'argent pour construire des pistes rendant la forêt exploitable, et le bénéfice réel est faible. On peut se demander si l'engouement un peu irréfléchi de certains édiles pour la construction de routes ne leur fait pas préparer inconsciemment la marée des résidences secondaires qui supplanteront dans quelques décennies les maisons des agriculteurs-éleveurs.

Signe des temps : les dialectes béarnais reculent dans ces villages. A la prochaine génération — entièrement francisée —, le béarnais ne sera plus la langue vernaculaire. Quand, dans les cabanes d'altitude (*cuyalas*), on ne devisera plus en dialecte tout en confectionnant le fromage avec du lait des brebis que les générations précédentes ont sélectionnées, quand un ranching déversera des bovins australiens sur ces magnifiques pâturages pour « faire » de la viande que l'on exportera au Japon ou en Islande, les temps auront bien changé. Mais sûrement pas les hommes!

Lescun et son cirque de montagnes calcaires.

jourd'hui sous les tropiques. Ce n'est pas un des moindres attraits de la randonnée pédestre que de faire réfléchir à l'histoire fantastique que nous invite à lire l'épiderme de la terre.

Considérons l'isard, ou chamois pyrénéen. Aux temps glaciaires existait vraisemblablement une grande similitude entre tous les chamois peuplant Alpes, Pyrénées et monts Cantabriques. Lorsque les glaciers fondirent, les divers territoires occupés par la « race » chamois furent isolés et un début de diversification s'instaura; l'isard devint plus petit et plus trapu que le chamois. L'isard aurait sûrement disparu de nos jours s'il n'avait été l'objet d'une protection de la part des fédérations de chasseurs. Alarmées par la possibilité d'élimination de leur gibier, celles-ci créèrent la réserve du pic du Midi d'Ossau, qui, englobée ensuite dans le parc national, a permis la reconstitution du cheptel. La philosophie de l'opération était qu'à partir de cette population reconstituée il y aurait émigration d'animaux, lesquels pourraient être à nouveau chassés. On ne sait s'il y a surpopulation en haut Ossau. On entend souvent cette phrase proférée par des chasseurs : « Depuis que les isards sont protégés, ils dégénèrent... » Le sous-entendu est clair : puisque le surnombre d'isards les fait dégénérer, nous nous proposons pour les supprimer dans la réserve! La vérité scientifique est autre. Les animaux qui émigrent sont des éterlous (jeunes d'un an), qui sont naturellement plus petits et moins harmonieux dans leur musculature que les adultes. Ce sont ces animaux que tuent les chasseurs, regrettant le temps passé où, l'isard n'étant pas protégé dans la réserve, ils pouvaient le chasser partout, au risque de l'éliminer.

Cela donne une idée du caractère irrationnel des propos qui se tiennent dans ces montagnes. Mais il n'y a pas que les chasseurs que l'on peut taxer d'irrationalité, il y a aussi la législation des parcs nationaux. Si l'on peut tout à fait admettre — compte tenu des particularités psychologiques pyrénéennes — la présence des troupeaux dans le parc, on comprend mal comment l'exploitation forestière peut continuer. Une forêt gérée, c'est un peu comme un jardin cultivé; une forêt que l'on veut sauvage doit être « abandonnée » à son propre sort. J'ai bien peur que la loi française, qui fait des parcs un instrument à triple objectif : protection de la nature, éducation du public, vivification de l'économie locale, ait oublié qu'il est mauvais de courir plus d'un lièvre à la fois!

Quel ours pourrait consacrer des heures à déplacer des blocs énormes pour capturer éventuellement quelques kilos de marmotte, espèce réintroduite dans le but de lui servir de

Isards ou chamois des Pyrénées (Rupicapra rupicapra pyrenaica). *Un millier d'isards vivent en haut Ossau, entre 800 et 2 500 m, et se réfugient sur les pentes les plus raides.*

nourriture? Il n'en reste pas moins que, si aucun ours pyrénéen n'a jamais mangé de marmotte, la réintroduction de celle-ci a été un succès. D'abord introduite clandestinement, elle le fut ensuite officiellement en 1948. Ses sifflements font désormais partie de la vie sauvage pyrénéenne. Le bouquetin, autrefois présent sur toute la chaîne, a été exterminé, mais les Pyrénées centrales ibériques

LES DERNIERS OURS

1

2

3

4

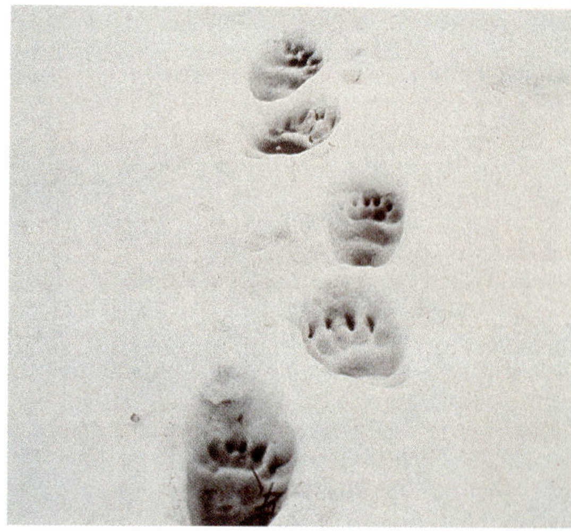

1. Le montreur d'ours, au début du siècle, allait de village en village.
2. Chasse à l'ours au XIXe siècle.
3. Ours brun des Pyrénées (Ursus arctos).
4. Traces du passage d'un ours dans la neige.

Traditionnellement — et encore de nos jours où sa présence est hélas devenue excessivement discrète — l'ours joue dans l'imaginaire de l'homme pyrénéen un rôle disproportionné avec les quelques dégâts qu'il cause effectivement aux troupeaux. Honni et craint comme un ennemi sanguinaire, chassé ou capturé pour être donné en spectacle, magnifié ou tourné en dérision par la tradition populaire, l'ours pyrénéen a beaucoup souffert d'avoir toujours été considéré par l'homme, plus ou moins confusément, comme un cousin si proche qu'on l'affublait volontiers de prénoms chrétiens, tels que Dominique, Gaspard ou Martin. Fier d'affronter le seul véritable fauve que nos forêts aient jamais abrité, honorant les grands chasseurs d'ours — tel l'illustrissime Toussaint Saint-Martin, natif d'Eaux-Chaudes, qui dans la première moitié du siècle en aurait tué une cinquantaine —, le montagnard pyrénéen y fut encouragé par les autorités, qui prenaient officiellement l'initiative d'organiser des battues auxquelles participait toute la population mâle des villages concernés. Et ce, jusqu'à ce que dans les années 60 l'attitude de l'Administration se renverse et que l'ours fasse tardivement l'objet de mesures de protection.

Dans toute la chaîne, on ne compterait plus guère qu'une quinzaine d'ours, inégalement répartis entre l'Ariège orientale, le fond du Luchonnais, enfin les vallées d'Ossau, d'Aspe et de Barétous, dans les Pyrénées occidentales. Bien que cette population ait un taux de reproduction parmi les plus élevés d'Europe (17 pour 100 environ), son avenir demeure fort incertain. Plus que la création en 1968 du parc national des Pyrénées-Occidentales (dont le territoire n'englobe pas leurs derniers refuges), les campagnes de sensibilisation menées par des organismes privés, comme le F.I.E.P. (Fonds d'intervention éco-pastoral) — établissant notamment que l'ours est à 90 pour 100 végétivore — et la politique d'indemnisation généreuse des « dégâts des ours » ont sans doute retardé sa disparition, en désarmant la vindicte séculaire des bergers. Toutefois, le braconnage persistant n'est pas la seule menace qui pèse sur les derniers ours pyrénéens, dont les biotopes sont mis en coupe réglée par une exploitation forestière et touristique intempestive. Aujourd'hui, il semble que seule la création de réserves biologiques intégrales pourrait assurer durablement la survie de cette espèce légendaire.

Cascade entre Bedous et Aydius, en vallée d'Aspe. La paroi est faite de tuf calcaire couvert de mousses qui lui donnent cet aspect si particulier; le site a été surnommé la Roche qui Pleure. La vallée d'Aspe est restée l'une des plus sauvages du haut Béarn.

(derrière le mont Perdu) abritent encore une quinzaine de ces animaux. Il existe un projet de réintroduction sur le versant nord; pour l'instant l'Espagne, pour des raisons de « protectionnisme biologique », refuse de laisser partir les individus nécessaires. Les animaux appartiennent-ils à un pays, ou sont-ils les produits d'une évolution biologique qui transcende toutes ces possessivités? Le mouflon fut introduit en 1957 dans les Pyrénées occidentales, mais les animaux ont vite été éliminés, alors que l'opération a très bien réussi dans les Pyrénées orientales.

Le lynx est un animal à la fois mythique et bien réel. Sa présence est désormais établie de manière sûre dans les Pyrénées du Béarn. Certains naturalistes décrivaient le lynx comme le grand régulateur écologique dont l'absence serait la cause, en particulier, de la surpopulation d'isards en Ossau — pseudo-surpopulation en réalité. Je trouve tout aussi énigmatique la notion d'équilibre biologique quand on se contente d'utiliser cette expression sans la définir, ce qui est rarement fait. J'étonnerai peut-être le lecteur en disant que ce qui est important, c'est justement le déséquilibre biologique résultant du jeu de la prédation qui est la règle. Les animaux se consomment les uns les autres, leurs populations fluctuent, elles ne sont jamais stables. La stabilité est la norme dans les élevages, jamais dans les populations sauvages. De même il n'y a de pullulation que lorsque l'homme favorise certaines espèces au détriment d'autres. Cette idée d'équilibre (biologique) fait donc référence à un état statique qui n'a rien à voir avec les mécanismes, certes encore mal connus, qui régissent la vie sauvage. Elle est un très mauvais argument pour défendre « la nature ». J'ajoute que je ne suis pas plus convaincu par certains chasseurs extrémistes qui veulent « réguler la nature » à tout propos! Le lynx existe. Rares sont les personnes qui l'ont aperçu.

Avec l'ours et les grands rapaces, voilà toute la grande faune des Pyrénées béarnaises. Et si l'on parlait un peu des timides, des timorés, des furtifs? Martres, belettes, fouines, blaireaux, campagnols, renards, sangliers... Je n'évoquerai pas le desman, sorte de rat-taupe vivant près des torrents, car on lui a fait une réputation de rareté qu'il ne mérite point. Le campagnol est sûrement un animal bien plus « important » que l'isard en raison du rôle qu'il joue. Qui, pourtant, s'intéresse à lui ? Qui s'intéresse aux craves et aux chocards, ces corvidés dits cavernicoles, car ils nichent et dorment dans des parois ou des gouffres ? Dès que vient le soir, ils se rassemblent en bandes importantes et se livrent à des vols fort curieux nommés « carrousels », qui précèdent leur plongée dans le noir. Pendant la journée, ils se répandent sur les pâturages où ils mettent à profit les insectes des bouses. Comme les vautours, les chocards sont donc indirectement liés à l'activité humaine.

De la même manière que beaucoup d'animaux sont délaissés en raison de la célébrité, parfois justifiée, de certains, les arbres sont très souvent oubliés au profit de plantes de taille modeste telles que les edelweiss. Ces plantes sont devenues le symbole des hautes altitudes et de la sauvagerie. C'est bien mal les connaître; les plus beaux edelweiss poussent toujours à des altitudes moyennes, voire basses (1 000 m). Certes les saxifrages, les androsaces, les petrocallis, les campanules sont de belles plantes. Les fétuques, qui sont des graminées en dépit de la petitesse de leurs fleurs, ne manquent pas d'allure, car elles se montrent toujours en grands peuplements sur les pentes. Le spécialiste portera un regard attentif sur les plantes particulières aux Pyrénées (endémiques); parmi celles-ci, il reconnaîtra des plantes appartenant à des genres répandus par ailleurs dans les montagnes d'Europe. Cependant, si l'on cite toujours les ramondies des Pyrénées, on oublie les petrocoptis aux ravissantes fleurs roses ou blanches. Le lis des Pyrénées, donné comme endémique dans de nombreux ouvrages, vit en fait aussi dans les monts Cantabriques jusque près du littoral. Le dryas octopétale rappelle les temps glaciaires, puisque cette plante apparut dans nos montagnes à ce moment-là. On peut aussi jeter un coup d'œil sur les plantes utilisées par les humains, bergers ou villageois. Le trèfle des Alpes, dont raffolent les ovins, possède une racine que l'on peut sucer : c'est la fameuse réglisse. Chénopodes et orties peuvent être utilisés pour faire des soupes.

Ce qui caractérise ces terroirs du haut Béarn, c'est la juxtaposition de sites très fréquentés par l'homme et d'autres beaucoup plus sauvages. Mais si l'on excepte les zones du parc national — où la chasse est interdite, même si le braconnage y sévit parfois —, toute la montagne est parcourue. Un de mes amis me disait ne pas aimer les Pyrénées et les montagnes d'Europe parce que l'on y sent partout la présence de l'homme. J'ai bien peur qu'en fait toutes les montagnes aient vu l'homme à travers les millénaires de l'histoire. Mais est-ce un si grand malheur ?

Ici, la force de la tradition est souveraine, bien souvent on ne réfléchit guère, refaisant d'instinct ce que les

GASTON PHÉBUS ET SES GRANDES CHASSES

Dans le prologue de son célèbre traité de la chasse (1387), Gaston Phébus écrit : « Je, Gaston par la grâce de Dieu, surnommé Phébus, comte de Foix, seigneur de Béarn, qui tout mon temps me suis partagé par espécial en trois choses ; l'une est en armes, l'autre est en amours, et l'autre si est en chasce... C'est de chasse que je ose bien dire qu'il en peut venir beaucoup de bien. Premier on en fuit tous les sept péchiez mortieulx. Secondement : on est mieux chevauchant et plus viste et plus entendant, et plus appert et plus entreprenant et mieux cognaissant tous payx et tous passages, et bref... toutes bonnes coutumes et mœurs en viennent et la salvation de l'âme... » La chasse à courre est celle qu'il préfère, ce livre fut d'ailleurs écrit pour le duc de Bourgogne, Philippe le Hardi, grand maître en vénerie. Il entretient à cet effet une meute de 1 500 chiens qui lui permettent de traquer dans les forêts du piémont pyrénéen : le loup, l'ours, le sanglier, le bouc ysarus (isard, ou chamois pyrénéen), le bouquetin... On peut remarquer que ces animaux vivaient à très basse altitude, à la différence d'aujourd'hui où ils ont été repoussés en montagne par la densité humaine et la chasse.

Tous les animaux chassés n'étaient pas consommés par les grands ; seuls les vilains mangeaient l'isard, par exemple. Par contre, diverses parties de cet animal montraient des propriétés particulières : le suif pour les nerfs, le sang pour les pleurésies, le sang mêlé aux os et aux cornes pilées en raison de propriétés aphrodisiaques.

Le rythme de vie de Phébus peut nous sembler curieux. Il se levait en effet à midi, entendait la messe et dînait; il faisait alors la méridienne (la sieste), puis travaillait et terminait sa journée après le souper pris à minuit. Quand il partait à la chasse, il se levait beaucoup plus tôt. D'après le chroniqueur Froissart, c'est au retour d'une chasse dans les bois de Sauveterre que Phébus mourut, après avoir traqué puis pris l'ours en début d'après-midi, le 1er août 1391. « Le comte se leva de son siège et tendit ses mains en avant pour les laver. Dès que l'eau descendit froide sur ses doigts qu'il avait beaux, longs et droits, son visage pâlit, le cœur lui tressaillit, les pieds lui manquèrent, il tomba las sur le siège renversé, en disant : « Je suis mort ! Sire, vrai Dieu, pardon ! »

Le *Livre de la chasse*, de Gaston Phébus : les bouquetins.

CHAROGNARDS DU CIEL

1

2

3

4

1. Les vautours fauves (Gyps fulvus) *vivent en colonies dans des falaises.*
2. Gypaète barbu (Gypaetus barbatus) *à l'aire avec son poussin.*
3. Percnoptère (Neophron percnopterus). *La Marie Blanque des bergers.*
4. Le bec du vautour fauve lui permet de déchiqueter les charognes.

Pour les naturalistes, les Pyrénées occidentales sont un des hauts lieux d'observation des grands rapaces. En effet, trois espèces remarquables y cohabitent : le gypaète barbu, le percnoptère (ou vautour d'Égypte, ou petit vautour blanc) et le vautour fauve.

Le gypaète barbu, le plus grand, le plus mystérieux, est extrêmement discret. L'adulte, outre une queue cunéiforme bien caractérisée, montre une gorge rutilante qui permet de le reconnaître très facilement en vol à basse altitude. Ses populations pyrénéennes sont en assez bonne santé bien que chaque année quelques individus meurent empoisonnés. Il en reste une dizaine de couples. C'est un animal très farouche. Le gypaète a une particularité étonnante. C'est le dernier maillon de la chaîne alimentaire des oiseaux charognards. Après le passage des vautours, milans, grands corbeaux, corneilles, quand il ne reste que la peau et les os, l'oiseau se saisit d'un os, prend de la hauteur, va au-dessus de son pierrier coutumier, lâche l'os et récupère au sol les débris... qu'il ingurgite derechef.

Le percnoptère, lui, est migrateur. Son arrivée marque le début du printemps, c'est-à-dire, pour les montagnards, le temps où l'herbe reverdit et où l'on commence à songer à la transhumance.

Les bergers connaissent bien le vautour fauve et le respectent pour son rôle de nettoyeur. Contrairement à ce que l'on croit, les colonies de nidification du vautour fauve ne se trouvent pas situées à haute altitude, la vie hivernale y serait trop rude. Les œufs sont pondus en hiver. C'est un fait biologique très curieux, du moins sous nos latitudes, car cela correspond pour les géniteurs à la période où le ravitaillement est le plus difficile. Le jeune éclôt vers le mois d'avril, et l'envol se fait début juillet; il peut y avoir des envols très tardifs en saison. Pendant ce laps de temps, le jeune est entièrement tributaire des adultes qui procèdent à son nourrissage.

Protéger les vautours doit se faire à deux niveaux. Il faut empêcher les curieux de venir les déranger et surtout favoriser économiquement les éleveurs, car plus le pastoralisme est vivant, plus les colonies sont prospères et plus le taux de reproduction est satisfaisant. Les bergers d'ici n'enterrent jamais une brebis ou une vache mortes. Ils savent que les grands oiseaux sont là. Ils savent aussi que jamais ils n'attaqueront un animal vivant.

Vautour fauve, percnoptère, gypaète sont, par leur présence, l'indice que la montagne est vivante, que les troupeaux y pacagent et y reviendront à la prochaine transhumance.

ancêtres ont toujours fait. En 1982, deux ours furent tués en vallée d'Ossau. Il y eut enquête; tout le monde connaissait les coupables, personne ne voulut témoigner. Je m'interroge : vers qui cette loi du silence est-elle dirigée? Dans une autre vallée, un prétendu émir débarqua avec un projet de construction en altitude, dans une station de ski. Il trouva immédiatement sur place aide et main-d'œuvre. Les capitaux ne venant pas, on finit par s'inquiéter... Et l'émir vole toujours. L'histoire de ces montagnes est ainsi faite d'une suite pittoresque mais un peu alarmante de constructions de stations de ski déficitaires, de parcs nationaux dont on exploite les forêts, d'animaux protégés que l'on tue, de populations locales qui s'appauvrissent et diminuent, de discours jamais suivis d'effets.

Je ne crois nullement à un passé de ces montagnes qui aurait été idyllique; le rêve passéiste n'existe bien souvent que chez ceux qui refusent la dureté du présent. Je suis convaincu par ailleurs que l'on peut concilier diverses manières d'utiliser la montagne. Je comprends aussi ceux qui, vivant dans des conditions difficiles, supportent mal que l'on ne s'occupe guère d'eux en prétendant « protéger la nature », ce que l'on ne fait d'ailleurs pas. Nous vivons en effet à une époque dominée par de constants malentendus.

Pourtant, que cette montagne est belle! Qu'elle est riche de villages, de traditions architecturales, d'un art de vivre et de travailler! Ne l'oublions pas, la société y est en crise, mais ici la crise n'est pas masquée par l'immensité de la ville. Elle se mue en désespoir qui fait que quelque desperado un peu cow-boy tue les ours protégés au risque d'exterminer définitivement ces grands seigneurs des forêts profondes. Car une montagne sans ours, c'est comme une montagne sans homme, c'est difficile à imaginer et c'est très triste. Quand on réalisera dans ces villages que le tourisme bien compris consiste à préserver la vie sauvage aussi bien que l'activité des agriculteurs-éleveurs, à côté des autres types d'utilisation de la montagne, un grand pas sera fait.

La mode des eaux thermales a répandu l'image des Pyrénées romantiques et donné des Aspois et Ossalois une idée par trop folklorique, cette même image sous-jacente à la vogue du slogan : Pyrénées, frontière sauvage. Sarrance, Eaux-Chaudes, Eaux-Bonnes ont leurs eaux thermales. Constamment, des voyageurs ont traversé ces montagnes, même si les pèlerins de Saint-Jacques-de-Compostelle sont les plus célèbres. Les profondes forêts riches en grands coqs de bruyère attiraient de riches chasseurs étrangers; ils louaient les services de gens du pays, guides mi-marginaux, mi-braconniers. Certains sont restés célèbres. Mais ce temps-là est bien révolu. Les jeunes trouvent dans les emplois de perchistes (dans les stations de ski) un complément saisonnier à leur activité.

De nouveaux métiers de la montagne restent à créer. Pour ce faire je ne crois pas que les administrations centrales soient de quelque utilité. Elles peuvent, tout au plus, fournir une incitation financière nécessaire au démarrage d'artisanats originaux, de cultures originales. Si l'on songe que la France importe la plus grande partie de ses myrtilles alors que je connais en Aspe et en Ossau d'immenses pâturages abandonnés où pourrissent en automne des tonnes de myrtilles. Si l'on plantait des noyers à basse altitude, des noisetiers un peu plus haut ou des groseilliers et framboisiers, on pourrait fixer quelques dizaines de personnes sur les pentes pyrénéennes. Tout le monde y trouverait son profit, à commencer par l'économie de notre pays.

Finalement, tous les discours parlant de montagnes marginales, de faune relictuelle, de secteurs à préserver sont viciés à la base. Ils expriment un point de vue en fonction d'un centre urbain, en fonction d'autres systèmes de pensée à substrat uniquement économique dans le cadre d'une économie de marché. Marginales, les Pyrénées? Si on considère qu'elles sont à mi-chemin entre Madrid et Paris, elles occupent une position centrale... Mais ce centre doit s'imposer au millénaire naissant.

Le pic du Midi d'Ossau (2 884 m). Sa cime caractéristique en forme de croc est le vestige d'une cheminée d'un vieux volcan érodé.

CLAUDE DENDALETCHE

LES GRANDES PYRÉNÉES

Si, outre les sommets les plus connus, nous comptons aussi les nœuds d'arêtes et les pointes individualisées, la chaîne pyrénéenne, sur ses 400 kilomètres, aligne 154 cimes dont l'altitude dépasse 3 000 mètres. Entre le col du Pourtalet, à l'ouest, et le val d'Aran, à l'est — 75 kilomètres à peine — le haut Comminges et la haute Bigorre en comptent 144, avec, il est vrai, la part considérable qu'apporte l'Aragon à ce foisonnement de pics et de crêtes. Ici, la masse axiale fournit son effort le plus spectaculaire. Les ports de la Pez (2 451 m), d'Ourdissetou (2 403 m) et de Boucharo (2 252 m), en dépit de leur altitude, y sont les passages les moins hauts et les plus commodes entre la France et l'Espagne. Une seule route, qui n'est praticable qu'en été et n'a été ouverte qu'en 1976 par la percée du tunnel d'Aragnouet-Bielsa, franchit cette haute barrière : l'appellation « Grandes Pyrénées » attribuée à l'ensemble haut Comminges, Quatre Vallées et Bigorre est légitime !

Deux cirques : l'un, Gavarnie, façonné dans le calcaire par la patience des grands glaciers du quaternaire ; l'autre, à l'est, celui du Lys, entaillé avec vigueur dans le granite, révèlent par de prodigieuses perspectives l'élan abrupt de ce versant nord. Les sommets qui les couronnent surplombent de plus de 2 000 mètres les

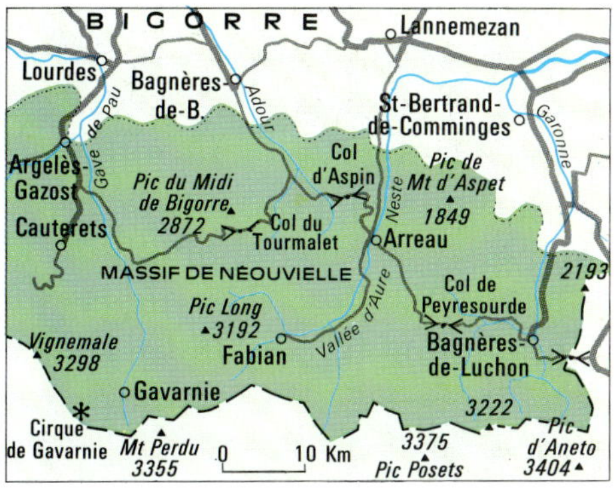

Le fameux couloir de Gaube au sommet du Vignemale (3 298 m), vaincu en 1889 par Brulle et Passet.

Le guide Lafont, originaire de Bagnères-de-Luchon, à l'assaut du pic de Quaïrat (près de 3 000 m), le 12 août 1833. Les Pyrénées ont connu leur première compagnie de guides en 1863, quelque cinquante ans après celle de Chamonix.

successifs, les glaciers d'antan ont aménagé toutes ces auges étagées en altitude où sont retenues des myriades de lacs aux eaux limpides qui émerveillent les montagnards découvrant nos Pyrénées. La pelouse, la landine, la rhodoraie ont l'audace d'assaillir les hautes raillières qui étalent leur minéralité à la base des reliefs hardis des pics et des lumineuses étendues neigeuses. Du lac du Portillon jusqu'au lac d'Ôo, qui recueille le bond prodigieux d'une des plus belles cascades de la chaîne, s'anime un théâtral jeu d'eaux tantôt fougueuses et bondissantes, tantôt, juste un moment, assagies en onduleux et silencieux méandres enfouis dans l'épaisseur onctueuse d'une prairie.

Plus à l'ouest, le haut Louron et la vallée d'Aure projettent leurs ramifications étranglées jusqu'au cœur de gigantesques entassements de matériaux mélangés. La masse énorme et fracturée des Batchimale, les montagnes de Clarabide et de la Pez, avec leurs gorges et ravins d'une sauvagerie inouïe, sont rustres et primitives. Elles ont une architecture puissante,

Le comte Henry Russell (1834-1909) dans son « sac à dormir » en peau de mouton, dans une des « villas-grottes » qu'il s'était fait creuser près du sommet du Vignemale. Il gravit ce sommet 33 fois! Il publia ses souvenirs dans les Grandes Ascensions des Pyrénées.

fonds où se rejoignent les ruissellements et cascades de leurs innombrables eaux vives. Néanmoins, rien de comparable, à l'exception de leurs dimensions, ne rapproche ces sites. Les grands pans calcaires s'étagent en immenses gradins arides jusqu'à la ligne anguleuse de leurs lourdes crêtes. Du haut de ses arêtes acérées, le granite s'engouffre en une suite vertigineuse de dalles rapides, moutonnées, sombres et gluantes. Jusque dans les profondeurs escarpées du vert épais de sa forêt que fend le bouillonnement vertical de la célèbre cascade d'Enfer.

A côté du cirque du Lys, auquel il se noue par le fil ténu et aérien de l'élégante arête Crabioules-Lezat, voici le vaste domaine d'Espingo : le pur style classique des paysages granitiques pyrénéens! Au cours de leurs reculs

brutale même, et dépourvue de fioritures élégantes. Ces montagnes mystérieuses, presque inaccessibles en hiver, toujours hostiles, ne se montrent pas sous un jour accueillant. Elles impressionnent ceux qui osent y pénétrer. Avec le massif du Néouvielle et du pic Long, mieux aimé et si connu désormais, nous retrouvons l'ordre harmonieux du granite : ses lacs, ses gracieuses pinèdes, ses grandes croupes, où arbousiers fleuris et plages d'herbes drues montent de compagnie avec les affleurements de roches polies jusqu'au pied des ciselures fantasques des crêtes sommitales. Ici, la montagne a un visage aimable, et l'été notre climat privilégié lui donne une atmosphère presque campagnarde sur les rives calmes de ses beaux plans d'eau bleue.

Un autre ordre, majestueux et savant celui-là, orchestre l'amplitude des mouvements calcaires au centre desquels, tel un maître d'œuvre, trône le mont Perdu. Baroude, Troumouse, Estaubé, mais aussi Barosa et Pinède ont été sculptés sur le modèle de Gavarnie, mais chacun de ces sites a son caractère propre : Troumouse, son immense netteté nue ; Pinède, ses luxueux ornements d'orgues calcaires au-dessus des forêts de pins bien rangés ; Estaubé, l'exubérance de ses crêtes baroques...

Escalade dans les falaises du col d'Aspin (1 489 m). Si les Pyrénées n'offrent pas de courses glaciaires comme les Alpes, on y trouve, en revanche, de belles courses rocheuses.

Puis le Vignemale, magistrale muraille de presque 1 000 mètres de haut que fend le tracé ferme de son légendaire couloir de Gaube et dont la minéralité austère est éclairée par de modestes mais pittoresques glaciers. Enfin, à l'extrémité ouest, après l'intermède bucolique et souriant qu'offre le massif du Marcadau, si propice à de merveilleuses randonnées à ski, les Grandes Pyrénées s'achèvent en un magnifique effort : le complexe, l'énigmatique, le robuste Balaïtous. C'est une belle pyramide de granite qui lance loin dans l'espace la longueur tentaculaire de ses arêtes déchiquetées. Sur ses flancs, la limite des neiges éternelles des Pyrénées atteint sa plus basse altitude, aussi a-t-il le don de conserver à l'ombre de ses murailles un précieux glacier malgré sa situation déjà très occidentale. Les eaux de ses lacs et de ses torrents sont les plus limpides de toute la chaîne.

Il est nécessaire, avant que ne s'achève ce parcours, d'évoquer la silhouette massive du pic du Midi de Bigorre, dont la notoriété est attachée à l'observatoire installé à son sommet depuis plus de cent ans. Placé en avant de la chaîne, comme une excroissance accidentelle, c'est un extraordinaire belvédère. Il surplombe les ultimes soubresauts pyrénéens qui se glissent sous les horizons de la plaine gasconne et embrasse au sud d'un seul regard le long, l'interminable déploiement de toutes les Pyrénées. A sa base, la paisible vallée de Campan disperse dans ses prairies onctueuses ses coquettes fermes et ses beaux villages. Mieux que toute autre, elle nous révèle les aspects si attachants et si singuliers de la moyenne montagne. Le prestige de ses hautes crêtes estompe trop souvent ces vallées du piémont pyrénéen, malgré les charmes, l'harmonie et le dépaysement qu'elles procurent.

Toutes ces montagnes, jusqu'au XVIIIe siècle, étaient ignorées du monde savant, littéraire, politique, or, paradoxalement, peut-être étaient-elles les plus connues et les plus fréquentées de toute l'Europe ! En effet, elles étaient parcourues par les habitants de leurs hautes vallées, et cela depuis des siècles ! L'altitude des ports est de l'ordre de 2 500 mètres. Pourtant, ils offraient leur passage à des relations commerciales régulières ! En outre, par une chaude journée d'été, il n'est pas rare d'y rencontrer d'aventureuses brebis à la recherche de la fraîcheur, à quelques pas des plus hautes cimes. Si de toute évidence l'ascension du Balaïtous ou des Crabioules stériles et escarpés fait appel à un acte délibéré, celle du Batoua ou du mont Perdu lui-même n'exige qu'une modeste ardeur de curiosité, voire un providentiel hasard !

Le pyrénéisme sportif a ainsi toujours côtoyé le pyrénéisme autochtone : il y a tout lieu de croire que Ramond de Carbonnières et ses guides furent précédés par des bergers au sommet du mont Perdu, bien avant la date historique du 10 août 1802. Certains auteurs ne pensent-ils pas que le point culminant du Vignemale était surmonté d'une tour de triangulation depuis 1792 alors que la première ascension en revint « officiellement » à miss Ann Lister en 1838. Cette hypothétique tour de pierre aurait été érigée par le cartographe géodésien Junker ou, plus probablement, par quelques énergumènes, coureurs de montagne, marginaux de Cauterets, Gèdre ou Gavarnie. Peu importe, ces obscurs mais inspirés précurseurs

Le massif du Néouvielle, vu du pic du Midi de Bigorre. Au cœur de la chaîne pyrénéenne, les grands glaciers du quaternaire y ont sculpté le granit en d'austères paysages de roc. Ils y ont laissé quelque soixante-dix lacs et plus de vingt tourbières d'altitude.

n'entament en rien le mérite de lady Lister ou de Ramond. Fallait-il que les Pyrénées fussent à la mode en ces temps pour qu'une lady de quarante-sept ans entreprenne l'expédition du Vignemale, où elle fut suivie quelques jours après par le prince de la Moskova, fils aîné du maréchal Ney. Du côté de la Maladeta, à la première du pic d'Aneto, point culminant de la chaîne (3 404 m), fut associé un jeune officier russe, le baron Tchihatcheff. En compagnie d'Albert de Franqueville, il en atteignit la cime le 20 juillet 1842, par un long détour, deux jours après leur départ de Luchon. Pyrénéisme mondain et épisodique, dont les récits — n'en soyons pas surpris — laissent volontiers dans l'ombre les guides locaux, pourtant acteurs principaux de ces aventures : Jean Argarot, Pierre Redonnet, Bernard Ursula et Sarrio pour l'Aneto; Henri Cazaux, Jean-Pierre Charles et Cantouz pour le Vignemale. Mode donc, à l'origine de laquelle les talents de Ramond de Carbonnières ne furent pas étrangers.

Certes, l'époque, avec son penchant romantique, avait une prédisposition naturelle pour se montrer sensible à

LES PORTS PYRÉNÉENS

Le langage pyrénéen n'a pas moins de quatre mots pour désigner les passages qui, s'ouvrant sur les hautes crêtes, permettent une communication entre deux vallées ou deux versants : col, pas, hourquette, port. Un port est un col fréquenté de façon régulière qui, en général, relie le versant français aux provinces espagnoles. A cette fonction de passage s'ajoute en outre au mot « port » l'idée d'un lieu de rencontre, de pâturages partagés dont parfois la propriété est indivise entre les communes qu'il dessert, tant au nord qu'au sud. Les Grandes Pyrénées comptent ainsi une douzaine de ports sur leur crête frontière, le moins élevé étant le port de Boucharo (2 270 m). Ces ports ont joué un rôle considérable dans l'histoire pyrénéenne.

Cromlechs et pierres dressées révèlent que des pâturages de haute montagne furent exploités dès l'époque mégalithique. Très vite, compte tenu du contraste climatique entre le nord et le sud, les pasteurs passèrent d'un versant à l'autre pour utiliser au mieux le décalage saisonnier des « estives ». Ainsi naquirent les échanges entre l'Aragon, la Bigorre et le Comminges. L'existence de la « Ténarèse », cheminement par lequel s'effectuait un abondant trafic entre la plaine de l'Èbre et l'Aquitaine, est formellement attestée. Elle passait aux ports du Plan (2 527 m) et d'Ourdissetou (2 403 m), et il y a tout lieu de croire qu'elle était parcourue dès le Néolithique.

Par la suite, l'occupation de la péninsule Ibérique par l'islam et la pression française au nord, qui menaçait les libertés montagnardes, eurent pour effet de rapprocher encore plus les populations qui occupaient les deux versants des Pyrénées, d'autant qu'à cette époque les hautes vallées, plus habitées que le piémont jusqu'au XIe siècle, étaient des foyers de rayonnement culturel et politique. A la fin du XIe siècle, les comtés de Bigorre et de Béarn aident l'Aragon dans ses entreprises de reconquête. C'est alors que les fameux hospices pyrénéens sont érigés au fond des vallons qui conduisent aux ports. Toutefois, peu à peu, la royauté française parvient à imposer son autorité dans le piémont septentrional. Alors se consolident les traités de lies et passeries qui confirment et garantissent les libertés de circulation, d'échanges et d'assistance des hautes vallées entre elles, jusqu'à l'alliance éventuelle contre les troupes des royaumes qui s'établissent de part et d'autre des Pyrénées. La plus ancienne passerie dont nous ayons un témoignage écrit date de 1390. Elle associe la vallée de Barèges à celle de Broto, en haut Aragon. Certes, quantitativement, le volume des échanges n'était pas comparable aux activités commerciales contemporaines ; mais que penser de ce phénomène très pyrénéen d'un point de vue qualitatif, quand nous savons que l'Aragon est venu au secours de nos hautes vallées lorsque les disettes et la misère de la fin du XVIIe siècle y firent de douloureux ravages ?

La Révolution et plus encore l'Empire eurent raison de ces privilèges pyrénéens et de la convivialité naturelle qui nous unissaient à nos voisins aragonais. Désormais, la contrebande, jusqu'alors épisodique, se généralisa : des caravanes de contrebandiers seront victimes d'avalanches au XIXe siècle encore ! Les routes et les véhicules modernes, en ruinant les transports à dos d'homme et par bâts, contribuèrent à l'enclavement de nombreux villages montagnards et à la désaffection des hospices et de leur port.

Toutefois, ils sont toujours là, perchés sur leurs hautes crêtes, avec leur antique complicité redécouverte par les résistants qui les franchirent au cours de la dernière guerre (plus de deux mille pour les seules Grandes Pyrénées). Et comment ne pas rapprocher l'entêtement et l'acharnement que manifestent les hautes vallées pour obtenir l'ouverture d'un axe routier vers l'Espagne — comme le récent tunnel Aragnouet-Bielsa — de la si longue et si curieuse histoire des hauts ports ?

Le port de Vénasque (2 444 m) au XIXe s.
Les ports ont joué un grand rôle dans l'histoire pyrénéenne.

Le cirque de Troumouse au bout de la vallée de Héas. Fermé par une muraille où culmine le pic de la Munia (3 133 m), il est de dimensions si imposantes qu'on dit qu'il pourrait contenir sur ses prairies 3 millions de spectateurs !

l'atmosphère des pays pyrénéens : terres encore peu explorées, peuples farouches mais bon enfant, exubérance des contrastes, exotisme d'une frontière mystérieuse... Encore était-il nécessaire qu'ils fussent présentés à la scène. Ramond, savant délicat, humaniste sensible et généreux, y arrive en 1787, « exilé » par les remous de l'affaire du Collier et la disgrâce du cardinal de Rohan. Très vite, il s'éprend du pays et en approche sans aucune affectation les indigènes. D'une curiosité infatigable, d'une étonnante constitution et guidé par une remarquable intuition scientifique, il parcourt les montagnes en tous sens. Après quinze années de fructueuses errances, il connaît enfin le triomphe : cette première ascension historique du mont Perdu, d'où il redescend la preuve que ce pic si haut fut jadis un fond marin. Son merveilleux talent d'écrivain, où la fraîcheur et la spontanéité l'emportent sur les concessions aux goûts emphatiques de l'époque, achèvera son œuvre en apportant aux Pyrénées la consécration. Quand il meurt, en 1827, les stations thermales des Pyrénées, quelque peu délaissées malgré leur réputation, ont retrouvé leur clientèle. Désormais les distractions, les mondanités, les excursions sont indispensables au bon déroulement d'une cure ! Nous entrons dans l'époque du pyrénéisme en « chaise à porteurs » qu'illustre l'épopée de la duchesse de Berry, hissée jusqu'à la brèche de Roland par ses guides ! Miss Lister, Tchihatcheff et le vaniteux prince de la Moskova ne sont que pyrénéistes occasionnels. Effacés et silencieux, les officiers géodésiens Coraboeuf, Testu, Peytier, Hossard poursuivent en secret la découverte des Pyrénées et la conquête de leurs sommets. Pour l'heure, Ramond n'a alors qu'un successeur qui, comme lui, ajoute à ses goûts de naturaliste, d'explorateur et d'écrivain, un sincère attachement aux Pyrénées : M. de Chausenque.

C'est à partir de 1850 et jusqu'aux premiers jours du XXe siècle que le pyrénéisme connaîtra sa période faste. Peut-être se lasse-t-on des sempiternelles réjouissances des stations à la mode ? Alors une pléiade de vigoureux touristes montagnards achève la découverte des Pyrénées en en gravissant tous les sommets encore inviolés. Lezat, Tonnellé, Lequeutre, Bazillac, de Monts, Wallon, Schrader... les Britanniques Packes, Halkett, Behrens, Swann... Deux écoles : celle des amoureux épris de solitude et d'espace, celle des nouveaux sportsmen acrobates. Deux chefs de file, figures étonnantes, contradictoires, et que pourtant les sommets rapprochent : Russell et Brulle. Et leurs guides : Hippolyte, Laurent, Henri, Célestin Passet, une extraordinaire dynastie de Gavarnie !

Le comte Henry Russell, né d'un père irlandais et d'une mère gasconne, noble et passionné gyrovague, après un tour du monde tumultueux, une visite des Andes, de l'Himalaya et une traversée en traîneau de la Sibérie, s'éprend des Pyrénées. Cet extravagant personnage aime leurs éboulis brûlants, leurs cols qu'encombre la glace et leur ciel « déjà africain ». De la Rhune, au-dessus de Saint-Jean-de-Luz, jusqu'au Carlit, en Catalogne, il les parcourt inlassablement. C'est surtout dans les Grandes Pyrénées et leur revers aragonais qu'il déploie son incroyable activité montagnarde : tous les grands sommets reçoivent sa visite. Pour beaucoup d'entre eux — et pas des moindres — c'était la première fois qu'ils étaient gravis. Le Vignemale était sa montagne de prédilection avant de devenir « sa » montagne, tout à fait officiellement, puisque les communes du syndicat de Barèges lui en offrirent la concession en 1889 ! Il le gravit trente-trois fois et ne savoura pas moins de cent cinquante « nuits russelliennes » sur ses flancs ou à son sommet. Il dépensa une fortune pour y faire creuser des grottes dans le roc afin d'y séjourner avec moins de rigueur. L'une d'elles, le Paradis, était située à quelques mètres de la cime, trois au-dessus du glacier oriental, à 3 200 mètres d'altitude, et trois autres — Bellevue — juste en aval du glacier, à 2 400 mètres. Il y recevait ses amis avec des raffinements inouïs, mais que ces tapis, vins fins, vaporisateurs, lanternes et autres objets de salon ne laissent pas croire que lord Russell était incapable d'affronter la rudesse d'une tempête et la rusticité d'un bivouac. N'est-ce pas lui qui eut le mérite de démontrer que la haute montagne était praticable en plein hiver, quand il réussit la première hivernale du Vignemale, le 10 février 1869, avec ses guides Hippolyte et Henri Passet ?

Henri Brulle était le plus audacieux et assidu membre de l'escouade de pyrénéistes qui importa « l'alpinisme de difficulté » dans nos aimables montagnes. Notaire de son état, il était méticuleux avec en outre du jarret et du biceps. Henri Passet, le plus cultivé de son illustre famille de guides, trouva un écho dans l'ardeur lyrique de Russell ; il devint son guide préféré. Célestin, le plus agile de tous, intrépide et décidé, fut bientôt le guide attitré, puis l'ami de Brulle. Quelle équipe ! Non seulement ils moissonnent les « premières » dans les Pyrénées, mais ils vont surprendre leurs collègues des Alpes au cours de brefs et glorieux séjours grâce auxquels Célestin, y recueillant de précieux enseignements, se hissera au niveau des plus grands guides européens de l'époque. Ainsi étaient-ils fin prêts pour réussir, le 7 août 1889, le couloir de Gaube, terrible cheminée de glace, course bientôt légendaire, dont la deuxième ascension ne sera réussie que quarante-quatre ans après ! Cette fois, d'un point de vue « alpinisme » proprement dit, les Pyrénées ont atteint le summum !

Le début du XXe siècle se contente de reprendre les traces de Brulle et Célestin. Rendons hommage cependant aux frères Cadier, cinq robustes gaillards — le plus petit mesurait 1,80 m — qui eurent le mérite de s'inventer un pyrénéisme original, joyeux et non dépourvu d'audace. Pour réussir l'arête de Costerillou au Balaïtous, en 1908, inspiration et tempérament étaient indispensables : ils réussirent. Pour gravir la paroi nord du petit pic d'Ossau, il eut fallu ajouter une forte dose de technique : ils redescendirent. Russell disait d'eux qu'ils avaient « la bonne fortune d'appartenir à deux écoles, l'ancienne et la nouvelle ». A travers eux, le lointain et enrichissant héritage du pyrénéisme se perpétuait. A cette même époque, nos montagnes découvraient le ski avec un certain allant. Le 4 avril 1904, première ascension à ski du pic d'Aneto. 1907-1908 : fondation des ski-clubs à Tarbes et Bagnères-de-Bigorre. Un peu plus tard, sous la férule de Jean Arlaud, naissait d'un prosélytisme militant l'École toulousaine de haute montagne : quelques succès mais rien de remarquable ou qui pût se comparer au dynamisme dont fit preuve l'École paloise à partir de

1933. Et d'abord, avec le guide Henri Barrio, la deuxième ascension — enfin ! — du couloir de Gaube et le premier parcours de la très haute et splendide face nord de la Pique Longue du Vignemale. Henri Sarthou, François Cazalet, les guides Robert Ollivier, Roger Mailly, François Boyrie réalisent de nouvelles ascensions dont l'ampleur et la conception ambitieuse suscitent l'estime des meilleurs alpinistes de l'époque.

La Seconde Guerre mondiale et les années qui la suivent sont ingrates : les Pyrénées ont une solide équipe d'excellents montagnards — parmi lesquels de nombreux et brillants guides — mais les difficultés quotidiennes ne favorisent pas la pleine expression de leurs talents qu'illustre cependant la rapide conquête du magnifique éperon nord de la pointe de Chausenque au Vignemale. En 1954 surgissent des brumes bordelaises Jean et Pierre Ravier, avec éclat, sinon tapage. Ils enlèvent en un élan la face nord du piton Carré du Vignemale. Ils inventent un nombre considérable de courses nouvelles, dont beaucoup comptent encore parmi les plus belles escalades des Pyrénées : face nord de la Tour du Marboré, face ouest du Quaïrat, face sud du pic d'Estos, éperons de Baroude et des Espanets au mont Perdu... Par eux d'abord, puis par la plupart d'entre nous qui appartenons à leur génération, bien que plus jeunes de quelques années, les innovations techniques sont adaptées au style pyrénéen. Ramond, Russell, Brulle, les Passet, les frères Cadier, en un mot le pays, nous ont légué leur précieux héritage.

Cette période bénéfique — de croissance, disons-nous —, dans les Pyrénées comme ailleurs, connaîtra un fabuleux développement des loisirs et du ski en particulier. Les Grandes Pyrénées, après la guerre, n'avaient que trois stations : Super-Bagnères, Barèges, La Mongie; elles en comptent aujourd'hui douze ! Inspirées, subjuguées par ce déferlement, les Pyrénées s'aménagent, supputent, cogitent. Elles rêvent parfois à des projets utopiques. Dans les années 1970-1975, nous touchons au paroxysme : des gens très sérieux, auteurs considérés, envisagent pour la station de Peyresourde, grâce à son altiport, un avenir international : voici deux ans qu'elle est fermée, à cause, dit-on, de

LA MODE DES CURES THERMALES

Les eaux thermales de Capvern, Bagnères-de-Luchon et Bagnères-de-Bigorre, en particulier, furent très appréciées des Romains. Les vestiges recueillis laissent supposer que ces établissements étaient assez vastes et déjà raffinés. Pourquoi pas à la mode dès cette époque? Curieusement, durant le Moyen Age, les eaux pyrénéennes s'enfoncent dans un obscur oubli. Des historiens avancent l'hypothèse que la piété austère des débuts du christianisme aurait eu raison des aspects frivoles inséparables de la mode. Pourtant, ni le luxe ni les distractions mondaines, et moins encore les facilités d'accès n'expliquent les séjours de Marguerite de Navarre et de Rabelais, parmi d'autres prestigieux personnages, aux eaux de Cauterets durant le XVIe siècle. Barèges, au XVIIe siècle, n'offrait pas d'autres attraits que la qualité de ses eaux quand Mme de Maintenon y accompagna le jeune duc du Maine. Bientôt, un premier établissement militaire s'installe dans cette station qui, avec ses « eaux d'arquebusade », soulageait les blessés de nos guerres. Il y a tout lieu de croire que depuis toujours les gens des montagnes profitaient, en connaissance de cause, de leurs si bonnes eaux. Ils furent même, dans une certaine mesure, astucieux et prévoyants, puisque la communauté valléenne s'assura de leur propriété dès le début du XVIe siècle. Au XVIIIe siècle, de grands travaux entrepris par les vallées secondées par les intendants permettent aux carrosses d'accéder aux stations.

Le romantisme et les premières publications scientifiques sur les propriétés curatives des eaux pyrénéennes sont à l'origine des fulgurants succès des stations thermales. Bagnères-de-Bigorre, grâce à son site aimable dont Montaigne faisait déjà l'éloge au XVIe siècle et à la commodité de son accès, précède dans le triomphe Cauterets, Capvern et Luchon. Au XIXe siècle, les stations des Grandes Pyrénées se partagent l'honneur un peu naïf mais aussi la chance d'accueillir les plus illustres personnages. Désormais, sous la Restauration comme aux jours du Second Empire, une visite aux Pyrénées est « obligatoire » pour les gens de qualité ! Le monde entier y accourt. L'histoire du pyrénéisme nous a montré un baron russe au sommet du pic d'Aneto et l'engouement actif des Britanniques, dont une « colonie » s'installe l'hiver à Pau et à Bagnères-de-Bigorre, pour se répandre en été dans les stations. Le reine Hortense, la duchesse de Berry, Alfred de Vigny, Taine, Chateaubriand, Lamartine, Victor Hugo, George Sand, Viollet-le-Duc, Delacroix ; les célébrités du monde politique, des beaux-arts et des belles-lettres bâtissent et assurent la prospérité des vallées.

Napoléon III et l'impératrice Eugénie parachèvent cette œuvre quand, à l'occasion de leur visite et du séjour de l'impératrice en 1859 à Luz-Saint-Sauveur, les Pyrénées voient leurs infrastructures se développer : le chemin de fer dessert, dès lors, Tarbes, bientôt Lourdes et Bagnères ; des accès routiers sont améliorés, d'autres inaugurés. Bien entendu, les hommes d'affaires et leurs capitaux affluent dans le sillage de ce beau monde. L'embellissement des stations est considérable. Le fastueux hôtel d'Angleterre à Cauterets date de cette époque. Mais, malgré un renouveau même de la créativité autochtone qu'expriment quelques peintres et poètes pyrénéens de talent, cette spectaculaire expansion ne doit pas faire illusion.

Les exigences d'un tel essor dépassent les possibilités pécuniaires du pays — sinon ses compétences. Aussi une lutte sourde s'engage-t-elle entre les communautés montagnardes, les sociétés capitalistes et le centralisme administratif. La maîtrise du thermalisme échappe en partie aux communautés valléennes, qui, bon gré mal gré, par la force des choses, eussent été contraintes de mieux répartir ces nouvelles ressources que « l'affairisme étranger », uniquement préoccupé du profit des établissements thermaux. Les effets bénéfiques de la grande vogue des Pyrénées ont été, tout compte fait, très ponctuels autour des sources thermales, et ses profits réservés de façon sélective à la classe commerçante de leurs populations. Gavarnie comptait à la fin du XIXe siècle une trentaine de guides, mais il n'en demeura pas moins un modeste village de petites gens.

Pourquoi, dès les premières années du XXe siècle, le prestige des stations des Grandes Pyrénées s'étiole-t-il? Le phénomène lourdais, exemple original et considérable d'un tourisme de masse, et la démocratisation des cures, grâce à la participation de la couverture sociale aux frais des malades, ont orienté les Pyrénées vers leur nouvelle vocation touristique, essentiellement populaire. Cette nouvelle clientèle, moins exigeante et plus nombreuse, que déverse la très active Compagnie des chemins de fer du Midi, favorise la reprise en main par les hautes vallées de « leurs » ressources touristiques.

L'OBSERVATOIRE DU PIC DU MIDI

1

2

3

1. *L'observatoire et l'Institut de physique du globe.*
2. *La table équatoriale de la coupole Boillaud avec ses coronographes. Ces instruments sont utilisés pour des observations solaires.*
3. *La surface du pic a été arasée pour permettre la construction de l'observatoire.*

La montagne, la ténacité, le courage des pionniers, le goût de la découverte, les incertitudes, rien ne manque pour que la belle histoire du pic du Midi soit une véritable aventure. Son altitude (2 877 m), sa situation en avant de la chaîne qui lui offre un horizon entièrement dégagé, et son accès aisé destinaient cette montagne à sa vocation exceptionnelle. L'histoire merveilleuse et tragique de l'astronome Plantade, terrassé à soixante-dix ans sur les flancs de la montagne, ouvre théâtralement l'ère historique et scientifique du pic du Midi de Bigorre. Dès lors, les savants, Monge, Darcet d'abord, puis des géodésiens, des botanistes, Ramond de Carbonnières enfin, se passionnent pour ce sommet.

En 1852, le docteur Costallat, de Bagnères-de-Bigorre, crée une hôtellerie au col de Sencours (2 370 m) pour accueillir, à proximité du sommet, touristes curieux et scientifiques. Il est vrai qu'à cette époque Bagnères-de-Bigorre, au zénith de sa vogue, accueille l'élite du monde des arts, des lettres, de la science. Toutes les conditions sont désormais réunies pour qu'aboutisse le projet audacieux d'un observatoire au sommet du pic du Midi. L'entêtement passionné et lucide du général Champion de Nansouty et de l'ingénieur Vaussenat surmontera les ultimes obstacles.

En 1874, le général tente un premier hivernage à l'hôtellerie de Sencours. L'hiver est précoce et d'une terrible rigueur. Bientôt, une extraordinaire tempête endommage la bâtisse. Le général, Baylac et Brau, ses aides, montagnards de la vallée, sont contraints à la retraite dans presque 2 mètres de neige fraîche ! L'aventure jouit d'un réel retentissement et suscite la générosité des souscripteurs. En 1878, la première pierre de l'observatoire est posée. Pendant l'hiver 1881-1882, le général de Nansouty s'installe au pic du Midi de Bigorre pour son septième hivernage en altitude !

Dès lors, l'observatoire, à l'origine surtout préoccupé de météorologie, ne cesse de s'agrandir et de diversifier ses activités scientifiques. La première coupole destinée à une puissante lunette astronomique s'élève dans le ciel du pic en 1906. Jusqu'en 1952, date de mise en service du téléférique de l'observatoire, chercheurs et techniciens étaient contraints de se découvrir des talents de montagnards pour gagner — en hiver surtout — leur poste d'observation. Une équipe de porteurs, gens de la vallée de Campan, assurait alors régulièrement les liaisons du sommet avec la plaine. Le gros matériel était acheminé en été par la route, depuis 1933 ; par contre, le courrier si attendu et la saveur des vivres frais si appréciés gagnaient le sommet en hiver grâce au dévouement et à l'endurance de ces montagnards autochtones.

La pureté et la stabilité de l'atmosphère pour l'astronomie, l'altitude pour l'étude du rayonnement cosmique ont été propices à de précieuses découvertes. N'est-il pas significatif que les cartes de la Lune qu'utilisa la NASA aient été élaborées à partir de photographies prises à l'observatoire ? La finesse des observations sur le Soleil recueillies au pic du Midi est citée en exemple par les spécialistes mondiaux en ce domaine. Un télescope de 2 mètres de diamètre vient d'y être installé pour l'étude des galaxies et des étoiles. Malgré la concurrence de télescopes géants (3 à 6 m) et le projet de la NASA d'en lancer un de 2,40 m dans l'espace, sa construction témoigne en faveur de l'avenir de l'observatoire du pic du Midi. Les conditions d'observation y sont encore de nos jours exceptionnellement favorables.

Cirque de Gavarnie, mur de la Cascade. Constitué par trois séries de gradins superposés, il se prête merveilleusement à l'escalade. Les grimpeurs doivent passer sous des cascades plus ou moins abondantes. Les sommets dépassent 3 000 m.

problèmes juridiques et de trésorerie ! Heureusement, dès 1967, le parc national allait, sinon satisfaire tout le monde — loin s'en faut —, du moins poser le problème de fond qu'affrontent les Pyrénées par l'ambiguïté de ses missions apparemment contradictoires. Afin d'être admis par le pays, au cours des débats animés, voire violents, qui précédèrent sa création, le parc promit de devenir un important « vecteur » du tourisme, rassura chasseurs et bergers, tout en ménageant les opinions souvent passionnées des partisans purs et durs d'une protection de la nature pyrénéenne ! Les activités touristiques, déjà largement prépondérantes dans la zone montagne, peuvent-elles sans risque franchir certains seuils écologiques et économiques ? Jusqu'à quand et jusqu'où les Grandes Pyrénées consacreront-elles l'essentiel de leurs capacités et de leurs ressources au développement du tourisme ?

Bien que guide, et malgré mes activités toutes plus ou moins en relation avec le tourisme, je n'hésite pas à m'engager au côté de ceux qu'inquiète l'option trop exclusive et systématique « tout pour le tourisme ». Inquiet, mais non pessimiste, car, si nous avons commis de navrantes erreurs, nous avons su, par contre, arrêter en pleine construction l'abusive route des lacs, qui eut, sans cette décision courageuse, éventré le massif du Néouvielle. Optimiste, parce que ce débat fondamental préoccupe désormais la majorité des Pyrénéens et même certains des promoteurs les plus actifs d'une politique touristique d'envergure. Force est de constater que les apports indéniablement positifs de ce secteur économique n'ont cependant pas enrayé l'exode rural comme nous l'escomptions. Confiant, parce que la lucidité, en dépassant le conflit « tourisme ou pas », oriente le débat vers une question plus constructive : quel tourisme ? Un tourisme avec les Pyrénées bien qu'elles n'aient ni le mont Blanc ni Val-d'Isère. N'ont-elles pas la chance merveilleuse d'être un pays qui « se caractérise — bien plus que les autres montagnes d'Europe — par la cohérence qui existe entre les types d'utilisation du terroir, la structure sociale et les systèmes juridiques » ?

PATRICE DE BELLEFON

VOYAGE EN COUSERANS

Images folkloriques ! Depuis que les pays pyrénéens sont devenus des morceaux de régions, ils en crèvent d'être ces réservoirs à énergie hydro-électrique et à folklore. Vallée de Bethmale, mont Valier, costumes ariégeois : clichés que tout cela. Je n'ai pas envie de parler ici d'idées ressassées ailleurs, mais d'un de mes voyages en ce pays, yeux aux aguets et cœur attentif. Par malheur, il faisait très beau et cela m'a contraint à oublier qu'en d'autres années j'y avais rencontré la pluie, l'orage, la neige et les tourmentes des pays de montagnes. Cette frontière sauvage que vantent les placards publicitaires du métro parisien est proche, mais la sauvagerie d'ici est celle des dures tempêtes et des pentes folles, non celle, blonde et éclatante, du Club Méditerranée.

Grand soleil de printemps. Départ de Saint-Girons vers les vallées, vers la montagne, vers le pays des hauts

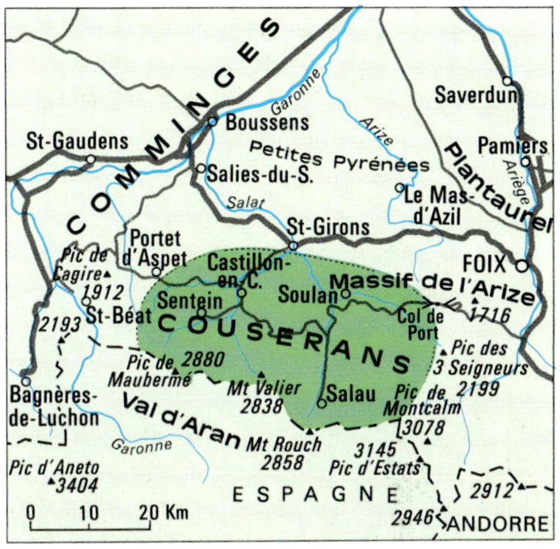

Les Bordes, 210 habitants, dans la vallée du Lez. Ce pittoresque village s'enorgueillit de posséder le plus vieux pont de tout le Couserans, le pays « aux dix-huit vallées ».

L'ardoisier au travail. En Couserans, comme dans d'autres vallées des Pyrénées centrales, l'ardoise recouvre encore nombre de maisons traditionnelles, hautes et aux toits pentus. Le chaume a aussi été largement utilisé par le passé mais il tend à disparaître.

villages, des temps sans touristes. Tandis que je chemine, un flash surgit en moi : marché de Saint-Girons, le samedi, sous les platanes au bord du Salat. Rêverie. Ces belles filles blondes aux jupes bariolées, ces gars d'un autre âge (d'avant ou d'après nous ?) qui vendent du fromage de chèvre et bavardent avec les marchands du pays et les rudes paysans, comme des camarades heureux de se retrouver. Rire ensemble un jour par semaine : sûr, je l'ai vu. Vivre ensemble tout le temps : à voir ! Descente inopinée — vive l'hélicoptère ! — des gendarmes de Massat traquant les champs de cannabis. Visages en pleurs d'être venus d'ailleurs, jeunesse parlant d'abord les langues de l'Europe du Nord, puis le français, puis, un peu, les dialectes ariégeois. Marginalité. Cannabis confisqué. Il partira en fumée mais d'une autre manière... Les cultivateurs de chanvre seront évidemment laissés en liberté. Autrefois on exportait bien vers Toulouse la glace des glaciers ariégeois, on cueillait aussi des herbes médicinales. Mais le chanvre est sûrement une herbe particulière pour que des terriens jaillissant d'une libellule mécanique la fauchent par surprise.

Il y a toujours eu des voyageurs ici. Les voyages sont le sel de la vie, ils fécondent la fraternité des hommes. Un ami me pilote dans son camping-car, un Toyota — signe des temps. A quand un aéroport international en Couserans, où débarqueraient les Japan Airlines, comme à Nairobi où elles vont voir les Masaïs ? Masaïs et Ariégois sont (étaient) des éleveurs aussi étranges les uns que les autres !

Voyage dans les mots, les noms de lieux. Kercabanac le Celte écoute la chanson occitane de la rivière aux gorges de Ribaouto. J'aime les noms courts : Erp, Seix, Lez, Orle, Biak, Oust... Ils fleurent l'euskarien et le vieux fonds linguistique pré-indo-européen. Sait-on que des stèles discoïdales peuplent encore quelques vieux cimetières ariégeois ? Il y a aussi les litanies en *ein* en vallée de Bellongue (Argein, Aucazein, Augirein, Escarchein), en val de Lez (Sentein, Uchentein). Il y a bien sûr les noms en *ac* gallo-romains. Comme des hordes, les noms ont déferlé sur le Couserans et l'Ariège. Certains ont survécu, d'autres ont disparu mais on en retrouve toujours les traces dans les textes anciens, le langage oral, la toponymie. A l'instar de tous les pays pyrénéens, le Couserans apparaît comme un conglomérat à toponymie bigarrée, tout autant que les jupes et les corsages des belles étrangères des samedis à Saint-Girons sous les platanes du marché.

Le Couserans sait aussi être secret. A Moulis, le grand biologiste toulousain que fut Albert Vandel a fondé un centre de recherche de biospéléologie, aujourd'hui mondialement connu. Le karst pyrénéen est beaucoup plus diversifié que le karst yougoslave, qui constitue pourtant le modèle initial. Dans la paix du village, au cœur du laboratoire souterrain, hommes et femmes en blouse blanche tentent d'élucider le mystère de la vie en dehors de tout rythme solaire. Cela, on l'oublie trop, fait partie du Couserans et le rattache au reste du monde.

La ligne entre domaine gascon et domaine languedocien passe dans les montagnes autour de Massat. La limite officielle est celle du col de Port (1 249 m), mais le Languedoc déborde du côté atlantique. Est-ce une avancée du pays de Foix voisin en Couserans ? Et l'autre frontière : celle du sud ? Elle n'a jamais été une frontière, sauf celle qu'impose la tempête — et, récemment, douaniers et policiers. Il faut le souligner, car c'est là une constante de la vie pyrénéenne : la frontière est invention récente. On en a une autre preuve immédiatement à l'ouest. Le val d'Aran est gascon de langue ; il fait pourtant partie de la Catalunya (Catalogne). Les Aranais parlent gascon, français, catalan, espagnol. C'est la moindre des choses en un pays où le commerce est roi depuis toujours. La langue des pâturages, celle des ports (par exemple du port d'Aula à 2 260 m, du port d'Orle à 2 318 m) était la seule vraie langue ; elle se perd hélas ! Que l'on soit d'Isil ou de Couflens, quelle importance ? L'essentiel est de se comprendre.

Voici Sentein. C'est jour d'élection municipale. Il fait plein soleil, le village semble désert. Trois anciens lézardent devant la mairie. Ils racontent. « Du temps des mines, il y avait vingt cafés à Sentein, et même un dancing avec des entraîneuses qui venaient de Toulouse. Et puis il y avait la Mauresque ; oh ! elle est toujours au village, mais c'est le désert maintenant, les mines ont fermé depuis bien longtemps. » L'église est grande ouverte, la messe est à onze heures. Je vois une femme en noir dans la nef immense. Autour de l'église, un square avec des massifs taillés et une balançoire. Cela fait plutôt artificiel. J'allais oublier le poilu, un magnifique poilu sur piédestal : casque, habit bleu et besace marron. Je ne sais trop si le bleu évoque la ligne bleue des Vosges, la

Vierge Marie, ou s'il n'est, tout simplement, que la marque d'une fantaisie vestimentaire absurde, sans rapport avec les camouflages guerriers. Combien de morts du monument de Sentein doivent l'éternité à leur bel habit bleu resplendissant sous le soleil de l'Est ? Le dancing est fermé, la liste funéraire bien en vue, des touristes en Toyota interviewent l'autochtone et mitraillent au Minolta. Je chemine dans le village, à la recherche de quelque gloire passée. Un petit castel avec *casita* se dresse, enjambant le ruisseau : Défense d'entrer ! Mais il n'y a pas de chien méchant, la vie a déserté le castel, tout comme les réceptions d'antan. Du Gîte de France caché au creux d'une venelle jaillit une musique de jazz. Maisons vides. Couleur : gris. Ardoises, tôles, couvertures en plastique. Je reviens sur la place. Le poilu trône toujours au centre du square François-Berbé. Quel est le nombre d'habitants actifs ici, où il y eut naguère vingt cafés, où il ne reste plus qu'un square vide ? Je quitte les lieux et grimpe vers Antras, à quelques minutes de là.

Antras, beau village riant sous le soleil, animé, tout en pente, exposé au sud. Large panorama sur les crêtes frontières encore enneigées. Antras : 400 habitants il y a un siècle, 20 habitants permanents maintenant. 3 000 ovins il y a cinquante ans, deux troupeaux (un de 100, un de 60 têtes) aujourd'hui. Les haies de frênes limitent toujours les parcelles, mais beaucoup de celles-ci ne sont plus fauchées : le brachypode penné envahit les anciennes prairies et favorise le glissement de la neige sur ces pentes fortes.

Il s'en retournait par le chemin des granges, en contrebas du col de Nédé, des branches de frêne sur le dos. Il avait envie de parler : « Nous sommes tous des forçats ici, vous savez, nous célibataires de plus de cinquante ans, c'est le vin qui nous a tués... J'ai eu une attaque, c'était le 10 mai de l'an passé... J'avais quatre jeunes veaux à porter depuis la grange qui est de l'autre côté. J'ai fait quatre fois le trajet, le cœur n'a pas tenu, et le docteur m'a dit : « Mon vieux, t'es foutu... » Il s'est trompé, mais je bois plus de vin, et maintenant ça va, je mange à nouveau comme un bœuf, mais je bois plus de vin... Vous comprenez, avant, on montait le foin à la main dans les pentes comme ça, à chaque fois on buvait du vin, ça nous aidait à tenir ; ici, on est tous des forçats, et puis on est tous célibataires... »

Ouvrir les yeux : telle est la règle du voyageur, et aller vers les villages souriants qui ont envie de parler, respecter le silence ou la réprobation des autres. Mais les Ariégeois sont, dans leur pauvreté, tous très accueillants. Fours à pains, traîneaux à foin, traîneaux à blocs de pierre, toits d'ardoises enluminées de lichens gris et orange, larges planches clouées sur le haut des pignons de granges (le foin sèche mieux ainsi), on retrouve ici les caractères des villages de montagne. Les maisons sont pimpantes, mais c'est presque toujours parce qu'elles ont été rachetées par des citadins et restaurées. Elles appartiennent désormais à des résidents temporaires de diverses nationalités. Les « permanents » se partagent entre une population autochtone, mais vieillie et à bout de souffle, et des néo-Pyrénéens

Sabotier à Castillon-en-Couserans. Travail à la cuiller pour creuser la forme. On continue à fabriquer les sabots bethmalais, si caractéristiques avec leur extrémité très relevée.

Grange à Cominac, dans la vallée du Garbet, entre Oust et Aulus-les-Bains. Cette vallée orientale est une des plus ensoleillée du Couserans. Le bâtiment présente les pignons à redents en usage dans cette région qui garde une certaine activité pastorale.

vivant chichement dans leurs maisons des écarts. Il n'y a en tout cas pas assez de monde pour faire réellement vivre le village ; ceux qui possèdent la force physique n'ont pas l'expérience ancestrale de la vie en montagne, des mille et une astuces qui font que, malgré tout, l'on survit. Antras est beau, certes, un des plus beaux villages de montagne des Pyrénées, mais coincé entre le passé et un futur balbutiant, pour l'instant il végète.

Je voulais voir Cominac et Ercé. Il fallut remonter la longue vallée de Bethmale jusqu'au col de la Core (1 395 m), dépasser Seix, puis Oust et grimper vers le col de Saraillé (942 m). La vallée de Bethmale est réputée, peut-être parce qu'elle est plus large, plus accueillante, moins secrète que les autres vallées du Couserans. Elle était sûrement très vivante autrefois, au temps où le pastoralisme faisait retentir mille sonnailles dans ces montagnes. Elle m'attire peu, sans doute parce qu'elle est trop célèbre et que j'ai tendance à voyager dans les lieux moins connus, plus reculés. Cominac a une tout autre célébrité grâce à ses ours. Certains habitants de cette partie du Couserans s'étaient en effet spécialisés dans la capture des oursons, qu'ils promenaient une fois adultes dans les villages. Ils faisaient danser les ours, après leur avoir inculqué mimiques et tours de force, et recueillaient ainsi quelque argent. Ici, à Cominac ou à Ercé, on peut encore rencontrer ce monsieur dont le grand-père était parti en Australie avec un ours, sans faire fortune d'ailleurs. Deux autres montreurs d'ours (*oursaillès*) avaient traversé les États-Unis et s'y étaient fixés. Cela peut sembler extraordinaire, mais traduit bien l'esprit aventureux de certains membres des communautés pyrénéennes d'autrefois.

En 1906, on tenta de réaliser en Ariège les inventaires des biens des églises en application de la loi de séparation de l'Église et de l'État, votée un an auparavant. A Cominac, un certain jour de l'an 1906 — la scène a été immortalisée par une carte postale — trois ours prennent place devant l'entrée de l'église, entourés par leurs maîtres et tous les gens du village, face aux montagnes. Voici que surgissent les gendarmes chargés de faire appliquer la loi. Le curé apparaît sur le seuil et lit une protestation solennelle. Comme le fait remarquer Michel Papy, à propos des cartes postales relatant l'événement : « Les images ne disent pas la suite : les chevaux, quelque peu interloqués par la présence des ours, se sont cabrés, et les gendarmes auraient, dit-on, connu quelques problèmes d'équilibre et un peu perdu de leur dignité. » Cet incident est, je crois, fort significatif. Il montre le refus viscéral (et dans certains cas exagéré) de toute agression extérieure, de toute intrusion dans l'ordre de la vie villageoise, ici symbolisé par le seuil de l'église : alliance du sacré et du temporel, du cultivé et du sauvage (l'ours). Toute la communauté fait front contre l'ordre venu de la ville, du « centre ». C'est l'affirmation que le centre n'est pas ailleurs, mais ici.

Le site de Cominac est superbe. A l'inverse d'Antras, l'activité pastorale y est encore vivante. Il faut dire que le terroir forme une sorte de vaste amphithéâtre où l'eau ne manque pas. Le bocage y est de toute beauté. C'est le pays du bois, et les forêts sont faciles d'accès. Pays sans clôtures, à l'herbe rase en ce début de printemps, montagne parsemée de granges vivantes... On se sent ici en liberté.

Antras et Cominac convient finalement à une réflexion sur les autochtones et les marginaux en rapport avec le futur de ces montagnes. Michel Jourdan, homme venu d'ailleurs qui a vécu quelques années à Antras, résume avec pertinence le problème posé — et non résolu — dans ses *Notes de ma grange* : « Maintenant, ils ne craignent plus que les blaireaux qui viennent parfois déterrer les pommes de terre dans les champs ; les sangliers ne ravagent plus les champs de céréales qu'ils ne cultivent plus. Ce n'est pas la nostalgie de ces temps-là que l'on éprouve devant les traces de cette société montagnarde, mais plutôt la nostalgie de la force qui leur faisait faucher ces pentes impossibles à faucher, qui leur faisait produire tout ce dont ils avaient besoin pour vivre, sans rien demander à personne. » Faut-il penser aussi que « la multitude a besoin de solitaires comme elle a besoin de facteurs, de docteurs et de pêcheurs... que le solitaire est aussi nécessaire à l'équilibre de l'humanité que le désert, la forêt où personne ne va, la chute d'eau au fond d'un cañon que personne n'a jamais vue ni entendue. Peut-être, après tout, la société a-t-elle besoin d'ermites dans les montagnes et d'hommes dans les bois, qui assurent la liaison entre elle et la nature ? » Que nous sommes loin du folklore et des hordes de touristes bariolés qui, nécessairement, un jour de grand vent du Sud, viendront virevolter un instant en ces terres d'éternité vivante !

CLAUDE DENDALETCHE

LA MOSAÏQUE CATALANE

On ne peut éviter de parler d'emblée du Canigou. Pour rappeler d'abord que les géographes du temps de Strabon le considéraient comme le point culminant des Pyrénées — il faut dire que, pour eux, la chaîne était orientée nord-sud. Le célèbre pic s'élève à 2 784 mètres et son massif est fort étendu. C'est le mont sacré des Catalans, sans être le plus haut sommet de la Catalogne. Il domine, au nord, le Conflent (vallée de la Têt) et la ville de Prades, au sud, le Vallespir (vallée du Tech), jalonné par Prats-de-Mollo, Amélie-les-Bains et Céret. Au sud-ouest, voici la Cerdagne. Par les Aspres, il atteint le Roussillon et les contrées méditerranéennes. A l'orient, le chaînon des Albères plonge ses terrains indurés dans la Méditerranée.

Vu de la plaine, le Canigou a fière allure. Joseph Ribas, un des meilleurs connaisseurs de ces régions, l'évoque en termes choisis : « Élisée Reclus l'a comparé à l'Etna. Il en a le jaillissement et l'élévation... Face à l'Albère qui figure l'alignement naturel des Pyrénées, le massif solitaire impose son caractère. Il a quelquefois ses colères. Sa tête bourdonne alors dans le grondement des orages. Il médite et prépare dans les nuages quelque cruelle catastrophe... Le tracé d'un chemin, l'emplacement d'un cortal, une borne de champ, une murette, témoins de la vie des hommes, gardent le signe d'une angoisse dans laquelle meurent les terres veuves, veuves des paysans qu'elles ont perdus. Il faut avoir marché longtemps sur ses

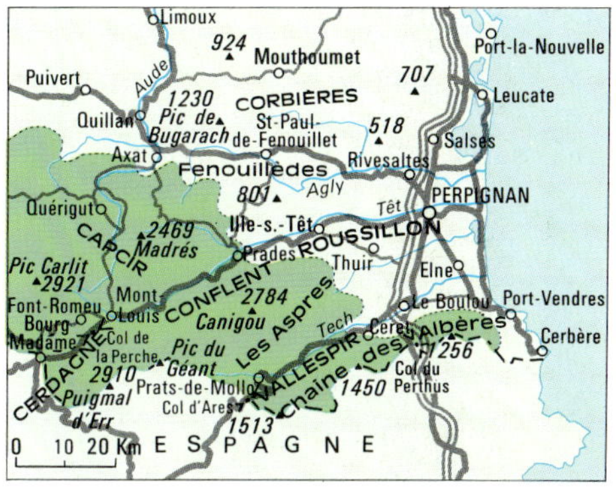

Au-dessus des vergers en fleurs de la vallée de la Têt se dresse le pic du Canigou (2 784 m). Selon la tradition catalane, des feux de la Saint-Jean sont allumés sur son sommet chaque année.

sentiers muletiers, sur ses pistes forestières, pour que le Canigou révèle enfin toute la diversité de son tempérament et, comme une grâce, tout son esprit. Il faut aimer s'asseoir après de longues marches dans la cabane du berger. Il est, parmi les vieilles pierres, celui qui maintient la vie. Il vous parlera de « sa » montagne et vous la sentirez vivre, à votre tour, puissante, de tous ses muscles de granit et de fer. »

Une des particularités de ce terroir, c'est le fait que l'on passe en quelques kilomètres de la côte, où croissent myrtes, caroubiers et orangers, comme près de Banyuls-sur-Mer, aux neiges du Canigou. La succession altitudinale des ensembles végétaux est tout à fait claire : étage collinéen à chêne-liège, chêne vert, chêne pubescent; étage montagnard à pin sylvestre, sapin et peu de hêtre; étage subalpin à pin à crochet. Une voie d'accès rapide au sommet est constituée par la piste forestière qui mène au chalet des Cortalets, à 2 100 mètres. Ici, le sapin abonde et constitue des forêts pures. L'absence de hêtre peut paraître curieuse, car nous sommes sur un versant nord, et les troncs et les branches sont hirsutes de grands lichens chevelus, indice d'humidité atmosphérique temporaire. Sur les falaises trop difficiles pour qu'y vive le sapin, le bouleau abonde et, à la base, on y rencontre de belles clairières à doronic, épilobe, grande gentiane et vératre. La pinède à crochet rappelle les couleurs du drapeau catalan lorsque rhododendron (rouge) et genêt purgatif (jaune) sont fleuris. On pourra observer tout à loisir la vie animale du petit lac dominé par des éboulis issus des deux môles sommitaux. La brèche Durier abrite un minuscule glacier, de surface insuffisante pour que l'on puisse parler ici d'un étage nival.

Au sommet du pic, on peut apercevoir en contrebas un des glaciers rocheux les plus originaux des Pyrénées. L'emboîtement des « moraines » rocheuses en arcs permet de le repérer facilement. Quelques pins ont colonisé les marges inférieures. Cela nous rappelle que lors des glaciations quaternaires, tous les arbres ont été repoussés à basse altitude; lors du recul glaciaire, ils sont repartis à la conquête des hauteurs. Les climats changent, les paysages changent, les animaux changent. Seuls ne changent pas les hommes dans leur prétention à vouloir dominer les montagnes. Il faut apprendre à regarder leur terre depuis les sommets, cela permet de relativiser bien des faits. Spectacle étonnant pour un habitué des Pyrénées occidentales. Une abondante mer de nuages s'accroche au sud du massif du Puigmal et s'effiloche vers l'est, un îlot de soleil auréole le Canigou au nord — situation inverse de l'Occident pyrénéen, où le versant nord est toujours le plus humide. Très loin vers le sud se dresse le Montseny, dans l'axe du Puig des Très Vents (2 763 m), notre vis-à-vis dominant une série de laquets entourés d'une pelouse à renoncules des Pyrénées. A droite de cet axe, le Pla Guilhem, le pic de Costabonne, les Esquerdes de Rotja et une succession de monts, jusqu'à l'Andorre. La mer de nuages nous rejoint et nous invite à nous replonger rapidement dans l'odeur balsamique de la pinède.

Le catalan est la langue usuelle dans ces montagnes. Le français est la langue de la ville. Mais la Catalogne française n'est qu'une petite partie de l'ensemble catalan, autonome au sein de l'État espagnol. Allez donc sur la côte en été. Sur des kilomètres se dressent les buildings et villas des vacanciers : la côte est internationale,

Dans les rues de Coustouges, en haut Vallespir, le marchand de bois. Ce village de montagne, qui compte à peine 200 habitants, est l'un des plus méridionaux du territoire français. Il garde une activité traditionnelle autour de son église fortifiée.

elle ignore la montagne, sauf pour de brèves randonnées automobiles quand le temps n'est pas clément. Circulez à Perpignan, on y entend toutes les langues d'Europe ou d'Afrique du Nord. Traversez le vignoble, on y parle aussi beaucoup de langues. Rejoignez les bergers transhumants, le catalan est la règle. On finit par se perdre dans cette multiplicité. Contemplant les lignes régulières des vignobles qui épousent les moindres pentes, on songe au travail des hommes. Non point à ceux que l'on observe là, mais à ceux qui, dans les siècles passés, les ont précédés. Le paysage s'anime alors et le brouhaha factice de la ville s'efface. On retrouve l'homme seul, courbé sur le cep et le mutilant afin que jaillisse la sève qui gonflera les grains. Là est l'essentiel, dans ce travail simple et répété de l'homme, de l'artisan aux mains rugueuses. Cet homme seul a constamment subi les pillards et les guerriers comme il a enduré les tempêtes.

Les montagnes catalanes sont parsemées d'ermitages, de prieurés, mais aussi de ruines de modestes habitations. La couleur rouille qui domine, le caractère émoussé des hautes terres se conjuguent pour donner au voyageur perdu dans l'immensité des crêtes une pesante impression de tristesse. Cela est accentué par la rareté de la vie animale; je parle bien sûr des grands animaux, oiseaux et mammifères. C'est surtout sensible près des terres andorranes. Principauté dont la langue officielle est le catalan, l'Andorre est aussi le lieu d'un urbanisme sauvage qui a détruit beaucoup de très beaux sites et enserré des merveilles d'architecture romane dans du béton. Les Andorrans ont aussi pris l'habitude de rabattre les isards vers leur territoire, où ils peuvent les tirer en toute impunité.

Redescendons vers les villages, saignés à blanc par l'émigration. Les archives ont livré deux noms d'émigrants catalans au XVIIIe siècle au Rio de la Plata : Lazare Simon Terri, né à Prades en 1741, et Bernard Nogué, né à Prats-de-Mollo en 1751. Joseph Ribas est toujours un guide sensible et savant. Voici Prats-de-Mollo : « Le village a grandi, faisant éclater son corset de remparts, vestiges... d'un passé de révoltes, de guerres et de calamités. Rien n'apparaît de ces cruautés sinon à l'intérieur de l'église quelques scènes obsédantes : un Christ supplicié, griffé d'épines, percé de clous et de coups de lance; les saintes locales écorchées vives avec des peignes de fer ou face au bûcher que le bourreau attise. » Ce pays abonde en étrangetés, ainsi l'enclave espagnole de Llivia, près de Saillagouse. Ce nom conserve celui du *Castrum libyae* romain. Capitale de la Cerdagne, Llivia possédait une enceinte de 1 400 mètres de pourtour. Mazarin et Luis de Haro signèrent le 7 novembre 1659 le traité l'isolant de l'ensemble Roussillon, Vallespir, Conflent, qui, avec une partie de la Cerdagne, demeurait français. La route qui relie Puigcerda à Llivia est neutre. Peut-on imaginer chose moins naturelle dans l'ordre des facéties juridiques humaines ?

A Céret, dans le Vallespir. Un artisan confectionne les semelles de corde des fameuses espadrilles pyrénéennes. Ce bourg est resté un foyer de culture catalane.

LA FÊTE DE L'OURS

Il est curieux que les fêtes de l'ours existent là où l'ours a disparu. Les données ethnographiques montrent en effet que, actuellement, ces carnavals semblent remplacer les relations normales avec l'animal vivant.

Saint-Laurent-de-Cerdans est une petite cité située près de Prats-de-Mollo, en Vallespir. Plusieurs ethnologues, dont Daniel Fabre et Jacques Lacroix, ont publié sur son carnaval d'intéressants documents. Dans le passé, la fête se tenait le 2 février, date de la Chandeleur « et de la rupture d'hibernation de l'ours selon le calendrier populaire ». Elle a lieu maintenant à une date mobile du mois de février, en fonction des vacances scolaires. On peut en résumer ainsi le déroulement traditionnel.

« L'ours se saisit d'une jeune fille et l'emporte... Il jaillit de la cour de la ferme, traverse en tirant sa proie un champ labouré, court à l'orée de la forêt et gagne son domaine plus sauvage. A ce moment, la meute des jeunes gens... se lance à ses trousses; le chasseur... capture l'ours. Aussitôt enchaîné par la taille, il est entouré par la jeunesse qui crie et brandit ses armes... Le meneur récite alors *la perdica de l'os,* dont voici la traduction du catalan :

Aimables habitants du bienheureux
  Vallespir,
Je suis arrivé aujourd'hui pour vous divertir.
Je vous mène l'ours Martin,
L'épouvante de la contrée.
Lui, il dévorait tout,
Animaux, hommes, femmes et enfants.
Les pauvres jeunes filles étaient fort
  mal traitées,
Malheur quand il reniflait sous le tablier. »

La musique retentit ensuite, et les participants dansent autour du couple meneur-ours. Cette scène se répète en divers lieux, puis on arrive sur une vaste aire où a lieu l'épilogue. Les chasseurs forment un cercle. On commence à raser l'ours, assis sur une chaise, à l'aide d'une hache. L'ours tombe, mort. « Il reste sur le sol quelques secondes et, brusquement, l'orchestre entame un air de danse, l'ours se relève, va dans l'assistance, choisit une fille et se met à danser un paso doble. » Cela marque la fin de la fête de l'Ours et le début du carnaval, qui va durer une pleine semaine.

Les « ours », le visage et les mains enduits d'une pâte faite de noir de fumée, d'huile et de vin.

Ici aussi les noms invitent au voyage. Glanons quelques villages monosyllabiques : Ur, Err, Ro, Hix. Vestiges basques ? Il y a aussi le catalan Urtg, à fausse apparence bascoïde. Puig-del-Faig est transparent : Sommet aux Hêtres. J'oubliais Llar, Llo. Ces noms chantent dans de vastes paysages encombrés de moraines ou de blocs titanesques, tel le chaos de Targasonne, ou en des défilés taillés dans le schiste. La marée des récifs calcaires dresse un rempart nord hérissé de châteaux cathares, délimitant le domaine linguistique du catalan. Partout passent les *camis ramadés*, ou chemins de transhumance. A ces pays secs, ovins et caprins ont infligé des dommages irréparables; aux pays de l'olivier ou de la forêt subalpine, le berger et ses troupeaux ont eu la même efficacité. On qualifie souvent de montagnes méditerranéennes les Pyrénées catalanes; c'est un terme beaucoup trop vaste pour des montagnes aussi complexes.

Les grands voyageurs de cet Orient pyrénéen furent les botanistes. L'exploration se développa ici en liaison avec le rayonnement intellectuel de

Derrière les forêts de pins du Capcir, le massif du Carlit. Entre le pic Carlit, le pic Péric et les pics d'Aude s'étend à plus de 2 000 m le plateau des Bouillouses, parsemé de lacs.

l'université de Montpellier. Le style très fleuri du discours du 1er juillet 1872 de la session de la Société botanique de France à Prades-Montlouis est exemplaire : « C'est vraiment un beau privilège pour la science, et surtout dans des temps aussi troublés que les nôtres, que de réunir dans une bonne volonté commune des hommes que sépareraient peut-être les âges, les opinions, les professions et les habitudes sociales. En présence de la nature, ces diversités s'effacent. On se sent lié par la faculté commune de l'admiration, qui, comme toutes les choses élevées, arrache l'homme aux préoccupations étroites et égoïstes. » Est-ce donc toujours la paix entre hommes de science ? Un extrait d'une lettre de Gouan à Picot de Lapeyrouse le dément : « Ouvrant la boîte, j'ai été surpris, mon bon, de ne trouver rien de neuf ni de bon pour moi. Vos deux chardons me sont connus depuis longtemps... Vous ne m'avez rien donné d'intéressant soit pour la nouveauté, soit pour la préparation... » (27 février 1780). Mais les savants sont un peu comme les moutons de Panurge. Non seulement beaucoup se rendent sur les mêmes sites pour récolter les mêmes plantes et les enterrer dans leur herbier, mais encore ils s'avèrent extrêmement sensibles aux modes. Les botanistes sont souvent des chasseurs qui ne tuent pas, mais qui pillent les plantes rares. Et les montagnes catalanes ont été comme tant d'autres constamment pillées. Pillage par des collectionneurs, par des vendeurs de rêves touristiques !

On peut bien sûr comprendre ces montagnes sans lire les travaux des historiens. Cependant, un Pierre Bonnassie nous livre des renseignements essentiels sur les Xe et XIe siècles. Il souligne la fonction primordiale de la forêt, ici, dans l'alimentation des sociétés du haut Moyen Age. Cette activité de cueillette (noisettes, baies, racines, champignons) était complétée par la pêche. En 1151, les habitants de Prats-de-Mollo devaient ainsi fournir au comte 2 100 truites salées par an. Ces mêmes comtes du Conflent, Vallespir, Cerdagne, exigeaient des redevances de chasse : quartiers d'ours, d'isards, coqs de bruyère. Cet auteur cite la fréquence des toponymes liés à la chasse, en particulier dans les Albères : *trapam* (trappe), *perticam/pergam* (piège)... Ces régions étaient en outre parcourues par des hordes de porcs proches de la souche sauvage, mettant à profit les ressources de la forêt.

Au début du IIe millénaire, le peuplement était ainsi très important dans ces montagnes. En raison de l'insécurité chronique régnant en plaine, de plus en plus d'individus refluaient vers l'amont, les derniers arrivés s'installant aux altitudes les plus basses. Ces surpopulations entraînaient fréquemment des famines, les cultures de céréales ne fournissant pas assez de nourriture. Déséquilibres quantitatifs et qualitatifs provoquaient des maladies de carence vitaminique. La reproduction en vase clos entraînait en outre nombre d'accidents génétiques tels que cécité, surdité, claudication, crétinisme...

LES LABORATOIRES DU SOLEIL

1

2

3

1. *La centrale Thémis à Targasonne : champ de miroirs et tour.*
2. *Le four solaire d'Odeillo, construit et géré par le C.N.R.S.*
3. *Héliostats (miroirs plans capteurs solaires) du four d'Odeillo.*

Avec ses deux pôles de recherche, Odeillo et Targasonne, près de Font-Romeu, la haute Cerdagne est devenue le banc d'essai de l'énergie solaire en France. Les Pyrénées orientales ont été choisies en raison de leur taux d'ensoleillement exceptionnel : près de 3 000 heures par an, la moyenne de l'Hexagone oscillant autour de 1 400.

Le premier four solaire du C.N.R.S., celui de Mont-Louis, conçu dès 1946, a été inauguré en 1959. C'est aujourd'hui une pièce de musée. Le second, celui d'Odeillo, a été mis en service en 1968. 63 héliostats de 45 m² chacun réfléchissent le rayonnement solaire sur un grand miroir parabolique de révolution de 1 800 m². L'énergie (1 000 kW) se trouve concentrée sur un espace restreint, la zone focale, où les températures peuvent dépasser 3 500 °C. Précieux outil de recherche, ce four est utilisé pour traiter minerais et composés réfractaires, pour tester matériaux et éléments de futures centrales...

Thémis, implantée à Targasonne, à 1 700 mètres d'altitude, est la première centrale solaire française — et la septième de ce genre au monde. Décidé en 1975 par le gouvernement, le projet a été adopté en juin 1979, quoique très contesté. Construite à grands frais (quelque 300 millions de francs), cette installation prototype, couplée au réseau E.D.F. en mai 1983, a été inaugurée le 15 juin 1983. D'une forte puissance (2,5 MW), c'est le type même de la centrale solaire à tour : répartis en hémicycle sur 5 hectares, 201 héliostats de 50 m² chacun captent les rayons et les focalisent sur une chaudière située au sommet d'une tour haute de 100 mètres ; les calories produites sont alors évacuées par un circuit de fluide caloporteur (mélange de sels fondus porté à 450 °C) alimentant, par la vapeur dégagée, un turbo-alternateur qui les convertit en électricité. Dans ces nouvelles centrales thermiques, la chaleur du soleil se substitue ainsi à la combustion du pétrole ou du charbon ou à la fission de l'uranium.

Est-ce un nouvel âge pour l'énergie ? Dans l'immédiat, il se heurte à de sérieux problèmes de rentabilité. Les premiers kilowatts solaires se sont révélés fort coûteux : dix fois le prix de revient des kilowatts nucléaires ! Aussi Thémis doit-elle être considérée comme un module expérimental : « Ce n'est pas une centrale comme les autres... mais un centre national d'essais solaires, explique E.D.F., son maître d'œuvre. Après sa mise au point, Thémis pourra avoir un champ d'application intéressant : la production de chaleur, source énergétique la mieux adaptée à certaines industries de transformation (agro-alimentaire, chimie, textile...). En outre, ce prototype serait exportable « clés en main » dans nombre de pays du tiers monde.

L'étang de Vives, dans le massif du Carlit, qui borde la Cerdagne au nord. Dans ces hautes terres ensoleillées, de belles rhodoraies peuplent les éboulis de l'étage alpin.

Pour comprendre les paysages actuels et leur état de délabrement (en particulier de déforestation), il faut songer à cette ancienne surdensité. Les historiens ont pu parler à propos des montagnes catalanes, qui ont été très bien étudiées sur leurs deux versants, de « montagne saturée d'hommes ». Signalons que le froment était encore rare; sa culture délicate fournissait peu de farine, celle-ci étant réservée aux nobles. Épeautre, seigle et orge étaient les céréales les plus répandues, mais les rendements dérisoires ne permettaient pas d'endiguer la faim. La solution consistait donc à ouvrir de nouvelles terres à la culture, et on admet que la mise en terrassettes de la plupart des pentes pyrénéennes eut lieu entre les IXe et XIIe siècles. En même temps s'organisait un système défensif dont il ne reste presque rien aujourd'hui en dehors de quelques appareillages ayant défié le temps. Dans cette société à la vie très difficile, l'esclavage a subsisté longtemps. Paradoxalement, à partir du IXe siècle, la proximité de la frontière islamique donna lieu à de nombreuses fuites d'esclaves de pays chrétiens vers le sud. Au Xe siècle, les esclaves restant dans les hautes vallées catalanes étaient la propriété des familles comtales ou vicomtales (Cerdagne, Vallespir, Conflent), de quelques maisons nobles ou de monastères (!). Vers l'an mil, l'essentiel de la population paysanne se trouvait cependant composé d'hommes libres.

Le christianisme eut, lui aussi, bien du mal à s'implanter définitivement en ces hautes terres. On le comprend quand on sait que mille ans plus tard (c'est-à-dire à ce jour), la croyance aux sorciers, esprits, puissances maléfiques de tous ordres est encore d'une grande vivacité chez les vieilles gens. La résistance à la christianisation a été très forte aux deux pôles pyrénéens : basque et catalan. Si ces peuples tiennent finalement autant aux pratiques de cette religion, c'est peut-être que pour eux elle fait encore figure de nouveauté... Je développe souvent auprès des prêtres de l'Occident ma théorie selon laquelle les Basques sont chrétiens quand ils vont aux offices et demeurent « malins » le reste du temps. En serait-il toujours de même du côté catalan ?

CLAUDE DENDALETCHE

GENÈSE DES MONTAGNES

Pour la plupart des promeneurs et des alpinistes, les montagnes françaises, comme toutes celles du monde, offrent l'aspect d'un amas désordonné de roches variées. Cet amas ne suggère guère, à première vue, qu'il s'est édifié au travers d'une histoire immensément longue et à la suite de mécanismes compliqués que l'on peut cependant reconstituer en raisonnant sur la nature, l'âge et la position respective des roches.

Les géologues peuvent ainsi reconnaître que les montagnes de France se sont formées pendant l'ère tertiaire, c'est-à-dire pendant les derniers 60 millions d'années. Ce chiffre est déjà énorme, et pourtant il ne représente qu'une tranche de temps très mince par rapport à l'immensité des temps géologiques. Si bien qu'avant le Tertiaire la France a connu d'autres périodes de plissement, et donc d'autres chaînes de montagnes maintenant érodées et totalement aplanies.

La plus ancienne connue date de 600 millions d'années, mais ses traces ne se retrouvent que dans une partie de la Normandie et de la Bretagne, où elles ne sont discernables que par les géologues et ne donnent aucun relief. Nous n'en parlerons donc pas.

Plus tard, à la fin de l'ère primaire, s'est édifiée la chaîne hercynienne, qui est donc vieille de 350 à 250 millions d'années. Elle était beaucoup plus vaste que la précédente. En effet, elle recouvrait intégralement le territoire français et le débordait même vers le nord et le sud. Mais, au début de l'ère secondaire, c'est-à-dire à 200 millions d'années de nous, cette chaîne était presque totalement érodée et avait fait place à une « pénéplaine » qui recouvrait tout notre pays. Les mouvements alpins, qui se produiront 150 millions d'années après, réutiliseront donc obligatoirement le matériel hercynien. Celui-ci sera ainsi plissé ou soulevé, avec la couverture des terrains sédimentaires déposés au-dessus de lui par les mers secondaires et parfois tertiaires, qui envahirent à plusieurs reprises cette pénéplaine.

Dans ce qui suit, il n'est pas question d'essayer de reconstituer la chaîne hercynienne, car cela nous entraînerait dans des développements trop techniques. La tentative serait d'ailleurs délicate, car la chaîne hercynienne a été réduite par l'érosion à ses parties les plus profondes : notre démarche serait celle d'un archéologue cherchant à reconstituer une maison ruinée dont il ne resterait que les fondations ou les caves. De plus, ces parties ont été très fortement recristallisées par l'effet des pressions et des températures énormes qui y régnaient sous les 10 ou 15 kilomètres de couverture actuellement disparue. Les roches formant ce socle hercynien sont surtout des gneiss, des micaschistes et des granites, représentant d'anciens sédiments ou d'anciennes laves totalement recristallisées (phénomène du métamorphisme) et dont il est difficile de reconstituer la disposition primitive, antérieure au plissement hercynien.

Les seules roches primaires pratiquement pas transformées qu'on trouve associées à ces vieux socles sont des grès houillers à couches de charbon qui témoignent de l'existence d'anciens bassins lacustres installés dans les dépressions de la chaîne achevée et déjà bien entamée par l'érosion.

Toutes ces roches primaires, recristallisées ou non, forment la quasi-totalité des deux premiers massifs dont nous allons parler, à savoir les Vosges et le Massif central. On peut les considérer comme des fragments de la chaîne hercynienne, simplement rajeunis par les contrecoups du plissement alpin. Cela est particulièrement net pour le second, dont l'altitude augmente au fur et à mesure que l'on se rapproche des Alpes, si bien qu'il est possible de le concevoir comme une simple dalle qui aurait été soulevée à l'est et basculée vers l'ouest. Mais, se superposant à ce schéma très simple, les effets secondaires des mouvements alpins vont introduire des complications supplémentaires.

C'est dans les Vosges que l'histoire est la plus compliquée. En effet, au début du Tertiaire, les Alpes commencent à se plisser. La contraction correspondante entraîne une distension à la périphérie de l'arc alpin, si bien qu'on voit se dessiner là des fossés d'effondrement qui courent de l'Alsace à la Méditerranée. Le fossé alsacien, ou plus exactement le fossé rhénan, s'encastre ainsi au milieu d'un massif ancien. Ses deux lèvres, soulevées, forment les Vosges à l'ouest, la Forêt-Noire à l'est (fig. I), toutes deux à profil dissymétrique comprenant un escarpement raide sur la bordure effondrée et une pente douce à l'extérieur. Reste à expliquer le soulèvement de ces lèvres.

Les géophysiciens ont montré que, sous les Vosges, vers 20-25 kilomètres de profondeur, existe encore une remontée de matériaux en état de fusion partielle qui forment une sorte de coussin aplati, mais suffisamment épais pour amener le soulèvement des couches sus-jacentes. Ce coussin a dû se mettre en place à la fin du Secondaire, car les sédiments de cette époque montrent que la mer s'est retirée de la future région vosgienne, qui était donc en début de soulèvement. Le bombement s'est encore accentué au début du Tertiaire, créant ainsi à sa clef de voûte un état de distension tel qu'il y a eu rupture de cette dernière et affaissement du claveau ainsi délimité (comme on l'observe si souvent dans les vieux porches ruinés). Ce claveau affaissé est le futur fossé rhénan. Son effondrement a déterminé par contraste le relief des lèvres bordières qui ont même pu, par contrecoup, se soulever encore légèrement.

Dans le Massif central, un craquèlement distensif, analogue à celui des Vosges, intervient aussi au début du Tertiaire et amène l'effondrement des fossés de la Limagne et de Montbrison, encadrant le relief tabulaire du Forez. Mais le soulèvement général reste ici plus faible que dans les Vosges, peut-être parce que les actions magmatiques profondes y étaient encore modestes ou nulles. Elles n'in-

I. LES MONTAGNES FRANÇAISES VUES PAR SATELLITE

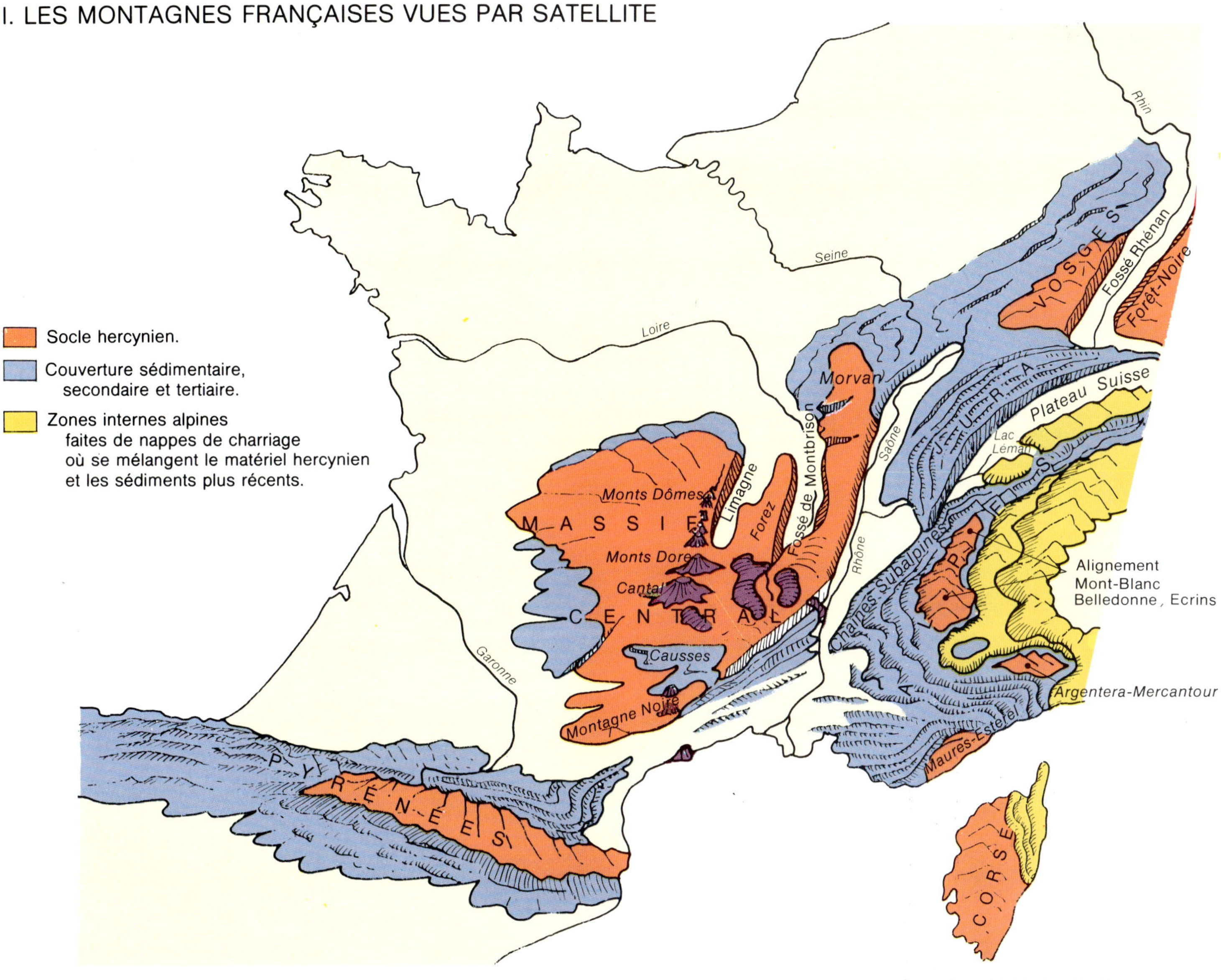

terviendront que beaucoup plus tard, à la fin de l'ère tertiaire, où elles ne ravivent pas le processus d'effondrement antérieur, mais provoquent un soulèvement d'ensemble du cœur du Massif central, accompagné d'une fracturation en étoile. Sur les branches de celle-ci s'installe un puissant volcanisme qui va se propager peu à peu vers leurs extrémités, et cela jusqu'au Quaternaire. Le point culminant se situe précisément au centre de l'étoile, avec le puy de Sancy, dans le massif du Mont-Dore (1886 m). C'est seulement plus tard que se produit le basculement vers l'ouest de la dalle hercynienne, basculement causé par le soulèvement des Alpes.

Les chaînes proprement alpines sont évidemment les Alpes (avec leur annexe jurassienne et leur prolongement corse), ainsi que les Pyrénées, qui, pour les géologues, se prolongent en Provence au-delà du golfe du Lion récemment effondré. Ces grands ensembles ont des origines différentes bien que tous deux soient liés à la collision de masses continentales en mouvement. Mais, dans le premier cas, les masses se heurtent de front, tandis que dans le second elles ne le font qu'au terme d'un long cheminement côte à côte. C'est ce que nous allons expliciter dans ce qui suit.

Le secret de l'interprétation des Alpes réside dans une bande de roches très particulières que l'on observe sur la frontière franco-italienne et bien souvent même sur le versant italien des Alpes. Elles forment le mont Viso, par exemple, ou les montagnes de la haute Maurienne et du val d'Aoste (fig. II E).

Ce sont des roches volcaniques et cristallines de la famille des basaltes, reconnaissables à leur poids et à leur teinte vert sombre ou noire, évoquant celle de certains serpents, d'où leur nom d'ophiolites (« pierre à couleur de serpent »). On les retrouve partout au fond des grands océans actuels dont elles constituent le substratum. On pense donc qu'elles représentent, dans les Alpes, la cicatrice d'un ancien océan qui s'est refermé entre ses marges continentales peu à peu

II. LES ALPES

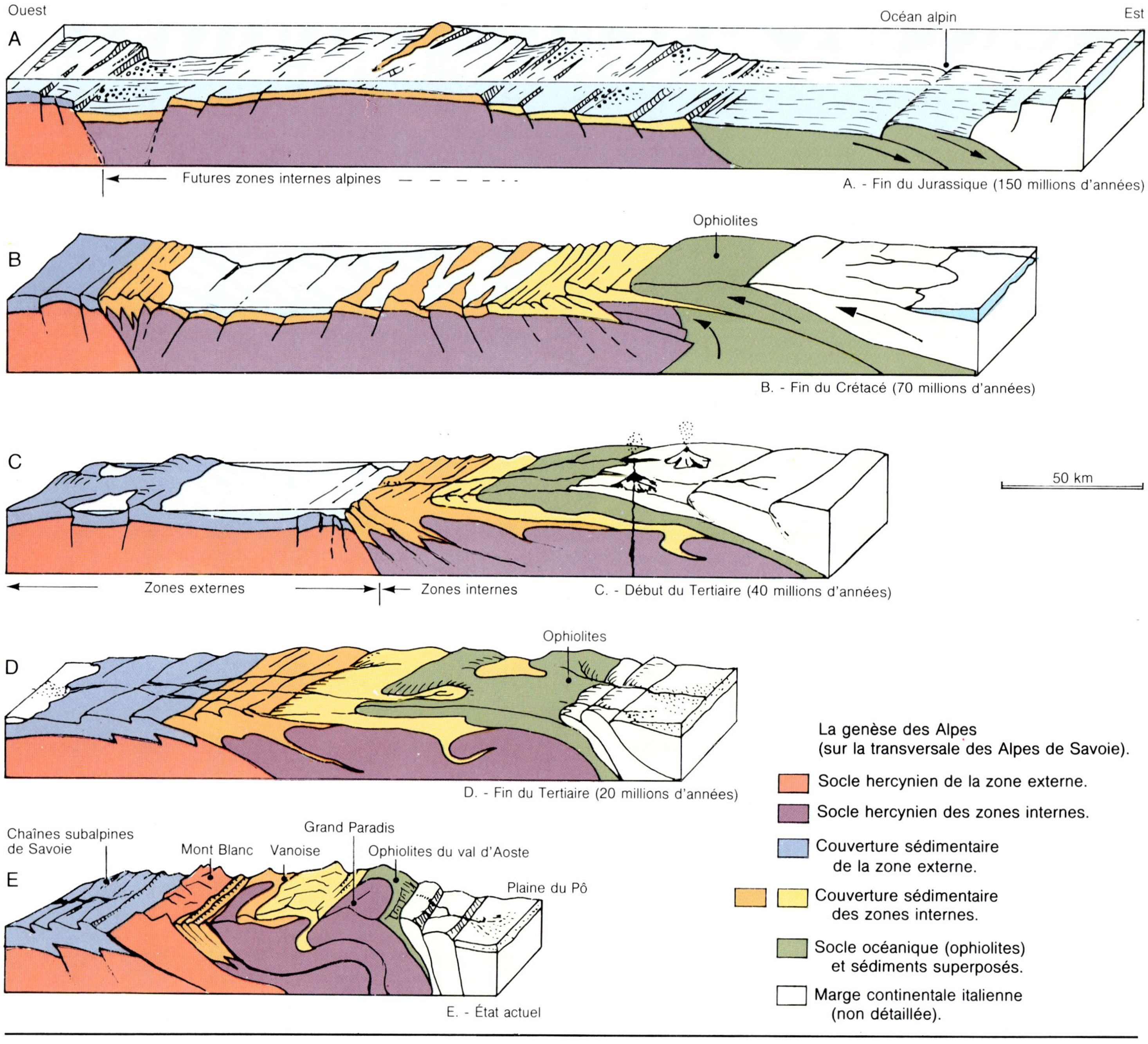

La genèse des Alpes (sur la transversale des Alpes de Savoie).

rapprochées. On sait maintenant que cet océan s'était ouvert au cours de l'ère secondaire, à la fin de la période du Jurassique, à 150 millions d'années de nous (fig. II A). En effet, des sédiments de cette époque, datés par des fossiles récemment découverts, reposent directement sur ces ophiolites alpines.

Les deux bords de l'océan se sont ensuite progressivement rapprochés, tandis que la croûte océanique (sauf quelques lames d'ophiolites) s'enfonçait sous l'une des bordures en présence (celle de l'est). Quand le petit océan alpin a été complètement absorbé, les deux marges continentales sont entrées en collision et la bordure orientale a même chevauché celle qui lui faisait face (fig. II B), comme on le voit encore dans les Alpes autrichiennes, tandis que, sur la frontière franco-italienne, cette lèvre chevauchante a été presque entièrement détruite par l'érosion. Au cours de l'écrasement résultant de cette collision, les roches chevauchées ont été recristallisées, et l'on a pu dater les minéraux de métamorphisme correspondants. Ils indiquent que la collision s'est faite vers − 80 millions d'années environ, c'est-à-dire à la fin de l'ère secondaire (époque dite du Crétacé). Mais d'autres roches sédimentaires ont pu échapper, au moins en partie, à cet écrasement, car elles ont été refoulées au front de la masse chevauchante et peu à peu éjectées du domaine océanique en cours de raccourcissement. En termes géologiques, elles ont été « charriées » sur la bordure continentale ouest, dont, en profondeur, le socle hercynien comprimé se clivait lui-même en lames qui se repliaient et s'intriquaient avec les sédiments sus-jacents, charriés ou non (fig. II C).

Ces phénomènes compliqués se prolongent au début du Tertiaire, car ils s'accompagnent de la cristallisation de nouveaux minéraux de métamorphisme que l'on a pu dater de 40 millions d'années environ.

Les mouvements de cette époque provoquent aussi une première surrection du cœur des Alpes (« zones internes alpines » des géologues). Elle chasse la mer, ou ce qu'il en reste, vers les parties plus externes du futur domaine alpin (fig. II C). Elle provoque aussi, ici et là, le glissement de nouvelles nappes de charriage qui sont, cette fois, mises en place par simple gravité, comme une gigantesque coulée boueuse. Ces nappes superficielles s'ajoutent à celles, qui, plus bas dans le jeune édifice alpin, se forment par étirement de plis sous pression comme à la fin du Crétacé.

La surrection de cette zone centrale des Alpes s'accompagne enfin d'une érosion accrue qui détruit peu à peu la marge chevauchante. Il n'en reste plus, de nos jours, que des lambeaux isolés comme le Cervin ou le massif de la Dent-Blanche, près de Zermatt, à moins d'aller jusque dans les Alpes autrichiennes où, comme on l'a dit, cette marge est beaucoup mieux conservée.

A la fin du Tertiaire, la déformation se propage vers l'ouest et atteint alors les parties les plus externes du domaine alpin qui sont mises à sec et plissées (fig. II D); moins intensément, toutefois, que dans les zones internes, sauf à proximité de ces dernières où des clivages de socle et des décollements de la couverture sédimentaire, c'est-à-dire de petites nappes de charriage, s'observent encore. Les premiers sont les plus intéressants, car ils permettent l'extrusion d'énormes écailles de granites et de gneiss, qui ont été progressivement soulevées et qui forment les massifs du Mont-Blanc et des Écrins, les seuls 4 000 de la partie française de la chaîne (fig. II E).

Ainsi, si l'on va de l'extérieur vers l'intérieur des Alpes, on traversera trois ensembles différents sur le plan géologique (fig. II E) :

— La zone externe, avec ses plis d'abord modestes (« chaînes subalpines »), puis ses grandes écailles de socles, soulevées, formant l'alignement des « massifs cristallins externes» comme le Mont-Blanc. C'est la partie la plus récemment déformée (fin du Tertiaire).

— La zone des nappes de charriage empilées et déplacées vers l'ouest, c'est-à-dire vers l'extérieur de la chaîne (Embrunais, Briançonnais, Vanoise). Cette partie a été déformée au début du Tertiaire surtout.

— La zone la plus interne de la chaîne, où l'écrasement a été maximal, si bien que les unités tendent à se redresser vers la verticale tellement elles ont été comprimées à leur base. C'est là que l'on trouve les anciennes roches océaniques. C'est là que le matériel a été le plus recristallisé (métamorphisé). C'est là que les déformations sont les plus anciennes (fin du Secondaire), ce qui n'exclut pas qu'elles n'aient pas ressenti et encaissé des contractions plus tardives.

Le Jura n'est que le prolongement de la zone externe alpine. Comme elle, cette petite chaîne arquée est faite d'une succession de plis réguliers déversés vers l'ouest. Comme elle, elle s'est plissée à la fin du Tertiaire. S'il n'y avait le « plateau suisse », ancien bassin tertiaire intérieur à la chaîne alpine et soulevé avec elle, le Jura ne serait que la bordure la plus externe de l'arc alpin (fig. I).

La Corse est plus complexe. D'une certaine façon, c'est un prolongement de l'arc alpin. On y retrouve, en effet, quelques-unes des roches les plus caractéristiques des Alpes et notamment les matériaux volcaniques océaniques, ou ophiolites, avec leur couverture de schistes métamorphisés lors du plissement alpin. On y voit les grandes nappes à déversement ouest. En somme, les zones internes alpines se retrouvent ici avec les mêmes caractères, la même histoire et souvent les mêmes roches (fig. III).

Les différences portent sur la zone externe, c'est-à-dire la partie ouest de la Corse, qui n'a rien de commun avec la partie correspondante des Alpes. Elle rappellerait plutôt la Provence, et même une Provence réduite au massif ancien des Maures et de l'Estérel, car cette Corse occidentale est, en définitive, un massif hercynien, à vrai dire beaucoup plus granitique que les Maures et l'Estérel.

Cette évolution des caractères de la zone externe vers le sud n'est pas surprenante. En effet, si l'on revient sur le « Continent » et qu'on examine en géologue l'extrémité sud du bassin sédimentaire qui existait au Secondaire à l'emplacement de la future zone externe alpine, on la voit passer peu à peu, vers le sud, à la future Provence. Ce passage se fait par un amincissement progressif des séries sédimentaires, qui deviennent en même temps de plus en plus littorales. Certaines couches peuvent même manquer complètement, notamment là où le vieux socle hercynien sous-jacent était suffisamment en relief pour ne pas être envahi par la mer. Ces caractères devaient s'accentuer de plus en plus vers le sud, c'est-à-dire en Corse, où il est très probable que le vieux socle en question devait être beaucoup plus largement émergé, comme si la chaîne hercynienne n'y avait pas été totalement pénéplanée.

Reste maintenant à expliquer comment la Corse s'est séparée de la Provence et des zones internes alpines. L'affaire est relativement récente. En effet, au début du Tertiaire, ces différents ensembles ne font qu'un. Le « continent corso-sarde » est plaqué contre l'actuelle côte provençale et languedocienne (fig. III B). Il est en relief, comme nous venons de le dire, en proie à l'érosion, et alimente en sable les sédiments tertiaires qui achèvent de se déposer dans la zone externe alpino-provençale, où la mer alpine expire doucement.

C'est alors qu'intervient le processus distensif par lequel l'Alsace, la Bresse, la Limagne s'individualisent. Le même phénomène affecte le continent corso-sarde qui se fissure et s'ouvre parallèlement à la côte provençale actuelle ; sa lèvre méridionale migre comme la branche d'un compas qui s'ouvrirait, dans le sens inverse des aiguilles d'une montre, autour d'une tête située vers Gênes. Ainsi se dessine le golfe ligure qui atteindra sa forme triangulaire en une vingtaine de millions d'années (fig. III A). Dès la fin du Tertiaire, la Corse est en place, désormais séparée de ses racines alpines et provençales.

III. LA CORSE

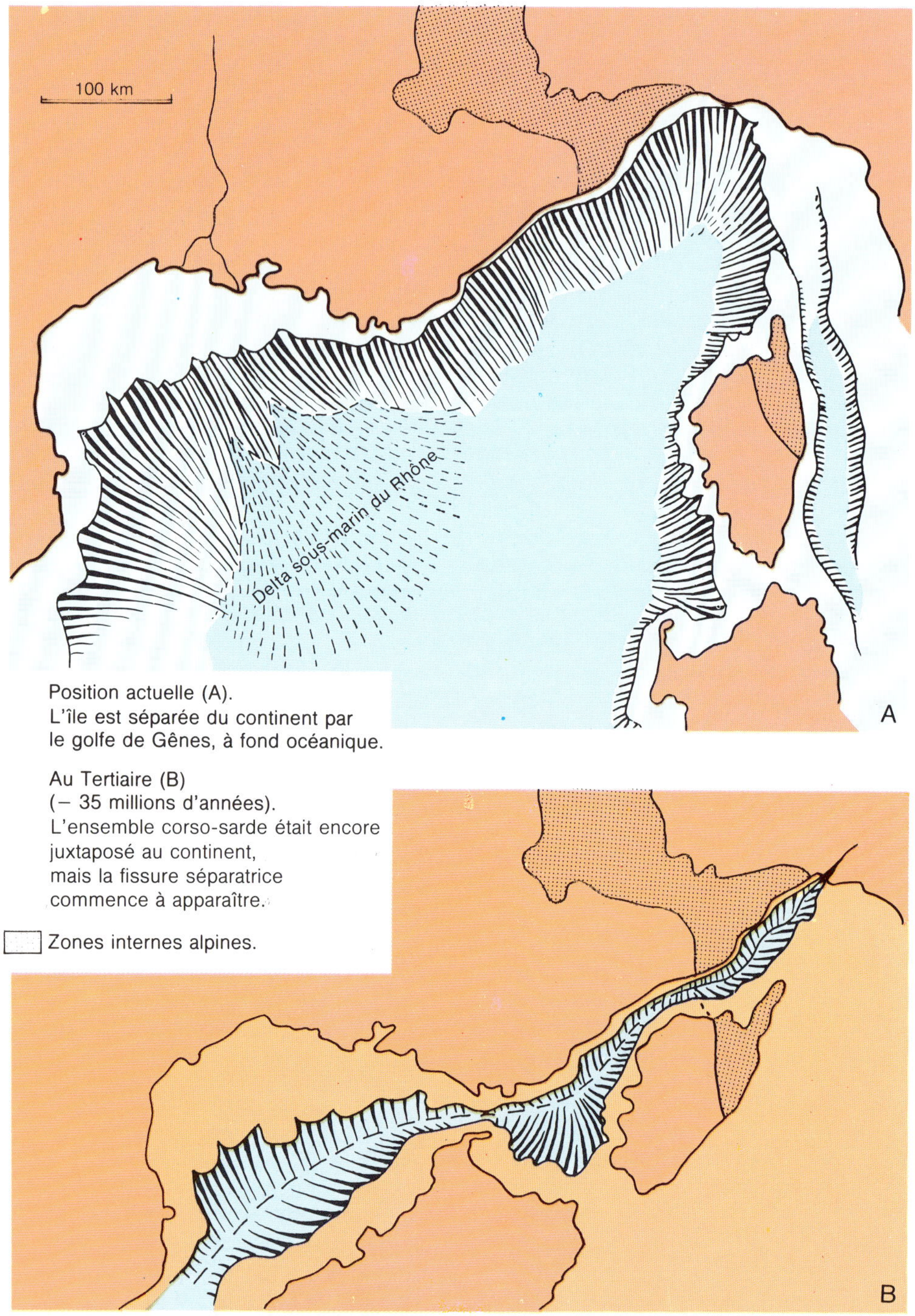

Position actuelle (A).
L'île est séparée du continent par le golfe de Gênes, à fond océanique.

Au Tertiaire (B)
(– 35 millions d'années).
L'ensemble corso-sarde était encore juxtaposé au continent, mais la fissure séparatrice commence à apparaître.

Zones internes alpines.

Quant aux Pyrénées (fig. I et IVA), leur origine et leur structure ont longtemps paru très simples : on pensait qu'un rapprochement de l'Espagne et de la France (plus exactement de l'Europe) avait comprimé la zone intermédiaire qui se serait bombée comme une plaque de carton. Les terrains les plus anciens auraient été ensuite dégagés par l'érosion du niveau de la zone de surélévation maximale, ou « zone axiale », dont le nom signifie qu'on la considérait bien alors comme le cœur de la chaîne. On avait reconnu, à vrai dire, que son versant nord était beaucoup plus compliqué que son versant sud, notamment au niveau d'une zone très fracturée, montrant même localement des terrains métamorphiques. Mais on pensait seulement à une zone plus fragile, peut-être d'origine hercynienne, flanquant la clef de voûte et simplement plus écrasée que celle-ci (fig. IVA). Les conceptions actuelles sont différentes.

La zone compliquée du versant nord de la chaîne, ou zone nord-pyrénéenne, a révélé en effet des copeaux de roches particulières, les péridotites, qui, d'habitude, ne s'observent que dans les parties les plus profondes de la croûte terrestre, parfois aussi dans les fonds océaniques. De plus, si l'on essaie de reconstituer la chaîne hercynienne entre la France et l'Espagne, on s'aperçoit que cette reconstitution est beaucoup plus facile si l'on déplace l'Espagne vers l'ouest en la faisant légèrement tourner dans le sens des aiguilles d'une montre.

On découvre enfin que, à la façon du golfe ligure évoqué à propos de la Corse, le golfe de Gascogne s'est également ouvert comme un compas, probablement au cours du Crétacé.

Dès lors, la solution du problème s'esquisse. Pour comprendre les Pyrénées, il faut d'abord remettre l'Espagne à sa place primitive, à 200 ou 300 kilomètres vers l'ouest. Telle était probablement sa position à la fin de l'édification de la chaîne hercynienne, alors que le golfe de Gascogne n'existait pas. A la fin du Secondaire, l'océan Atlantique et son annexe, le golfe de Gascogne, s'ouvrent. L'Espagne se trouve peu à peu refoulée vers l'est et le sud, c'est-à-dire qu'à son mouvement de coulissement vers l'est s'ajoute un mouvement de rotation en sens inverse des aiguilles d'une montre (fig. IV C).

Ainsi, à la fin du Crétacé, l'Espagne arrive-t-elle très près de sa position actuelle par rapport au reste de l'Europe, et commence-t-elle à entrer en collision avec elle, très tangentiellement, comme deux voitures qui rouleraient presque parallèlement l'une à l'autre. Le plissement commence donc au point de contact, c'est-à-dire dans les Pyrénées orientales.

Puis, au fur et à mesure que la rotation « antihoraire » de l'Espagne s'accentue, la collision tangentielle fait place à une collision frontale : la chaîne entière se plisse au début du Tertiaire (– 50 millions d'années environ) et se soulève ensuite.

La zone importante des Pyrénées est donc celle le long de laquelle l'Es-

IV. LES PYRÉNÉES

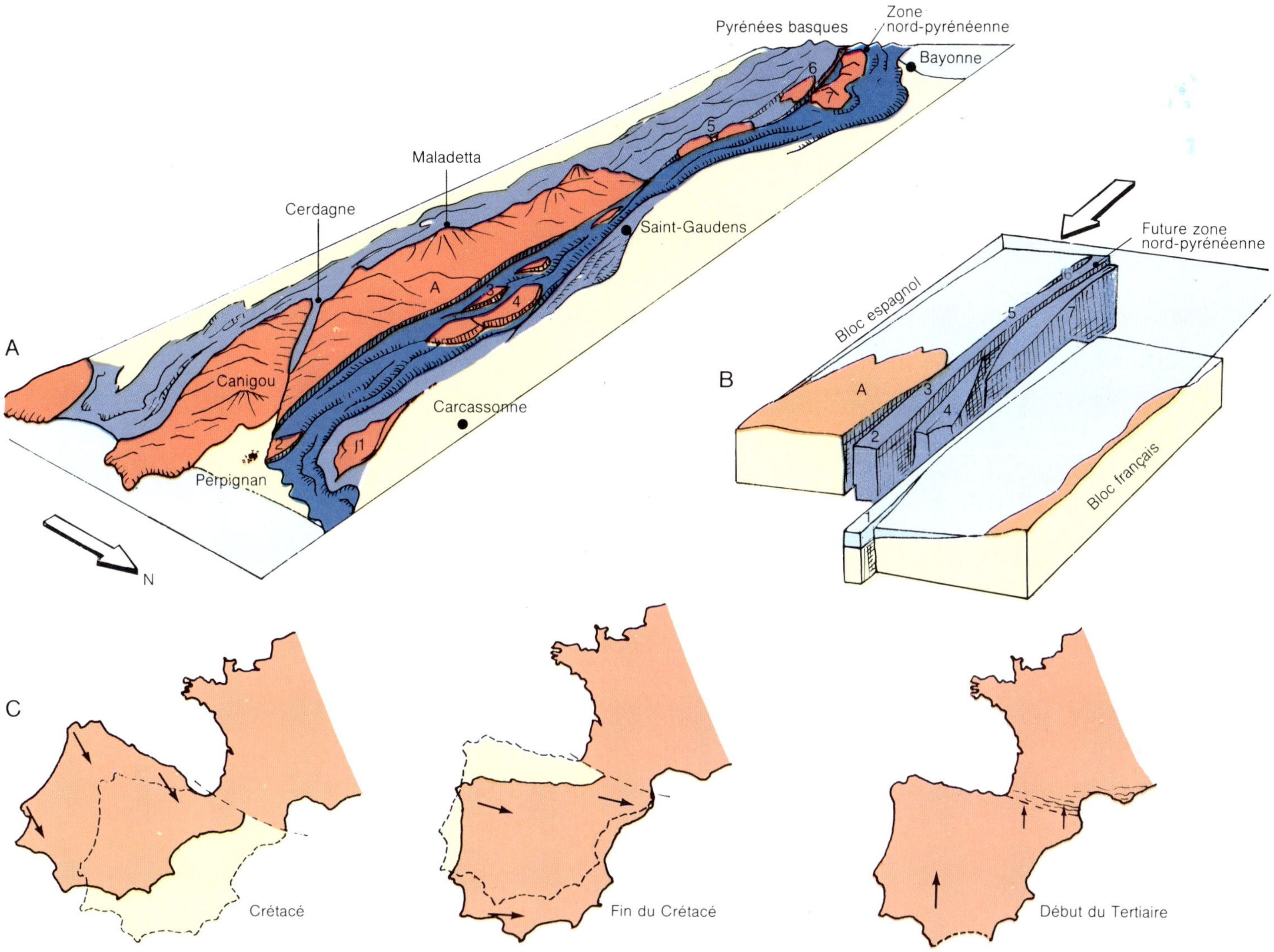

A. État actuel de la chaîne vue par satellite.

- Socle hercynien (A : zone axiale ; 1 à 7 : petits massifs hercyniens du versant nord de la chaîne).
- Sa couverture sédimentaire, d'âge secondaire.
- La « zone nord-pyrénéenne » à structure complexe et terrains parfois fortement recristallisés (métamorphisés).

B. Reconstitution de la zone nord-pyrénéenne au Crétacé. C'était un sillon sous-marin formant une zone de coulissement entre l'Espagne (à gauche) et la France (à droite). Les chiffres de 1 à 7 permettent de situer les petits massifs de la figure A. Encore immergés, ils apparaissent comme des copeaux en cours de détachement de l'une et l'autre des bordures continentales.

C. Déplacement de l'Espagne par rapport à l'Europe (supposée fixe) entre le Crétacé et le début du Tertiaire. Pour plus de clarté, on a conservé les contours géographiques actuels de l'Espagne et de la France, mais il est évident qu'ils étaient alors bien différents. Ce déplacement est à la fois un coulissement et une rotation autour d'un centre situé dans le nord de la France.

pagne a coulissé par rapport à l'Europe au Crétacé. Au début du mouvement, elle offrait la forme d'un sillon plus ou moins étroit, rempli de sédiments vaseux et limité au sud par une importante fracture qui va diriger le coulissement évoqué. C'est au cours de ce mouvement que des morceaux de croûte profonde seront arrachés et entraînés jusqu'à la surface, tandis que la sédimentation marine se poursuivait au-dessus (fig. IV B).

Une fois le coulissement terminé, toute la zone nord-pyrénéenne est comprimée, du sud vers le nord, et ira même jusqu'à chevaucher son avant-pays, lui-même plissé en une série d'ondulations qui s'amortissent progressivement sous le bassin d'Aquitaine. Ces plis plus ou moins réguliers ont pu servir de pièges à hydrocarbures et ont été très explorés à ce point de vue, comme on le sait.

Commencées en même temps que les Alpes, les Pyrénées se terminent plus tôt. Elles seront cependant soumises à la surrection générale de la fin du Tertiaire et du Quaternaire.

JACQUES DEBELMAS

ÉTAGEMENT DE LA FLORE ET DE LA FAUNE

En montagne, la distribution des végétaux — et celle des animaux, qui en procède pour l'essentiel — n'est pas le fait du hasard. Directement ou indirectement, tous les êtres vivants obéissent là à une loi physique, qui régit l'abaissement des températures avec l'altitude : en moyenne, 1 °C tous les 200 mètres. Le phénomène est tellement net, bien que nuancé par la latitude, les versants, etc., qu'il se traduit par la présence, dans le paysage, de boisements particuliers : ces « tranches vertes » altitudinales ont reçu le nom d'étages de végétation.

Le trait décisif se situe au niveau de l'isotherme annuelle 0 °C, vers 2 300 mètres environ dans les Alpes moyennes : c'est la limite que ne peuvent franchir les arbres, même les plus résistants ; au-delà subsistent seules l'herbe et la flore des alpages, qui régressent à leur tour devant le minéral, la neige et la glace. Cet étage, dit alpin-nival (d'autres parlent d'étage arctico-alpin) n'abrite que peu d'espèces et d'individus, mais souvent d'une grande originalité. En dessous de la lande à rhododendrons et à genévriers, l'arbre reprend ses droits, que l'alternative résineux-feuillus permet de répartir en trois étages.

La faune est également plus riche, mais parfois plus banale, comme celle des nombreux passereaux forestiers, d'observation délicate pour le profane. Selon ses goûts, chacun choisira son étage : l'amateur des espaces dégagés recueillera le fruit de ses efforts au terme d'une longue marche ; l'amoureux des chants d'oiseaux sera tenté de ne point franchir les étages boisés. Que subsiste donc cette diversité de la montagne vivante...

* Espèces totalement protégées.

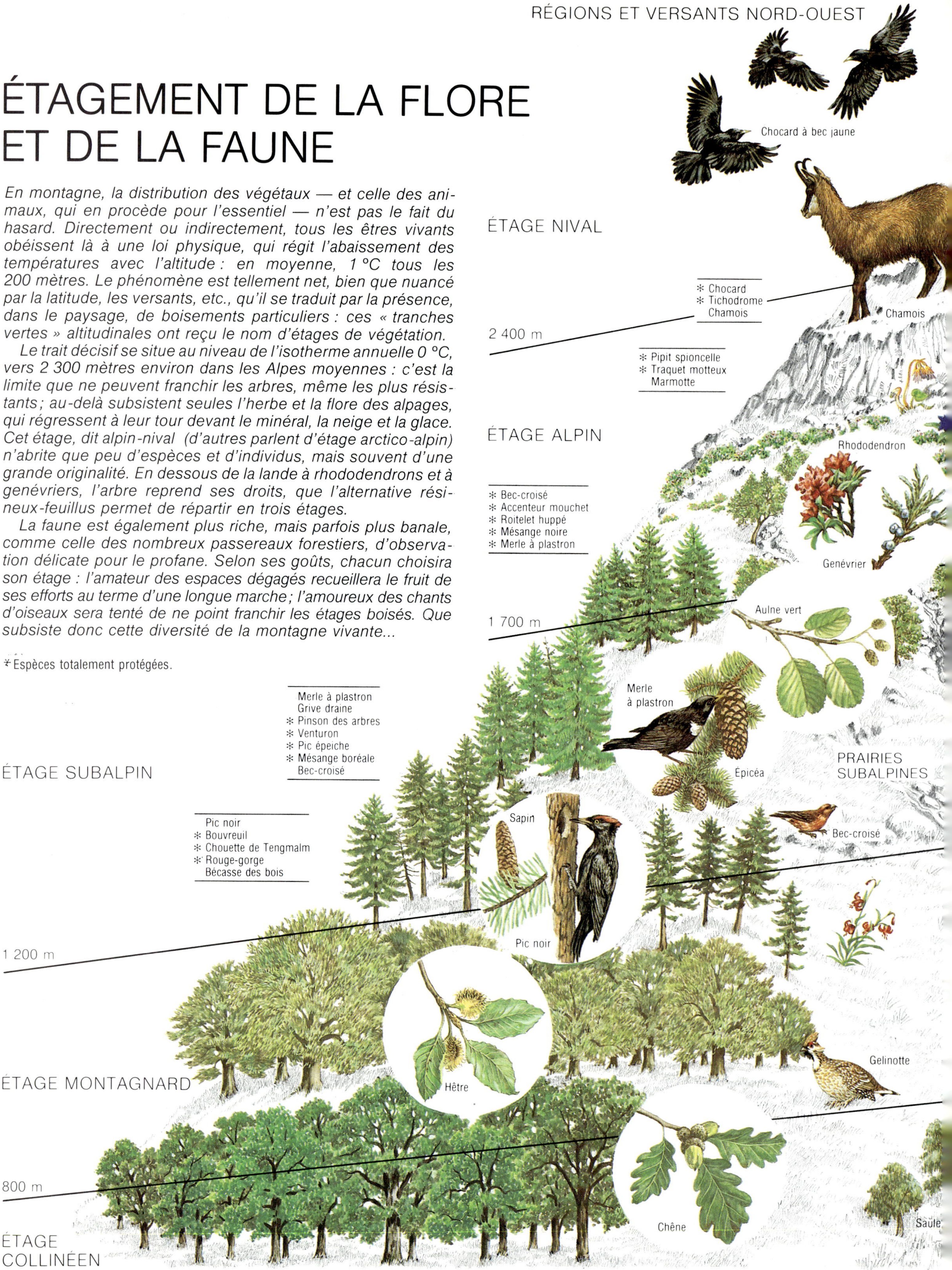

RÉGIONS ET VERSANTS SUD-EST

ARCHITECTURE MONTAGNARDE

Les hommes qui ont peuplé les montagnes ont élaboré des modes de vie et des types d'habitat adaptés à leur environnement. A côté d'un secteur agricole réduit aux nécessités familiales, le domaine de l'élevage s'étend entre l'habitat permanent, situé vers le bas de la vallée, et un habitat saisonnier aux limites des zones de végétation. Entre les deux s'établissent des mouvements pendulaires, appelés par endroits remues, sans que l'on puisse parler de transhumance comme celle qui se pratique entre la Provence et les Alpes, ou le Languedoc et les Cévennes.

Bien que les maisons de montagne aient des fonctions comparables et qu'elles regroupent en général les hommes et les animaux sous le même toit, le plan intérieur présente des variantes, en fonction surtout de la nature du bétail.

Les maisons de l'Est, des Vosges aux Alpes, présentent des aspects communs, tant par la forme que par l'emploi des matériaux, où domine le bois; mais, par ailleurs, on a largement utilisé les tuiles de bois en Corse et les lauzes de pierre dans les Alpes. On observe aussi des différences fondamentales dans l'utilisation du bois. Si les Vosges et le Jura utilisent surtout les pièces de bois débitées à la scie sous forme de poutres et de planches, certaines techniques de construction des Alpes sont plus archaïques, comme la technique des troncs empilés « pièce sur pièce » avec encastrement à mi-bois aux angles. Les couvertures de chaume ou d'autres végétaux : bruyère, genêt, roseaux, n'ont pas été absentes. Constantes plus que variantes font cependant des maisons de montagne un ensemble spécifique.

◁ **Maison du mont Mézenc.** Les maisons paysannes du Mézenc (Haute-Loire) et des montagnes du Vivarais (Ardèche) sont personnalisées par leur toit. Héritiers des cabanes néolithiques, ces toits ont deux pans et des croupes à leur extrémité, ce qui les rend peu sensibles aux coups de vent. Ils sont très hauts et à forte pente pour faciliter le glissement de la neige, dont l'accumulation risquerait d'endommager une charpente assez légère. Le volume du toit abrite le fourrage destiné au bétail dont l'étable se trouve au-dessous. Les murs sont en granit ainsi que l'énorme cheminée construite généralement en dehors de la toiture. D'autres maisons, comme ici à Moudayres, disposent d'une partie d'habitation extérieure au toit de chaume couverte de lauzes pour éviter les risques d'incendie. C'est aussi pour limiter ce danger que ces énormes fermes, bien que groupées en villages ou hameaux, étaient éloignées les unes des autres de plusieurs dizaines de mètres.

Maison cévenole. Dans l'ensemble des Cévennes, on peut distinguer plusieurs types de maison, mais la plus caractéristique est la haute maison de schiste brun, couverte de lauzes de la même matière. Celles-ci sont en partie remplacées par des tuiles canal quand leur poids a eu raison d'une charpente vétuste. Ici, bien que la construction soit celle d'une maison de maître, elle est conforme au modèle cévenol du Gard et de la Lozère. Surtout, elle est indissociable de ses terrasses, fruit d'un travail gigantesque pour créer de toutes pièces des jardins, des vergers, des champs même où poussent la vigne, l'olivier et le blé, sans oublier le mûrier pour la nourriture du ver à soie. La maison porte la marque de cet élevage. Sa hauteur était nécessaire pour obtenir les volumes destinés à abriter ces précieuses bêtes. ▽

△
Buron d'Aubrac. Le buron est un habitat temporaire d'altitude des plateaux de l'Aubrac, au sud-ouest du Massif central. Construit en pierres et couvert de lauzes, son aménagement est très sommaire et surtout destiné à la fabrication des fromages de Cantal ou de Laguiole. Il abrite cependant un personnel assez nombreux pour surveiller et traire sur le terrain les troupeaux de vaches qui lui sont confiés pendant l'estive. La fabrication du fromage laisse aujourd'hui la place à l'embouche, élevage pour la production de viande; les burons séculaires sont peu à peu laissés à l'abandon.

◁ **Ferme vosgienne.** Des massifs forestiers difficilement défrichables ont provoqué la discontinuité de l'habitat des hautes Vosges. En dehors des fonds de vallée, les fermes sont dispersées sur les versants : c'est là que cohabitent le troupeau de bovins et les membres du groupe familial au plus fort de l'hiver. Plus haut se trouvent les granges qui abritent le fourrage récolté pendant l'été. Le troupeau y séjourne en saisons intermédiaires, visité chaque jour à partir de la ferme. La maison permanente des hautes Vosges est vaste et construite en matériaux trouvés sur place : la pierre pour les fondations et les niveaux inférieurs, le bois pour l'essentage des parties supérieures et les bardeaux de couverture, aujourd'hui remplacés par des tuiles. Cela implique la nécessité d'une charpente robuste pour supporter la charge de neige que la faible pente du toit a pour fonction de retenir, celle-là jouant le rôle d'un régulateur thermique. L'aspect général, la taille de cette maison, la disposition des ouvertures dans un des vastes pignons lui donnent un air de parenté avec celles du Jura et de Savoie.

Ferme jurassienne du haut Doubs. Bien qu'atteignant à peine une altitude de 800 mètres, les plateaux jurassiens connaissent un climat exceptionnellement rude, aux longs hivers enneigés. Bien que quelques cultures soient possibles, l'élevage domine largement : les troupeaux de vaches de Montbéliard donnent le lait avec lequel on fabrique le fromage de gruyère. Depuis longtemps, cette production se pratique dans le cadre de coopératives basées dans le chalet du village ou à la fruitière communale. Quoique le pays soit riche en sapins, la pierre constitue partout l'essentiel des murs de la maison, le bois formant l'immense volume nécessaire à l'engrangement du fourrage. C'est encore en bois qu'on faisait les tavaillons pour couvrir les murs les plus exposés et le toit ; ceux-ci sont remplacés aujourd'hui par des tuiles. Mais il reste toujours, visible de l'extérieur, la souche de l'immense cheminée de bois, le *tué,* qui servait aussi à éclairer la pièce commune et éventuellement à quitter la maison enfouie sous la neige.
▽

◁ **Chalet de la vallée d'Abondance.** L'habitat, aux villages en ordre lâche, met en relief les dimensions exceptionnelles des chalets de la vallée d'Abondance, en Haute-Savoie. On s'étonne moins de leur importance lorsqu'on sait que ce sont des chalets doubles, construits à l'origine par deux frères, système qu'on retrouve dans les pays germaniques (Bavière, Autriche), et qu'il ne faut pas confondre avec la division d'un chalet par héritage.
Entièrement en bois, l'armature du chalet est formée de fortes colonnes verticales, des plateaux horizontaux glissés dans les rainures des colonnes assurant la fermeture des volumes. Celui de la grange occupe toute la partie supérieure du bâtiment, ceux d'habitation sont situés vers l'aval, les écuries ou étables vers la montagne, à l'arrière. En France, c'est un des rares exemples de construction entièrement en bois ; il faut encore ajouter que le niveau d'habitation est recouvert extérieurement de plâtre par un « gypsier ». Le plan de cette maison double est symétrique.

△
Maison à colonnes de Tarentaise. Ce n'est qu'une variante des maisons de la Tarentaise, toujours construites en pierre et couvertes de lauzes. C'est ce dernier point qui explique sa particularité. Dans une région à fortes chutes de pluie et de neige, on a intérêt à augmenter l'écart entre l'égout du toit et les murs. Afin de ne pas accroître démesurément la section des poutres et des chevrons, des piliers de maçonnerie supportent les abouts de la poutraison. La diffusion de cette technique, qui se retrouve en haute Tarentaise, a pour origine la route de la vallée d'Aoste par le col du Grand-Saint-Bernard. Pendant des siècles, les maçons valdotains sont venus travailler dans cette partie de la Savoie : ils y ont apporté les modèles les plus courants de leur pays. Le plan interne de la maison et l'étude de ses fonctions mettent en valeur la cohabitation des bêtes et des gens pendant les mois d'hiver.

△
Chalet de haute Maurienne. Il n'y a pas d'opposition à ce qu'un abri de berger en pierre soit appelé chalet, ce terme désignant en Savoie toute construction temporaire située au-dessus de l'habitat permanent, qu'elle soit en bois ou en pierre. Mais ici, le hameau de l'Écot, dans la commune de Bonneval-sur-Arc, n'a pas toujours été un habitat temporaire. Chaque maison du bourg y possédait une annexe, et nombreuses étaient les familles qui y laissaient quelques membres tout au long de l'année, pour nourrir le bétail avec le fourrage récolté autour des maisons. La particularité de cette commune est d'être à 1 835 mètres d'altitude, au-delà de la limite de la végétation forestière : on y manque de bois, aussi bien pour le chauffage que pour la construction. Pour pallier ce manque de ressources végétales, on brûle les déjections des moutons, préalablement séchées, et on utilise de grandes dalles de gneiss pour construire les planchers des bergeries.

△
Chalet d'alpage du Beaufortin. Quoique relevant du département de Savoie, le Beaufortin est, dans le domaine de l'architecture paysanne, plus proche de son voisin haut-savoyard, où le bois est le matériau le plus couramment utilisé. C'est dans ce pays et dans les Bornes, autour du massif des Aravis, que l'on trouve un type de construction très archaïque, le plus ancien étant certainement celui en poteaux enfoncés verticalement dans le sol. Ici, les troncs d'arbres grossièrement équarris sont empilés horizontalement et assemblés aux angles à mi-bois. L'ensemble des murs auto-porteurs est absolument indéformable. Ce chalet d'alpage comprend une étable pour les bovins, une salle de travail pour la fabrication du fromage de Beaufort, et une chambre pour les fruitiers et les bergers.

Maison du Queyras. Entre 1 700 et 2 000 mètres, les plus hauts ▷ villages du Queyras, présentent de curieuses constructions. La large base est en pierre ; une partie est surmontée d'un assemblage de troncs de mélèze qui forment la grange, couverte également en bois. Le devant de celle-ci est bordé de perches sur lesquelles on fait sécher le foin. L'autre partie, plus basse, est couverte de lauzes. C'est là l'aboutissement d'une longue évolution de la maison pour s'adapter à des conditions climatiques très rudes : les céréales doivent rester plus d'un an en terre pour parvenir à maturité ; bêtes et gens demeurent sans pouvoir sortir pendant près de six mois dans des maisons recouvertes par la neige. Le bois de feu étant rare, on se contentait de la chaleur animale, et l'hiver se passait dans la pièce faisant office de pièce commune, de chambre et d'étable, de jour comme de nuit. Ce n'est que lorsque la neige avait fondu et que la première herbe était comestible que le troupeau sortait, mais pour revenir le soir à son étable. Alors les habitants pouvaient utiliser l'autre partie du bâtiment, celle qui n'était chauffée que par le feu de la cuisine. Certaines parties de la maison portent la marque des changements de production, en particulier la création de locaux pour les moutons.

△
Maison de Corse. Toutes les maisons corses sont construites en pierre, que ce soit du schiste, du granit ou, plus rarement, du calcaire. Elles sont couvertes en lauzes de schiste ou en tuiles canal, mais on trouve encore dans les régions de montagne du centre ouest des tuiles en bois *(scandule)*. D'une manière générale, ces maisons se groupaient en des sites défensifs, à distance de la côte et en altitude. L'élevage des chèvres et des moutons se faisait dans des bergeries de haute montagne ; en hiver, les troupeaux descendaient dans les plaines côtières, « à la plage ». La maison du village n'abritait au niveau bas que quelques chèvres, le mulet et le porc, le second était réservé aux chambres, et le troisième servait de séchoir à châtaignes (le *fucone*) et de cuisine-salle à manger.

Cabane en pierre sèche de Corse. De novembre à avril, les troupeaux de moutons et de chèvres descendent dans les plaines littorales pour y pâturer. Les bergers chargés de les conduire ont construit des abris sommaires pour passer la nuit. Avant la dernière guerre, on pouvait encore voir, dans la plaine orientale notamment, des abris en matière végétale, bois et feuillage, bruyère ou jonc ; d'autres, plus solides, en rondins recouverts de terre. Dans les régions calcaires du Nebbio, au sud-est du cap Corse, et dans l'extrême sud de l'île, ces abris ont été plutôt construits en plaquettes calcaires sans mortier. Beaucoup étaient entièrement en pierre avec un toit en encorbellement. D'autres cabanes, comme ici, recevaient un toit de terre battue protégé par des pierres reposant sur quelques solives et des branchages.

◁ **Maison du Béarn.** Les Pyrénées occidentales, divisées en grandes vallées, présentent une certaine diversité ethnique et culturelle, mais sont marquées par le même type d'organisation des pâturages de montagne pour l'élevage des bovins et surtout des moutons. Dans les vallées domine l'habitat concentré en gros villages aux maisons de grandes dimensions. L'agriculture y joue un rôle important, surtout depuis l'introduction du maïs, mais l'élevage reste une activité dominante. Cette maison béarnaise, imposante sous son toit à deux versants coupés par des demi-croupes, a deux entrées : celle de gauche pour les hommes, celle de droite pour le gros bétail. Toute l'exploitation semble concentrée sous le même toit, mais elle dispose encore de granges ou bordes, à double usage de fenil et de bergerie, situées à quelque distance du village, et où l'on conduit les troupeaux de moutons en hiver. Un autre type de maison béarnaise, isolée celle-là, est caractérisé par plusieurs bâtiments réunis autour d'une cour fermée.

Maison des Hautes-Pyrénées. Une particularité ▷ se retrouve dans l'architecture paysanne des Pyrénées centrales, de la Bigorre à l'Ariège. La maison, toujours construite en pierre, qu'elle soit à un ou plusieurs niveaux, est couverte par un toit de chaume bordé de chaque côté par un pignon à redents dont les degrés sont couverts de pierres plates. On a attribué différentes fonctions à ces pignons : facilité d'accès au toit en cas d'incendie ou de réfection, coupe-feu lorsque deux bâtiments sont accolés. Plus sûrement, ils protègent le chaume contre les coups de vent. Ce matériau a en grande partie disparu devant l'ardoise industrielle, mais les pignons à redents donnent toujours une allure pittoresque à ces maisons de montagne. Ici, la maison était une grange ; elle a été transformée par percement de fenêtres et construction d'une cheminée qui est venue prendre la place de la pierre sommitale du pignon, à laquelle on a attribué certaines fonctions symboliques.

FROMAGES DE NOS MONTAGNES

« Le fromage est le premier des desserts », disait ce fin gourmet de Talleyrand... De ces « desserts », il en existe plus de mille de par le monde dont trois cent cinquante au moins pour la seule France, sans compter les petites spécialités élaborées dans les fermes, vendues soit sur place, soit sur les marchés de pays. Toutes les régions produisent « leurs » fromages selon des recettes traditionnelles, jalousement conservées, qui tiennent compte des conditions climatiques, des saisons, de la qualité de l'herbe qui donne au lait sa saveur. Parmi la foule des fromages français, ceux des montagnes, par leur variété, leur subtilité, leur originalité, ne sont pas les moins séduisants.

LE MASSIF CENTRAL. Dans ce rude pays de hautes terres, c'est surtout chez les « bougnats » d'Auvergne que se dégustent bien à point le CANTAL et ses cousins germains, tous à base de lait de vache : le CANTALON, le SALERS, le LAGUIOLE.
Mais on y trouve aussi toutes les FOURMES, qu'elles soient d'Ambert, de Montbrison, de Pierre-sur-Haute, de Rochefort ou du Forez voisin. Et comment résister à la gamme des BLEUS, fabriqués dans les burons du Cantal et du Puy-de-Dôme : BLEU d'AUVERGNE, du VELAY, de LAQUEUILLE (l'aîné de tous), comment ne pas succomber à la douceur sans mollesse du SAINT-NECTAIRE, mûri sur un lit de paille de seigle, à celle de son petit frère percé d'un trou en son centre, le MUROL? Les « chèvres » et les « brebis » ont aussi leurs amateurs, et rien n'est plus savoureux qu'une BRIQUE du FOREZ, une menue RIGOTTE au goût de noisette, une TOMME de BRACH à l'odeur de terroir. Il faut redescendre des montagnes pour s'enchanter le palais avec les vins régionaux, le CHANTURGUE rouge, au parfum de violette, le CHÂTEAUGAY fruité, les CÔTES d'AUVERGNE rouges, rosés ou blancs, les vins du FOREZ frais et légers, le CORENT, vin gris très pâle, au goût sec et net.

LES VOSGES. Peu ou point de vin par contre dans les Vosges, domaine de la forêt, mais les vins d'ALSACE et de MOSELLE sont là, tout proches, que l'on peut associer au fumet puissant du MUNSTER, fabriqué l'été dans les « marcairies », ou à celui du GÉROMÉ.

LE JURA. Qui parle du Jura en matière de fromage pense aussitôt GRUYÈRE, COMTÉ, EMMENTHAL, tous des gruyères aux « yeux » plus ou moins grands dont l'origine, dit-on, remonte à Saint Louis. Plus hauts en goût, le BLEU du JURA aux marbrures bleues comme son nom, le MORBIER à la belle pâte souple, traversée d'une raie sombre, la CANCOILLOTTE, à l'odeur puissante.
La réputation du vignoble jurassien n'est plus à faire. Qui ne connaît le vin d'ARBOIS, rouge, rosé, blanc, jaune ou paille, dont un vieil adage dit que « plus on en boit, plus on va droit »? Moins célèbres mais aussi délicieux sont le vin de l'ÉTOILE et le vin jaune de CHÂTEAU-CHALON. Le moût du vin jaune, fait avec le raisin de SAVAGNIN, avant d'être mis en barrique, reste de six à dix ans dans des fûts bien clos à l'abri de l'air. Il y puise son étrange couleur jaune et son parfum qui évoque celui de la noix. Quant au vin de paille, il doit son nom à une pratique ancienne, celle de mettre les raisins à sécher sur un lit de paille avant le pressurage.

LES PRINCIPAUX FROMAGES PAR MASSIF

LES ALPES. Bien différents sont les vins des Alpes, blancs, rouges, rosés, concentrés surtout en Savoie, Haute-Savoie et en Isère. Henri Bordeaux les qualifiait de « subtils et quelque peu perfides »... Parmi d'autres, les vins blancs de CRÉPY et de SEYSSEL, « tranquilles » ou pétillants, la ROUSSETTE de SAVOIE, seulement tranquille, et le vin d'AYZE, mousseux, joyeux, dont on prétend « qu'il casse les jambes ». Les fromages, eux, sont solides, parfumés, sans agressivité excessive, comme la TOMME de SAVOIE, la TOMME AU MARC, plus piquante, ou le VACHERIN des BAUGES, crémeux et savoureux. Quant à la famille des BANONS (de vache ou de chèvre), leur saveur noisetée est parfois relevée d'herbes aromatiques. On se doit de ne pas oublier le SAINT-MARCELLIN tendre ou coulant, le REBLOCHON doux et onctueux, le BEAUFORT, gruyère sans trous, le HAUTELUCE granuleux, les PERSILLÉS divers, souples, fermes, spirituels...

LA CORSE. Dans l'Ile de Beauté la bien nommée, rien ne laisse indifférent, ni les calanques rouges, ni les villages aux toits de lauzes, ni les vignobles rafraîchissants, ni... les fromages. Pas ou peu de troupeaux de vaches mais des chèvres et des brebis. A partir du lait de ces dernières se fabriquent le BLEU de CORSE largement veiné, des plus savoureux quand il provient des hauts plateaux du nord de l'île, mais aussi le BROCCIO ou BROCCIU, blanc, grumeleux quand il est frais, qui se coupe comme un gâteau, que l'on mélange parfois à des fruits ou à de la compote pour donner une tarte « goûtue », le fiadone. Spécifique du plateau du NIOLO au nord-ouest du pays, le fromage du même nom dégage un bouquet prononcé. Parsemé d'herbes aromatiques, son voisin porte le joli nom de BRIN d'AMOUR. Dans la même gamme (chèvre ou brebis), on trouve encore le CACAVELLI, l'ASCO, le VENACO.
Le vignoble de PATRIMONIO, qui grimpe sur les collines que franchit le col de Teghime, s'étend sur la région joliment baptisée la « Conca d'Oro ». Il donne des vins rouges « colorés, gras, puissants », des rosés forts en alcool, des blancs secs et parfumés, un vin de dessert, le PASSITO. Sur les coteaux du Cap, des blancs et des rosés et un vin de liqueur : le CAP CORSE. CALVI et la BALAGNE se couvrent de vignobles, mais aussi les côteaux d'AJACCIO, de SARTÈNE, de FIGARI et de PORTO-VECCHIO.

LES PYRÉNÉES. On ne saurait terminer cette promenade au royaume des fromages de quelques-unes des montagnes de France sans « goûter » ceux des Pyrénées. Fabriqué à partir de lait de vache dans les fermes ou les cabanes de montagne des Pyrénées ariégeoises, le BETHMALE ou OUSTET ressemble à un petit gruyère à croûte grise, dont l'odeur sage cache une saveur aigrelette. C'est au Pays basque et dans le Béarn que « fleurissent » le LARUNS (ou OLORON) et l'ESBAREICH, fromages de brebis en forme de gros pains ronds et aplatis, d'une saveur douce qui se renforce au fur et à mesure qu'ils prennent de l'âge. L'ARNEGUI est un fromage de brebis acidulé, qui prend toute sa vitalité accompagné d'un vin de CORBIÈRES. Le fromage des ORRYS, dans le comté de Foix, cache sous sa croûte lisse une pâte souple au parfum rassurant de terroir. Lorsqu'il prend « de la bouteille », une fois râpé, il entre avec bonheur dans la cuisine familiale. Les vins des Pyrénées sont dignes de leurs fromages, qu'il s'agisse du MADIRAN rouge et charnu, de son frère blanc le PACHERENC du VIC-BILH, ou du JURANÇON dont Henri d'Albret aurait humecté les lèvres du futur Henri IV, son petit-fils, le jour de sa naissance... Il est aussi un vin dont Curnonsky disait « qu'il fait danser les filles », l'IROULÉGUY...

GLOSSAIRE

A

adret (du patois du Sud-Est). Versant exposé au soleil en pays montagneux.

affinités écologiques. Il existe entre les êtres vivants et le milieu dans lequel ils vivent des affinités. Pour plus de commodité, on a caractérisé les exigences des plantes et animaux par un qualificatif comportant le suffixe « phile ». Par exemple, les plantes hygrophiles sont celles qui recherchent l'humidité.

aiguille. Appellation pour désigner un sommet dans certaines régions montagneuses. Les aiguilles de Chamonix sont de loin les plus célèbres des Alpes.

alpage, alpe. Pâturages de haute altitude qui s'étendent au-delà de la limite supérieure des arbres. Ils correspondent à l'étage de la pelouse alpine.

alpin (étage). Il s'étend de 2 100 m aux neiges éternelles. Les conditions climatiques rigoureuses limitent les espèces végétales à une prairie richement fleurie en été.

alpinisme. Sport des ascensions en montagne. Cependant, le terme de sport est parfois contesté puisque ni règlements ni compétitions officielles n'existent dans cette pratique.

altitude. Élévation au-dessus du niveau de la mer dont les répercussions sont considérables sur le milieu végétal et climatique mais aussi sur l'organisme humain.

anticlinal. Pli en forme de voûte dont le centre est occupé par les terrains les plus anciens. Il correspond donc à des reliefs saillants à moins que l'érosion ne l'ait éventré.

arête. Angle extérieur formé par deux faces de montagne situées dans des plans différents. Elle peut être rocheuse ou en neige et en glace, se confondant parfois avec une corniche.

association végétale. Groupement de plantes formant un ensemble végétal comme la prairie, la forêt ou la lande. Elle dépend du climat, du relief et de la nature du sol.

auge glaciaire. Vallée creusée par un glacier dont les caractéristiques sont des versants abrupts et un fond plat. Exemple : l'Arve.

autarcie (économie en). Économie refermée sur elle-même, sans contact avec l'extérieur.

avalanche. Glissement d'une masse de neige le long d'un flanc de montagne, sous l'influence de la pesanteur. La nature du sol, l'inclinaison de la pente, la température ambiante et l'action du vent sont aussi des composantes importantes.

aven. Gouffres naturels dans les Grands Causses, résultats d'infiltrations d'eau dans un relief calcaire.

avifaune. Ensemble des oiseaux d'une région ou d'un pays.

B

ballon (Vosges). Nom donné aux montagnes de cette région. Exemple : le ballon d'Alsace.

barre (rocheuse, de séracs). Escarpement dont le passage est difficile, voire impossible.

biocénose. Groupement d'êtres vivants habitant dans un milieu donné.

biospéléologie. Étude des êtres vivants des cavernes et cavités naturelles du sous-sol.

biotope. Habitat biologique défini.

buron (Massif central). Cabane de berger où traditionnellement on fabriquait des fromages.

C

calcaire. Roche sédimentaire, formée de carbonate de calcium, d'origine organique le plus souvent. Soluble et perméable, elle donne des reliefs très variés, de surface et souterrains.

calotte glaciaire. Masse glaciaire coiffant un sommet ou un dôme.

cañon ou canyon. Vallée étroite aux parois escarpées taillée dans un plateau calcaire par un cours d'eau né en dehors de lui et ayant résisté aux infiltrations. Exemple : le cañon du Verdon.

casse. Versant constitué de pierriers, d'éboulis et d'escarpements ruiniformes.

causse. Nom donné en France aux régions de plateaux calcaires. Le Massif central en comporte un bon nombre : le causse Méjean, le causse Noir, le causse du Larzac... Sur ces plateaux, la vie est rude. C'est avant tout le domaine du mouton.

charriage (nappes de). Couches de sédiments ayant été plissées puis transportées, sur des distances parfois considérables, à la suite de l'orogenèse.

chaumes (hautes). Pâturages d'altitude dans les Vosges.

cheire (Massif central). Se dit en Auvergne d'une petite coulée volcanique basaltique. Érodée, son aspect est aride et chaotique.

cime. Extrémité pointue d'une montagne.

cirque glaciaire. Bassin d'alimentation d'un glacier constitué de parois raides formant amphithéâtre. Également, forme de relief laissée par l'érosion précédente.

clède (Cévennes). Séchoir à châtaignes.

Club alpin français (C.A.F.). Association regroupant des alpinistes et des randonneurs. C'est à la fin du siècle dernier qu'apparaissent en Europe les premiers clubs alpins. Le C.A.F., né en 1874, approche actuellement les 100 000 membres. Ses activités sont nombreuses : publications, entretien et construction de refuges, initiation à l'alpinisme, au ski et à l'escalade.

cluse. Dans une zone plissée, se dit d'une percée transversale d'un anticlinal opérée par l'érosion fluviale ou glaciaire (massifs préalpins). La cluse unit deux synclinaux.

coinceurs. Pièces métalliques de formes et de tailles diverses qui servent de points d'assurance en escalade rocheuse.

col. Dépression plus ou moins large dans une arête ou une ligne de crêtes.

collinéen (étage). Étage de végétation le plus bas, entre la plaine ou la vallée et 900 m d'altitude. La végétation est identique à celle de la plaine.

combe. Dépression creusée par l'érosion au sommet d'un anticlinal, abondante en relief jurassien et préalpin.

cône de déjection. Accumulation des matériaux transportés par un torrent lorsque celui-ci n'a plus assez de force ou de pente pour les charrier. L'aspect est celui d'un cône dont les éléments sont ordonnés par gravité.

contrefort. Relief annonçant un relief plus important, qu'il s'agisse de l'altitude ou de la structure. Par exemple : les Préalpes, contrefort des Alpes.

cordée. Ensemble d'alpinistes attachés à la même corde. Les cordées modernes sont de deux ou trois alpinistes, rarement plus.

corniche. Bourrelet de neige formant une saillie ou un surplomb sur une crête du côté opposé au sens du vent. Les alpinistes doivent s'en méfier, car les corniches s'effondrent souvent.

coulée. Se dit d'une petite avalanche de neige, généralement lourde, mise en mouvement sous une influence thermique ou mécanique.

couloir. Sur une montagne, configuration d'une face plus large qu'un dièdre ou une cheminée. Se dit aussi d'une pente de neige ou de glace raide encaissée entre des parois rocheuses.

course. Ascension en haute montagne. A distinguer de l'expédition.

crampons. Sortes de semelles métalliques munies de pointes et fixées aux chaussures par des lanières dont se servent les alpinistes pour éviter de glisser sur la glace.

cratère. Sommet d'un volcan, présentant la forme d'un cône tronqué, par où s'échappent les projections.

crêt. Forme de relief en zone plissée, engendrée par l'érosion d'une couche dure au sommet d'un anticlinal : il se forme une combe dominée par deux crêts de calcaire escarpés.

crétacé. Dernière période de l'ère secondaire débutant il y a 135 millions d'années et dont la durée est évaluée à 75 millions d'années. Elle est calme sur le plan orogénique.

crête. Fil d'une arête.

crevasse. Faille de dimensions très variables dans le cours d'un glacier, causée par une tension trop forte exercée sur la glace.

cristallines (roches). Roches formées de cristaux. Elles constituent tous les socles continentaux. Elles sont formées de quartz, de feldspath et de mica blanc ou noir. Exemple : le granit.

D

débardage. Transport du bois du lieu de la coupe au chemin carrossable le plus proche.

déforestation. Déboisement qui laisse en place quelques arbres ou boqueteaux.

degrés de difficulté. D'un nombre variable selon les pays et les terrains, ils forment une échelle de cotation (initialement élaborée en 1925 par Welzenbach avec 6 degrés) des difficultés en alpinisme, considérées sous un angle technique.

dent. Sommet bien individualisé et souvent pointu. Exemple : la dent du Géant dans le massif du Mont-Blanc.

diaclase. Fissure ou cassure naturelle dans le matériau rocheux, sans décrochement, à la différence de la faille. Elle se rencontre dans de nombreuses roches, particulièrement les calcaires.

dièdre. Configuration du rocher formée par l'intersection de deux plans plus ou moins verticaux, comme un livre ouvert.

doline. Sur un terrain calcaire, dépression fermée de 20 à 200 m de diamètre et profonde de quelques dizaines de mètres, due à l'érosion karstique d'un système de diaclases.

dolomie, dolomitique. Roche constituée d'un carbonate double de calcium et de magnésium que l'on trouve en abondance dans les Dolomites en Italie. Dolomitique se dit d'une paroi dont la configuration et la raideur évoquent ces montagnes escarpées.

dôme. Sommet en forme de coupole. Le dôme du Goûter dans le massif du Mont-Blanc est un des plus connus des Alpes.

draille. Chemin de plaine ou sentier de montagne dans le Midi (Provence et Languedoc) par lequel s'effectuait la transhumance des troupeaux vers les alpages.

dyke (Massif central). Relief volcanique, généralement conique, constitué par un filon de roches éruptives résistantes dégagé par l'érosion des roches environnantes.

E

éboulis. Accumulation de blocs de rocher et de pierres sur une pente, plus ou moins stable selon la roche et l'inclinaison de la pente où ils s'ordonnent par gravité.

écosystème. Ensemble formé par des animaux et des plantes vivant dans un milieu auquel ils sont adaptés.

endémique (espèce). Espèce animale ou végétale qui ne vit que sur un territoire donné.

enrésinement. Action de planter en résineux un endroit antérieurement recouvert de feuillus.

ères géologiques. Périodes géologiques (au nombre de quatre et précédées par la longue période précambrienne) se différenciant les unes des autres par la durée, le climat, la faune, la flore et les formations qu'elles engendrent, et par l'orogenèse.

érosion. Usure générale des formes du relief due aux agents naturels (eau, vent, glace) et humains agissant par désagrégation mécanique ou chimique. Son intensité est surtout fonction du climat.

érosion glaciaire. Forme d'érosion agissant en haute montagne ou en zone arctique par l'écoulement des glaciers. Traces caractéristiques : roches polies, vallées en auge.

éruptives (roches). Groupes de roches résultant du refroidissement de magmas d'origine profonde. Le rythme variable de ce refroidissement rend compte de leur variété depuis les roches cristallines jusqu'aux laves.

escalade artificielle. Forme d'escalade dans laquelle les moyens d'assurance (pitons, coinceurs) sont utilisés comme moyens de progression.

escalade libre. Forme d'escalade dans laquelle les moyens d'assurance sont utilisés strictement comme tels sans qu'ils servent de moyens de progression.

estive. Pâturages d'altitude. Terme utilisé surtout dans les Pyrénées.

étagement. En montagne, la végétation est répartie en un certain nombre de ceintures différentes qui se succèdent au fur et à mesure que l'on s'élève.

exode rural. Émigration des populations rurales vers les centres urbains. Mouvement très important en zone de montagnes.

F

face. Sur une montagne les faces sont délimitées par les arêtes comme des zones au relief plus ou moins différencié. Elles sont souvent désignées par leur orientation.

faille. Rupture ou dislocation de l'écorce terrestre entre deux blocs, l'un soulevé ou affaissé par rapport à l'autre.

Fédération française de la montagne (F.F.M.). Association qui regroupe les diverses associations alpines, sportives ou touristiques dont l'activité est consacrée à l'alpinisme.

Fédération française de ski (F.F.S.). Association qui regroupe les divers clubs et écoles de ski.

feuillus. Nom donné aux arbres qui ont des feuilles caduques.

fissure. Configuration du rocher formée par la fracturation de la roche sur une certaine longueur, large de quelques millimètres à quelques décimètres.

flysch. Matériaux sédimentaires détritiques arrachés par l'érosion à des montagnes nées d'une première orogenèse et repris dans des plissements ultérieurs.

formation végétale. Unité de végétation définie par une certaine physionomie. Exemples : prairie, forêt, lande...

fossé d'effondrement. Dépression qu'engendre l'effondrement du relief causé par l'action de deux failles parallèles.

G

gave (Pyrénées). Appellation locale des cours d'eau du versant septentrional des Pyrénées, généralement coupés de chutes et de rapides nombreux.

gélivation. Désigne en géomorphologie l'évolution des reliefs due à l'action du gel (érosion gélive). Elle est sensible en région arctique ou en haute altitude.

géomorphologie. Étude de la forme et de l'évolution du relief terrestre.

glace. Eau congelée. Il en existe de très nombreuses variétés, à cause des différentes tailles des cristaux.

glaciation. Période d'extension des glaciers qui a donné un relief particulier : auge glaciaire, vallée glaciaire, etc.

glaciations (grandes). C'est au quaternaire, à partir de - 650 000, que se sont développées de gigantesques glaciations qui devaient marquer pour toujours le relief de la Terre. Une calotte glaciaire, épaisse de 2 000 m, recouvrait l'Europe du Nord et les massifs montagneux de l'Europe occidentale. Au nombre de quatre (Günz, Mindel, Riss, Würm), séparées par des périodes interglaciaires, elles furent de longévité variable.

glacier. Fleuve ou épaisse couche de glace des régions arctiques ou montagneuses. Crevasses, moraines, séracs sont caractéristiques du paysage glaciaire.

glaciologie. A l'origine cantonnée à l'étude des glaciers, la glaciologie moderne étudie la glace naturelle sous ses diverses formes, dont la neige.

granit ou granite. Roche éruptive constituée de quartz, de feldspath et de mica. Il en existe une grande variété selon la texture, la grosseur des grains et la taille des cristaux.

grès. Roche sédimentaire formée d'un sable dont les éléments sont unis par un ciment de nature variable. Métamorphisés, les grès donnent de la quartzite.

grimpe. Terme familier désignant le milieu social et culturel des grimpeurs.

grimpeur. Alpiniste spécialisé dans l'escalade de parois rocheuses ou glaciaires, voire de simples blocs de rocher, où les risques dus à l'environnement sont généralement faibles.

guide de haute montagne. Professionnel diplômé, formé par l'École nationale de ski et d'alpinisme, ayant vocation à emmener des clients sur des terrains où une connaissance de l'alpinisme est nécessaire.

H

hercynien. Important mouvement orogénique de l'ère primaire s'étendant sur 200 millions d'années en plusieurs phases. Il est caractérisé par un métamorphisme et une activité volcanique intenses. Massif central et Vosges sont des chaînes hercyniennes.

hibernation. État de vie ralentie propre à certains mammifères durant l'hiver, caractérisé entre autres par une absence d'alimentation.

homochromie. Faculté pour un animal d'adapter sa couleur à celle du milieu dans lequel il vit. Elle est permanente ou saisonnière.

J K

joux (Jura). Forêt de résineux. Une forêt de feuillus est appelée joux blanche.

jurassien (relief). En typologie des reliefs, désigne une structure plissée formée de plis non charriés, une ordonnance régulière du relief où transparaît la structure, et un réseau hydrographique coudé. L'alternance de couches dures et tendres, le style de plissement, la durée et l'importance de l'érosion sont les principales conditions de formation de ce relief.

jurassique. Période de l'ère secondaire débutant il y a 180 millions d'années et durant 45 millions d'années environ, marquée par une forte sédimentation (calcaires, argiles, marnes).

karst. Région de plateaux et de montagnes calcaires où prédomine l'érosion chimique.

L

lacs d'altitude. Ils occupent les fonds de cirque ou les dépressions en cuvette creusés par les glaces aujourd'hui disparues.

lapiaz ou lapiez. Terme d'origine jurassienne pour désigner des cannelures qui entaillent sur 10 à 15 cm la surface de plateaux calcaires légèrement inclinés.

lave. Substance visqueuse qui jaillit des volcans, au cours d'éruptions. Sa température varie de 900 à 1 200 °C. La composition chimique étant variable, on peut avoir des coulées fluides ou à cristallisation rapide.

M

marcaires (Vosges). Nom donné aux fermiers qui gagnent les hautes chaumes en été avec leurs troupeaux de vaches et y fabriquent du fromage.

marmite de géants. Creux aux parois lisses taillé dans les roches dures du lit d'un cours d'eau, par le mouvement tourbillonnaire des eaux.

métamorphiques (roches). Roches modifiées dans leur structure par l'action de la chaleur et de la pression ; de sédimentaires elles deviennent cristallisées et feuilletées. Exemple : le gneiss.

métamorphisme. Ensemble des phénomènes qui donnent lieu à la transformation des roches sédimentaires en roches cristallophylliennes.

montagnard (étage). Étage de végétation situé entre 800 et 1 600 m d'altitude. Il se caractérise par des forêts de conifères et de feuillus.

moraine. Amoncellement de pierres et de rochers arrachés et transportés par un glacier le long de ses rives (moraines latérales) ou à son extrémité (moraine frontale).

mousqueton. Anneau de métal avec fermeture à ressort utilisé pour permettre le coulissage de la corde à l'endroit du piton ou du coinceur.

N O

neck (Massif central). Piton de laves dures constitué par une ancienne cheminée de volcan dégagée par l'érosion.

neige. Flocons blancs constitués par de l'eau cristallisée. Elle se forme dans les nuages quand la température est en dessous de zéro.

névé. Résidus des neiges de l'hiver qui couvrent certaines pentes ou creux exposés au froid. Leur consistance est molle au soleil, mais devient dure avec le gel de la nuit.

niche écologique. Portion d'une biocénose exploitée par une espèce animale ou végétale.

nival (étage). Zone des neiges éternelles.

nive (Pyrénées). Ruisseau ou torrent.

ombrée (Pyrénées). Équivalent de l'ubac des Alpes, soit le versant exposé au nord.

orogenèse. Ensemble des mouvements à l'origine de la formation des chaînes montagneuses, expliqués par deux théories complémentaires : celle de la dérive des continents (Wegener), celle de l'équilibre isostatique.

P

parc national. Territoire créé par l'État et régi par la loi du 22 juillet 1960, dont la gestion est assurée par un établissement public national à caractère administratif, placé sous la tutelle du Secrétariat d'État auprès du Premier ministre chargé de l'Environnement et de la Qualité de la vie dans le but de protéger un milieu naturel et les richesses de sa faune et de sa flore sauvages. Un parc comprend une zone centrale où les activités pastorales et forestières, la chasse, la pêche, le tourisme et les constructions sont réglementés, et une zone périphérique, ou préparc, aménagée pour développer l'économie d'une zone rurale en déclin (équipements touristiques). Parcs nationaux de montagne : Vanoise, Pyrénées occidentales, Cévennes, Écrins et Mercantour.

parc naturel régional. Zones rurales ou forestières régies par le décret du 1er mars 1967, créées et financées par des collectivités locales. Le but est ici de protéger et d'équiper un territoire naturel afin d'animer des secteurs ruraux en difficulté et de permettre également la détente des citadins.

pastoralisme. Économie traditionnelle des montagnes fondée sur l'élevage extensif.

pelouse alpine. Prairie de l'étage alpin, très fleurie en été.

pénéplaine. Plateau formé par l'érosion, sous toutes ses formes, de chaînes de montagnes anciennes. Les altitudes sont uniformes, les vallées peu marquées, les sols souvent pauvres. D'anciennes pénéplaines peuvent être soumises à une nouvelle orogenèse qui occasionne une reprise de l'érosion (cas des pénéplaines hercyniennes à l'ère tertiaire).

pessière. Forêt d'épicéas (de pesse, dénomination de l'épicéa dans le Jura).

pic. Sommet important aux formes aiguës.

piémont. Glacis alluvial appuyé à une chaîne montagneuse et dont l'évolution du relief est soumise à celle des montagnes qui le dominent.

pierrier. Zone de cailloux au pied d'une falaise ou d'une montagne.

piolet. Outil principal de l'alpiniste utilisé en terrain neigeux et glaciaire. Il se compose d'un manche, d'une pique, d'une lame pour l'ancrage et d'une panne pour tailler des marches.

pionnière (plante). Espèce végétale qui est la première à s'installer dès le retrait des glaciers.

piton. Fiche de métal que l'on enfonce au marteau dans une anfractuosité de la roche, pour avoir un point d'assurance fixe en cas de chute.

planèze (Massif central). Vaste coulée de laves basaltiques transformée en plateau incliné et entaillé par l'érosion fluviale.

plateau. Forme de relief caractérisé par son altitude et sa platitude. Il est souvent entaillé de vallées.

pli. Ondulation des couches sédimentaires à la suite de poussées orogéniques. Selon le plissement, le pli est droit, oblique ou couché.

pré-bois. Zone de végétation clairsemée qui jouxte la forêt de montagne. Elle est caractérisée par une formation d'alpage et de bosquets.

première. Abréviation de première ascension ou première voie. On dit : « Faire une première. » Notion qui a considérablement évolué au cours de l'histoire de l'alpinisme.

primaire (ère). Ère géologique commencée il y a 600 millions d'années et dont la durée est évaluée à environ 400 millions d'années. Durant son cours, deux plissements (calédonien et hercynien) feront surgir de hautes montagnes, pénéplanées par la suite.

prise. Tout relief permettant de s'agripper par les mains ou par les pieds à une paroi que l'on veut escalader.

puy (Massif central). Nom donné aux sommets volcaniques. Exemple : le puy de Dôme.

Q R

quaternaire (ère). La dernière des ères géologiques commencée il y a environ 2 millions d'années. Elle est divisée en pléistocène (âge des grandes glaciations) et en holocène (âge postglaciaire). Ce dernier s'est ouvert vers 10 000 av. J.-C. et a vu l'établissement du climat actuel. L'ère quaternaire est surtout marquée par la présence de l'homme et par le développement de la faune et de la flore actuelles.

reculée (Jura). Haute vallée d'un cours d'eau résurgent ayant creusé profondément le rebord d'un plateau calcaire. Elle se termine par un cirque ou bout-du-monde.

refuge. Construction plus ou moins confortable en haute montagne à l'usage des alpinistes ou des randonneurs. Les refuges sont une étape dans la réalisation des ascensions. Certains sont gardés une partie de l'année.

relicte (espèce). Qualifie une espèce végétale ou animale qui subsiste dans une région ne constituant plus l'habitat général de l'espèce.

remues. Mouvement des troupeaux de vaches dans les alpages, d'un pâturage à l'autre.

réserve naturelle. Territoire dont les richesses naturelles ont besoin d'être protégées. A l'inverse des parcs, il n'existe pas une réglementation type applicable à l'ensemble des réserves. Les propositions de création peuvent émaner de l'Administration, de particuliers ou d'associations. Seize de ces réserves, sur la quarantaine que comporte la France, sont situées en montagne.

résurgence. Réapparition à la surface du sol d'un cours d'eau souterrain. Exemple : la Loue.

roche. Masse de matières minérales dures. Leurs origines diverses (volcanique, métamorphique, sédimentaire) leur donnent des caractéristiques différentes.

S

schiste. Roche feuilletée pouvant se séparer en minces lamelles. Résultat de la métamorphisation incomplète des argiles et des marnes.

secondaire (ère). Ère géologique d'environ 160 millions d'années, débutée il y a 225 millions d'années. Elle est caractérisée par une sédimentation dans les fosses marines des socles continentaux. Elle est divisée en trois grandes périodes : trias, jurassique, crétacé. C'est une ère calme d'un point de vue orogénique.

sédimentaires (roches). Se dit des roches provenant de l'accumulation de dépôts dans le fond des mers, des lacs et des lagunes.

séracs. Blocs de glace, constitués en chaos, qui se désolidarisent du corps même du glacier par manque de plasticité de la glace là où il y a rupture de pente.

serre (Cévennes). Étroite crête de terrains cristallins engendrée par l'érosion des rivières qui dessinent de profondes vallées.

ski. *Ski alpin :* en général, celui pratiqué sur les pistes (descente, slaloms). *Ski de raid :* randonnée réalisée en terrain montagneux avec des skis alpins. *Ski de fond :* se pratique aussi bien en randonnée que sur un parcours balisé, mais en terrain plat, avec des skis nordiques.

soulane (Pyrénées). Versant exposé au sud.

spéléologie. Exploration et étude scientifique des cavités naturelles du sous-sol.

strate. Couche dans les terrains sédimentaires.

subalpin (étage). Étage de végétation situé entre 1 200 et 2 200 m et caractérisé par des forêts de conifères.

suc (Massif central). Nom donné à certains sommets volcaniques.

surplomb. Partie rocheuse ou glaciaire en saillie.

surrection. Mot utilisé pour désigner les mouvements orogéniques qui ont soulevé les chaînes de montagnes.

suspendu (glacier). Glacier terminé par une barre de séracs qui bée dans le vide d'une paroi.

sylvo-pastorale (activité). Agriculture fondée sur l'exploitation de la forêt et sur l'élevage.

synclinal. Dans une structure plissée, partie déprimée d'un pli dont le sommet est l'anticlinal.

synclinal perché. Forme de relief plissé due au dégagement par l'érosion de deux anticlinaux encadrant un synclinal qui se retrouve ainsi surélevé.

T

talweg ou thalweg. Ligne de plus grande pente d'une vallée.

tectonique. Partie de la géologie qui étudie la structure de l'écorce terrestre, résultant des déformations orogéniques (failles et plis). Plus généralement, étude de l'orogenèse.

tertiaire (ère). Ère géologique d'une durée évaluée à 63 millions d'années et débutant il y a 65 millions d'années. On y distingue une période de sédimentation mais surtout une période caractérisée par l'orogenèse alpine.

torrent. Cours d'eau de pente rapide agissant comme facteur d'érosion, d'évacuation des matériaux érodés, d'accumulation. Il se compose, d'amont en aval : d'un bassin de réception, d'un canal d'écoulement et d'un cône de déjection.

tourbière (d'altitude, de pente, de vallée...). Endroit marécageux où poussent certaines mousses qui meurent par leur base et subissent une décomposition anaérobie aboutissant à la formation d'un combustible peu riche en carbone et à débris végétaux : la tourbe.

transhumance. Migrations périodiques des troupeaux entre les pâturages de la plaine et ceux, estivals, de la montagne.

tuf. Roche poreuse de faible densité, souvent pulvérulente. C'est un calcaire d'origine chimique formé à l'émergence de sources calcaires.

U V

ubac. Versant montagneux exposé au nord.

val. Forme primitive du relief jurassien ou préalpin. Il correspond au synclinal.

vallée. Dépression ouverte et allongée formée par l'érosion fluviale ou glaciaire. Les vallées se définissent par leur profil en long et leur profil en travers (en V plus ou moins ouvert ou en auge). Ces deux profils permettent de cerner leur âge et leur processus de formation.

vallée en U. Profil en travers caractérisant une vallée d'origine glaciaire.

varappe. Ascension d'une paroi rocheuse en montagne, puis terme désignant l'escalade (ce terme tombe en désuétude).

verrou glaciaire. Front de rocher barrant une vallée glaciaire et correspondant à une zone de moindre érosion du glacier. Le verrou peut être entaillé de gorges creusées par les eaux sous-glaciaires ou la rivière postglaciaire, ou bien donner lieu à un lac de surcreusement.

vire. Plate-forme longue et étroite dans une paroi.

voie. Itinéraire ou cheminement, plus ou moins direct, ouvert par des alpinistes dans une paroi ou sur un sommet.

volcan. Montagne généralement en forme de cône, édifiée par les laves et les projections issues d'une fissure de l'écorce terrestre, qui a émis ou continue d'émettre des matières en fusion.

volcaniques (roches). Roches éruptives d'épanchement qui proviennent d'un volcan (basaltes, laves, obsidiennes, trachytes).

volcanisme. Ensemble des manifestations géologiques et géographiques qui permettent aux couches profondes du globe (magma) de remonter en surface.

volcanologie. Science qui étudie les phénomènes volcaniques, leurs causes, leur mécanisme.

INDEX

Les chiffres en italique renvoient aux illustrations. Les titres en italique signalent qu'un encadré ou un hors-texte est consacré au sujet à la page indiquée.

PHOTOGRAPHIES

Le chiffre en romain désigne la page du livre. Nous indiquons l'emplacement des photographies par les abréviations suivantes : d, à droite ; g, à gauche ; h, en haut ; b, en bas ; c, au centre.

10-11 h : J.-M. TINGAUD. 10-11 b : TOP/R. Mazin. 11 b : D. FAURE. 12-13 h : EXPLORER/Ch. Errath. 12-13 b : SCOPE/J.-D. Sudres. 13 : J.-F. TEOULE. 16 : RAPHO/J. Lang. 17 h : NATURE/Mignot. 17 b : RAPHO/Gloaguen. 18 : SOREA. 18-19 : EXPLORER/L. Salou. 20-21 : NATURE/Monestier. 21 : SCOPE/J.-D. Sudres. 22 : NATURE/Lizon. 23 : J.-F. TEOULE. 24 hg, hd, bg, bd : J. VERROUST. 24 cb : SCOPE/J.-D. Sudres. 25 : CEDRI/G. Bonnecarrère. 26 : TOP/R. Mazin. 27 h : TOP/J.-J. Arcis. 27 b : ROGER-VIOLLET. 28-29 : EXPLORER/L. Bertrand. 30-31 : D. FAURE. 31 : TOP/J.-N. Reichel. 32-33 : EXPLORER/B. Maltaverne. 32, 33, 34 g : TOP/R. Mazin. 34 d : J.-F. HELLIO. 35 : TOP/J.-Ph. Charbonnier. 36-37, 37 h : D. FAURE. 37 b : S. CHIROL. 38 hg : LAUROS-GIRAUDON. 38 hd : D. FAURE. 38 b : GIRAUDON. 39 : D. FAURE. 40 : FOTOGRAM/M. Beaugeois. 41 : Bibliothèque nationale/Archives S.R.D. 42, 43 : D. FAURE. 44 : NATURE/Visage/Lanceau. 45, 46 : D. FAURE. 47 h : SCOPE/J.-D. Sudres. 47 b : Bibliothèque nationale/Archives S.R.D. 48 h : EXPLORER/A. Bordes. 48 bg : EXPLORER/P. Delarbre. 48 bd, 49 hg, hd, bg : D. FAURE. 49 bd : EXPLORER/P. Tétrel. 50 : J.-F. et M. TERRASSE. 50-51 : A. GAEL 54-55 : Ch. CUNY. 54 : PLURIEL/C. Liévaux. 55 : Ch. CUNY. 56-57 : S. CORDIER. 56 : Ch. CUNY. 57 : A. GAEL. 59 : PIX/Mahlinger. 60 : PITCH/Vienne-Bel. 61 : CEDRI/P. Maurer. 62 : PITCH/J.-L. Klein. 62-63 : Fr. VARIN. 63 : B. DESJEUX. 64 : PIX. 65 hg : J. LAVERGNE. 65 hd : PITCH/J.-L. Klein. 65 bg : P. PLOQUIN. 65 bd : JACANA/Ph. Varin. 66 : CHAUMETON/Lanceau. 67 : PITCH/S. Cordier. 68, 69, 70 h : Y. MULLER. 70 b : VANDYSTADT/Ph. Moulu. 71 h : M. GISSY. 71 b : S. CHIROL. 72 : PLURIEL/C. Liévaux. 73 : EXPLORER/Weisbecker. 74-75 : Fr. VARIN. 75 : Ch. CUNY. 76 h : PLURIEL/A. Kaiser. 76 b : Cl. NARDIN. 77 : EXPLORER/Weisbecker. 78 : A. WOODEY. 79 : J.-P. BOUDOT. 80 : ROGER-VIOLLET. 80-81 : S.R.D./D. Lérault. 82-83 : EXPLORER/Weisbecker. 83 : TAPABOR/Kharbine. 84 : L. GIRARD. 85 : BIBLIOTHÈQUE NATIONALE. 86 : Fr. VARIN. 87 : J. COUCHOURON. 88 h : H. ADAM. 88 b : Ch. CUNY. 89 : DIAF/Pratt-Pries. 92 : DIAF/B. Régent. 93 : DIAF/J.-M. Richard. 92-93 : P. PLOQUIN. 94, 94-95 : SCOPE/J. Guillard. 95 : DIAF/B. Régent. 97 : S.R.D./D. Lérault. 98 : CEDRI/Ch. Sappa. 99 : V. BORLANDELLI. 100-101 : SCOPE/J. Guillard. 101 : VLOO/E. Kuligowski. 102 : S. MARMOUNIER. 103 : S.R.D./D. Lérault.104 : PITCH/Binois. 105, 106 : S.R.D/D. Lérault. 107 : M.-C. PAPIGNY. 108 : C. NURIDSANY et M. PERENNOU. 109 hg : J.-P. BOUDOT. 109 hd : C. NURIDSANY et M. PERENNOU. 109 b : CHAUMETON/Lanceau. 110, 111 : S.R.D./D. Lérault. 112-113 : J.-M. CURIEN. 113 h, 114 h : SCOPE/J. Guillard. 114 b : Ph. PERDEREAU. 115 : SCOPE/J. Guillard. 116, 117 : M.-C. PAPIGNY. 118 : J.-M. CURIEN. 119 h : NATURE. 119 bg : NATURE/Visage. 119 bd : P. PLOQUIN. 120 : SCOPE/J. Guillard. 121 : L. GIRARD. 122 hg : J. VERROUST. 122 hd : S. MARMOUNIER. 122 b : M. GAUTHIER. 123 : M.-C. PAPIGNY. 124 h : J. VERROUST. 124 b : ROGER-VIOLLET. 125 : J.-M. CURIEN. 128-129 : S. MARMOUNIER. 128 : D. BELDEN. 129 : PIX/Riccio. 130 : DIAF/S. Deschamps. 130-131, 131 : S. MARMOUNIER. 134-135, 135 : D. BELDEN. 136 h, bg, 136-137, 137 : Coll. Y. BALLU. 136 bd : J.-L. CHARMET. 138 : Coll. H. BREGEAULT. 139 : D. BELDEN. 140 : PARIS-MATCH/Letellier. 141 : PARIS-MATCH/Habans. 143, 144, 145, 146-147, 147 : D. BELDEN. 148-149 : RAPHO/G. Rébuffat. 149 : Coll. G. RÉBUFFAT. 150 : ANA/H. Le Campion. 151 : DIAF/S. Deschamps. 152 : FOC/V. Mercié. 153 : D. BELDEN. 154 : LOIC-JAHAN. 155 : DIAF/S. Deschamps. 156 : R. MORIN. 157 : LOIC-JAHAN. 158 h : DIATEC/Contamine. 158 b : GAILLARD-EDF/Coll. R. Vivian. 159 : PIX/Y. Levannier. 160 : EXPLORER/J. Thomas. 161 : EXPLORER/P. Lorne. 162 : ROGER-VIOLLET. 163 : SCOPE/R. Noury. 164 : S. MARMOUNIER. 165 : RAPHO/M. Serraillier. 166 : P. GABARROU. 167 : FOC/P. Demarchez. 168 : VANDYSTADT/J.-M. Loubat. 169 : DIAF/G. Biollay. 170 : RAPHO/M. Serraillier. 170-171 : S. MARMOUNIER. 172 : EXPLORER/Ph. Roy. 173 hg : PIX/Mahlinger. 173 hd : JACANA/Winner. 173 bg : CHAUMETON/Samba. 173 bd : NATURE/J.-P. Ferrero. 174 : S. MARMOUNIER. 175 g : NATURE/J.-C. Chantelat. 175 d : A. GUILLEMONT. 176 hg, hd : NATURE/Visage. 176 bg : JACANA/Varin-Visage. 176 bd : JACANA/Gens. 177 : CEDRI/S. Marmounier. 178 : « La Photothèque », Grenoble. 179 : J. SIERPINSKI. 180 : PIX. 181 : DIAF/B. Belly. 182, 183 : CEDRI/G. Sioen. 184 : EXPLORER/R. Lanaud. 185 : CEDRI/G. Sioen. 186 hg : S.D.P./J. Sautereau. 186 bg, bd, 186-187, 187 d : P. DARPHIN. 188 : S.D.P./P. Demarche. 190 : Bibliothèque nationale/Archives S.R.D. 191 : CEDRI/G. Sioen. 192 g : P. FOLTZER. 192 hd : ANA/J.-G. Jules. 192 bd : P. GABARROU. 193 hg, bg : ANA/J.-G. Jules. 193 hd : PITCH/F. Valla. 193 bd : LOIC-JAHAN. 194 h : EXPLORER/A. Le Toquin. 194 b : Coll. Musée dauphinois/Doc. E. Escallier. 195 : Musée dauphinois. 196 hg : NATURE/Lamaison. 196 hd : J.-F. et M. TERRASSE. 196 bg : JACANA/A. Rainon. 196 bd : DIAF/G. Etougué. 197 hg : R. MORIN. 197 hd : S. NORANDE. 197 bg : JACANA/J.-P. Champroux. 197 bd : C. NURIDSANY et M. PERENNOU. 198 : PITCH/F. Valla. 199 : DIAF/. Pratt-Pries. 200 : M. BROSSELIN. 201 : RAPHO/M. Serraillier. 202 : TOP/P. Putelat. 203 : RAPHO/H. Silvester. 204 : COSMOS/P. Boulat. 205 : Parc national du Mercantour/R. Settimo. 206 g : LOIC-JAHAN. 206 hd : PITCH/J.-L. Blanchet. 206 bd : LEBRETON. 207 hg, d : PITCH/J.-L. Blanchet. 207 bg : PIX/Mahlinger. 208 : JACANA/Pissavini. 209 : EXPLORER/C. et M. Moitron. 210 : A. ABBE. 211 hg : JACANA/Pissavini. 211 hd : JACANA/Bos. 211 bg : FOC/O. Meot. 211 c : PITCH/J.-L. Blanchet. 211 bd : PITCH/H. Couderc. 212 : NATURE/Lanceau-Visage. 212-213 : TOP/R. Mazin. 216-217 h : RAPHO/Silvester. 216-217 b : RAPHO/Brihat. 217 b : EXPLORER/P. Tétrel. 218-219 h, 219 h : M. BRUGGMANN. 218-219 b : PIX/J.-M. Voge. 221 : SCOPE/M. Guillard. 222 : EXPLORER/E. Sailler. 223 h : EXPLORER/P. Tétrel. 223 b, 224 : EXPLORER/E. Sailler. 225, 226 g, hd : EXPLORER/P. Tétrel. 226 bd : J. ROBERTSON. 227 hg, bg : EXPLORER/P. Tétrel. 227 d : J. ROBERTSON. 228-229 : RAPHO/Silvester. 231 : EXPLORER/H. Leblanc. 232 : JACANA/E. Sailler. 232-233, 234 h : Fr. DENARIE. 234 b : J. BOUTIN. 235 h : Fr. DENARIE. 235 bg : CEDRI/D. Belden. 235 bd : EXPLORER/J.-L. Georges. 236 : NATURE/Lanceau-Visage. 237 : J. ROBERTSON-FORCIOLI. 238-239 : EXPLORER/Carde. 239 : J. VERROUST. 240 : TOP/J.-N. Reichel. 241 : RAPHO/T. Mahieu. 242 : M. BRUGGMANN. 243 : EXPLORER/E. Sailler. 244 : Coll. A. FILDIER. 245 h : TOP/J.-N. Reichel. 245 b : A. BLAKE. 246 : EXPLORER/E. Sailler. 247 : M. BRUGGMANN. 250 h : YAN. 251 h : NATURE/Gohier. 250-251 b : SCOPE/J.-D. Sudres. 252-253 h : A. MARTIN. 252 b : NATURE/Gohier. 253 b : CEDRI/G. Sioen. 256 : A. MARTIN. 257 : EXPLORER/Gohier. 258 : RAPHO/Silvester. 259 : DIAF/B. Régent. 260 : EXPLORER/Ph. Roy. 261 hg, bg : A. MARTIN. 261 hd, bd : RAPHO/Silvester. 262 : EXPLORER/P. Tétrel. 262-263 : A. Le Toquin. 264 : VLOO/F. Jalain. 265 : G. RENSON. 266 hg : Coll. A. FILDIER. 266 hd : BIBLIOTHÈQUE NATIONALE. 266 bg : Fr. MERLET. 266 bd : Cl. DENDALETCHE. 267 : EXPLORER/Gohier. 268 : BIBLIOTHÈQUE NATIONALE. 269 hg : G. RENSON. 269 hd : J.-F. et M. TERRASSE. 269 bg : PITCH/P. Montoya. 269 bd : NATURE/Lanceau-Visage. 270 : TOP/de Roll. 271 : EXPLORER/Gohier. 272 h : J.-L. CHARMET. 272 b, 273 : P. de BELLEFON. 274 : A. MARTIN. 275 : Carterie Occitane/Coll. privée. 277 : DIAF/G. Biollay. 279 hg : EXPLORER/C. Délu. 279 hd : O.P.M.. 279 b : B. CLOS. 280 : D. BELDEN. 281 : J. VERROUST. 282 : A. MARTIN. 283, 284, 285 : SCOPE/J.-D. Sudres. 286, 287 : CEDRI/G. Sioen. 288 : Y. BUSSON. 288-289 : J.-F. TEOULE. 290 hg, bg : DIAF/Pratt-Pries. 290 d, 291 : NATURE/Gohier. 304 : S.R.D./J.-P. Germain.
Doubles pages de titre. 8-9 : EXPLORER/H. Veiller. 52-53 : PITCH/J.-L. Klein. 90-91 : J.-M. CURIEN. 126-127 : ANA/H. Le Campion. 214-215 : M. BRUGGMANN. 248-249 : VLOO/F. Jalain.

Pages de parties. 8-9 : paysage du Velay aux environs de Saint-Front (EXPLORER/A. Veiller). 52-53 : forêt de Hasslach depuis le Nideck (J.-L. Klein). 90-91 : plateau jurassien vers Pontarlier (J.-M. Curien). 126-127 : dans les aiguilles de Chamonix (ANA/H. Le Campion). 214-215 : aiguilles de Bavella (M. Bruggmann). 248-249 : le massif d'Anie près de Lescun (VLOO/F. Jalain). 1re de couverture : les aiguilles d'Arves et Montrond (S. Marmounier). 4e de couverture : dans les séracs de la vallée Blanche (RAPHO/G. Rébuffat).

DESSINS

Les dessins ont été réalisés par Maurice Espérance (p. 293, 294, 296, 297, 305), Guy Michel (p. 298-299, 300, 301, 302, 303). Le dessin des pages 298-299 a été réalisé d'après un document de la F.R.A.P.N.A.

CARTES

Les cartes ont été réalisées par les cartographes et le service artistique de Sélection du Reader's Digest, avec le concours de MM. Alain Gabelli, André Leroux, Robert Morin.

Citations extraites de : *Voyages avec un âne dans les Cévennes,* Robert Louis Stevenson, Union Générale d'Éditions, 1978 (p. 41). *La Vouivre,* Marcel Aymé, Éditions Gallimard, 1945 (p. 98). *Les Alpes, de Chamonix à la Grande Chartreuse,* Alexandre Dumas, Encre Éditions, 1980 (p. 145). *Le mont Aiguille en Dauphiné, haut lieu de prouesses,* Marcel Renaudie, la Pensée Universelle, 1976 (p. 185). *Escalades dans les Alpes,* Edward Whymper, Éditions Victor Attinger, Neuchâtel (p. 190).

VIE ET PAYSAGES
DES MONTAGNES DE FRANCE
publié par Sélection du Reader's Digest

Composition: C.R.G., Paris
Photogravure: Wespin, Bruxelles
Impression et reliure: Grafica Editoriale, Bologne
DEUXIÈME ÉDITION
Troisième tirage

Achevé d'imprimer : septembre 1985
Dépôt légal en France : octobre 1985
Dépôt légal initial en France : février 1984
Dépôt légal en Belgique : D 1985 0621 29

IMPRIMÉ EN ITALIE
Printed in Italy